AF515398

품질경영의 이해

김광수 저

한울출판사

머 리 말

최근의 국가경제는 WTO(세계무역기구)의 출범이래로 국경없는 무한 경쟁의 시대가 도래하였다. 국내시장이 선진 외국기업에게 개방되어 국내수요를 기반으로 있는 기업에게 커다란 타격을 주고 있으며, 또한 수출주도적 기업에서도 선진 외국기업 제품에 비해 품질의 열세 때문에 수출에 많은 애로를 겪고 있는 실정이다. 이를 해결하기 위해 대학 및 품질관리를 보급하려는 단체에서 많은 강좌가 열리고 있다. 그러나 이러한 강좌내용은 품질경영 일반과 통계적 품질관리가 함께 구성되어 있어 통계적 품질관리를 제외한 품질경영 교재 및 기법을 개발할 필요성을 느끼고 있었다. 이때 한올출판사에서 품질경영 교재를 개발할 수 있는 기회를 주어 대학에서 사용하던 교안 및 많은 문헌을 조사하여 대학강의에 맞는 교재를 개발하려고 노력해 보았다. 통계적 품질관리는 제외되어있으니 그 분야는 따로 공부해야 한다. 특히 품질경영 기사(산업기사)를 준비하는 학생은 내용이해 뿐만아니라 연습문제도 철저히 풀어보기 바란다.

또한 실무를 위하여 검사실무를 포함하였다. 철저히 이해하여 실무에 도움이 되길 바란다.

본 교재는 총 3부 16장으로 구성되어 있다.

제1부 : 품질경영론에서는 품질경영 개론, 전사적 품질관리, 품질관리의 조직과 기능 등으로 구성되어 있다.

제2부 : 표준화와 품질보증에서는 표준화와 사내표준화, 품질보증론, 품질기능전개, 제조물책임, ISO 9000패밀리 인증 등으로 구성되어 있다.

제3부 : 품질개선 활동에서는 규격과 공차, 공정능력, 계측기관리, 관능검사, 품질개선활동과 관련기법, 품질 코스트, 검사실무 등으로 구성되어 있다.

이렇게 구성되어 있지만 미비한 점이 많이 있으므로 앞으로 독자제현들의 많은 지도편달을 부탁드린다.

본 교재 작성시 도움을 주신 많은 교수님들 또한 편집 및 교정에서 고생하신 한올출판사 직원들께도 감사를 드린다.

연구실에서 저자 씀.

차 례

제1부 품질경영 / 1

제2부 표준화와 품질보증 / 61

제3부 품질개선 활동 / 195

제1부

품질경영

Chapter 1

품질관리

1. 품질개념의 이해

1.1 제품의 품질

1.1.1 제품의 품질

품질이라고 하는 말의 의미는 일반적으로「제품의 품질」을 말하는 것이다. 특히 제품의 물리화학적 성질, 즉「물성(物性)」을 말하고 있다. 이를테면 기계제품의 치수·정밀도·표면 마무리의 정도, 전기제품의 절연성, 전기적 특성, 화학제품의 순도 등을 말하고 있다. 이들은 모두 사용하는 목적에 대해 필요한 성질, 즉,「有用性(유용성 : fitness for use)을 다하기 위해 갖추어야 할 성질」이다. 즉, 품질이란「제품의 유용성을 정하는 성질」혹은「제품의 사용목적을 다하기 위해 갖추어야 할 성질」이다. 사용자는 제품을 산다고 하기보다는 그 제품의 유용성, 즉「기능」을 사는 것이다. 이를테면 전기냉장고가 아닌, 식품 등을 저장하는 기능을 사고 있는 것이다.

품질의 좋고 나쁨은 최종적으로는 사용자가 사용목적을 충족시키고 있는가 어떤가로 평가된다. 품질평가의 대상이 되는 성질·성능을 품질특성이라고 하는데, 메이커가 사용자의 사용목적과 관계없이 품질특성을 선정한다든가 품질규격을 결정한다고 하면, 이것들은 결코 적정한 품질을 나타낸다고는 할 수 없다. 요구되는 품질특성을 직접 측정하기가 어려운 경우에는, 다른 품질특성을 대용으로 해서 사용할 수 있다. 이것을 대용특성(代用特性)이라고 하는데, 대용특성은 사용자의 사용목적에 합치되는 것이라야 함은 말할 나위도 없다. 품질을 구성하는 요소, 품질요소로서는 물성(物性)외에 다음과 같은 것이 있다.

(1) 적절한 가격일 것

품질은 절대적인 의미로 최상이어야 할 필요는 없다. 소비자의 사용목적에 대해 최적(最適)이면 된다. 소비자는 물성과 동시에 가격이 싼 것을 바란다. 따라서 품질은 가격과 떼어놓고 생각한다는 것은 아무런 의미도 없다.

(2) 경제적으로 사용할 수 있을 것

연료·전력 등 사용에 필요한 에너지가 적을 것, 오래 고장나지 않고 사용할 수 있을 것, 보전·수리에 많은 돈이 들지 않을 것 등, 사용자에게 있어서의 경제성을 만족시키고 광범위한 사용자에게 있어서 메리트가 있는 제품이 요구된다.

(3) 경년변화(經年變化)가 많이 일어나지 않을 것

재료의 화학적 변화 등 품질열화(品質劣化)가 일어난다든지, 접합부의 이완, 녹에 의한 도전성(導電性)의 저하 등 큰 고장의 원인이 되는 경우가 있다.

(4) 안전·무해할 것

사용자 혹은 제3자에게 피해를 준다든지, 화재 등으로 인한 재산상의 손해를 입혀서는 안된다는 것은 말할 나위도 없다. 자동차의 배기가스, 고층빌딩에 의한 풍해(風害), 전파장해 등 이웃에 피해를 준다든가, 공해를 발생시키는 일이 있어서는 안된다.

(5) 사용하기 쉬울 것

전문가가 사용하는 제품은 별도로 하고, 일반 사람들이 사용하는 제품은 특별한 훈련이 있어도 누구나 실수없이 사용할 수 있어야 한다. 연속해서 사용할 수 있을 것, 사용이 끝난 뒤 다시 사용할 때에 사고가 없을 것, 이상이나 고장일 때는 사전에 신호를 할 것 등은, 사용자에게 있어서는 중요한 성질이다.

(6) 제조하기 쉬울 것

제품의 가치와도 관계가 있는데 입수하기 쉽고 보존도 하기 쉬운 원재료로서의 특수기능이 없어도 되며, 적은 공수(工數)로 수율(收率)도 크게 제조할 수 있는 것 등, 제조하기 쉬워야 한다.

(7) 쉽게 폐기할 수 있을 것

요즈음과 같은 과밀(過密)의 환경에서는 사용이 끝난 제품을 간단하게 폐기할 수 는 없다. 폐기함으로써 이웃에 피해를 준다든가, 폐품처리비용이 많이 든다는 것 등을, 제품생산 당시에 고려해 둘 필요가 있다.

이상의 품질요소에서 이것들이 결여된다든지, 부족하다든지 하면 부적합품 혹은 결함제품으로 볼 수 있는 것이다. 이런 의미에서 이것들을 마이너스의 품질이라고 할 수 있다. 그러나 이들 품질요소가 갖추어진다 해도 그것만으로는 경쟁에서 이겨 팔 수 있는 것도 아니다. 이를 위해서는 다음과 같은 품질요소가 필요하다.

① 디자인이 좋을 것

참신한 감각을 가질 것, 고급품의 이미지를 가질 것 등 소비자의 기호에 맞는 디자인이어야 하는 것도 중요하다.

② 같은 종류의 다른 회사 제품보다 뛰어날 것

성능・디자인 등 다른 회사 제품과 차별화된 상품인 것이 바람직하다.

③ 관능적 품질이 좋을 것

접촉감・맛・마무리・거주성 등 소비자의 기호를 만족시킬 필요가 있다.

④ 희소성・독자성이 있을 것

넥타이의 무늬와 같이 다른 사람에게는 없고, 자기만이 가질 수 있다는 점이 호감을 사는 제품도 있다.

이와 같은 품질요소를 매력적 품질이라고 말하는 사람도 있다. 제품의 성능에 관한 품질을 기능적 품질, 외관 등과 같이 성능에 직접 관계되지 않는 품질을 비기능적 품질이라고 하는 경우도 있다.

아무튼 품질의 기본은「유용성」이며 사용자의 요구가 없는데도 함부로 고급화를 노려 가격이 비싸지는 것은 좋지 않다. 이것을 과잉품질이라고 한다. 과잉품질도 불량이다. 또 품질은 소비자에게 메리트를 주는 것이 아니면 안된다. 이런 의미에서 제품의 품질을 가장 간단한 말로 표현하면「품질이란 소비자에게 있어서의 메리트이다.」라고 할 수 있다.

제품이 아무리 훌륭하다 하더라도, 그 사용방법을 사용자에게 올바로 전달하는 노력이 부족하다든지, 보전을 위한 부품보급이 원활하지 않거나 하면, 사용자는 그 제품이 유용성을 충분히 발휘 시킬 수 없다. 이런 사항은 서비스에 관한 것이다.

품질이란「물품 또는 서비스가 사용목적을 만족시키고 있는가 어떤가를 결정하기 위한 평가의 대상이 되는 고유의 성질 · 성능의 전체」라고 정의하고 있다.

품질을 나타내는 데이터를 특성치(特性値)라고 하는데, 치수·정밀도·순도·강도 등의 물성을 나타내는 특성치와 마찬가지로 코스트·수량·시간에 관한 품질(능률적 품질이라고 하는 경우도 있다)로서, 공수(工數)·수율(收率)·원단위(原單位)·납기(納期) 등도 품질을 결정하는 특성치이다.

제품의「물성」은 기술부문이 주로 관여하는 것이므로「기술적 품질」이라고 해도 될 것이다. 능률적 품질은 이에 비해 오히려 사무부문이 책임을 져야 할 품질이라고 할 수 있다. 따라서「사무적 품질」이라고 할 수도 있을 것이다. 아무튼 공업제품의 품질은 기술부문만이 관여하는 것이 아니고 사무부문도 관여하는 것이며, 따라서「종합적 품질」(Total Quality)이라고 해도 좋을 것이다. 제품의 품질을 확보한다는 것은 기술부문·제조부문으로 전달할 것, 소비자에게 올바른 사용방법을 알려줄 것 등, 영업부문의 품질계획·품질보증업무도 중요하다. 또 품질확보를 위한 코스트(품질코스트)의 파악 등 경리부문의 업무도 있다. 즉 제품의 품질은 전사적 문제이다. 쥬란(J.M.Juran)도「품질은 제1차적으로 경영의 문제이고 제2차적으로는 기술의 문제이다」라고 말하고 있다.

1.1.2 업무의 질

품질관리에 있어서의 품질은 협의의 제품 품질에 한정되는 것이 아니라, 일반적인 광의의「제품 품질」로 해석할 수도 있다. 연구소의 제품은 연구성과이고, 설계부문의 제품은 설계도면이며, 은행의 제품은 서비스이다. 이와 같은 제품의 품질을 유지·향상시키는 것이 품질관리라고 할 수도 있다.

이와 같은 제품의 품질은 각 부문 업무의 질이라고 해도 된다. 그러므로 품질관리라고 해도 형태가 있는 제품만이 품질에 한정되는 것은 아니다. 업무의 질을 관리하는 것도 품질관리라고 할 수 있다. 경리과의 품질관리라면 실수없이 재빨리 필요한 경리계산을 하여 경리과의 제품인 경리제표(經理諸表)의 품질을 유지·향상시키는 것이라고 해도 된다. 실제로 항공회사·병원·은행 등의 서비스업에 있어서도 품질관리가 적용되어 많은 효과가 나타나고 있다.

물론 제조업체가 실시하는 품질관리의 대상으로서는「공업제품의 품질」이 중점이 되어야 할 것임은 말할 것도 없다. 제품의 품질을 보증하기 위해서는「고객에 대한 서비스의 질」을 확보하는 일도 중요하다. 그래서 제품의 품질과 서비스의 질을 확보를 품질관리의 대상으로 하는 경우가 많다.

수량·코스트·시간은, 품질 그 자체는 아니지만 앞서 말한 바와 같이 넓은 의미에서는 이것을 능률적 품질이라 하며, 품질관리의 대상으로 삼는 경우도 있다. 물론 생산량관리·원가관리·납기관리 등에 대해서는 품질관리의 사고방식이나 수법이 도움이 되는 경우도 적지는 않지만 이 밖의 수법도 필요하다. 이들 관리 중에서 품질계획·품질보증에 관계가 있는 면은 품질관리의 주요대상이다.

1.1.3 품질의 정의

품질이란 제품의 유용성을 결정하는 성질 또는 제품의 사용 목적을 다하기 위해서 구비해야 할 성질이다.

품질에 관한 KS규격을 비롯한 여러 가지 정의를 <도표 1-1>에 정리한다.

이들 정의를 종합하여 볼 때, 소비자가 요구하는 품질요소는 다음과 같다.

① 여러 가지 기능을 수행할 수 있는 것(性能)
② 성능이 우수할 것(性能)
③ 모양이 좋고 독특할 것(外觀)
④ 견고할 것(强度)
⑤ 색상이 좋을 것(外觀)
⑥ 고장이 잘 나지 않을 것(信賴性)
⑦ 오래 사용할 수 있을 것(內久性)
⑧ 수리가 용이할 것(保全性)
⑨ 사용하기 편리하고, 조작이 간편할 것(便利性)
⑩ 사용하기 해롭지 않을 것(安全性)
⑪ 값이 쌀 것(經濟性)
⑫ 유지하기 쉽고, 유지비가 적게 들 것(經濟性)
⑬ 폐기가 용이하고, 공해 요인이 되지 않을 것(公害性)
⑭ 구조가 간단하고, 제조가 용이할 것(製造性)

위의 요구 항목 중 ⑬은 사회적 품질이라고 말하고, ⑭는 소비자보다는 제조자가 요구하는 사항이지만, 제품의 원가와 직결되기 때문에 소비자와도 관련된다고 할 수 있다.

도표 1-1
품질의 정의

구 분	정 의	비 고
품질의 정의	물품 또는 서비스가 사용목적을 만족 시키고 있는지의 여부를 결정하기 위한 평가의 대상이 되는 고유의 성질·성능의 전체	
ISO의 정의	명시 또는 묵시의 요구를 만족시키는 능력으로 제품 또는 서비스가 보유한 특징 및 특성의 전체 (The totality of features and characteristics of a product or service that bear on it's ability to satisfy stated or implied needs)	(국제 표준화 기구 규격) ISO 8402
ANSI/ASQ의 정의	용구(needs)를 충족시키는 능력에 관계가 있는 제품 내지 서비스의 특징 및 특성의 전체	ANSI(American National Standard Institute) ASQ(American Society for Quality Control)
Juran의 정의	용도에 대한 적합성 (Fitness for use)	
크로스비의 정의	요건에 대한 일치성 (Conformance to requirements)	
파이겐바움의 정의	제품이나 서비스의 사용에서 소비자의 기대에 부응하는 마케팅, 기술, 제조 및 보전에 관한 제반 특성의 전체적인 구성	
다 구 찌	제품이 출하된 뒤에 사회에서 그로 인해 발생되는 손실	

2. 제품의 기능과 품질요소

제품이 발휘하는 기능에는 용도에 대한 적합성이나 유용성과 같은 기대하는 기능(플러스 면의 품질)뿐만 아니라, 기대하지 않는 기능(마이너스 면의 품질)

도 있다.

플러스 면의 품질은 수요자에게 좋은 영향을 끼치는 것에 비해, 마이너스 면의 품질은 주위사람들에게까지 해로운 영향을 끼칠 수 있기 때문에 생산자는 수요자가 아무리 원하는 일이라도 사회적 입장에서 충분히 고려해야 한다.

도표 1-2
품질 방정식

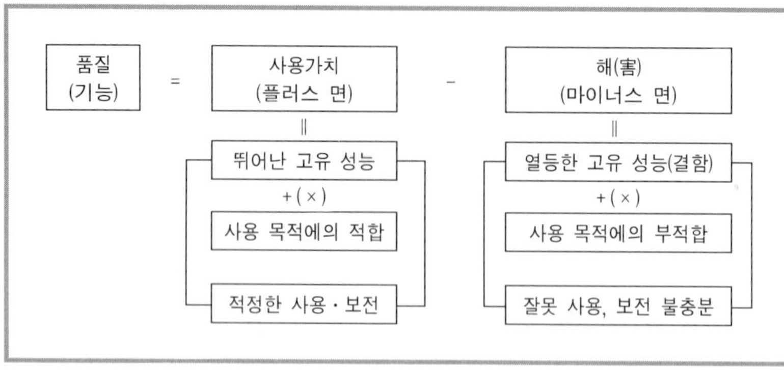

이와 같은 기능은 <도표 1-2>에서 보는 바와 같이 제품 고유의 성능만으로 결정되는 것이 아니라, 사용 목적과의 적합성이나 사용 방법으로도 좌우되며, 경우에 따라서는 역효과를 나타내는 경우도 있다는 것을 잊지 말아야 한다.

사용자가 바라는 품질에 대해, 기능적 품질을 주로 말했으나, 비기능적 요소도 중요하다.

2.1 품질특성 및 분류

2.1.1 품질특성

품질의 좋고 나쁨은 물품의 사용자가 사용 목적(용도)을 충족시켰는가의 여부에 따라 평가되는데, 이때 품질 평가의 대상이 되는 성질이나 성능이 품질특성(quality characteristics)인 것이다. 성능·순도·강도·치수·공차·외관·신뢰성·수명·부적합품률·수확률 등과 같은 것이다. 이들 특성을 수치로 표시한 것을 품질특성값이라 한다.

품질 특성은 크게 참(관능) 특성과 대용 특성으로 나눌 수 있다. 참 특성은 소비자가 요구하는 품질 특성으로써, 자동차의 경우, 스타일, 승차감·가속성·안전성 등에 대한 소비자의 관능적 요구품질이다.

대용특성은 참 특성을 해석한 것으로써 자동차의 경우 스타일이나 차의 길이·폭·색상 등으로 표시할 수 있다. 참 특성을 대용 특성으로 나타냄에 있어 부족함이 없도록 하는 것이 소비자 요구를 만족시키는 첫 걸음이 된다.

2.1.2 품질의 분류

품질의 원천은 어디까지나 소비자의 요구이기 때문에 소비자 요구가 제품에 반영되어, 그것이 만들어진 후 소비자 손에서 실제로 발휘되는 품질까지 그 형성 단계에 따라 목표 품질·설계 품질·제조 품질·사용 품질로 분류하여 생각할 수 있다.

(1) 목표 품질(시장 품질)

소비자의 기대 품질로서 당연히 있어야 할 품질을 의미안다. 따라서 이것은 바로 그 제품에 대한 소비자 요구(needs)라고 할 수 있다. 소비자의 요구를 정확하고 광범위하게 조사하고, 이것을 그 제품이 당연히 가지고 있어야 할 품질 특성으로 규정한 후 이것이 품질에 실현되도록 노력할 필요가 있다.

(2) 설계 품질

기업이 품질목표가 경제적으로 설정되며 이에 따라 품질의 설계가 이루어지고 이것이 완성된 것을 설계 품질(quality of design)이라고 한다. 이는 제조하여 판매하려고 하는 품질을 말한다.

품질이란 사용 목적에 대하여 '최적'임을 바라지 절대적인 의미의 '최상'일 것을 결코 바라지 않는다. 즉 제품의 실제적인 사용 용도와 가격과의 균형을 고려하여 설계 품질을 설정하는 것이다. 설계 품질을 결정함에 있어서는 <도표 1-3>에서 볼 수 있듯이, 이익의 최대를 목표로 할 때는 품질 수준이 2가 되며,

가격을 싸게 파는 방침이라면 품질 수준이 1일 되고, 고급품을 파는 방침이라면 품질 3의 수준으로 설계할 수 있다. 즉, 설계 품질은 어떤 수준의 고객을 대항으로 하며, 어느 정도의 이익을 목표로 하는가에 따라 결정되는 것으로, 이것은 시장조사의 결과와 경영 방침에 의해서 정해진다.

도표 1-3 설계 품질의 경제성

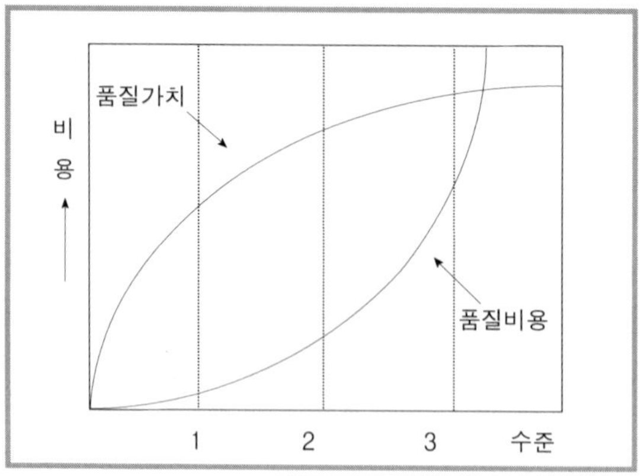

(3) 제조 품질(적합 품질)

제조 품질은 적합 품질 또는 합치 품질이라고도 하며 실제로 제조된 품질 특성 즉, '실현되는 품질'을 의미한다.

현장의 품질관리는 제조 품질(quality of conformance)을 설계 품질에 합치시키기 위한 노력이라도고 말할 수 있으며, 제조 품질이 설계 품질의 허용 공차를 벗어날 때, 이것이 바로 부적합품이 되는 것이다.

일반적으로 제조 품질은 품질 산포의 요인이 되는 4M(Man, Method, Machine, Material)에 의하여 결정되며 제조 현장 관리의 대상이 4M이 되는 것이다.

제조 품질의 적정 부적합품률(Po)은 <도표 1-4>에서 총비용이 최저가 되는 부적합품률이다. 부적합품률의 변화는 총비용의 증가를 가져온다. 다만, 제조 현장에서는 품질 관리 비용의 곡선을 <도표 1-4>의 화살표(←) 방향으로 변화시키면 총비용 곡선이 변하여 부적합품의 감소와 동시에 총비용의 절약도 가져올 수 있어 품질 향상과 원가 절감을 동시에 달성할 수 있게 된다. 이것이 제조 현장 품질관리의 목표가 된다.

(4) 사용 품질

제품이 출하되어 소비자의 손에 넘어간 다음 그 제품이 처음의 사용 목적에 대해 기능을 충분히 발휘하는가에 따라 소비자의 만족도는 변하게 된다. 이러한 품질을 사용 품질(quality of use)이라 한다. 사용 품질을 높이기 위해서는 사용방법의 교육 등의 서비스 비용의 증액이 필요하다.

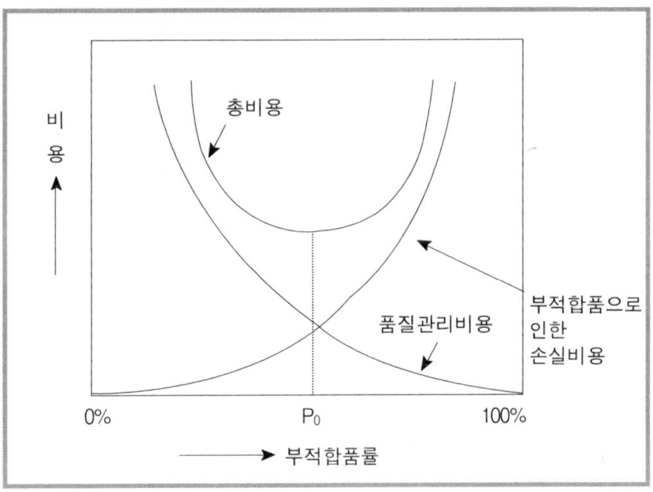

도표 1-4 제조 품질의 경제성 도표

2.1.3 종합적 품질

수요자는 품질만 좋으면 만족하는 것이 아니라 가격과의 대비도 있고, 수량이나 납기에 대한 요망도 있다. 이과 같은 수요의 3요소인 질 · 양 · 코스트(QCD : Quality · Cost · Delivery)를 종합적으로 평가하여 구매한다. 이 QCD를 종합적 품질이라 부르기도 한다.

2.1.4 제품 이외의 서비스 품질

제품을 직접 취급하지 않는 기업도, 자사가 제공하는 서비스 등을 품질이라 생각하는 것이 현재의 추세다. 제품(하드웨어)에 따르는 서비스(소프트웨어)도 결국은 전체적으로 기능을 제공하고 있는 것이다. 운송·통신·정보 등도 이것이 사용자에게 기능을 제공하는 것이므로 제품의 품질과 기본적으로 같다.

2.2 관리의 의의

관리라고 하는 말은 여러 가지 의미를 지니고 있는데 간단히 말해서「관리란 계획을 설정하고, 이를 달성하기 위한 모든 활동의 전체이다.(쥬란)」라고 말할 수 있다.

어떤 일을 하는 경우에도 우선 목적을 분명히 해서 계획을 세우고, 이에 따라 작업을 하며, 작업결과를 검토하여, 계획과 맞지 않는다면 작업을 변경하고, 계획이 불비하면 계획을 변경하는 수정조치를 취할 필요가 있다. 이것이 계획을 달성하기 위한 활동이며, 그 전체가 바로「관리」이다.

2.2.1 관리의 사이클

관리활동은 계획에서 시작하여 다시 계획으로 되돌아가는 사이클(순환)이며, <도표 1-5>를 관리의 사이클(혹은 관리의 서어클)이라고 하는 경우도 있다.

4가지 스텝은 <그림 1-5>와 같이 plan-do-check-action의 4부분으로 이루어진 서어클로 표시된다. 도표의 PDCA의 관리의 사이클을 끊임없이 돌리면서 목표를 달성하려는 것이다. 관리는「활동의 전체」이므로 P,D,C,A의 각각의 활동을 말하는 것이 아니고, 그것을 연쇄적인 활동으로서 실행하는 것을 말하는 것이다.

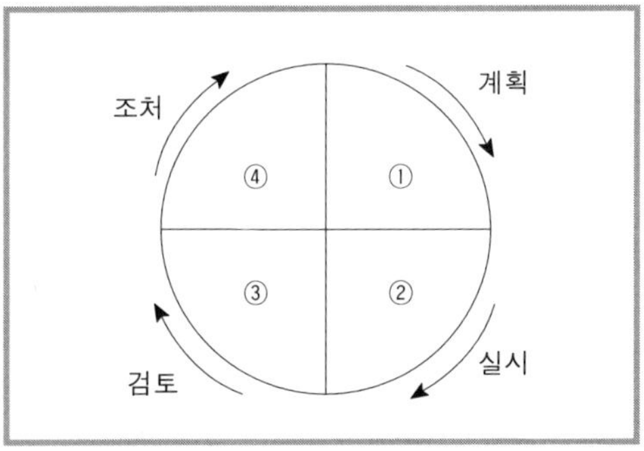

도표 1-5
관리의 사이클

이 관리의 사이클은

① 목표를 달성하기 위한 계획(혹은 표준)을 설정한다. - Plan; P
② 계획에 따라 실시한다. - Do; D
③ 실시한 결과를 측정하여 검토한다. - Check; C
④ 검토한 결과와 차이가 있으며 필요한 수정조처를 취한다. - Action; A

이다.

2.2.2 관리의 효율화

관리활동을 효율적으로 하기 위해서는 P,D,C,A 각각의 활동을 적절하게 실행 할 필요가 있다.

(1) 우선 목표를 달성하기 위한 적절한 계획이 설정되지 않으면 안된다. 그러나 처음부터 적절한 계획이 설정되기를 바랄 수는 없는 것이다. 그래서 일단 적절하다고 생각되는 계획을 설정한다.

(2) 이 계획에 따라 업무를 수행한다.

(3) 업무의 결과를 검토한다. 이 때 중요한 것은 업무의 결과를 어떤 항목으로 검토할 것인가, 어떤 표준치와 비교·검토할 것인가가 명확해야 할 필요가 있다. 이러한 항목을 관리항목이라고 하며 적절한 관리항목을 선정하고, 이것을 활용하는 것이 관리활동을 효율적으로 수행하기 위한 필수적인 일이다.

(4) 검토의 결과로 수정조처를 취한다. 이 때 취해야 할 수정조처는 허용된 범위내에서 수행해야 하며, 자기의 권한 이외의 수정조치, 이를테면 제조조건의 대폭적인 변경 따위는 하지 말아야 하며, 상위 관리자에게 보고한 다음, 상위자로 하여금 수정조처를 취하게 해야 한다. 즉 각 직위의 권한이 명확해야 할 필요가 있다. 또 취해야 할 조처를 취하지 않았다면 자신의 책임을 다한 일이 되지 못한다. 즉 관리활동을 효율적으로 수행하기 위해서는 책임·권한이 명확해야 하는 것이 필수적이라고 강조하고 싶다. 수정조처로서는 계획의 변경·관리를 위한 표준의 변경도 포함된다.

이렇게 해서 PDCA관리의 사이클을 계속 돌림으로써 계획은 더욱 적절한 것이 되며 관리활동이 효율적으로 수행되는 것이다.

쥬란은 관리활동의 스텝을 다음 7가지로 나누고 있다.

① 관리항목의 선정, 즉 규제(regulate)되어야 할 항목을 선정한다.
② 측정단위를 선정한다.
③ 표준치의 설정, 품질특성을 규정한다.
④ 품질특성을 측정하기 위한 검출방법(sensing device)을 만들어 낸다.
⑤ 실제로 측정을 한다.
⑥ 실제의 값과 표준과의 차이를 해석한다.
⑦ 차이에 대해 의사결정을 하고, 수정조처를 취한다.

3. 전사적 품질관리

3.1 품질관리의 의의

품질관리는 앞에서 말한 관리의 정의의 앞에 「품질」이라는 말을 붙여서 「품질관리란 품질의 계획을 설정하여 이를 달성하기 위한 모든 활동의 전체이다.」라고 할 수 있다.

생산·판매의 전과정 즉, 품질을 설계하여 그에 따라서 제조를 하고, 그 제품을 검사·판매한다.

여기까지가 사내활동인데 다시 사외에서 소비자의 요구를 조사하고 다시 설계로 돌아오는 것이 생산의 전체활동이며, 이것이 품질관리이다.

데밍(W.E Deming)은 품질관리를 수레바퀴에 비유하여 사외에 있어서의 시장조사까지도 품질관리의 일환으로 하여 이 수레바퀴가「품질을 중시하는 관념」및「품질에 대한 책임감」이라는 땅 위를 끝없이 회전을 계속하여 전진·발전해 나가는 것이 품질관리라고 한다.

여기서 주의해야 할 것은 검사를 하여 부적합품을 찾아내고, 그것을「재손질」하는 것은 관리가 아니다. 부적합품을 발생시키는 원인이 되는 설계·작업표준, 작업 등을 고쳐서 부적합품이 나오지 않도록 하는 것이 관리이다. 관리란「재발방지」이며 나아가「예방」을 목적으로 하고 있다.

여기서 말한 것은 무슨 특별하게 새삼스러운 것이 아니다. 오히려 지나칠 만큼 당연한 일이다. 따라서「품질관리는 당연히 해야 할 일을 올바로 행하는 일이다.」라고 해도 된다.

3.2 품질관리의 정의

품질관리의 정의로서 앞에서「품질관리란 품질의 계획(표준)을 설정하여 이를 달성하기 위한 모든 활동의 전체이다.」라고 할 수 있음을 말했다. 즉,「품질관리란 소비자의 만족을 얻기 위한 고도의 유용성을 갖는 제품을 가장 경제적인 수준으로 생산하기 위해 실행계획을 만드는 일, 그 계획을 달성하기 위해 행하는 모든 활동을 말한다.」는 것이다.

여기서 대표적인 품질관리의 정의를 몇 가지 보기로 하자.

품질관리의 일반적 정의

수요자의 요구에 맞는 품질의 물품 또는 서비스를 경제적으로 만들어 내기 위한 수단의 체계.

품질관리를 약해서 QC라고 한다. 또 근대적인 품질관리는 통계적인 수단을 이용하고 있으므로 특히 통계적 품질관리(SQC : Statistical Quality Control)라 한다.

품질관리를 효과적으로 실시하기 위해서는 시장 조사, 연구·개발, 제품의 기획, 설계, 생산 준비, 구매·외주, 제조 검사, 판매 및 애프터 서비스 또한 재무, 인사, 교육 등 기업 활동의 전체 단계에 걸쳐서 경영자를 비롯하여 관리자, 감독자, 작업자 등 기업 전원의 참가와 협력이 필요하다.

이와 같이하여 실시되는 품질관리를 전사적 품질관리(CWQC : Company Wide Quality Control) 또는 종합적 품질관리(TQC : Total Quality Control)라 한다.

ISO 8402(국제 규격)의 정의

품질관리 : 품질에 대한 요건을 충족시키기 위하여 사용되는 운영기법 및 활동이다. (Quality Control : The operational techniques and activities that are used to fulfil requirements for quality)

데밍의 정의

통계적 품질관리란 최대로 유용하며, 구매자가 있는 제품을 가장 경제적으로 생산해 내기 위해, 생산의 모든 단계에서 통계 이론과 기법을 응용하는 일이다.

쥬란의 정의

품질관리란 품질 규격을 설정하여, 이에 도달하기 위해 사용하는 모든 수단을 말한다.

파이겐바움의 정의

종합적 품질관리(TQC)란 고객에게 충분한 만족을 줄 수 있도록 생산과 서비스를 가장 경제적인 수준에서 실시하기 위하여, 기업의 각 부문의 품질개발, 품질유지 및 품질개선 업무를 총괄하는 효과적 시스템이다.

근대적인 품질관리는 통계적인 수단을 이용하여 주로 전개되므로, 오늘날의 통계적 품질관리는 품질관리의 진수라고 할 수 있다. 그러나 품질관리는 통계적인 방법만으로는 소기의 성과를 얻을 수 없는 것으로 품질에 영향을 주는 모든 사람이, 모든 부문과, 생산 판내의 모든 단계에서 종합적으로 품질관리를 추진해야 한다.

품질관리의 요점을 정리하면 다음과 같다.

① 품질은 소비자(고객)의 요구에 합치되는 것이어야 한다.

품질관리를 실시함에 있어 기준이 되는 품질은 국가 규격이나 국제 규격의 품질이라도, 소비자의 요구에 적합하지 않으면 소용이 없다. 요구에 일치되어 팔리는 물품이나 서비스이어야 한다.

② 적정한 가격으로 팔릴 수 있도록 경제적으로 산출할 수 있어야 한다.

품질이 아무리 좋더라도 가격이 비싸면 소비자는 외면한다. 경제적인 생산이 뒷받침되어 적정 가격으로 판매할 수 있도록 되어야 한다.

③통계적 방법뿐만 아니라 온갖 수단의 적용이 필요하다.

근대적 품질관리의 중심이 되는 수단은 통계적 방법이라 할 수 있다. 그러나 통계적 방법에는 한계가 있다. 제품의 품질 확보를 위해서는 해당 제품의 하드웨어에 관련하는 고유 기술로서 기계 공학, 금속 공학, 화학 공학 등이 필요하며 아울러 관리 기술로서 VE(가치 공학), IE(산업공학), MIS 등의 관리 기법과의 조화로움이 필요하다.

④ 전사적인 품질경영의 전개가 필요하다.

품질관리의 정의에서 설명하고 있는 것과 같이 품질관리를 효과적으로 실시하기 위해서는 시장 조사에서 판매 서비스의 모든 단계까지, 그리고 생산에서 재무・인사 부서에 이르기까지 모든 부서가 협조하고 협력하면서 실시해야 한다. 또한 품질방침을 정하고 그 실시를 추구하는 활동도 전개되어야 한다. 즉 경영관리 전반의 기능 중에서 실시되는 경영의 한 도구로서 활용되어야 할 것이다.

3.3 품질관리의 중요성

기업은 이익을 올리지 못하면 성립될 수가 없다. 이익을 올리기 위해서는 다음과 같은 방법이 있다.

① 판매가를 올린다.
② 대량 생산으로 양산 효과를 얻는다.
③ 원가 절감을 한다.

이 세 가지 항목 중 경영 외부 환경이나 경쟁 여건 등에 관계없이 기업이 꾸준히 진지하게 노력해야 할 항목은 ③항이다.

원가 절감에 대해서는 수많은 기법이 개발되어 있지만, 전사적인 품질관리에 기반을 둔 상태에 원가 절감 기법을 사용하는 것이 원가면의 효과는 물론 기업 간 경쟁에서도 좋은 결과를 가져올 수 있다.

이하 품질관리의 효과를 정리하면 다음과 같다.

① 원가절감

부적합품이 줄어들고 품질이 안정됨으로써 가동률은 향상되며 사용 재료도 적게 든다.

② 납기 지연의 방지

품질이 안정되어 생산 계획을 세우기 쉬워지고, 부적합품에 의한 지연이 없어진다.

③ 표준화에 의한 합리화

품질 수준을 규격화함으로써 표준화가 진전되기 때문에 재료의 재고는 적어진다.

④ 검사 비용의 절감

품질이 안정되면 검사 능률이 올라가고, 검사는 재검사 비용을 절감할 수 있게 된다.

⑤ 부적합품 처리비의 절감

불량을 절감함으로써 생산, 검사, 클레임 처리 등에 필요했던 인원과 비용을 절감 할 수 있다.

⑥ 작업의 합리화

품질관리를 추진해 가는 과정에서 제조, 검사의 작업 개선이 진전된다.

⑦ 직장의 사기 양양

품질관리 분임조의 활동을 통하여 작업자의 의식이 높아지고, 직장의 모럴이 향상된다.

⑧ 작업자의 기능 향상

불량 퇴치 등 현실적인 테마를 중심으로 교육, 훈련을 해나가기 때문에 작업자의 기능이 향상된다.

⑨ 기회 손실의 방지

설비 등의 예방 정비를 철저히 함으로써 설비 고장에 의한 손실을 막고 보전비를 삭감할 수 있다.

⑩ 시장 경쟁을 유리하게 전개할 수 있다.

이상과 같이 품질관리는 품질(quality), 원가(cost), 납기(delivery) 즉, QCD의 향상을 가능하게 된다.

또한 여기에 각도에 조금 달리하여 보완하면 다음 사항을 추가할 수 있다.

① 이익 획득에 대한 기여

② 기업의 체질 개선 수단으로서의 역할

③ 상품의 기능을 통한 사회에의 공헌

④ 인간성 존중

⑤ 관계 기업과 공존 공영

3.4 품질관리의 역사

품질관리라는 말이 쓰여지지 않았다 하더라도 실제로는 생산의 시작과 더불어 실시되었다. 수공업의 시대에 있어서도 이미 주인은 종업원의 작업 결과를 보고 나쁜 곳이 있으면 이를 수정해서 양품으로 만들어 내고 있었다.

작업 결과를 살피는 것은 검사의 출발이기도 한다. 오늘날에도 검사는 QC의 중요한 기능의 하나로 계속 실시하고 있다. 그러나 검사만으로 양품을 골라 낼 수는 있어도 품질을 좋게 만들어 내는 기능은 없으며, 그 부적합품의 원인을 확인하는 수단이 될 수는 있는 것이다.

품질에는 산포가 있다. 이 산포에는 우연히 발생하는 것과 이상 원인으로 발생하는 것의 두 가지 종류가 있으며, 이것을 구분하기 위한 관리도를 창안한 사람은 W. A. Shewhart로서 1924년의 일이다. 이 때는 통계적 품질관리의 시작으로 본다.

품질관리 역사에 관한 주요 사항을 기술하면 다음과 같다.

① 1928(미국) Dodge와 Roming : 샘플링 검사표 발표
② 1932(영국) R. A. Fisher : 실험 계획법 기초 마련
③ 1941(미국) 품질관리를 위한 전시 규격 ZI-1~ZI-3 제정
④ 1946(미국) 미국 품질관리 협회 창설(ASQC)
⑤ 1951(일본) 데밍상 제도 실시
⑥ 1956(미국) A. V. Feigenbaum : TQC 제창
⑦ 1956(유럽) 유럽 품질관리 기구 창설(EOQC)
⑧ 1961(한국) 공업 표준화법 제정
⑨ 1962(한국) 한국 공업 표준 협회 설립(현 한국표준협회)
⑩ 1962(한국) 한국 공업 규격(KS) 최초 제정
⑪ 1962(일본) QC 분임조 활동 개시
⑫ 1975(한국) 품질관리 대상 제도 실시
⑬ 1992(한국) ISO 9000패밀리 국내인증 실시
⑭ 1999(한국) 국가품질상 제도 실시

이러한 역사를 거쳐온 품질관리를 전망해 보면 다음과 같다.

품질관리의 목적을 단적으로 말하면 제품 품질을 보증하는 것과, 보증함에 있어 손색이 없는 품질을 경제적으로 생산하는 것이다. 그리고 보증하고자 하는 대상이 매년 현저하게 변하고 있다는 사실에 주의하지 않으면 안된다.

보증의 대상이 품질 시방이었던 초기의 품질관리 시대에는 기업 내의 품질관리 활동은 주로 제조 부문의 담당자에게 위임되었다.

그러나 앞으로의 보증 대상은 제품의 유용성과 안전성이다. 그래서 안전성에 관한 생산자의 보상 책임이 법률적으로 놀라울 만큼 확대되어, 판매된 제품에 의하여 신체나 재산에 손해를 끼치면 그것을 배상하기 위해 많은 비용을 필요로 하기 때문에 미국에서는 그로 인해 도산한 기업이 속출하고 있다.

이와 같은 보상 책임을 제조물 책임(PL : product liability)이라고 한다. 따라서 앞으로의 품질관리 활동은 기술 제조 부문뿐만 아니라, 최고 경영자의 리더십으로 영업, 자재 부문 나아가서는 법률 전문가도 참여하여 PL을 둘러 싼 종합적인 활동을 하지 않고서는 제품에 관한 목표를 달성할 수 없게 될 것이다.

연습문제

1. 품질특성에 대하여 서술하시오.

2. 참특성과 대용특성에 대하여 서술하시오.

3. 플러스 품질과 마이너스 품질에 대하여 서술하시오.

4. 품질의 정의에 대하여 서술하시오.

5. 소비자가 요구하는 품질요소로는 어떤 것이 있는가?

6. 품질의 분류에 대하여 서술하시오.

7. 관리의 사이클에 대하여 서술하시오.

8. 관리의 효율화란 무엇인가?

9. 품질관리 정의에 대하여 서술하시오.

10. 품질관리의 요점을 정리하시오.

11. 품질관리의 중요성에 대하여 서술하시오.

12. 품질관리를 실시했을 때 얻을 수 있는 효과를 서술하시오.

13. 품질관리 역사에 관한 주요사항을 기술하시오.

14. 다음 품질에 대한 설명 중 옳지 않은 것은?

㉮ 절대적 품질은 가격과 품질의 조화를 고려한 품질이다.

㉯ 품질은 제품의 유용성을 정하는 성질이다.

㉰ 설계품질은 목표의 품질이라고 한다.

㉱ 시장품질은 시장의 요구품질이라고 한다.

15. 다음 중 옳은 것을 하나 지적하여라.

㉮ 품질은 어떤 품질특성에 의해 선택된다.

㉯ 품질은 여러 품질특성의 집합체이다.

㉰ 품질은 여러 품질특성을 검사함으로써 이루어진다.

㉱ 품질보증은 생산의 최종단계에서 검사를 철저히 하면 된다.

16. 다음 중 품질특성의 뜻에 가장 적합한 항목은?

㉮ 품질보증 항목

㉯ 제품의 기능에 관한 특성

㉰ 품질 평가의 대상이 되는 성질·성능

㉱ 관리할 목적의 품질요소

17. 다음의 각 설명 중에서 옳지 못한 것은 어느 것인가?

㉮ 품질특성은 치수, 온도, 압력 등과 같이 그 샘플의 성질을 규정하는 요소 또는 그 품질을 평가할 때 지표가 되는 요소를 말한다.

㉯ 시장품질은 소비자가 요구하는 품질로서 설계나 판매정책에 반영되는 품질이다.

㉰ 통계적 품질관리는 가장 유용하고, 더욱 시장성이 있는 제품을 가장 경제적으로 생산하기 위하여, 생산의 모든 단계에 통계적 원리와 수법을 응용하는 일이다.

㉱ 품질 목표는 현재의 기술로 관리하면 도달할 수 있는 공정에 주어지는 품질의 수준이다.

18. 공해배출과 같이 사용자 이외의 제3자에게 미치는 영향 정도로 표시되는 제품의 품질을 무엇이라 하는가?

㉮ 제3자 품질　　㉯ 사회적 품질

㉰ 법적 품질　　㉱ 품질관리 대상이 아님

19. 다음 중 품질전개의 순서가 맞는 것은?

㉮ 시장품질→설계품질→제조품질
㉯ 제조품질→설계품질→시장품질
㉰ 설계품질→제조품질→시장품질
㉱ 시장품질→제조품질→설계품질

20. 관리의 사이클을 차례로 표시한 것은?

㉮ Action - Do - Check - Plan
㉯ Plan - Do - Check - Action
㉰ Plan - Check - Action - Do
㉱ Plan - Action - Check - Do

21. 관리에는 계획(Plan), 실시(Do), 검토(Check), 조처(Action)의 네가지 단계가 있는데, 이것을 관리 사이클 또는 PDCA 사이클이라 한다. 품질관리도 PDCA를 따라 다음 네가지 단계로 구분 실시하는데, 이에 해당되지 않는 것은 다음 중 어느 것인가?

㉮ 표준설정
㉯ 차이를 줄이기 위한 시정 조치
㉰ 표준에 대한 적합도 평가
㉱ 제조상 또는 기술상의 코스트

22. 품질관리의 정의에 충실한 세가지 항목은?

㉮ 소비자의 요구품질, 경제적 생산, 모든 수단의 체계
㉯ 품질방침, 경제적 생산, 전원 참가
㉰ 품질의 고급화, 품질의 다양화, 현상타파
㉱ 품질보증, 원가 목표 달성, 통계적 기법

23. QC의 모든 기록은?

㉮ 피드백이 될 수 있도록 정리 보관해야 한다.
㉯ 검사만 하고 기록은 필요치 않다.
㉰ 공장관리 중 관리 항목의 기록만 보관하면 된다.
㉱ 검사나 공정관리 부서 등에서 필요한 것이다.

24. 다음 중 품질관리의 기능이라 할 수 없는 것은?

㉮ 품질의 설계
㉯ 품질의 개발
㉰ 공정관리
㉱ 품질보증

25. 품질관리의 실시 효과로 볼 수 없는 것은?

㉮ 사회의 평판이 좋아지면 신용이 두터워진다.

㉯ 회사내 각 조직 사이의 관계가 원활해진다.

㉰ 제품의 품질이 균일해진다.

㉱ 소비자의 요구로 품질이 다양화해진다.

Chapter 2

품질경영(QM)

1. QM 목적 및 필요성

1.1 QM의 필요성

최근의 급격한 산업여건 변화와 다양해진 소비자 요구에 부응하고, 우리 산업의 경쟁력 회복의 전환점을 마련하기 위해서는 지금까지의 현장위주, 제품위주의 품질관리(QC : Quality Control) 체제로부터 한걸음 더 나아가 제품, 공정, 사람, 자원에 대한 총제적 품질(QM : Quality Management) 체제를 갖추지 않을 수 없게 되었다.

품질에 대한 국제적 동향을 보면 1987년 국제 표준화 기구(ISO : International Organization for Standardization)에서 품질을 확보하기 위해 기업이 갖추어야 할 내용을 담은 품질경영 및 품질보증에 관한 국제규격인 ISO 9000패밀리를 제정하고, 이어서 EU가 통합하여 EU규격으로 체택함에 따라 현재 전세계 73개국에서 국가규격으로 채택하는 등 새로운 무역장벽으로 등장하고 있어 바이어들의 요구에 부응하고 고객만족(CS : Customer Satisfaction)을 우선으로 하는 경영에서 살아남기 위해서는 이러한 국제적으로 통용되는 품질경영(QM)체제의 도입이 불가피하게 되었다.

이와 같이 품질경영 활동을 우리 산업계의 일하는 분위기를 되찾고 품질의

식과 그 체제를 선진화함으로써 그동안 침체되어 온 산업의 경쟁력을 만화하기 위한 새로운 운동으로서 하루빨리 확산, 실천되어야 할 것이다.

최근 기업환경의 변화는 매우 괄목할만하다. 국가적으로 힘의 균형, 이해의 균형, 개인적으로는 사람들의 요구가 다양해지고, 소득수준도 높아져 소비형태의 변화를 초래케하여 더욱 복잡하게 만들고 있다.

최근의 기업환경 변화의 특징을 요약하면 다음과 같다.

① 시장 - 소비자 지향성이 매우 높아지고 있다는 점이다. 이미 우리가 잘 알고 있듯이 오늘날 기업의 생산은 자기의 욕구충족을 위한 것이 아니고, 시장의 불특정 고객을 위하여 생산하는 이른바 시장생산 또는 상품생산인 것이다. 그러므로 시장의 소비자와 고객의 요구에 따라 제품을 생산하는 것은 너무나도 당연하다고 할 수 있을 듯 하다.

최근 고객만족 경영을 도입하고 있는 기업의 수가 급속히 늘어나고 있는 것은 이를 잘 설명해 주고 있는 바라고 할 수 있을 것이다. 고객만족이란 고객이 원하는 것을 기대이상으로 충족시킴으로서 고객의 재 구매율을 높이고 상품과 서비스에 대한 애호도(loyalty)가 지속되도록 하는 것이라고 할 수 있다. 따라서 고객만족이란 결코 새로운 개념은 아니며, 이의 핵심은 고객을 기업 활동의 중심에 놓고, 그리고 그들을 판단의 기준으로 삼아 모든 활동을 집중하는데에 있다고 할 수 있다.

② 최근에 이르러 기업들에게 사회성을 크게 강조하고 있다는 것이다. 이것의 내용을 요약한다면 소극적으로는 사회에 위해스러운 생산은 피해야 할 것이며, 나아가서 적극적으로는 사회를 위한 환원과 같은 내용이 포함되어 있다고 할 수 있다. 기업이 추구하는 이익과 사회발전이 반드시 조화를 이루어야 한다는 요구인 것이다.

③ 최근에 이르러서는 기업의 인적 구성원에 대한 관심이 고조되어 가고 있다는 것이다. 이는 기업들이 그들에 대한 교육과 훈련에 막대한 비용을 지출해 가고 있으며, 그의 규모가 증가하고 있음은 좋은 입증이 될 듯하다. 나아가서 이는 성공적인 생산은 고유기술과 관리기술이 조화라는 차원에

서 훌륭한 생산이 이루어질 수 있다는 인식이 투철해 지고 있다는 것이다.

④ 정치적 민주화 분위기의 조성과 함께 산업 민주화의 분위기가 만들어짐에 따라서 기업 구성원들의 참여 의식이 매우 높아졌다.

조직을 활성화하는 것이 요구된다고 할 수 있는데, 궁긍적으로는 조직의 유효성을 높이는 것이 될 것이다. 이를 달리 설명한다면 "신나고, 기분좋은 조직"을 만드는 것으로 성취할 수 있다고 생각된다. 이와 같은 문제는 고유기술이나 기계설비로써 해결할 수 있는 것은 아닌 것이다.

⑤ 실질적으로 무역장벽이 될 수 밖에 없는 여러 가지의 문제들이 지속적으로 제시되고 있는 것이다. 이를 가장 잘 설명할 수 있는 것이 바로 ISO가 GATT(관세 및 무역에 관한 일반 협정)의 기준인증에 관한 협정(GATT - Standard Code)을 이행하기 위해서 작성한 ISO 9000 패밀리가 그것이다.

1.2 QM의 의의와 목적

품질경영(QM)이란 최고 경영자의 리더십 아래 품질을 경영의 최우선 과제로 하고 고객 만족의 확보를 통한 기업의 장기적인 성공은 물론 기업 구성원과 사회 전체의 이익에 기여하기 위해 경영활동 전반에 걸쳐 모든 구성원의 참가와 총체적 수단을 활용하는 전사적 종합적인 경영관리 체계라고 정의를 내릴 수 있다.

따라서 품질경영(QM)을 최고 경영자의 품질방침을 비롯하여 고객을 만족시키는 모든 부문의 전사적 활동으로서 QP, QC, QA, QI를 포함하는 보다 넓은 의미를 가진다.

QP(Quality Policy & Planning : 품질방침 및 계획)
QC(Quality Control : 품질요구를 만족케 하기 위한 실기기법과 활동)
QA(Quality Assurance : 품질보증)
QI(Quality Improvement : 활동과 Process의 유효성을 증가시키는 활동)

즉, QM = QP + QC + QA + QI 이다.

2. QM의 발전과정과 기본개념

2.1 QM으로의 발전과정

QC는 본래 제조공정에서 부적합품을 제거하기 위한 것으로서 공정을 모두 거친 제품에 관하여 표준과 대조해 보는 검사라는 수단으로서 일정한 품질수준을 유지하려는 활동에서 출발하였다.

그러나 이와 같은 제품지향적인 QC는 제조공정상의 문제로 야기되는 부적합품은 전혀 개선할 수 없다는 것을 알았으며, 이를 보완하기 위하여 공정지향적인 QC활동이 관리도에 의한 통계적 공정관리(SPC) 체제로 변하면서 SQC단계로 이어지게 되었다. 그러나 통계적 품질관리도 검사부서나 품질관리부서 중심으로 통계적 방법만 강조되어 그 한계성을 드러내게 되어서 파이겐바움은 품질에 영향을 주는 사내 모든 기능이 종합적으로 참여하여 품질관리를 추진해야 한다는 필요성을 강조하여 종합적 품질관리(TQC : Total Quality Control)를 제창하게 되었다.

전사적 접근 또는 시스템적 접근이란 문제해결을 위하여 기업의 모든 기능, 모든 직무, 그리고 그 결과에 대해서는 모든 구성원이 책임을 진다는 조건을 만족하는 접근법이라고 할 수 있는 것이다. 일본의 경우는 TQC에 사람의 문제, 사회, 비용 그리고 소비자의 문제를 보완하여 그들의 독특한 체계하고 할 수 있는 경영자, 관리자, 작업자 등 전 계층이 참가하는 전사적 품질관리활동(CWQC : Company - Wide Quality Control)으로 발전하게 된 것이다.

그러나 최근부터는 종합적인 고객의 만족과 기쁨의 문제가 품질문제를 위한 전략의 핵심적인 개념으로 자리잡아 가고 있다.

우리에게 새로운 문제로 제기되고 있는 ISO 9000 패밀리는 바로 고객 만족(CS : Customer Satisfaction)과 기쁨을 핵심으로 하고 있는 품질경영 체제가 본질이라고 할 수 있을 것이다.

여기서는 품질경영의 추진과정을 4단계로 구분한 모델을 제시하기로 한다. 모든 기업이 여기서 제시하는 모델의 단계를 똑같이 따라 밟아야 하는 것은 아니며 각 단계별로 제시되는 특정기법을 꼭 채택해야 하는 것은 더욱 아니다. 각 기업은 자기가 놓여있는 환경과 여건(예 : 수출중심 또는 내수중심, 산업특성, 경쟁환경, 기업규모, 보유한 자원능력, 최고경영자의 의지, 기업의 현행 시스템과 기업문화 등)에 맞추어 조정해 나가야 하겠다.

여기서 제시하는 품질경영 추진 단계는 4단계로 구성된다. 각 단계별 특성을 설명하면 다음과 같다.

(1) 1단계 : QC(Quality Control) 단계 - (품질통제 단계)

이 단계는 품질에 관련한 가장 초보적 수준의 단계로서 설계단계에서 정해진 제품규격에 따른 검사활동을 중심으로 예정된 품질을 확보해 나가는 단계이다. 이 단계에서는 품질이 경쟁무기가 될 수 없으며 품질에 의한 부정적 영향을 방지하는 것이 품질에 관련된 최선의 목적이다. 따라서 기업이 추구하는 전략도 "시장 생존 전략"의 수준에 머문다. 이 단계는 품질경영의 1단계라기보다는 품질경영을 시작하기 이전의 단계라고 보는 것이 옳을 것이다.

이 단계는 실질적으로 통제 위주로 품질관리 활동이 진행되므로 품질관리라는 용어보다는 품질통제라는 용어가 더 적합하다.

(2) 2단계 : QA(Quality Assurance) 단계 - (외부 품질보증 단계)

2단계는 ISO 9000 패밀리의 인증을 받을 수 있는 품질 시스템을 구축하여 소비자에 대한 품질보증을 해 나가는 단계이다. 주어진 품질을 유지하거나 보증하기 위한 통제위주의 기법과 절차를 중심으로 하는 품질경영의 단계이다. 아직 품질에 의한 경쟁력의 우위는 기대하기 힘들며 경쟁자와 동등한 수준 정도의 품질을 확보하여 시장을 유지하고 확보하는 것이 목적이다.

소극적이고 방어적인 품질경영으로 가기 위한 기본을 구축하는 단계라고 볼 수 있을 것이다.

(3) 3단계 : QM(Quality Management) 단계 - (품질전략 단계)

품질경영의 3단계는 본격적인 품질경영의 도입 단계로서 이 단계에서는 소비자 니즈의 파악과 이에 대응한 제품의 개발과 설계, 공정의 지속적 향상과 관리를 통한 적합품질의 확보, 외주업체의 육성과 관리를 통한 적합한 외주 품질의 확보 등을 통해서 품질을 향상시켜 나가는 단계이다. 이 단계에서는 품질이 경쟁력을 뒷받침하여 품질우위에 의한 경쟁력을 뒷받침하여 품질우위에 의한 경쟁력을 강화시켜 나가고 시장의 점유율을 높혀가는 단계이다. 따라서 협의의 QM단계로 보아도 좋을 것이다. 이 단계가 실현되기 위해서는 기술과 인재 등 자원능력의 뒷받침이 선행되거나 병행되어야 한다. 따라서 자원능력의 확보와 강화는 이 단계의 주요한 활동 중의 하나이다.

(4) 4단계 : QM(Quality Management) 단계 - (품질문화 시대)

이 단계는 품질경영의 완성단계로서 전종업원이 창의적 개선 활동에 참여하여 제품의 품질뿐만 아니라 공정, 사람, 자원, 업무 등 기업의 총체적인 질(TQ : Total Quality) 향상을 추구하는 QM 문화의 단계이다. 3단계의 실행을 위해서도 기업문화의 변화는 필요하지만 이 단계는 거의 전적으로 고객중시, 인간성 존중을 통한 혁신의식과 개선의식이 충만한 기업문화를 구축하는 단계이다. 이와 같은 기업문화 위에 구축된 강력한 자원능력과 혁신능력을 갖은 기업을 우량기업으로서 지속적으로 번영할 수 있도록 만들어 주는 단계이다. 이 단계 기업들의 전략을 전체적으로 대표하여 나타낼 수 있는 전략유형은 없으며 전략의 유형으로서가 아니가 강한 기업문화라는 공통점으로 대변된다.

2.2 QM의 기본 개념

ISO 9000에서 품질경영(Quality management)에 관하여 “품질경영이란 품질방침을 결정하고 적용하는 전반적인 관리기능의 측면임”이라고 정의하고 있다.

일반적으로 Management라면 다음과 같이 두가지로 요약해 볼 수가 있다.

첫째, 조직 또는 조직계층의 개념으로 정의하려는 흐름이 있다.

둘째, 인간의 행위 개념으로 정의하려는 흐름이 있다.

ISO 8402에 의하면 Quality Control이란 "품질에 대한 요건을 충족시키는데에 사용하는 기법과 활동"으로 규정되어져 있으며 Quality Assurance는 "제품 또는 서비스가 주어진 품질요건을 충족시킬 것이라는 적절한 신뢰감을 주기 위하여 품질 시스템 내에서 수행되는 모든 계획적이고 체계적인 활동"으로 정의하고 있다. 그리고 이와 관련하여 TQM(Total Quality Management)와 TQC(Total Quality Control)의 개념이다. 이는 "품질에 중점을 두고 전원 참여에 의해 고객만족과 조직 구성원 및 사회에 대한 이익 창출로 장기적 성공에 목표를 두는 조직 전체의 경영적 접근"이라고 정의하고 있다.

그러므로 TQM은 품질경영을 하기 위한 전사적인 접근 체계라고 할 수 있을 것이며 TQC는 품질관리를 하기 위한 전사적 접근 체제라고 할 수 있을 것이다.

따라서 TQM 체제하에서는 통계학적인 것은 물론 조직적이며 관리론적인 방법론이 주된 것이 될 것이다.

3. QM의 추진요소와 기본적 사고

품질경영이란 품질을 통한 경쟁 우위의 확보에 중점을 두고 고객 만족, 인간성존중(종업원의 이익), 사회에의 공헌을 중시하며 전 종업원이 끊이없는 혁신과 개선에 참여하는 기업문화의 창달을 통해 기업의 경쟁력을 키워감으로서 기업의 장기적 성공을 추구하는 경영방식이다. 즉, 품질 경영은 고객중시, 인간중시, 기술중시의 경영이라 볼 수 있다.

초기 추진단계에서는 과거에 단순모방식으로 도입했던 CWQC의 좋은 점을 추려 체질과 풍토에 맞게 개량하여 가면서, 구미식 TQM의 장점을 가미하여 우리나라 기업이 자체적으로 창안하여 좋은 성과를 거두었던 제도나 기법을 발굴 확산시켜 나가는 것은 손쉬우면서도 효과적이 된다. 따라서 우리의 경영 풍토 및 기업문화와 우리가 보유하고 있는 제반 자원능력(기술 · 인재 · 자금 ·

시설 등)에 적합한 경영제도 및 관습을 찾아내고 개발해나가야 함은 물론 더 나아가서는 경영풍토와 기업문화를 보다 바람직한 방향으로 변화시켜야 하며, 적극적인 인재육성과 기술개발을 통하여 자원 능력자체를 끊임없이 강화시켜 나가야 한다.

3.1 품질경영의 구성 요소

품질경영의 추진 요소로는 품질경영을 도입 추진하는데 있어서 갖추어야 할 경영철학과 기업풍토, 제반 품질경영 활동을 해나가는데 있어서 지침이 되는 기본적 사고방식, 구체적으로 업무를 수행해 나가는 절차와 방법에 해당되는 제도나 기법 등이 있다.

이를 도시하면 <도표 2-1>과 같다.

도표 2-1 품질경영의 구성요소

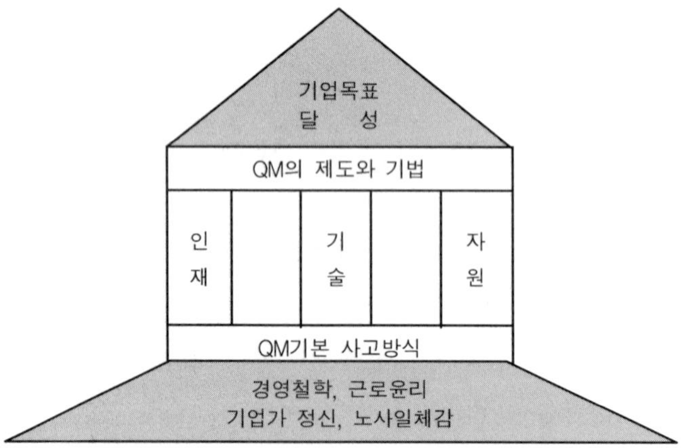

(1) QM 추진의 경영철학(사상)

품질경영은 다음과 같은 명백한 경영이념이나 철학을 갖는 기업문화하에서 추진될 때 비로소 효과적으로 경쟁우위를 달성할 수 있게 된다. 이것은 종업원들이 피부로 느낄 수 있을 정도로 명시되고 실행되어야 한다. 그 구체적인 내용은 다음과 같다.

① 고객중시/고객만족

기업의 고객에 대한 봉사란 합리적인 가격에 고객이 원하는 좋은 품질의 제품이나 서비스를 제공함을 기본으로 한다. 따라서 모든 제품과 서비스는 고객만족을 위하여 만들어야 한다는 기업문화와 조직풍토를 조성하고 적절한 품질시스템을 통하여 이것이 이루어져야 한다.

② 종업원의 인간성 존중

기업은 지속적인 품질의 향상과 생산성의 향상을 이룩하여 성공의 가능성을 높이기 위해서는 기업이 발휘할 수 있는 혼심의 힘을 경주하여야 하며 이를 위해서는 전 종업원의 힘을 모아야 한다. 따라서 종업원에 대한 인간성의 존중과 이익에 대한 따뜻한 배려는 소비자 존중과 함께 품질경영의 가장 중요한 기본 철학이다.

③ 사회에의 공헌

고객에 대한 봉사는 기업의 가장 중요한 사회적 책임이자 가능이지만 그 밖에도 기업은 기업이 속하고 있는 환경을 보존하여야 하며, 지역사회나 국가에 대한 공헌도 고려하여야 한다.

④ 품질제일주의

기업이 효과적인 경쟁을 하기 위한 수단으로서 택할 수 있는 품질, 가격, 납기, 유연성, 서비스 등과 같은 여러 경쟁 요소 중 품질우위의 확보를 최우선 과제로 택하는 것을 품질제일주의이다.

(2) 경영풍토

① 기업가 정신의 제무장

과거의 기업가 정신은 위험을 무릅쓰고 미개척지를 개발하는 과감한 확장의지를 중심으로 한 모험 정신이었다면 오늘날의 기업가 정신은 주어진 분야에서 혼신의 노력을 통하여 내실과 실력을 쌓아서 결과로서의 성공을 얻어내는 경영 의지를 근간으로 하는 경영정신 또는 혁신정신이 되어야 한다. 기업가 정신이란 소유하고 있는 기업의 재산을 기업활동을 통해 자기를 실현하고 완성한다는 성취정신을 중시할 때 종업원들도 일에 대한 성취를 강화시킬 수 있다.

② 근로 윤리의 정립

오늘날 국가의 경쟁력은 그 국가에 속한 기업개개의 경쟁력의 종합이므로 결국 기업의 입장에서 혁신의 주체는 그 기업의 종업원 각자의 것이다. 종업원 개개인이 소유하는 지식, 기술, 경영능력 등이 변화하여야 기업은 혁신되는 것이다

최근에는 세계적으로 자동화 기술을 주축으로 생산기술의 혁신이 매우 빠르게 진행되고 있다. 이런 자동화 기술은 노동력과 저임금의 개념을 변화시키고 있어 이런 변화에 기업과 종업원은 각각 민감하게 대처하려는 노력이 절실히 요구된다. 기업가나 최고 경영자는 앞장서서 이런 변화를 주도하는 품질경영을 향한 역할이 강조된다.

③ 노사일체감 조성

근본윤리를 정립할 수 있게 하기 위해서는 우선 노사가 기업경영의 방향과 목적에 대하여 합의하여야 하는 것은 기업이란 울타리 안에서 노사의 관계는 합심하여 경영활동을 해나가는 협동자의 관계임과 동시에 창출된 부의 분배과정에 있어서는 경쟁자의 관계이기 때문이다.

따라서 기업의 활동과 그 결과에 대한 명확한 정보가 제공되고 그에 대한 충분한 의사소통이 되어야 종업원들이 더 많은 노력을 기우려 창출한 부는 그들에게 돌아온다는 확신이 있을 때 자발적인 노력에 동참하기 때문이다.

3.2 QM의 기본적 사고방식

QM의 기본적 사고방식에 대하여 요약하면 다음과 같다.

① 최고경영자의 참여 및 의지

② 총체적 품질방침, 품질문화의 형성

③ 경영간부의 리더십 발휘

④ 기술 중시

⑤ 인재 육성과 인적 자원의 활용

⑥ 전원 참여

⑦ 팀 활용

⑧ 부문간 협조

⑨ 모든 공정, 제품, 서비스 및 업무의 지속적 개선

⑩ 사실에 의한 관리와 과학적 관리

⑪ 공정관리(공정의 계획, 통제, 개선)

⑫ 공급자와의 협력관계의 증진

⑬ 장기적 관점에서의 성과의 평가

사 례 출처 : 한국경제신문

기업이 생산한 제품이 고객을 감동시키지 못하면 도태될 수밖에 없다. 그럼에도 일반 소비재가 아닌 장치산업에서 생산된 중간재상품은 고객감동 경영을 등한히 하기 쉽다. 그저 거대한 자동화라인을 통해 만들어진 제품을 납품만 하면 끝나는 것으로 생각하는 게 통례이다. 하지만 고객사 입장에선 중간재의 품질이나 규격이 미세하게나마 자사와 맞지 않으면 완제품 품질향상에 차질을 빚게 되고 불만이 누적되면 거래선을 교체 중간재업체로선 졸지에 큰 타격을 받을 위험이 있다. 이런 측면에서 삼성코닝이 국내에서 첫 도입한 응용 엔지니어(Application Engineer) 전문가제는 고객을 최대한 생각하는 경영이라고 할 수 있다.

① 내용

올해 첫 도입된 AE제는 신입사원을 구매업체에 파견, 5개월 동안 업체에 파견, 5개월 동안 현장에서 근무케 하는 제도. 이들을 응용 엔지니어(AE)라고 부른다. 이들은 고객사 사원과 똑같이 근무하며 공정을 파악하고 생산되는 과정을 면밀히 체크한 뒤 품질이나 규격상의 문제점을 파악 자사의 생산공정에 피드백 시킨다. 고객사에서 근무하기 전에 3개월동안 자사에서 철저한 훈련을 받는다. 자사의 생산공정과 제품품질을 충분히 파악해야 판단력이 생기기 때문이다. 자사교육과정은 입문교육과 공정견학 품질강화교육 해외 현지법인견학 등으로 이뤄진다. 고객사에 가서는 오리엔테이션을 받은 뒤 공정에 배치돼 1주일 동안 이론 기초기술교육을 받고 5개월 동안 현장 체험을 한다. 그 후 종합 정리해 자사에 보고한다.

② 신입사원을 보내는 이유

이들의 맑고 초롱초롱한 눈이 문제점을 더욱 잘 집어낼 수 있다고 판단해서다. 노하우를 많이 가진 전문가를 고객사에 보낼 수 도 있지만 이들은 고정관념을 갖고 있어 문제점을 발견해도 「그건 어쩔 수 없는 거야」 라며 무시해 버리기 일쑤다. 따라서 이 제도는 신입 사원을 보내야 성공할 확률이 높다.

③ 구체적인 실천내용과 성과

올해 초 선발과 14명의 신입사원을 고객사인 삼성SDI에 파견했다. 삼성코닝은 브라운관용 발브유리를 만들고 전관은 이를 재료로 브라운관을 만든다. 우선 그룹 계역사를 채택한 것은 거부감이 적어서이다. 또 다른 고객사인 LG전자나 오리온 전기 등에도 파견을 제의할 예정이며 이들 업체로부터 긍정적인 답변이 오면 직원을 보낼 계획이다.

<AE제 추진개요>

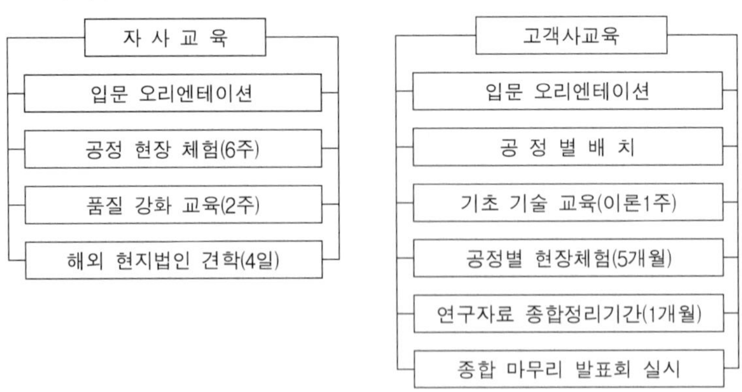

연 습 문 제

1. QM의 필요성에 대하여 서술하시오.

2. 최근의 기업환경변화의 특징을 요약하시오.

3. QM의 의의와 목적에 대하여 서술하시오.

4. QM으로의 발전과정에 대하여 서술하시오.

5. QM의 구성요소에 대하여 서술하시오.

6. QM의 기본적 사고방식에 대하여 서술하시오.

Chapter 3

품질관리의 조직과 기능

1. 품질관리 활동의 체계

제품의 생산에서 소멸에 이르기까지의 흐름은 개발 단계에서 기획(조사・연구), 설계(시작・시험), 생산 준비와 정상 생산 단계에서 생산(감사・구매), 공급(보관・수송・판매), 서비스(점검・보수・폐기)를 걸쳐 품질관리의 활동이 이루어져야 하며, 이 중 어느 것 하나라도 빠지면 구매자에게 좋은 품질의 제품을 제공하기 어려워진다.

물론 제품의 종류나 거래의 성격 등에 따라 어느 단계에 특히 중점을 둘 수 있으나, 각 단계는 상호 관련되어 있어 완전히 독립적으로 다룰 수는 없다. 단순히 관리라는 입장에서 보면 이들은 커다란 루프를 형성하고 있어, 루프의 각 단계에서 얻어진 정보나 교훈은 다음 제품에 반영되지 않으면 안 된다.

<도표 3-1>은 품질관리 활동의 요소가 되는 중요한 것을 체계적으로 나타낸 하나의 예이다. 또한 <도표 3-2>는 파이겐바움이 제시한 품질 시스템을 도표화한 것이다.

1.1 품질방침의 수립

품질관리 업무는 예방 기능을 수행할 수 있도록 계획적이어야 한다. 따라서 품질관리 활동을 전개하기에 앞서 QC활동의 지침이 되는 포괄적인 원칙으로서의 품질방침이 확립되어야 할 필요성이 있다.

도표 3-1 품질관리 활동의 체계(예)

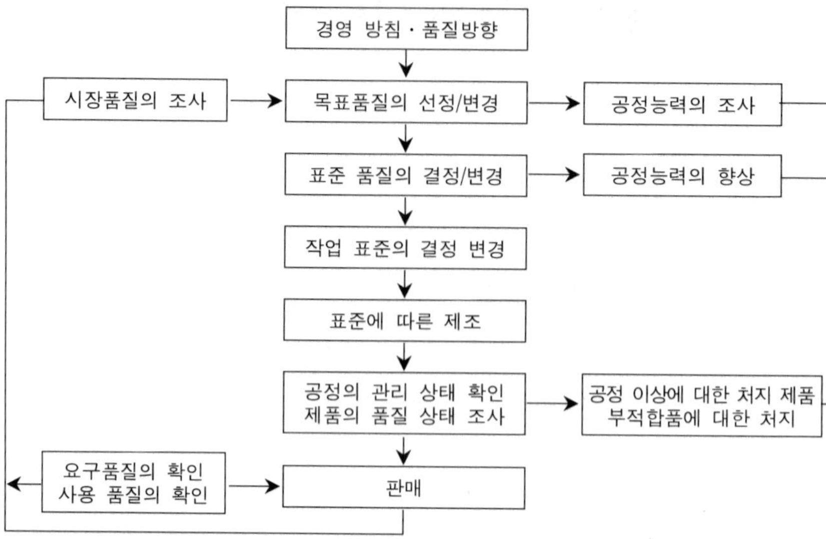

1.2 품질목표의 설정

품질상의 목표는 기본적으로 다음의 두 가지로 구분된다.

① 현상유지, 즉 품질관리를 위한 품질목표

· 외주 자재의 품질 수준

· 공정의 수율 및 부적합품률

· 제품의 품질 수준

· 특정한 품질 특성의 수준

· 시험 · 검사비 등

② 현상 타파, 즉 품질 개선을 위한 품질목표

1.3 품질관리의 업무

품질관리의 업무는 생산과 서비스 활동에 맞물려 있으며, 크게 나누면 <도표 3-2>에서와 같이 네 가지로 분류할 수 있다.

(1) 신설계 관리

신설계 관리는 제품에 대한 알맞은 가격, 기능, 신뢰성에 대한 품질 표준을 확립하여 규정하는 동시에 본격적인 생산을 시작하기 전에 품질상의 문제가 될 만한 원인을 제거한다든가 또는 그 소재를 확인하는 것을 말한다.

① 제품의 판매대상
② 품질 리더십의 정도
③ 제품 전략의 중점
④ 고객에 관한 기업의 입장
⑤ 납품업자와의 관계
⑥ QC 활동에 대한 조직의 참여 문제 등

(2) 구입 원재료의 관리

구입 원재료의 관리는 시방의 요구에 알맞은 부품·재료만을 가장 경제적인 품질 수준으로 수입·보관하는 것을 말한다. 구입 원재료의 관리는 외부로부터 납품된 재료나 부품의 관리와 동일 회사의 타공장 또는 동일 공장의 타부문에서 제조된 재료나 부품의 관리 모두를 포함한다.

(3) 제품관리

제품관리는 부적합품이 발생하기 전에 품질 시방으로부터 벗어나는 것을 시정하고, 시장에서의 제품 서비스를 원활히하기 위해 생산 현장이나 시장의 서비스를 통해 제품을 관리하는 것이다. 제품관리에는 구성 부품의 가공·처리의 관리와, 조립품과 배치 단위의 포장 관리를 포함한다.

도표 3-2 Feigenbaum의 Quality System

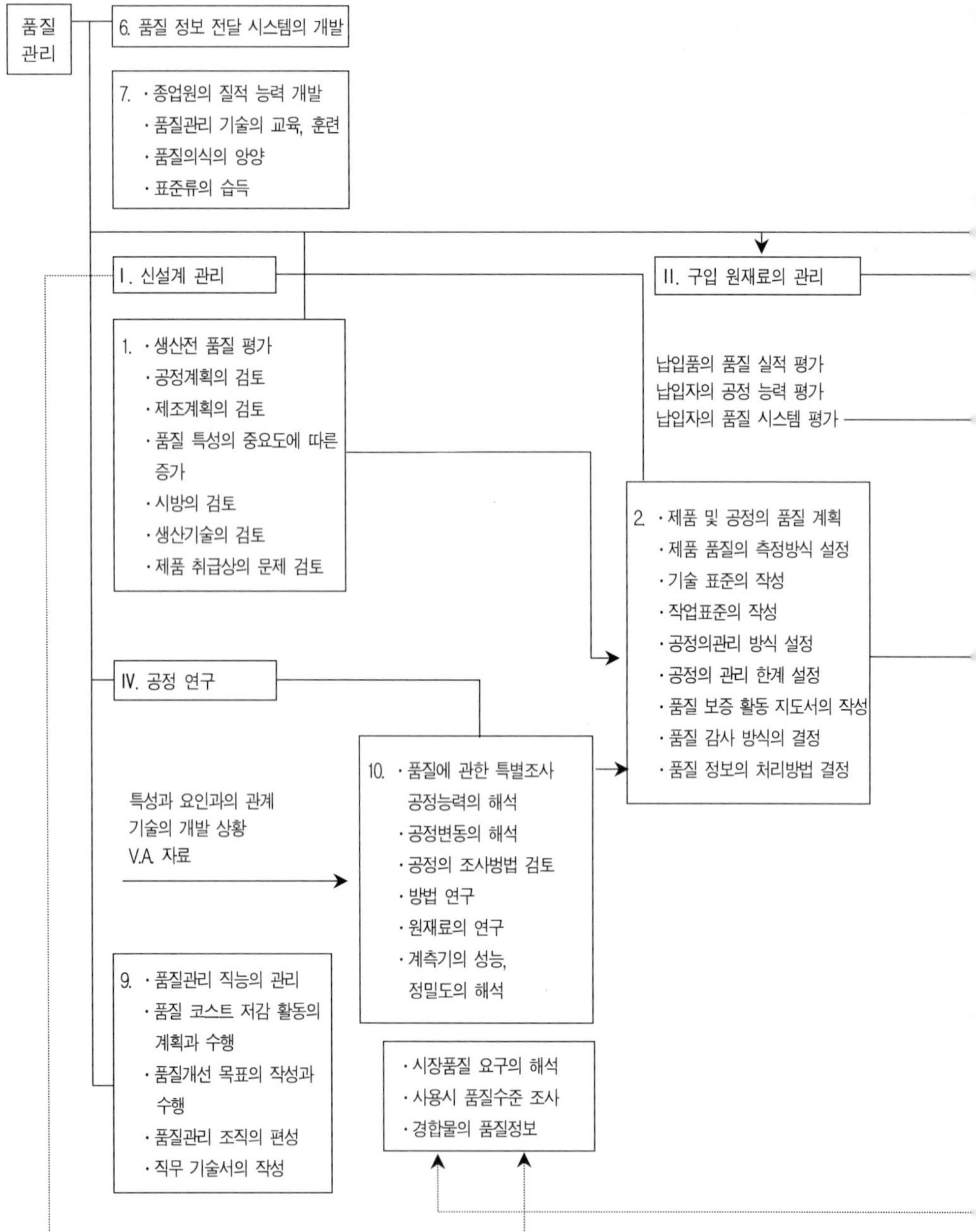

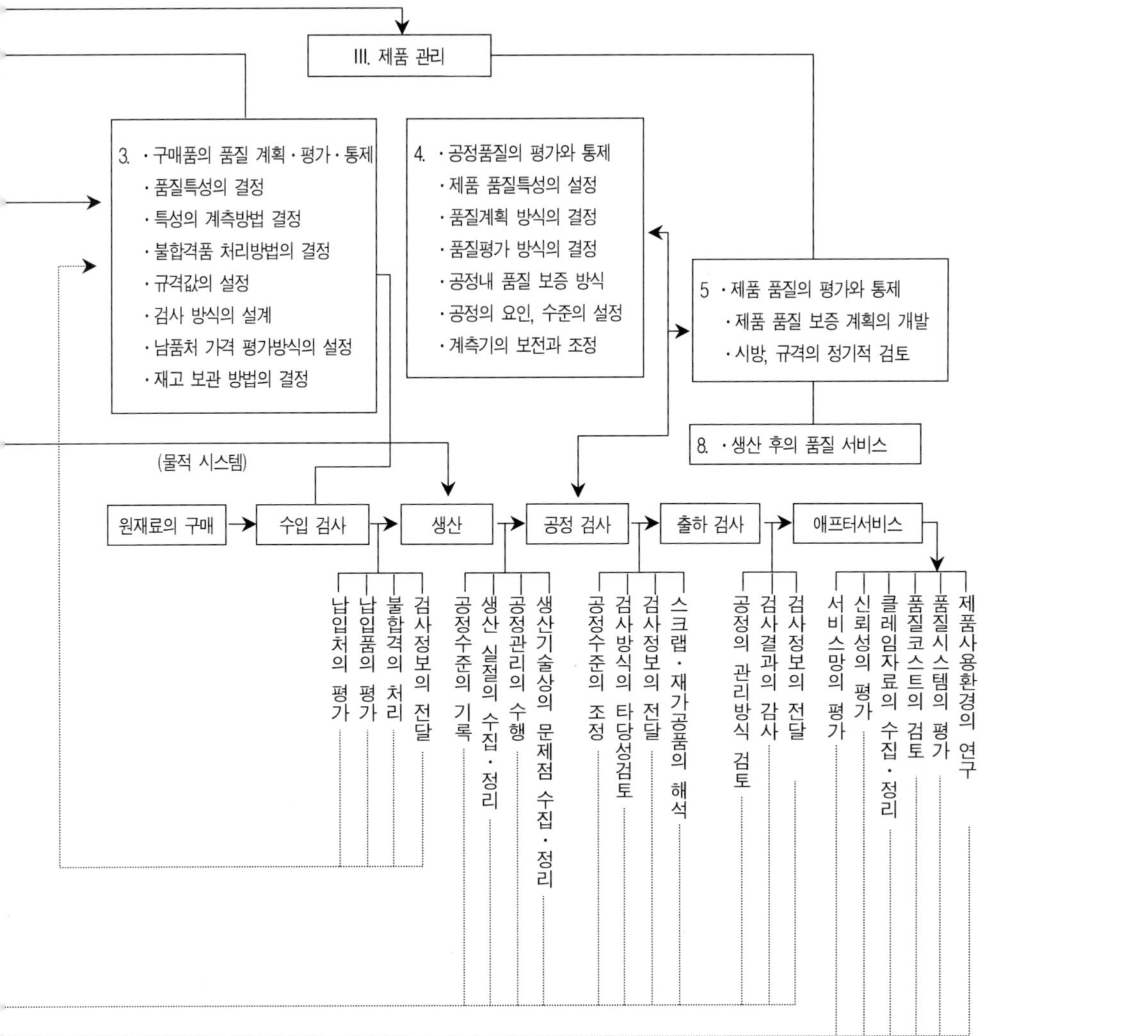
III. 제품 관리
3. · 구매품의 품질 계획 · 평가 · 통제
· 품질특성의 결정
· 특성의 계측방법 결정
· 불합격품 처리방법의 결정
· 규격값의 설정
· 검사 방식의 설계
· 납품처 가격 평가방식의 설정
· 재고 보관 방법의 결정
4. · 공정품질의 평가와 통제
· 제품 품질특성의 설정
· 품질계획 방식의 결정
· 품질평가 방식의 결정
· 공정내 품질 보증 방식
· 공정의 요인, 수준의 설정
· 계측기의 보전과 조정
5 · 제품 품질의 평가와 통제
· 제품 품질 보증 계획의 개발
· 시방, 규격의 정기적 검토
8. · 생산 후의 품질 서비스
(물적 시스템)
원재료의 구매
수입 검사
생산
공정 검사
출하 검사
애프터서비스
납입처의 평가
납입품의 평가
불합격의 처리
검사정보의 전달
공정수준의 기록
생산 실적의 수집 · 정리
공정관리의 수행
생산기술상의 문제점 수집 · 정리
공정수준의 조정
검사방식의 타당성검토
검사정보의 전달
스크랩 · 재가공품의 해석
공정의 관리방식 검토
검사결과의 감사
검사정보의 전달
서비스망의 평가
신뢰성의 평가
클레임자료의 수집 · 정리
품질코스트의 검토
품질시스템의 평가
제품사용환경의 연구

(4) 공정연구

공정연구는 부적합품의 원인을 규명하고, 품질 특성의 개량 가능성을 결정하기 위한 조사나 시험을 말한다. 공정 연구 수법의 대부분은 QC의 다른 일에 적용되고 있는 표준적인 기법을 응용하면 된다.

1.4 생산방식과 품질관리의 업무

품질관리라는 기술이 기업에 등장하던 초기에 QC는 일반적으로 대량 생산 공장에서 많은 효과를 거두었다. 또한, QC는 통계 이론을 많이 이용하기 때문에 다품종 소량 생산에는 부적당하다는 생각을 하는 사람이 많으나, 이는 잘못된 생각이라 할 수 있다.

양산 제품과 비교하여 품질 · 원가 · 납기 및 서비스에 있어서 관리가 어렵고, 외면적인 현상이나 성격이 매우 상이하게 보여지는 것은 사실이다. 그러나 자세히 보면 다품종 소량 생산과 양산 간에는 원칙적으로 전혀 다를 바가 없을 뿐만 아니라 양자에 대한 공통점을 찾음으로써 새로운 인식을 갖게 됨을 알 수 있다.

물론 대량 생산의 QC 활동에서는 제품에 중점을 두는데 비해, 다품종 소량 생산에서는 공정의 관리에 중점을 두는 것은 차이가 있다.

2. 품질관리 조직

2.1 조직 계획의 문제점

품질에 대한 책임은 기업내의 여러 부문으로 분산되어 있으므로 이것을 통합 · 관리하기 위한 합리적인 조직이 있어야 하며, 이것이 없이는 다른 부문과의 비협조, 권한의 중복 등으로 품질 업무 수행에 막대한 지장을 초래하게 된다.

조직계획에서 문제가 되는 것은 다음과 같다.

① 품질관리에 있어서 조직은 품질관리부나, 품질관리과를 만드는 일이 아니라,

㉮ 제품의 품질에 관한 정보를 모든 관계자들에게 알리기 위한 통신 계통

㉯ 품질관리 활동에 사내의 모든 부문, 모든 계층의 사람들을 동원하는 방법이 아니면 안 된다.

② 부문 간의 벽을 높게 하기 위한 조직화는 품질관리에 해로움만 있지 이익은 없다.

③ 사람을 위해 조직을 만들고, 조직 때문에 일을 만든다는 경향은 없는가?

④ 위원회는 품질관리 활동에 사내의 모든 부문, 모든 계층의 사람들을 동원하는 방법의 하나이기는 하지만 전부는 아니다. 위원회에서는 심의·검토는 할 수 있지만 실시는 할 수 없다. 위원회가 책임 전가의 장소로 되고 있는 경우도 있다.

⑤ 권한의 위양이 충분히 행해지고 있는가?

이 위양도 입으로만이 아니고 서류로서 제시되지 않으면 안 된다.

⑥ 조직과의 연결이 완전한가, 품질관리 활동에 사내의 모든 부문·모든 계층의 사람들을 동원하는 방법이 확립되어 있는가, 품질관리 업무에서 본 횡적인 연락은 좋은가?

⑦ 조직 변경을 할 때의 순서는 명확한가?

사무·영업·관리 등의 부문은 품질관리가 충분히 실시되지 않는 경향이 있는데, 그 근본적인 원인은 조직 계획에 있다고 할 수 있다.

이들 부문의 업무 분장에 품질관리에 관한 업무가 기재되어 있을까, 이들 부문에 품질관리의 일을 주지 않고 품질관리를 하라고 요구만 하고 있는 것은 아닐까, 이래가지고는 이들 부문의 품질관리가 활발하게 추진되지 않을 것은 당연한 일이다.

조직변경은 목적이 있어야 된다. 흔히 조직 변경을 할 때에는 여러 가지 검토를 하게 되는데, 변경 후에 과연 그 목적을 달성했는가 하는 검토와 다음 변

경을 할 때를 위한 피드백이 필요하다.

2.2 품질관리 조직의 원칙

어떤 기업에서나 기업내의 모든 부서가 여러 가지 형태로 제품의 품질에 영향을 미친다. 따라서 품질이란 최고 경영자의 지원으로 기업내의 각 부서가 공통적인 노력을 한 종합적인 결과라고 생각할 수 있다. 이것은 근대적 품질관리의 기본 이념이다.

파이겐바움은 이러한 기본 이념을 근거로 다음과 같은 품질관리 조직의 두 가지 원칙을 제시하고 있다.

· 제1원칙

품질책임은 공동의 책임이다(Quality is everbody's job)

· 제2원칙

품질책임은 어떤 특정 부서만의 책임이 아니고 전체 조직 구성원의 책임이다. 그러나 공동책임은 무책임이라는 말과 같이 책임의 전가나 회피, 권한의 중복, 부문가의 비협조 등으로 품질 문제가 많이 발생하므로 품질관리 부서는 전반적인 품질관리를 추진하도록 할 필요가 있다.

또한 품질관리 부서에 품질관리 업무 수행에 필요한 권한과 책임을 부여해야 한다.

<도표 3-3>은 품질 책임 관계도로서 품질 책임에 관한 예를 보인 것이다. 일반적으로 조직을 계획하는 데는 다음과 같은 세 가지의 도구가 널리 이용된다.

① 직무 기술서(jop description)

해당 직종의 책임과 권한, 그리고 타직종과의 관계를 기재한다.

② 조직표(organization chart)

각 직종간의 책임과 권한이 어떤 관계를 가지는가를 나타낸다.

③ 책임 분장표(responsibility matrix)

여러 부서와 관련되는 업무에 관한 분장을 예시한다.

	최 고 경영자	경 리	연구 개발	구매	제조 기술	생 산	품질 관리	판매
시 장 조 사								R
품질 수준 결정	R		C				C	C
제 품 규 격			R	I	S		C	C
제조 공정 설계			C		R	C	S	
공 정 검 사						C	R	
공정 능력 조사					C	C	R	
납 입 자 선 정				R			C	
시 험 절 차					C	S	R	
불 만 분 석			S				R	C
품질 원가 수집		R	C			C	C	
품질 원가 분석	I		S				R	
수입 자재 검사				I			R	
최종 제품 검사							R	I

(R: 책임 C:협조 S:참가 I:정보)

도표 3-3
품질책임 관계도

2.3 품질관리 조직의 형태

작은 기업은 복잡한 형식의 조직을 필요로 하지 않는다. 일상 업무 처리상 일어나는 정보의 교환은 격식을 가리지 않는 가운데서 효율적으로 이루어진다.

그러나 대기업에서는 소기업과 같은 방법으로는 효율적인 정보 교환을 할 수 없다. 기업의 규모가 작고 생산이 비교적 간단한 회사에서는 최고 경영자의 바로 밑에 품질 보좌원을 두어 품질에 관련되는 활동을 담당하도록 할 수 있다.

도표 3-4 품질관리 조직형태

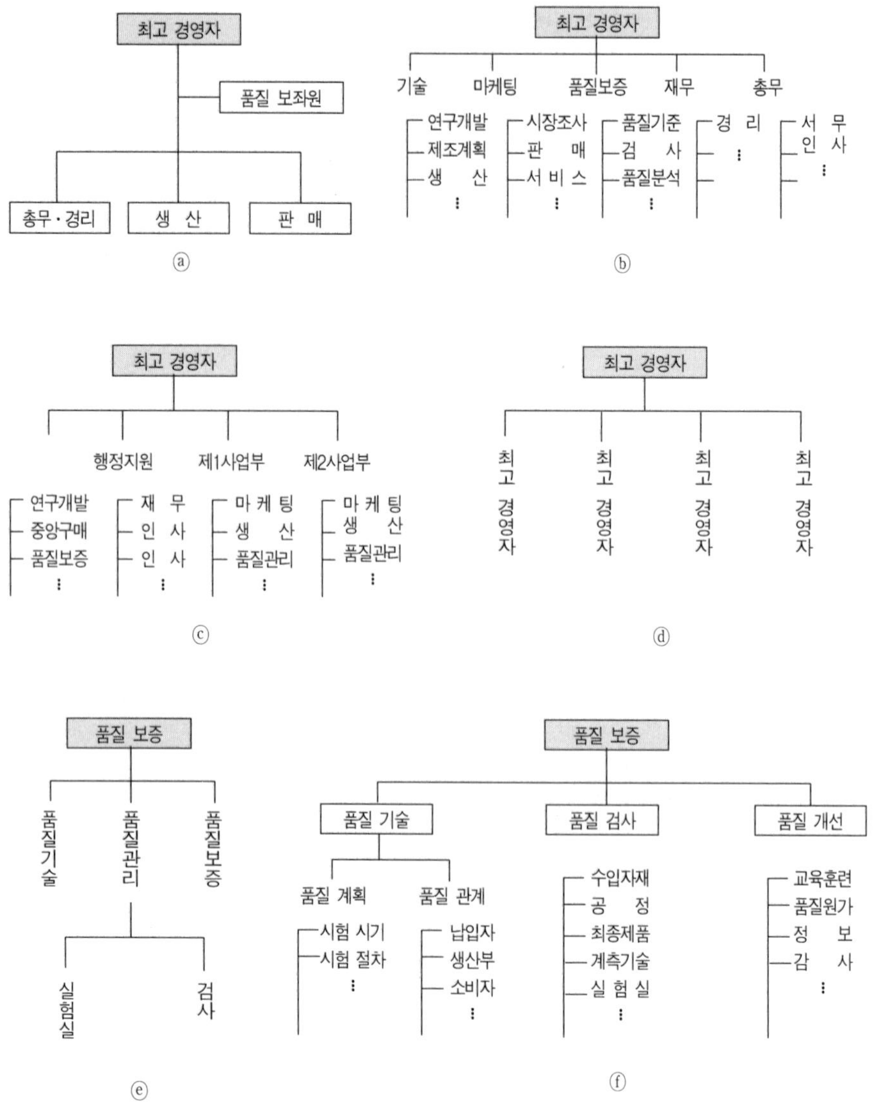

<도표 3-4>의 ⓐ는 이러한 형태의 조직을 표시한 것이다. 중소기업의 경우는 ⓑ에 표시한 바와 같은 조직 형태를 갖는다.

대기업은 기능별 조직이나 사업부 조직을 할 수 있다. 기능별 조직의 경우는

ⓓ와 유사한 조직을 가지며, 사업부 조직에서는 ⓒ와 같은 모양을 한다.

품질관리 부서의 조직은 기업 조직의 규모와 구조의 복잡성에 따라 다르다. 이러한 조직은 품질관리가 도입되어 그 기능이 발전됨에 따라 가장 간단한 형태로부터 출발하여 단계적으로 발전시켜 나가는 것이 바람직 하다. ⓓ, ⓔ, ⓕ는 진화 과정을 표시한 것이다.

3. 품질관리 기능

3.1 품질관리의 일반적 기능

품질관리 스태프 기능은 다음과 같이 요약된다.

① 제품생산의 전반적인 과정에 대한 공통적인 기능

a. 설계·구매·생산 및 사용에 요구되는 모든 활동을 포함한 품질 계획의 입안, 수행에 관계되는 조정 업무
b. 품질 계측 절차의 계획 및 보고서 발행
c. 품질 시스템, 행정 절차, 편람의 준비
d. 관능 검사 표준의 제시
e. 검사의 정확성과 작업량을 측정할 수 있는 방법의 설계, 검사원에 대한 능률급 제도의 입안
f. 불합격 자재의 처리와 관련된 조사 업무
g. 품질 업무에 종사하는 인원에 대한 작업 명세서, 채용 및 훈련 기준의 준비

② 신제품에 관계되는 기능

a. 유사제품의 성능을 검토하고 생산, 사용 단계에서 일어나는 문제점 발견
b. 소비자의 요구 등을 기초로 새로운 품질목표의 제시, 품질 평가의 방법제시

c. 신제품 설계, 고장 예방, 허용 공차의 최적값 등에 관한 제안
d. 품질 평가를 위한 시험 방법의 설계
e. 중요 부품에 품질상의 유의 사항 명시
f. 신제품 설계에 수반되는 품질 원가의 예측

③ 납입자에 관계되는 기능

a. 납입자에 관계되는 품질방침의 초안 작성
b. 납입자의 평가 등의 납입자에 관계하는 계획의 초안 작성
c. 납입자의 품질능력의 평가
d. 부품 시방의 해석, 검사 표준화 등의 납입자 지원

④ 공정의 관리에 관계되는 기능

a. 품질특성의 분류, 불합격 처리 등을 포함하는 검사 계획의 준비
b. 공정능력의 조사 및 피드백
c. 공정규격의 준비
d. 생산 작업원의 품질 평가 방법의 설계
e. 품질 의식 고취, 계획의 수립
f. 산발적으로 발생하는 부적합품 원인의 조사

⑤ 계측에 관계되는 기능

a. 게이지 · 계측 기기 등의 설계
b. 계측 기기류의 정밀도 유지를 위한 시스템 설계
c. 데이터 분석 및 처리 시스템의 설계
d. 시험 절차의 표준화
e. 계측에 관계되는 기준품의 정확도 관리

⑥ 소비자와의 관계에 관한 기능

a. 소비자의 품질 불만 분석 및 소비자 품질 문제의 조사
b. 경쟁사 제품의 품질 평가 방법의 설계 · 평가 업무 참여

c. 소비자에 대한 품질보증의 경제적 수준 건의

d. 포장 및 출하 작업에 대한 품질관리 계획의 입안

e. 제품의 신뢰성, 사용 조건 등에 관한 조사 업무 수행

⑦ **특별 품질 분석·감사 및 전달 기능**

a. 회사 품질 방침의 초안 작성

b. 품질관리 조직에 관한 조사·연구 및 개선안의 제시

c. 품질 손실의 주요 원인 규명

d. 만성 부적합품의 진단 및 부적합품 예방 계획 제안

e. 교육 훈련 계획의 입안·실시

앞에 열거한 품질관리 기능이 반드시 품질관리 기술자 또는 품질관리 부서에 의해서 수행되어야 하는 것은 아니다. 그 기능들은 설계 · 제조 계획 · 신뢰성 부문의 기술자와 생산 및 검사 부문의 감독자들에 의해 수행되는 것이 보통이다. 이러한 기능을 담당할 스태프 부서를 신설할 것인가에 관한 문제는 각 기업의 사정에 따라 결정해야 할 성질의 문제이다.

쥬란은 품질관리 스태프 부서의 신설 여부를 결정하는 데 영향을 끼치는 주요 기준을 다음과 같이 제시하고 있다.

① 스태프 기능의 품질관리 기술에 대한 역량

② 기존 부서의 품질관리 기술에 대한 역량

③ 기획 기능과 집행 기능을 분리할 것인가의 방침

④ 기존 부서의 새로운 기능 소화 능력에 대한 최고 경영자의 신뢰감

3.2 품질관리 부문의 기능

품질관리 부문의 기능은 두 가지 기본적인 책임을 가진다. 첫째, 제품에 대하여 품질보증을 부여하는 것이며, 둘째는 그 제품에 대한 최적 품질 코스트의 보증을 원조하는 것이다.

(1) 일반적 기능

① 품질관리 계획의 입안

② 품질관리 활동의 종합 조정

③ 품질관리에 관한 교육 · 지도

④ 품질관리에 관한 정보 제공

(2) 부문별 기능

파이겐바움은 품질관리 기능의 부차적 기능으로서 품질관리 기술 부문, 공정관리 기술 부문, 품질 정보 기술 부문을 제시하였다.

① 품질관리 기술 부문
품질 기본 계획 입안

② 공정관리 기술 부문
품질관리 적용 · 실시 감시

③ 품질정보 기술 부문
공정관리를 위한 검사 · 시험 장치의 설계 · 개발

3.3 품질관리 부문의 권한

품질관리 부문은 스태프이므로 지나치게 큰 권한을 부여할 필요는 없으며, 현장에 직접 지시하는 것은 되도록 삼가는 것이 좋다. 그러나 스태프로서의 책임을 수행하기 위해서는 어느 정도의 권한은 필요하며 다음과 같은 권한을 행사할 수 있다.

① 품질관리에 필요한 항목에 대하여 각 부·과장에게 직접 연락을 취하는 것
② QC에 필요한 데이터를 각 현장으로부터 수집하여 연구하는 것
③ QC에 필요한 데이터를 수집해 줄 것을 관계 부서에 부탁하는 것
④ QC에 필요할 때는 어느 현장이든 자유롭게 출입하고, 데이터를 취할 수 있을 것

그러나 QC과만이 판단으로서 품질 표준·작업 표준·검사 표준 등의 변경을 명시하는 것과 같은 권한을 절대로 부여해서는 안된다.

3.4 품질 위원회

품질관리 위원회는 상세한 규정에 따라 확실하게 운영할 필요가 있다. 규정되어야 할 내용은 목적·업무 내용·구성 등이 포함되어야 한다.

위원장은 가능한한 최고 책임자로 하고, 위원회에서는 심의·검토는 할 수 있지만, 심의 결과의 결정은 각각 정해진 부문의 장이 해야만 한다.

위원회에는 품질 표준·작업 표준 등의 전문 위원회·문제별 소위원회·신제품 위원회 등이 설치되는 것이 바람직하다.

연습문제

1. 파이겐바움이 제시한 품질 시스템(Quality system)을 도시하시오.

2. 품질방침에 포함되어야 할 내용은 무엇인가?

3. 품질관리 업무에 대하여 서술하시오.

4. 사무 · 영업 · 관리 등의 부문에서 QC활동이 저조한 이유는?

5. 품질관리 조직의 원칙은 무엇인가?

6. 조직을 계획하는데 필요한 도구는 무엇인가?

7. 품질관리 부문의 일반적 기능과 부문별 기능에 대하여 서술하시오.

8. 품질관리 부문의 권한에 대하여 서술하시오.

9. 품질 시스템을 설명하고 있는 다음 중에서 잘못된 것은?

   ㉮ 지정된 품질 표준을 갖는 제품을 생산하고 인도하기 위하여 필요한 관리 및 기술상의 순서의 네트워크이다.

   ㉯ 이들 순서는 실행해야 할 작업의 요소, 소정의 제품을 생산하기 위하여 필요한 절차와 타이밍 및 개개의 요소작업을 수행하기 위한 각 부서의 책임을 명확히 해준다.

   ㉰ 한 회사 내의 상이한 부서가 TQC의 네가지 업무를 하기 위하여 서로 밀접하게 관련하여 일할 때 따라야 할 순서의 네트워크를 부여하는 것은 아니다.

   ㉱ 품질 시스템은 여러 개의 서브시스템으로 구성될 수도 있다.

10. 품질관리의 요점을 정리하시오.

㉮ 계획, 실시, 검토
㉯ 품질, 코스트, 납기
㉰ 품질방침, 품질 시스템, 일상관리
㉱ 품질개발, 품질유지, 품질개선

11. 품질관리 부문을 조직하는데 있어서의 일반적인 고려사항이 아닌 것은?

㉮ 감독자의 계층을 최소로 한다.
㉯ 권한의 확대보다 책임의 증가에 주력한다.
㉰ 감독의 범위를 될 수록 넓게 한다.
㉱ 하나의 작업군에 동일한 작업요소를 배치한다.

12. 파이겐바움의 품질관리 기능의 부차적 기능 부문으로 알맞지 않은 것은?

㉮ 품질관리 기술
㉯ 공정관리 기술
㉰ 품질정보 기술
㉱ 원가관리 기술

13. TQC는?

㉮ 시스템적 사고방법을 사용하지 않은 품질관리 기법이다.
㉯ 애프터 서비스를 통한 품질정보 수집방법이다.
㉰ 전사적인 품질정보의 교환으로 품질향상을 기도하는 방법이다.
㉱ QC부의 정보분석 결과를 생산부에 전달하는 것이다.

14. TQC의 네가지 업무는?

㉮ 신제품관리, 수입자재관리, 제품관리, 특별공정조사
㉯ 품질보증, 검사, 품질감사, 품질계획
㉰ 품질보증, 품질감사, 품질계획, 교육훈련
㉱ 품질보증, 검사, 품질계획, 교육훈련

15. 품질관리 4대 기능은 사이클(Cycle)을 형성하고 있다. 사이클 순서가 옳은 것은?

㉮ 품질의 설계 → 공정의 관리 → 품질의 보증 → 품질의 조사
㉯ 표준의 설정 → 품질의 조사 → 공정의 관리 → 품질의 보증

㉰ 표준의 설정 → 공정의 관리 → 품질의 조사 → 품질의 보증
㉱ 품질의 조사 → 공정의 관리 → 품질의 설계 → 품질의 보증

16. 조직의 원칙이 아닌 것은?

㉮ 권한과 책임의 원칙 ㉯ 업무위임의 원칙
㉰ 직무할당의 원칙 ㉱ 감독범위의 원칙

제 2 부

표준화와 품질보증

Chapter 4

표준화

1. 표준화의 의미

1.1 표준화의 의미와 목적

인간생활에 있어서는 사회생활, 개인생활에 자주 사용하는 물건, 반복해서 행하는 방법, 가끔 사용하는 표현은 거의 같은 것이다.

즉, 표준화는 인간사회에 있어서 기술적인 루울이고 인류가 사회적인 생활을 하도록 되었던 때부터 그 예를 볼 수가 있다.

예를 들면, 원시사회에 있어도 주거의 짓는 법, 각종의 도구, 농경·수렵의 방법, 식료의 가공, 저장방법 등에 대해서 몇 번이고 경험을 쌓은 동안에 표준화가 추진되어 왔고, 사람에서 사람으로 보급되어 왔던 것이라고 생각할 수 있다. 인류사회가 고도화됨에 따라 표준화도 진보하고 고대문명이 시작될 쯤에는 문자, 수의 세는 법, 시간, 길이, 무게의 단위 등 문화의 기초가 되도록 표준화가 실시되었다. 이런 종류의 표준화는 문명권의 확립, 국가권력발생과 함께 밀접한 관계를 갖고 있다.

기술의 발달과 함께 표준화 범위도 확대되어 소위 기술시방적 성격의 것이 많게 되었다. 이런 형태의 표준, 규격은 산업혁명 이후 기술발전속도가 빠른 것과 함께 급증했다.

ISO에서는 "표준화"를 다음과 같이 정의하고 있다. "경제·기술·과학분야에 있는 문제에 대해서 주어진 조건에서 최적상태의 질서를 얻기 위해 반복해서 이용되어야 할 곳에서 해결하기 위한 활동·일반적으로는 "규격"의 작성, 발행, 실시에 의해 이루어진다.

더욱이 이 가운데 "규격"은 일반적으로 이용 가능한 기술시방 또는 그 외의 문헌 관계있는 사람들의 협력 및 합의 또는 일반적인 동의가 있어야 작성된다. 이것은 "과학·기술·경험의 확고한 결과에 의거 사회집단이 최적한 편익의 진전을 목적으로 하고, 국내·지역 국제수준에서 인정된 기관에 의해서 승인된 것"이라고 정의된다.

규격의 대상이 되는 것은 제품 또는 서비스의 품질, 성능, 안정성, 치수, 용어, 기호, 시험·시험방법, 포장, 마케팅, 라벨링 등으로 행동방식(예를 들면 항공관제신호)이 규격이 되는 것도 있다.

1.2 표준화의 목적

표준화의 목적은 기본적인 것에는 과학·기술의 성과보급이라든가 인간사회의 편익증대라는 점에 있지만, 좀 더 구체적으로 조사해 보면 다음과 같은 점들을 들 수 있다. 이것은 ISO의 표준화원리위원회(STACO)가 연구한 결과다.

(1) 상호이해의 증진

용어·기호·제도법 등이 그 예이고, 외국인이 만든 도면이 우리에게도 용이하게 이해할 수 있는 것은 표준화 때문이다.

(2) Inerface 또는 호환성의 확보

부품 등에서 많이 볼 수 있다. 볼트에 너트가 끼워지는 것이나 볼트에 고정할 수 있는 것도 표준화의 성과이다.

(3) 안정성이나 건강유지 · 환경보호

헬멧, 차광보호구, 자동차 시트벨트 등에 대해서는 인체의 안전을 지키기 위해 규격이 만들어져 있다(그 규격이 법령 등에 의해 강제로 되는 것이 많은 분야). 공해 규격도 일종의 강제화된 규격이라 말할 수 있고, 그 규제를 실시해가기 위해서 필요한 계측기, 계측방법, 표준물질 등도 표준화되어 있다.

(4) 성능의 명확화

예를 들면, KSD XXXX의 강관이라고 말하면, 성분 · 강도 · 치수 등의 데이터가 없도록 성능이 확실하다.

(5) 다양성의 조성

건전지는 단(單) 1 · 2 · 3이라고 하듯이 크기에 의해서 표준화되어 있기 때문에 편리하게 사용할 수가 있다. 이와 같이 무제한으로 되어있으면 불편한 것에 대해서 다양성을 제한한다.

(6) 기 타

특히 우리나라에 있어서는 표준화 사업이 산업정책의 일환으로서 실시되어 있기 때문에, 산업 행정상의 목적이 표준화의 목적으로 취급되는 것이 있다. 예를 들면 “에너지절약, 자원절약”이나 “소비자보호”가 그것이다. 사회의 거의 모든 사물에 대해서 표준을 생각하는 것은 가능하다.

그러나 표준화에 의해서 초래되는 효과에 비해서, 사물을 표준에 맞추는 행위에 요하는 부담이 큰 경우에는 오히려 표준화의 목적인 능률증진과 경제성 향상에 어긋나기 때문에, 그와 같은 경우에는 표준화를 피해야 한다.

국가적 표준화의 경우에는, 사회적 영향이 크기 때문에 표준화의 한계에 대해서 특히 신중하게 고려하지 않으면 안된다.

국가규격은 한나라의 경제적 · 사회적 환경, 국민성, 산업구조 및 산업의 발전단계, 공업표준화 활동의 역사 등을 충분히 감안해서 제정해야 한다.

2. 표준화의 분류

표준화의 대상이 되는 표준은 보는 관점에 따라 다양하게 분류될 수 있지만, 여기서는 다음 세가지 관점에서 분류해 보기로 한다.

① 규정내용에 따른 분류

② 강제력에 따른 분류

③ 규격의 적용영역(수준)에 따른 분류

2.1 규정 내용에 따른 분류

「ISO 지침-2」(ISO Guide 2)에서는 기본규격, 용어규격, 방법규격, 제품규격, 품질규격, 성능규격, 대용특성 규격, 작업표준, 품종제한 규격, 양립성 규격, 호환성 규격, 안전규격 등이 제시되고 있는데, 이 가운데 대표적인 것은 기본규격, 제품규격, 방법규격이라 할 수 있다.

(1) 기본규격(전달규격)

물질과 행위에 관련되는 기초적인 사항에 대해 포괄적으로 적용되며 공통적으로 사용되는 규격으로 문자·기호·부호·용어·약어·단위·색·표준수 등을 들 수 있다.

(2) 제품규격

제품의 사용목적에 필요한 요구사항을 규정한 것으로, 제품별로 그의 특징(단일제품, 조립제품 등)에 따라 다소 차이는 있지만 공통적으로는 적용범위, 종류, 등급, 품질, 성능, 시험, 검사방법, 제품의 호칭방법, 표시(제품표시, 포장표시 등), 취급상의 주의사항 등을 규정한다.

(3) 방법규격

재료의 화학성분 분석방법, 부품의 측정방법, 제품의 품질·성능의 시험·검사방법, 용접의 작업방법 등 사람이 행하는 방법을 통일한 것이다. 시험방법의 주요 사항들을 예시하면, 적용범위, 시험항목, 시험장소의 상태, 시험 기구/장치, 시료, 시험방법, 시험 데이터의 정리방법 · 기록 등을 규정한다.

2.2 강제력에 따른 분류

규격 전체에 강제력이 있는지의 관점에서 규격을 강제규격과 임의 규격으로 나눌 수 있다.

(1) 강제규격

법령이나 법규에 따라 기술표준을 정한 것으로, 법에 의해 강제로 적용되는 규격이다. 이에는 인명안전, 환경보전, 자원절약 등을 목적으로 하는 것이 많으며, 법률, 조례, 기술표준에 따라 강제적으로 운용된다. 도로교통법에 따른 도로표지를 예로 들 수 있다.

(2) 임의규격

강제규격과 대칭되는 규격으로, 법적으로 준수 의무가 주어지지 않은 규격이다. 「GATT 표준코드」(GATT standard code)에 의하면“인정된 표준화 기관이 반복적 또는 계속적 사용을 위해 승인한 기술시방으로 그 준수가 의무화되어 있지 않은 것”이라 정의하고 있다.

본래 규격은 그것을 사용함으로써 다수가 이익이나 편익을 얻을 수 있도록 정하는 것이라고 볼 때, 강제규격만이 필요한 것은 아니다. 민주주의 국가에서는 국가규격을 비롯한 대부분의 공공표준을 임의규격으로 하고 있는데 반해 사회주의 국가에서는 국가규격을 강제규격으로 하고 있다.

2.3 규격의 적용 영역(수준)에 따른 분류

표준이 제정되고 적용되는 영역에 따라 분류하면 사내표준 · 단체표준 · 관청

표준 · 국가표준 · 지역표준 · 국제표준으로 나눌 수 있다(도표 4-1 참조).

(1) 사내표준(社內標準)

특정회사내에서 사용되는 표준으로서, 말하자면 한 회사의 규격이나 규정 등이 이에 해당된다. 사내표준은 기업규모에 따라 전사표준, 사업부표준, 공장표준 등과 같이 적용수준에 따라 구분할 수 있다.

(2) 단체표준(團體標準)

업계, 단체, 학회 등의 특정 단체에서 제정하여 사용하는 표준으로 미국의 ASTA(미국재료시험협회) 규격과 ASEM(미국기계기술자협회) 규격 그리고 UL규격은 세계적으로 유명한 단체표준이다.

(3) 관청표준(官廳標準)

정부관공서 또는 공공단체의 기관을 위주로 한 구매자의 입장에서 정한 표준이다. 이의 예로는 MIL(미군 규격)과 우리나라의 철도청규격과 조달청규격을 들 수 있다.

(4) 국가표준(國家標準)

ISO의 정의에 따르면 "국가규격 기관이 채택한 규격"이다. 즉, 특정 국가에서 재정하여 사용되는 규격으로 1901년에 세계최초의 국가규격이 영국에서 제정되었다. 우리나라의 KS(한국산업규격), 일본의 JIS(일본공업규격), 영국의 BS, 미국의 ANSI, 독일의 DIN 등을 예로 들 수 있다.

(5) 지역표준(地域標準)

ISO의 정의에 따르면, "특정 국가의 관련단체로 회원자격을 제한한 표준화 단체 즉, 지역표준화 단체가 채택한 규격"이다. 유럽의 CEN(유럽표준화위원회)에서는 EU(유럽연합) 및 EFTA(유럽자유무역연합)와 유럽규격(EN) 등을 제정하고 있다. 구공산권 국가의 CMEA규격(통칭 COMECON 규격)이 있으며,

미주(美洲)지역의 COPANT(범미국표준화위원회)규격 등이 있다.

유럽의 경우, EU 통합이후 지역표준화의 비중이 국가표준화의 그것을 훨씬 능가하고 있는 것이 현실이다. 독일규격협회(DIN)의 경우, 15여 년전(1984년)에는 80% 이상의 업무가 국가표준과 관련된 것이었지만 1992년 22% 정도로 감소되고 그대신 유럽표준화(지역표준화) 업무의 비중이 60%이고 나머지는 국제표준화 업무라고 한다. 따라서 DIN은 자금의 35%를 국제표준화에 투입하고 30% 정도를 국가표준화에 지출하고 있는 실정이다.

(6) 국제표준(國際標準)

국제표준화의 목적은 국제적으로 통일된 표준·규격을 제정하여 국제간의 통상을 원활히 하며, 과학 및 경제 등 다방면에 걸쳐 국제협력을 추진하는 것이다. 국제규격은 전세계 각국의 관련 단체가 회원이 될 수 있는 표준화 단체, IEC(국제전기표준회의)나 ISO(국제표준화기구)와 같은 국제표준화 기관이 제정하여 국제적으로 적용되는 규격이다.

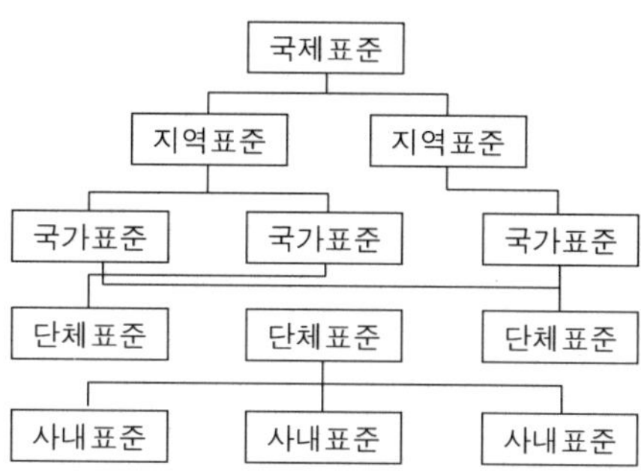

도표 4-1
산업표준의 체계

2.4 국제규격, 지역규격, 국가규격, 단체규격과의 조화

생산기업에 있어서 자사가 생산하는 제품에 관한 국제규격, 지역규격, 국가규격, 단체규격 등이 있으면(<도표 4-1>참조), 그 규격은 생산자에 있어서는 해외시장 또는 국내시장의 고객의 요구품질을 집약적으로 정리한 시방서라고 생각할 수 있는 것이기 때문에, 그것을 품질설계 도입, 자사의 제품규격에 채용하는 것에 의해서 국제규격, 지역규격, 국가규격, 단체규격에 의한 제품이라고 하는 권위부여와 시장성이 있는 제품의 생산이 가능하게 되는 까닭이다.

또, 자사가 구입하는 재료, 부품에 관한 국제규격, 지역규격, 국가규격, 단체규격 등이 있다면, 그것을 품질설계에 도입, 자사의 원재료 부품규격, 구매 시방서에 채용하는 것에 의해서, 시장성에 있어서 입수하기 쉽고, 값싸고 품질좋은 표준재료, 표준부품을 구입할 수 있게 된다. 더욱이 또, 자사제품, 구입재료, 구입부품 등에 대해서 KS마크 표시제도가 적용되어 있는 경우는, 자사제품에 대해서는 KS마크 표시 공장으로 되고, 또 구입재료, 부품에 대해서는 KS마크 표시품을 구매조건으로 하는 것에 의해서 생산 및 거래의 합리화는 더욱 촉진되는 것이 된다.

상술한 바와 같이 국제규격, 지역규격, 국가규격, 단체규격 등은, 그들이 사내표준에 도입되어 그 규격이나 시방서에 근거하여 실제로 표준품이 거래되고, 사용자, 소비자의 수중에 건너가 사용될 때 처음 표준화의 편리함이 사용자, 소비자에 받아들여지는 까닭에, 산업표준화의 실시단계는 사내표준화를 통해서 비로소 실현되는 것이 된다.

이것은 또 역으로 기업레벨이 있어서 사내표준화에 의해서 축적된 기술정보가 단체규격, 국가규격, 지역규격, 국제규격의 내용을 결정해 가는 것으로 쌍방의 사정에 있어서 사내표준은 국제규격, 지역규격, 국가규격, 단체규격 등과 조화를 이룬 것이 아니면 안된다.

- 단체규격(Association Standards)

  ASME(American Society of Mechanical Engineering)

  ASTM(American Society for Testing and Materials)

  SAE(Society of Automotive Engineers)

  UL(Underwriters Laboratories)

NEMA(National Electrical Manufacturer Association)
IEEE(Institute of Electrical and Electronics Engineers)

- 국가규격(National Standards)
  KS(Korean Industrial Standards)
  JIS(Japanese Industrial Standards)
  DIN(Deutsche Industrial Standards)
  BS(British Standards)
  NF(Norme Francaise)
  ANSI(American National Standards Institute)
  AS(Australian Standards)

- 지역규격(Regional Standards)
  CEN(Comite Europeen de Normalisation, 유럽표준화위원회)
  CEE(International Commission on rules for the approval of Electrical Equipment, 유럽전기기기 통일안전 규격위원회)
  CENELEC(Comite Europeen de Normalisation Electrotechnique, 유럽표준화위원회)
  CMEA(Council for Mutual Economic Aid, 동구경제상호원조회의)
  PASC(Pacific Area Standards Congress, 태평양지역표준화회의)

- 국제규격(International Standards)
  ISO(International Organization for Standardization)
  IEC(International Electrotechnical Commission)

2.5 법규류와의 조화

KS는 물론이고, 자유경제권의 각국의 국가규격, 단체규격은 그 규격을 사용하지 않는다고 해서 법률에 의해서 처벌되는 것이 아니고, 그 규격을 사용하는 것이 자신들의 이익이 되기 때문에 사용한다고 하는 사고방식에 의해 이루어지고 있는 것으로 따라서 일반적으로 "임의규격"이라고 불려지고 있다. 그러나, 법규에 인용 또는 규정되어 있는 기술수준 등은, 국내 법규의 경우에도 또, 외국법규의 경우도 함께 그 법규에 의해서 사용이 의무로 되어 있고 그 법규 또는 의거하는 기술수준을 지키지 않으면 처벌되는 것이 되고, 따라서 일반적으로 "강제규격"이라고 불리고 있다.

그래서, 기업으로서는 사내표준을 제정・개정할 때에는, 국내 및 수출・수입이 있는 경우는 거래처의 외국 법규나, 그 법규에 근거를 두는 기술수준의 내용도 잘 조사해서, 그들의 강제규격과 알맞은 조화를 이룬 내용으로 할 필요가 있다.

3. 표준화를 위한 SYSTEM

3.1 표준화의 대상과 방법의 정비

표준화를 위한 System을 확립하기 위해서는 먼저 표준화의 대상을 정비하여야 한다. 표준화의 대상은 기업목적 달성을 위한 연구개발, 생산, 판매 등 전 기능에 있으나, 기본적으로는 <도표 4-2>에서와 같이 물(사물)과 업무의 2가지로 나누어 생각하여야 한다.

또, 표준화를 어떻게 추진해 가느냐의 방법에 관해서는 <도표 4-3>의 분류를 참고로 규정화를 추진해 갈 필요가 있다.

도표 4-2 표준화의 대상의 정비

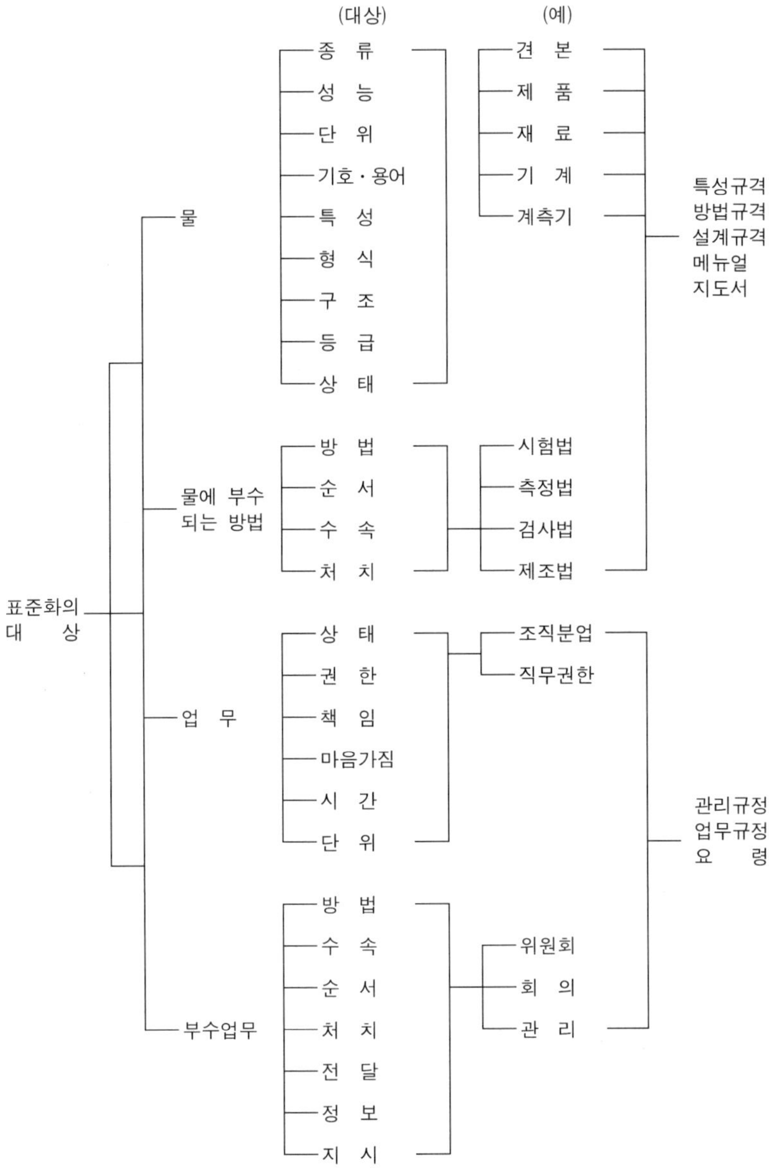

도표 4-3
표준화의 방법정비

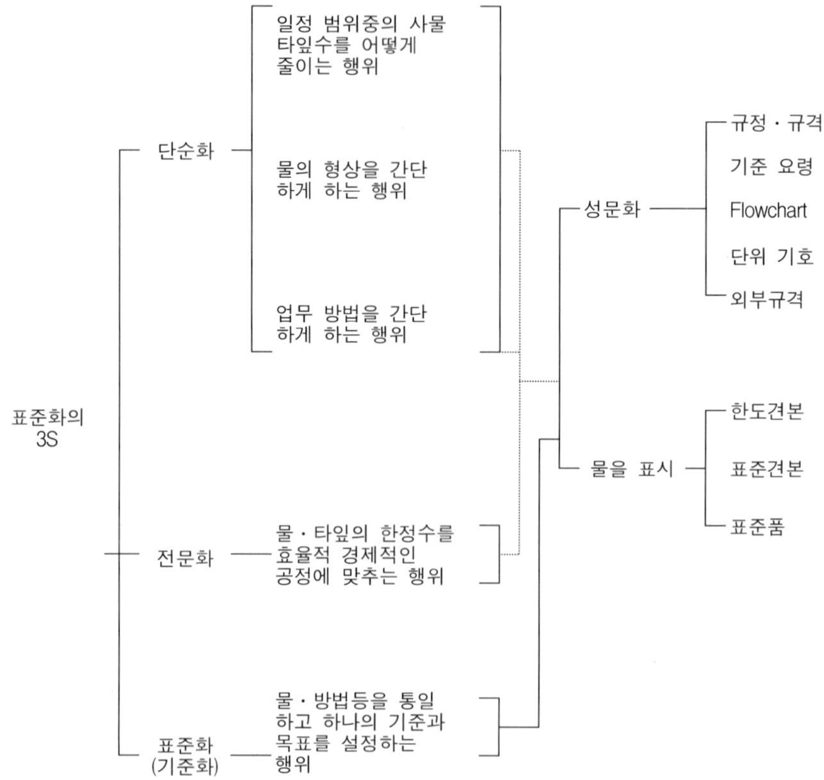

3.2 표준화의 한계

사회의 거의 모든 사물에 관하여 표준화를 생각할 수는 있다. 그러나 표준화 함으로써 얻어지는 효과에 비하여 사물을 표준에 맞추어 나가는 일에 드는 부담쪽이 더 크다면, 오히려 표준화의 목적인 능률증진과 경제적 향상에는 위배되므로, 이럴 경우에는 표준화는 피하여야 한다. 또 취미나 기호에 속하는 것은 아무리 표준화하여도 활용되지 않을 것은 너무나 뻔하므로 이와 같은 것을 표준화 하려는 것은 잘못이다. 이와 같이 표준화에는 스스로 한계가 있다.

일반적으로 산업 표준화의 대상이 되는 상품은 다량 생산되고 사용빈도가 높은 것이어야 한다. 또 규격의 내용은 표준화의 목적과 효과로 보아서 규격 대상에 대한 항목에 한하여야 하며 지엽 말초적인 항목에 관해서는 규정할 필요가 없다. 이를테면, 부분품의 치수를 대상으로 하는 국가규격은 호환성에 필요한 주요 치수만을 규정하면 충분할 것으로 생각되고 의복류는 취미기호에 속하는 칼러 등에 관하여는 규정하지 않는다. 회사 규격에서는 업무 절차를 대상으로 한 규격 등은 지나치게 소상, 엄중하면서 실행이 불가능한 규정으로 되지 않도록 주의하여야 할 것이다.

국가 규격의 경우, 사회적 영향이 중대하므로, 표준화의 한계에 관하여서는 신중히 고려하여야 할 것이다. 국가규격은 일국의 경제적 사회적 환경, 국민성, 산업 구조 및 산업 발전의 단계, 표준화 활동의 역사 등을 충분히 감안하여 제정할 것이나 국가규격을 제정할 만한 분야와 제정의 대상으로 삼아서는 안되는 분야를 분류하여 보면 다음과 같다.

3.2.1 국가 규격의 대상이 되는 분야

① 용어, 기호, 코드, 측정 방법, 시험 방법, 설계 기준 등 기술에 관계되는 기초적 사항으로서 특히 전국적으로 통일할 필요가 있는 것

② 재료, 부분품, 측정 기구 등 산업의 기초가 되고 또 여러 가지 산업 분야에서는 광범하게 사용되는 기초적 자재와 물품으로 통일이 필요한 것

③ 국제 경쟁력의 강화에 기여하는 제품의 생산, 유통, 사용의 합리화를 촉진시킴에 필요한 것

④ 중소기업의 기술 향상 및 중소기업에서 높은 생산 비율을 차지하고 있는 제품의 생산, 유통, 사용의 합리화를 촉진시킴에 필요한 것

⑤ 소비자 보호의 견지에서 필요한 것

⑥ 국민의 안전, 위생과 공해 방지에 필요한 것

⑦ 그 밖에도 국민의 경제적 입장에서 생산, 유통, 사용의 합리화를 특히 추진시킬 필요가 있는 것

⑧ 국제규격과의 조화를 위하여 전국적으로 통일시켜 둘 필요가 있는 것

3.2.2 국가 규격의 대상이 될 수 없는 분야

① 국민 경제적으로 보아 생산, 유통, 소비에 차지하는 양적, 질적 중요도가 작은 것

② 기술이 급속한 발전단계에 있으므로, 이를 표준화함으로써 그 발전에 저해될 염려가 있는 것

③ 공공기관의 규격 시방서에 제정되어 있는 물품으로서, 특정한 용도로만 사용되고 일반적으로는 표준화시킬 필요가 인정되지 않는 것

3.3 우리나라의 산업표준화

한국산업규격(KS)은 산업표준화법에 따라 산업표준심의회의 조사 심의를 거쳐 산업자원부 장관이 이를 확정 공고함으로써 국가규격으로 제정되는 것이며, Korean Industrial Standards의 머릿글자를 따서 KS란 기호로 나타낸다.

KS는 광공업 제품에 대한 규격으로 그 중 특수한 규격체계를 갖는 것이나 유행이나 취미·기호의 대상이 되는 것, 예술품 등은 본래 규격화할 성질의 것이 아니다.

1962년 2월 공업표준심의회가 설립된 이래 KS 규격보유현황은 2009년 12월 현재 23,372종이다(<도표 4-4>참조).

도표 4-4 부문별 KS규격 보유현황

부문	규격수	부문	규격수	부문	규격수	부문	규격수
기본(A)	717	토 건(F)	851	섬 유(K)	863	수송기계(R)	1,065
기계(B)	4,098	일용품(G)	370	요 업(L)	479	서 비 스(S)	108
전기(C)	3,694	식료품(H)	498	화 학(M)	3,445	조 선(V)	834
금속(D)	1,641	환 경(I)	638	의 료(P)	693	항공우주(W)	521
광산(E)	447	생 물(J)	68	품질경영(Q)	111	정 보(X)	1,927

연 습 문 제

1. 표준화를 하는 목적에 대하여 서술하시오.

2. 표준화를 잘못해서 실패한 사례에 대하여 서술하시오.

3. 표준화에서 규격의 적용 영역(수준)에 따라 분류하시오.

4. 국가 규격이 될 수 없는 분야에 대하여 기술하시오.

5. 산업규격은 그 내용에 따라 3자리로 구분할 수 있는데 다음 중 틀린 것은?

㉮ 전달규격　　　㉯ 제품규격
㉰ 안전규격　　　㉱ 방법규격

6. 표준화 및 표준에 관한 설명 중 틀린 것은?

㉮ 표준화란 표준을 정하여 따르고 개정하는데 따르는 연속적 노력이다.
㉯ 표준이란 m, kg 등 공적으로 제정된 측정단위의 기준을 말한다.
㉰ 표준화는 과학 · 기술 및 경험의 종합적 결과의 기초 이에 성립한다.
㉱ 표준화는 일반적으로 문장 · 그림 · 표 · 견본 등 구체적인 표현형식으로 표시된다.

7. 다음 표준화의 체계를 설명한 것 중 틀린 것은?

㉮ 사내표준, 단체표준, 국가표준은 국제표준을 정점으로 하여 피라밋 체계를 형성한다.
㉯ 국가규격과 국제규격은 상호유기적인 교류로 보완관계를 형성한다.
㉰ 우리나라의 국가표준을 제정, 보급하는 기관은 산업자원부이다.
㉱ 사내표준은 국가표준과 관계없이 독자적으로 존립하여야 한다.

Chapter 5

사내표준화

1. 사내표준화의 개요

1.1 품질관리와 사내표준화

사내표준화는 기업의 모든 기능인 인사조직, 재무회계, 기술생산, 영업등의 각 업무 활동에 대한 책임과 권한의 한계를 명백히 규정하고 각 기능과의 상호관계를 규정함으로써 기업의 모든 조직정비가 체계화되고 비로소 양산체제가 확립되는 것을 말한다.

이와 같은 사내표준화가 선행되어야만 각종 관리기법이 비로소 효과를 거둘 수 있는 것으로서 사내표준화 없는 기업은 어떠한 형식의 관리기법도 적용될 수 없으며 또한 그 성과도 기대할 수 없는 것이다.

그러므로 전사적인 품질관리는 먼저 방침과 연결된 목적달성을 위한 방법을 결정하는 표준화부터 시작해야 한다. 그러나 완전한 표준화는 용이하게 실현되는 것이 아니다. 완전한 표준화란 제반 생산조건을 어떤 범위내에 고정시키는 일이다. 엄격히 말하면 규격표준류가 체계화되고 성문화되어 강제력에 의해서 준수되고 있는 상태를 가리키는 것이다. 이러한 것이 관리의 이상 상태인 것이다.

현실은 표준화나 관리나 모든 경제적 바란스 위에 성장해야 된다. 단번에 달성하려는 것은 무리일뿐만 아니라 오히려 기술의 진보나 개인적 능력을 저해하는 면이 있다. 그러므로 표준화의 범위를 기업의 사내 및 공장내로 범위를 한정하여 단계적인 발전을 기하도록 하여야 하겠다.

사내표준화는「품질을 설계하는 기능」과「공정을 관리하는 기능」,「품질을 보증하는 기능」, 그리고「품질을 조사하는 기능」등 현실적인 토대에 둔 이상추구를 지향하는 방향에서 실시하여야 한다.

이와 같은 사내표준화를 위해서는 기업의 모든 사내업무 및 생산활동을 가장 표준적이고 경제적이라고 판단되는 기준 내지 범위를 설정하고 이에 관련된(경제적인 사항과 기술적사항)을 성문화시킨 회사 표준을 제정하여 이를 준수하고 또 발전시켜 나가야 하는 일이 가장 중요하다.

1.2 사내표준화란

기업에 근무하는 사람은 여러 가지 면에서 제약을 받고 있다. 시업시간이 8시 반이라든가, 자기 일을 중량물 운반이라든가, 무엇을 측정하여 데이터를 잡는 일이라든가 여러 가지가 있다. 이때 시키니까 할 수 없이 하는 것과 이러한 것들을 결정할 때 자기도 의견을 세지하여 참여하고 납득한 후 실행하는 것과는 일에 임하는 마음가짐이 사뭇 달라진다. 표준이란 품질관리용어에 다음과 같이 정의되어 있다.

「관계되는 사람간의 이익 또는 편리가 공정하게 얻어질 수 있도록 통일화 단순화를 도모할 목적으로 물체, 성능, 능력, 배치, 상태, 동작, 순서, 방법, 절차, 책임, 의무, 권한, 사고방식, 개념 등에 대하여 설정한 규칙」이라 되어 있으며 일반적으로 문장, 그림, 표, 견본 등 구체적인 표현형식을 써서 나타낸다.

흔히 사내규격이라는 말을 사용하거나 규격은 다음과 같이 정의 된다.

「표준 중 주로 직접 또는 간접으로 관계되는 기술적 사항에 대하여 제정된 규정」따라서 규격은 표준중의 일부가 된다. 표준은 이처럼 매우 넓은 의미를 갖고 있어 물건 이외의 경우 예를 들면 사람의 동작, 작업, 방법, 관리, 절차 등의 경우를 규정이라고 하는 경우가 많다.

간단하게 말하면 물건에 관한 것은 규격, 업무 절차에 관한 것은 규정, 양쪽을 합쳐서 표준이라 한다고 알아두면 된다. 그러나 규격을 광의로 표준의 의미로 쓰는 경우도 있다. 예를 들면 한국공업규격의 경우 그것이다.

또, 비슷한 용어로 시방서라는 것이 있는데 다음과 같이 정의된다.

「재료, 제품, 공구, 설비 등에 대하여 요구하는 특정의 형태, 구조, 치수, 성분, 능력, 정밀도, 성능, 제조방법 및 시험방법 등의 규정, 시방을 문서화한 것을 시방서라고 한다.」

이들을 종합한 형태로 사내표준은 다음과 같이 정의할 수 있다.

「회사, 공장 등에서 재료, 부품, 제품 및 구매, 제조, 검사 관리 등의 업무에 적용하는 것을 목적으로정한 표준」

이상에서 알 수 있는 것과 같이 사내표준의 첫째 성질은 모두가 상의하여 정한 규정이라는 것이다. 따라서 회사의 설립자, 또는 경영자의 의지만으로 정해지는 정관이라든가, 조직규정 취업규칙 등은 여기에서 말하는 사내표준에 들어가지 않는다. 모두의 의견으로 만들어졌기 때문에 그 표준은 지켜져야 하는 것이 당연하다. 사내표준은 그 사내에 있어서는 강제력이 있다. 즉 그 내용을 조화시키고 교육, 지도, 훈련시켜야 한다. 일부 기업인 중에는 공장은 물건을 만드는 것이지, 교육하는 곳이 아니라고 생각하는 사람이 있다. 직업방법만을 일러주고 어떠한 상태가 좋은가를 가르치지 않으므로 언제나 부적합품을 만들거나 또는 만들게 하는 경우가 많다.

즉, 기업이 목표달성을 위해서 적극적으로 행동하기 위해서는 사내표준화를 추진하지 않으면 안된다.

1.3 사내표준화의 목적 및 구조

1.3.1 사내표준화의 역할

회사경영 방침에 따라 기대하는 결과를 한 번의 실행으로 성과를 얻는 방법은 정해진 시각에 한정된 비용으로 안전하게 목적지에 도착하는 방법과 같다.

이 경우 우리들을 「미리 목적지에 도착하기 위한 여러 가지 루우트와 방법에 대해 비용, 시간, 안전면에서 비교연구하여 이로부터 최적 루우트와 방법을 찾아 그대로 실행한다」 라는 방법을 생각하게 된다.

이와 같이 사내표준화는 최적의 방법(최적의 장)을 찾는 일과 그 장을 타인에게 한 번에 재현할 수 있도록 필요한 정보 전달용 기록물을 작성하는 일과 훈련을 거처 한 번에 최적의 장을 재현하게 하는 내용을 가지고 있으며 1회 승부라는 생각은 중요한 요건이 된다.

이러한 사고방식은 그 시점에 있어서 최적상태로 고정시킴으로서 계획대로 실현하려고 하는데 있다. 그러나 시간의 경과와 더불어 정세는 변화되고 기술은 진보하여 고객요구의 변화에 즉응하여 새로운 기술을 도입하여 가지 않으면 사내표준화의 효과는 기대하기 힘들다.

따라서 사내표준화의 내용은 적시에 단계적으로 진보, 향상시켜 나가는 것이 필요하며 이의 원천이 되는 창의연구, 아이디어, 신기술, 신제품 개발 등을 촉진하기 위한 회사조직과 관리체제가 필요하게 된다.

일반적으로 사내표준화의 역할로서는 다음과 같은 사항을 들 수 있다.

① 목적한 것을 계획대로 실시하기 위한 레일 역할을 한다.
② 개인의 기능을 기업의 기술로서 보존하여 진보를 위한 발돋움의 역할을 한다.
③ 관리를 위한 기준이 되며 통계적 방법을 적용할 수 있는 장이 조성되어 과학적 관리수법을 활용할 수 있게 된다.
④ 물품이나 작업, 사무처리 방법이 단순화, 정형화되므로 호환성이 증가되고 조속히 숙련되어 능률이 오르고 일의 결과에 대한 정리가 쉬워진다.
⑤ 경영방침을 철저히 하며 책임과 권한을 명확히 하며 업무처리 기능을 확실하게 한다.

이상과 같이 사내표준화는 여러 가지 면에서 커다란 역할을 발휘하며, 이들 역할은 모두 물품이나 업무의 방법을 일정한 상태로 고정하여 버리는 결과도 가져오게 한다. 그러나 일정한 상태로 고정하면 진보도 없고 퇴보도 없다. 새로운 기술이 기업에 정착되더라도 얼마가지 않아서 시대에 뒤떨어지게 됨은 명확한 사실이다.

사내표준화는 그 효과만을 받아들이고 역효과는 나타내지 않도록 추진되어야 한다.

표준화 생산(보수)과 신기술(혁신)도입과를 적절하게 서로 연결시켜 감으로써 비로소 장기적인 발전을 계속할 수 있다. 개정을 수반하지 않는 사내표준화는 회사에 마이너스만 초래할 뿐이다. 모든 조건에 우선하여 사내표준의 내용은 이러한 역할을 기대할 수 있는 내용이 되어야 한다.

1.3.2 사내표준화의 효과

사내표준화의 역할에서 기술한 바와 같이 사내표준화의 효과로는 생산자 입장에서는

① 기업경영을 합리화함으로써 생산체계가 확립되며

② 원부자재가 절약됨으로써 원가절감이 이루어지며

③ 호환성의 확대로 생산능률을 향상시킬 수 있으며

소비자의 입장에서는

① 거래가 단순화해지고 공정하게 이루어지며

② 품질식별이 용이해지며

③ 좋은 상품을 싼가격으로 구입할 수 있으며

국가 입장에서는

① 양산 체제가 확립되므로 국제 경쟁력을 강화시킬 수 있고

② 유통경제 질서를 확립할 수 있는 것이다.

1.3.3 사내표준의 요건

사내표준화 활동이 큰 효과를 내려면 다음의 요건을 구비할 수 있는 작성방법과 관리방법이 필요하다.

(1) 실행 가능성이 있는 내용일 것

이것을 위하여는 설비, 원재료의 담당자의 능력, 환경 등과의 협조가 실증되어져야 한다. 즉 실험이나 시작 또는 현실적인 작업, 이들간에서 얻어진 데이터에 따라 내용을 정하여야 한다. 데이터를 보면, 만족할 수 있는 상태인가 아닌가를 판단할 수 있으며, 만족할 수 있는 상태일 경우에만 표준화로 나아가게 되므로 이렇게 하여 만들어진 사내표준은 최적생산조건 및 방법을 내용으로 하게 되며, 이것을 실시함으로써 효과를 가져오게 되는 것이다. 데이터에 의해 정하게 되면 데이터가 없는 것은 정하지 못하게 되는 것은 당연하며 중점주의를 채택하지 않을 수 없게 되는 것이다.

(2) 당사자에게 의견을 말할 기회를 주는 방식으로 정할 것

사내표준을 지키고 작업하는 것은 감정을 가진 인간이므로 경제적으로 완전실시를 바란다는 것은 사실상 불가능한 일이다. 자발적으로 적극적으로 지킬려고 하는 정신이 당사자로부터 나오도록 하기 위하여 당사자의 의견을 받아들여 안(案)을 만들고 관계자나 상사와 협의하여 책임자가 결정하는 식의 민주적인 절차가 필요한 것이다.

(3) 기록내용이 구체적이고 객관적일 것

사내표준으로부터 얻어지는 정보내용이 사람에 따라 다르면 사내표준의 목적은 완전히 잃어버리게 된다. 사람이 달라져도 똑같이 해석하게끔 하려면 구체적이고 객관적인 표현으로 되어야 한다. 그러기 위해서는 수치를 사용하여야 한다. 다만, 수치에는 허용차를 주어야 하며 허용차가 없는 수치는 사실상 규정으로써 불가능하기 때문에 추상적인 표현으로 되어지는 것이다. 데이터에 따라 정하게 되면 허용차는 자연히 붙게 마련이다. 수량화가 어려운 것은 예를 들면 맛, 냄새, 시각, 청각에 의한 감각 등에 대하여는 한도견본을 사용하는 것이 효과적이다. 이때에도 수치와 마찬가지로 표준견본으로는 추상적이 되기 때문에 한계를 가리키는 한도견본으로 할 필요가 있다. 흔히 있는 "한방울", 빠르게", " 랜덤"하게 하는 표현 등은 사내표준에는 불충분한 것이 되는 수가 많다.

(4) 작업표준에는 수단 및 행동을 직접 지시할 것

작업자를 대상으로 한 사내표준에서 작업목적이나 조건만을 표시하면 그 목적과 조건을 실현하기 위한 수단 및 방법을 생각해 내게 하는 것이 교육훈련 정도나 당사자의 능력으로 보아 무리일 때가 많다.

(5) 기여도가 큰 것을 채택할 것(중점주의로 추진한다)

기여도가 적은 것까지 전부 포함시키는 것은 채산을 맞출 수 없을 뿐 아니라 사내표준자체의 가치를 의문시하게 되며 사내표준에 대한 무게를 잃은 결과가 되며 또 사내표준이 양이 많게 되어 개정 등 관리하는 데에 무거운 짐을 주게 되어 결국 실패하고 만다. 기여도는 당연히 목적에 대한 것이기에 개개의 사내표준마다 그 목적을 명확하게 하고 그 목적 달성에 대하여 기여도가 큰 것부터 우선적으로 취급되어야 한다. 기여도를 생각할 때 새로 공정을 정하여 생산을 시작할 때와 이미 생산이 진행중일 때와는 사정이 달라진다. 새로 공정을 정하여 생산을 개시할 때는 기여하는 힘이 큰 요인부터 채택하여 나가는 것이 당연하다. 그러나 많은 공장에서 보는 바와 같이 현재 생산을 하고 있는 상태하에서 사내표준화를 더 추진시킬려고 할 때는 기여도가 큰 것이라고 하는 것은 다음과 같은 될 것이다.

① 중요한 개선이 있을 때
② 숙련공이 교체될 때
③ 산포가 클 때
④ 통계적으로 수법을 활용하고 싶을 때
⑤ 기타 공정에 변동이 있을 때
⑥ 직감적으로 보기 쉬운 표현으로 할 것
⑦ 적시에 개정 향상시킬 것
⑧ 장기적 방침 및 체계하에 추진할 것

1.3.4 표준화의 구조

표준화의 목적과 기능에 관한 올바른 이해를 위해서는 우선 표준이 갖고 있는 속성들 간의 상관관계를 규명할 필요가 있다. 이를 위해 인도의 버어만(L. C. Verman)박사는 이른바 표준화 공간(標準化 空間, standardization space)을 제시한바 있다.

표준화의 구조(構造)를 ① 주제(主題, subject), ② 국면(局面, aspect), ③ 수준(水準, level)을 근원으로 하는 직교(直交) 3축의 도표<도표 5-1 참조>로서 간단히 설명하였다.

도표 5-1 사내표준화의 주제, 국면, 수준

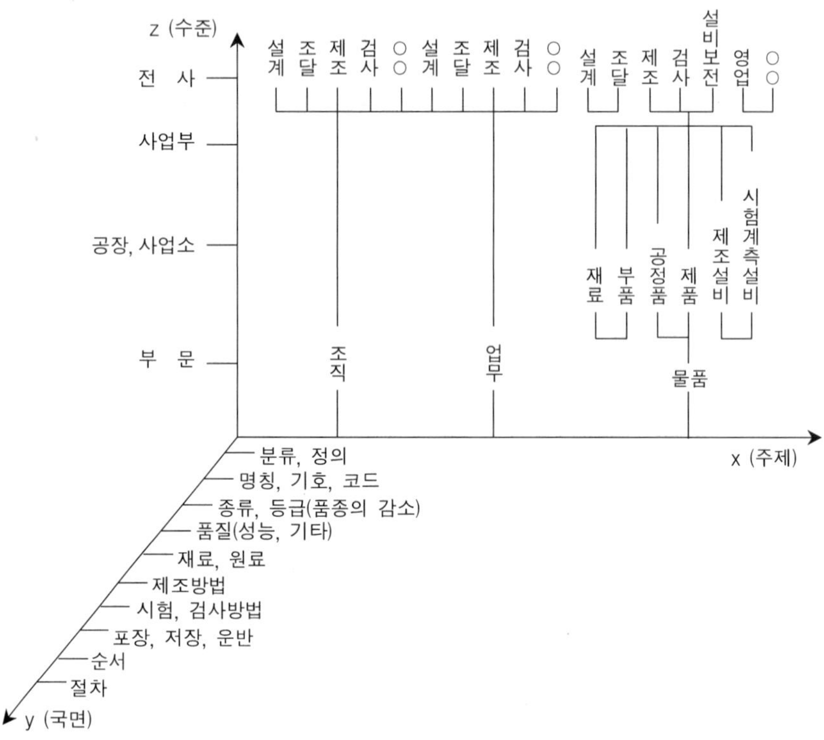

(1) 표준화의 주제(영역)(standardization subject)

주제라 함은 그의 대상을 말하는 것으로, 표준화 대상에는 볼트 · 너트 · 공작기계 등의 유형물(hardware)에서부터 정보 · 규칙 · 방법 등의 무형의 것(sofeware)도 있다.

이들은 다종다양하여 표준화의 주제를 몇 가지 영역으로 분류하는 것이 편리하다. 영역(領域)이란 관련되는 주제(主題)의 무리(group)로서, 가령 공업기술 · 건설 · 화학제품 · 정보 등과 같은 것이다<도표 5-1의 x축 참조>.

(2) 표준화의 국면(standardization aspect)

표준화 주제의 어느 부문 즉 국면을 표준화하느냐 하는 것이다. 예컨대 볼트의 형상이나 치수에 대해 표준화할 경우, 볼트는 주제이며 표준화에 수반되는 형상 및 치수 등에 대한 요구사항 내지 조건이 국면이다<도표 5-1의 y축 참조>.

(3) 표준화의 수준(standardization level)

이는 표준의 운영수준과 관련된 것으로 표준이 운영되는 범위에 따라 국제수준(국제표준) · 지역수준(지역표준) · 국가수준(국가표준) · 단체수준(단체표준) · 회사수준(사내표준) 등으로 나눌 수 있다.<도표 5-1의 z축 참조>

2. 사내표준화의 추진 및 운영

2.1 사내표준화의 절차

사내표준화는 외부로부터의 요구나 회사 실정에 따라 그 추진절차가 같을 수는 없으나 일반적인 추진절차를 개략적으로 나타내면 다음 <도표 5-2>와 같다.

도표 5-2
사내표준화 추진순서 (요약)

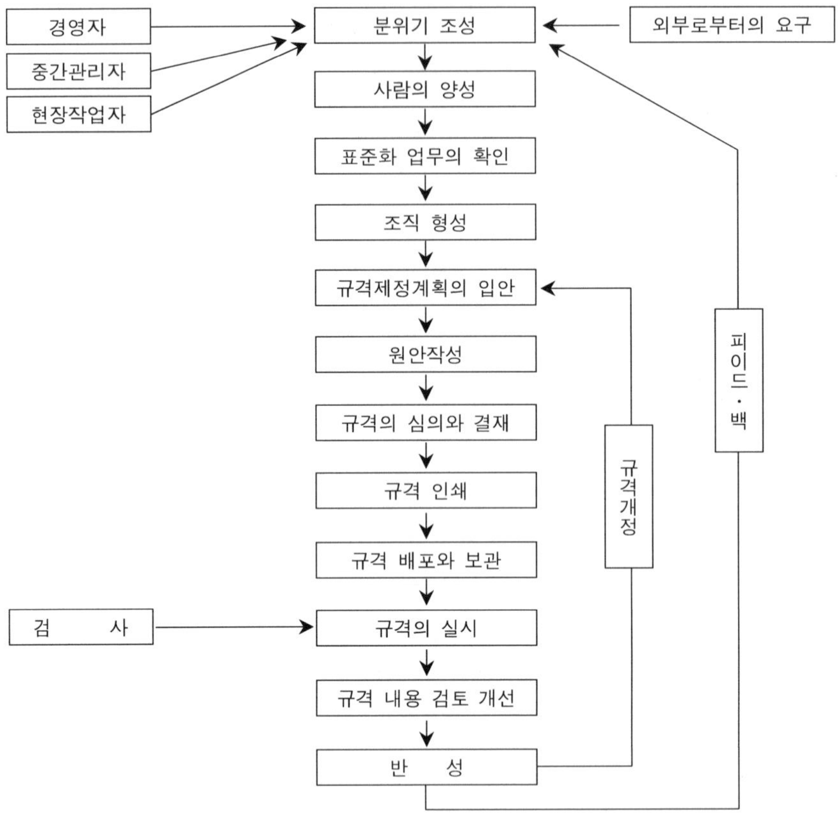

2.2 사내표준제정 개폐수속

사내표준은 완전하게 지키게 하지 않으면 의미가 없다. 그러기 위해서는 준수할 수 있는 내용임과 동시에 자발적이고 적극적으로 준수하려는 마음이 생기도록 하지 않으면 안된다.

당사자의 의견을 채택하여 안을 작성하고 관계자나 상사간에 협의하여 총의로서 정리된 것을 책임자가 결재하여 권위를 세우게 하는 민주적 절차에 따라 결정하도록 하는 것이 필요하다. 사내표준제정 개폐수속의 일반적인 절차를 예시하면 <도표 5-3>과 같다.

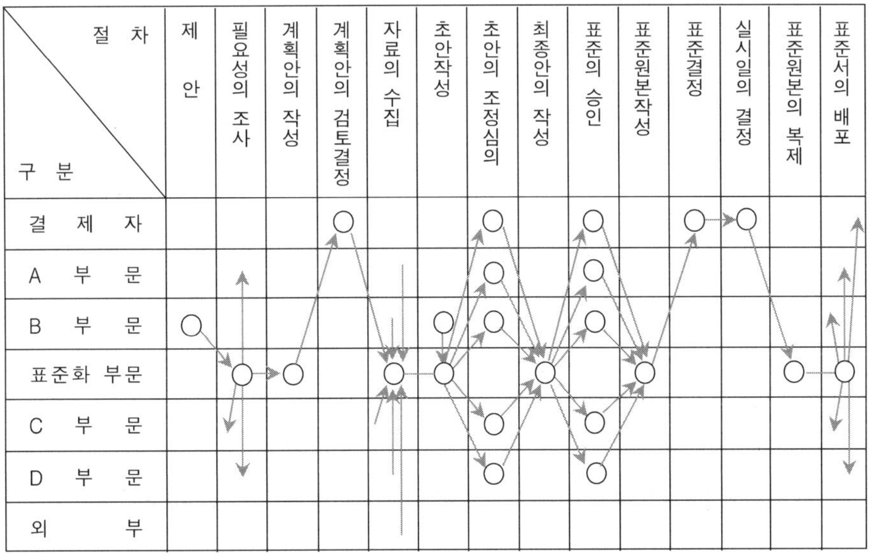

도표 5-3
사내표준 개정 · 개폐(보기)

3. 사내표준 체계와 분류

표준이라는 용어의 의의에서 보아 그 체계로서 물건에 관한 규격과 업무 절차에 관한 규정으로 대별할 수 있다. 이것을 다시 업종, 규모, 생산형태, 조직 등의 상위에 따라 여러 가지로 나눌 수 있다.

(1) 적용범위에 따라

전사표준, 사업부표준, 공장표준, 영업소표준 등

(2) 표준화 대상에 따라

기본표준, 품질표준, 방법표준, 사무표준 등

(3) 표준화의 목적에 따라

관리표준, 제품표준, 설계표준, 제조표준, 작업표준 등. 그러나 일반적으로 가장 알기쉬운 체계로서 널리 쓰여지고 있는 것은 조직과 관계된 다음의 체계일 것이다. 이 체계는 표준의 정의에서 보나, 제정, 개폐의 절차에서 보나, 또는 적용 방법에서 보나 또는 적용 방법에서 보아도 자연스러우며, 합리적이라고 생각된다.

① 총괄적 표준 : 품질관리규정, 사내표준관리규정, 클레임처리규정, 환경관리규정, 장표관리규정
② 신제품 · 제품관계 표준 : 신제품개발규정, 설계관리규정, 제품규격
③ 자재관계표준 : 원재료 부품규격, 구매업무규정, 외주관리규정, 자재창고관리규정
④ 제조관계표준 : 제조업무규정, 기술표준, 공정관리규정, 제조작업표준, 포장표준.
⑤ 검사관계표준 : 수입검사규격, 제품검사규격, 시험표준
⑥ 설비관계표준 : 제조설비관리규정, 검사설비관리규정, 치공구 금형관리규정

표준류는 업종, 규모 등에 따라 그 종류, 수량이 여러 가지이다.

사내 표준서는 강제력을 갖고, 비밀사항을 많이 포함하여 시기적절하게 개정을 해가야 한다. 정리, 식별, 인용, 유지, 관리를 위하여 개개의 표준에 번호를 붙인다. 번호의 부여 방법으로서는 종류별이라든가, 물품별로 분류하여 각기 알기쉬운 기호, 약호, 번호 등으로 나타내고, 필요하면 다시 중분류, 소분류하여 각각의 분류중에서 제정순위에 따른 일련번호를 붙이는 방식이 많다.

<도표 5-4>에서는 사내표준체계와 <도표 5-5>에서는 회사표준체계를 나타낸 것이다.

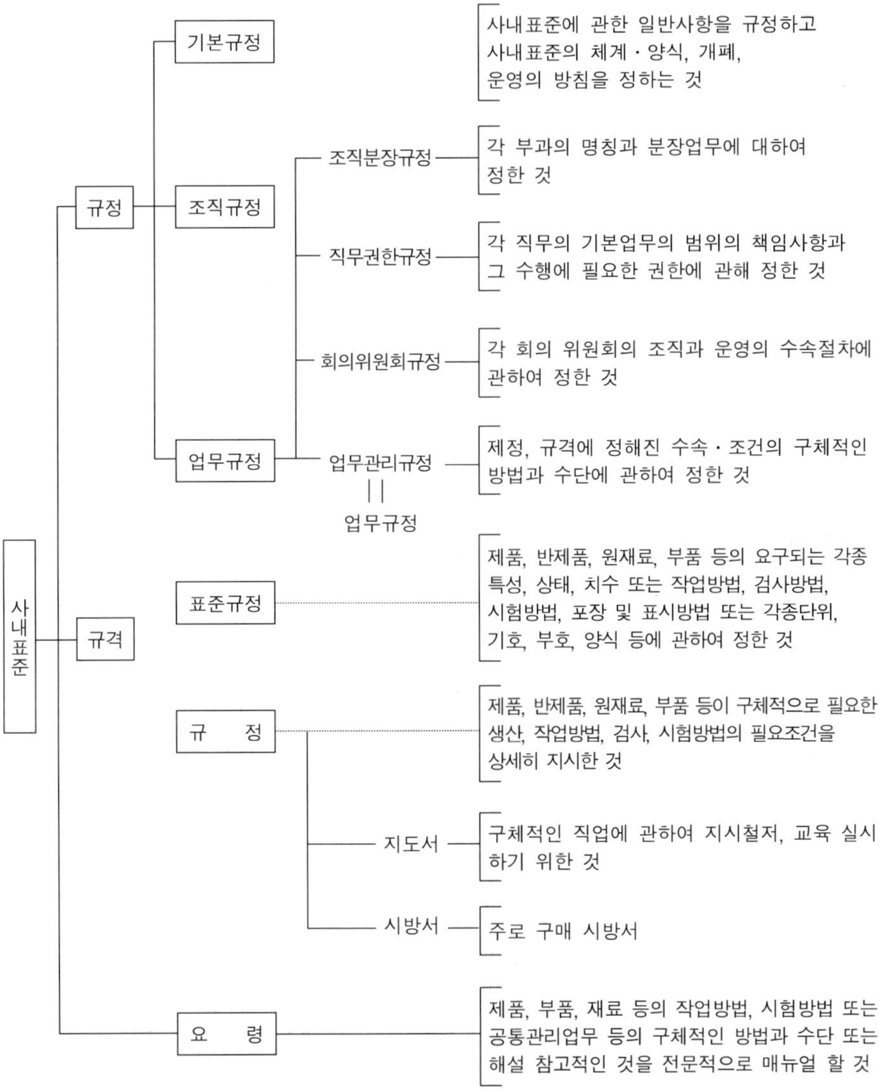
사내표준
규정
기본규정
사내표준에 관한 일반사항을 규정하고 사내표준의 체계 · 양식, 개폐, 운영의 방침을 정하는 것
조직규정
조직분장규정
각 부과의 명칭과 분장업무에 대하여 정한 것
직무권한규정
각 직무의 기본업무의 범위의 책임사항과 그 수행에 필요한 권한에 관해 정한 것
회의위원회규정
각 회의 위원회의 조직과 운영의 수속절차에 관하여 정한 것
업무규정
업무관리규정
||
업무규정
제정, 규격에 정해진 수속 · 조건의 구체적인 방법과 수단에 관하여 정한 것
규격
표준규정
제품, 반제품, 원재료, 부품 등의 요구되는 각종 특성, 상태, 치수 또는 작업방법, 검사방법, 시험방법, 포장 및 표시방법 또는 각종단위, 기호, 부호, 양식 등에 관하여 정한 것
규 정
제품, 반제품, 원재료, 부품 등이 구체적으로 필요한 생산, 작업방법, 검사, 시험방법의 필요조건을 상세히 지시한 것
지도서
구체적인 직업에 관하여 지시철저, 교육 실시하기 위한 것
시방서
주로 구매 시방서
요 령
제품, 부품, 재료 등의 작업방법, 시험방법 또는 공통관리업무 등의 구체적인 방법과 수단 또는 해설 참고적인 것을 전문적으로 매뉴얼 할 것

도표 5-4
사내표준 체계

도표 5-5 회사표준 체계도

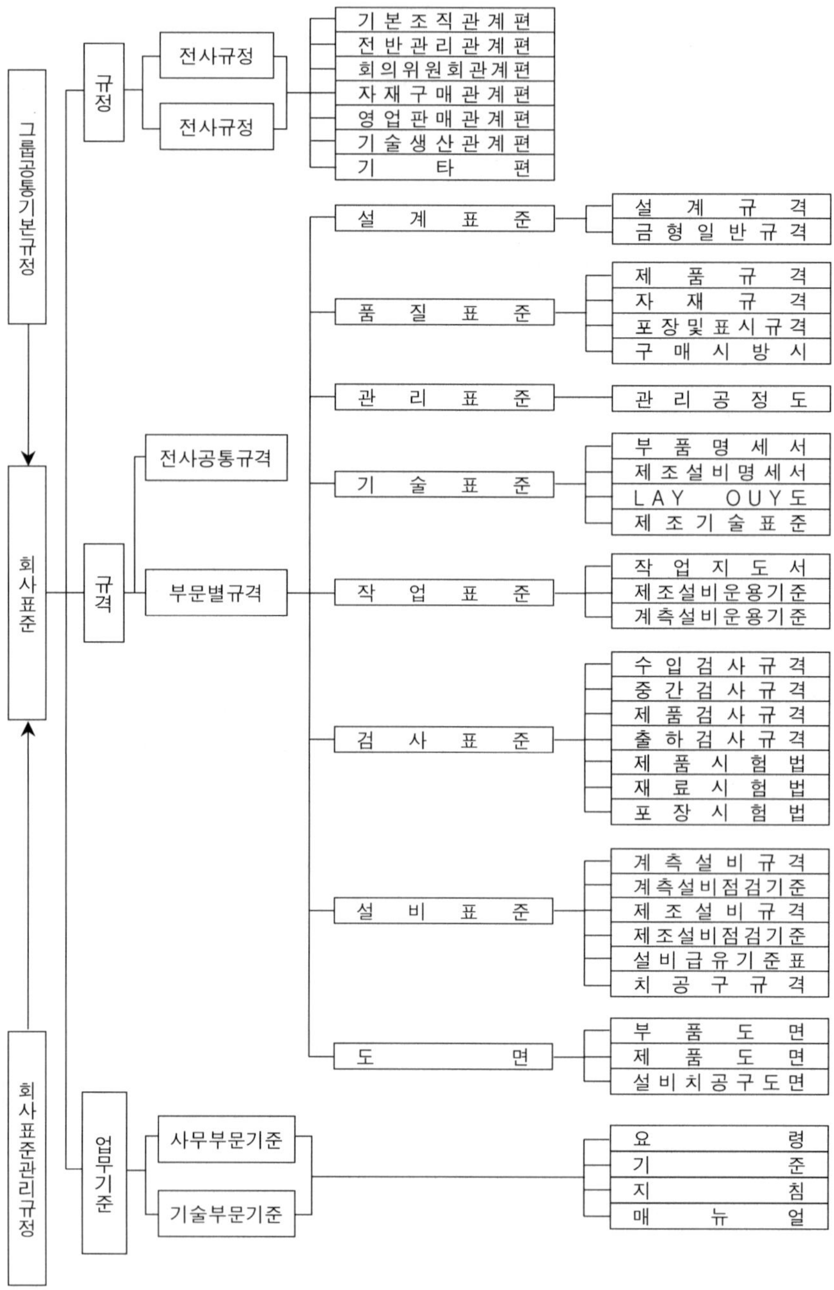

4. 사내표준의 운영

(1) 표준화 위원회

표준화는 권한위양의 하나의 방법이다. 그러므로 규격에는 그것에 맞는 권위가 부여되어야 한다. 이것은 회사규격과 같이 대규모의 표준화의 경우 뿐만아니라, 어떠한 규격에 대해서도 마찬가지다. 표준화 위원회는 회사규격이 명실공히 권위있는 규격이라고 보증하는 위원회이다.

실제의 심의는 대부분의 경우 서류만으로 서면심의의 형식이 취해지는 것이 보통이다. 회의, 심의는 기본적인 방침결정과 대단히 중요한 사항에 관한 문제 이외의 경우에는 일반적으로 행하지 않는다. 의결은 전원 찬성(반대)로 행하는 것이 좋으며 주관부서에서 발행한 심의서류의 회답기한은 15일 정도로 입수하는 것이 보통이다.

특히 최종원안의 찬반을 물을 경우에는 기한 이전에 미제출 위원에 대해서 주관 부서에서 전화나 구두로 독촉하여 회답서가 방치되지 않도록 하여야 한다. 만일 이와 같은 일의 절차가 표준화의 일을 맡고 있는 주관부서의 손에서 해결되지 않는다면, 그 회사의 표준화 활동은 용두사미로 끝날 것이 틀림없다.

회답서는 모두 차기 확인심의 또는 개폐심의 시점까지 보관하며 또 의결이 다수결이 아니고 전원 찬성이라는 것은 예를 들면 일부문에도 반대가 있을 경우 그것이 그 부문에서는 치명적인 중대한 경우가 될 수 있으며, 그것을 소수의견이라고 무분별하게 무시해 버리면 마지막에 가서는 표준화가 이행되지 않는 결과가 나타날 수 있다. 그러므로 전원 찬성이 될 때가지 심의토론은 여러가지 행해져야 하며 그것에 의해서 표준화의 계획일정이 크게 달라졌다든가, 중요한 점이 빠진 규격으로 변해졌다든가 또는 방법에 따라서는 상식적으로 특색이 없는 규격이 될 가능성이 있으므로 주의깊게 진행하는 것이 중요하다.

(2) 80점 주의

표준화는 특별한 만능약이 아니다. 표준화라고 말하지만 적당하게 이용하지 않으면 그 목적을 달성할 수 없을 뿐만아니라 오히려 역효과를 가져올 수도 있다.

항상 수정을 가하지 않는 규격은 사용할 수 없는 죽은 규격이라고 보아도 틀림이 없다. 표준화는 꼭 수정을 해야만 되는 운명에 있으며 규격을 만드는 목표로서, 너무나 완벽을 기하려고 생각하는 것은 좋은 생각이 못된다.

표준화는 문제의 해결수단이다.

일반적으로 문제점을 원인별로 파레토도를 사용해서 분석해 본 결과 큰 것으로부터 2~3가지만 해결하며 문제의 80%이상 해결할 수 있는 것이 보통이다. 그래서 그 답의 완벽을 기한 규격에 비해서 80% 정도면 규격, 즉 손이 많이 간 것에 대해서 제일 효율이 좋은 것에 일치한다. 표준화는 80점 주의로 가는 것이 제일 좋다. 예를 들면 제일 손이 많이 간 완벽한 규격을 정했다고 해도 실제로 실시해 보면 이상과 일이 쓸모없게 되는 수가 있다. 이와 같은 시간이 있으면 적어도 80점의 부분을 완전히 실시하는데 에네르기를 주는 것이 좋다. 또 여기서 말하는 80점이라는 것은 다소의 틀린 점이 있어도 무방하다는 의미는 아니며, 적어도 규격의 신뢰도는 제품도면의 신뢰도보다 조금이라도 한계단 이상 높은 답이 아니면 안된다. 80점이라는 것은 문제해결에 필요한 항목에 다소의 잘못이 있더라도 그것을 실시해 보아서 차기수정시에 보완하는 것이 좋다는 의미이다.

(3) PR활동

좋은 규격이 만들어졌다 해도 사용하지 않는다면, 만들지 않은 것과 같다. 오히려 현재가지의 하는 일에 대해 규격에 정해지는 새로운 수단이 추가되는 것이므로 종류가 많아지며 오히려 표준화에 역행되는 결과가 되는 수가 있다. 표준화가 궤도에 잘 오르지 않는 원인의 하나는 규격 내용의 불충분이며 또 규격 내용이 충분히 침투되었다해도 예부터 하는 방식에서 새로운 방식의 바꿈으로 인해서 잘 보조되지 않으면 혼란을 야기하게 된다. 그것을 위해서도 PR활동이 필수조건이다.

PR활동은 규격작성과 마찬가지로 중요한 일이다. 표준화 실시와 동시에 PR

활동이 개시된다. 각사에서 발행하는 유인물 또는 게시판에 표준화 위원회의 진행 상황, 문제점, 새로이 제정된 규격의 알기쉬운 해설, 위트 넘치는 기술적인 작은 지식, 표준화 이야기, 국내외의 중요 규격정보 등이 도해로 즐겁게 읽을 수 있게 편집되어 공고되어야 한다.

중요규격에 대해서는 사내설명회를 가져 철저하게 주지시켜야 한다.

연 습 문 제

1. 사내표준화 활동이란 무엇인가?

2. 사내표준화의 효과를 기술하시오.

3. 사내표준화의 요건에 대하여 기술하시오.

4. 표준화의 구조란 무엇인가?

5. 사내표준화 순서에 대하여 기술하시오.

6. 사내표준체계와 분류에 대하여 기술하시오.

7. 다음 사항 중에서 효과적인 사내표준화의 실시를 위해서 가장 먼저 해야 할 일은?

   ㉮ 품질관리 추진방침 및 요강을 품질관리규정으로 제정한다.
   ㉯ 각 부문이 표준화를 진행하는데 필요한 공동적 요령을 정리한다.
   ㉰ 각 부문별 개선 및 표준화를 추진한다.
   ㉱ 각 부문별 품질검사체계를 수립한다.

8. 다음 중에서 일반적으로 사내표준화의 추진 순서를 바르게 적은 것은?

   ㉮ 표준화 체제구축 → 표준화 계획 → 표준화 운영 → 표준화 평가
   ㉯ 표준화 계획 → 표준화 체제구축 → 표준화 운영 → 표준화 평가
   ㉰ 표준화 계획 → 표준화 운영 → 표준화 체제구축 → 표준화 평가
   ㉱ 표준화 체제구축 → 표준화 운영 → 표준화 계획 → 표준화 평가

Chapter 6

품질보증 개론 및 체계

1. 품질보증

1.1 품질보증의 중요성

제품의 품질이 소비자가 요구, 기대하고 있는 것과 일치되고, 경쟁 제품과 비교해 보아도 유용성과 가치가 있으며, 가격 면에서도 충분히 납득할 수 있는 우수한 것으로, 기업의 영업 자세, 서비스 체제에 대해서도 신뢰감이 있다면 소비자는 기꺼이 사주며, 다시 말하면 "좋은 상품은 구매한 고객이 세일즈맨"이다.

그러나 품질이 나쁘면 소비자는 사주지 않는다. 만약 품질이 나쁘다는 것을 모르고 구매한 다음 그 제품에 부적절한 점이 발생한다면 소비자는 그 메이커에 대해 불신감을 가짐과 동시에 클레임을 청구하던가 소비자 고발을 하게 될 것이다.

이런 품질문제가 발생하면 대상 제품뿐만 아니라 기업 이미지를 현저히 저하시키고 다른 제품 판매에까지 영향을 미치게 된다. 소비자는 제품의 품질을 사는 것이며 그 품질이 보증된 것이 아니라면 소비자는 구매하지 않을 것이다. 이렇게 되면 기업은 번영해 나갈 수도 없을 뿐만 아니라 존속할 수도 없다.

이는 기업에 대해 소비자 지향(market in)의 품질보증이 대단히 중요하다는 사실을 증명하는 하나의 사례이다.

또한 공정 중에 품질 불량이 발생하면 가공비, 재손질, 비용의 손실이 발생하고 표준 작업의 의미가 없어지게 되며 높은 생산성을 얻을 수 없게 된다. 생산성이 나쁘면 원가는 높아지고 적절한 가격으로 소비자에게 제품을 제공할 수 없다. 즉 가격 경쟁력도 떨어진다. 이런 사실로 미루어 볼 때 각각의 공정에서 품질을 확보하고 다음 공정에 보증해 나가는 것이 품질보증 활동의 필요성 혹은 중요성을 인식할 수 있다.

세계 각 기업은 발전·비약보다는 오히려 생존을 위하여 치열한 경쟁을 전개하고 수출의 규제와 비관세장벽 등 이른바 정치적 압력을 받으면서 대항해 나가야만 하는 시대가 되고 있다.

우리의 각 기업이 이런 어려운 시대에 생존해 나가고 계속해서 발전해 나가려면 품질 제일주의로 일관하여 과거 어느때 보다도 품질관리를 철저히 실시하고 소비자 지향의 품질보증을 강화해 나가야 한다.

1.2 품질보증이란

품질보증(Quality Assurance : QA)이란 「소비자가 안심하고 만족하게 살 수 있고, 그것을 사용해서 안심감·만족감을 갖고, 더구나 오래 사용할 수 있다고 하는」 품질을 보증하는 것이다.

안심하고 만족하게 살 수 있다는 것은 그 상품이나 메이커가 오랫동안 충분히 품질이 보증된 신용할 만한 제품을 출하하고 있지 않으면 안된다는 것을 의미하고 있다.

사용해 보고 만족감을 갖는다는 것은 부적합품이나 결함 상품이 있어서는 안되지만 그것만으로는 불충분하고 제조업체(생산자)가 기대한 성능, 이른바 참품질특성(일종의 계약이라 할 수 있다)을 발위하지 않으면 안된다. 또 카다로그, 사용 설명서의 내용, 세일즈맨의 판매방법, 팔 때의 대화 등도 품질보증에 깊은 관계가 있다.

오래 사용할 수 있다는 것도 필요한 내구성을 가지고 고장이 나지 않는 것이 조건이지만, 오랫동안 성능을 유지하는 것이나 만일 고장이 났을 경우, 재빨리 부품 보급이 이루어지고 또한 충분한 기술을 가진 애프터 서비스가 이루어지는 것이 중요하다.

진정한 품질보증을 하기 위해서는 경영층이 품질보증에 대한 확고한 방침을 밝히고 조사・기획・설계부문에서 제조・판매・서비스부문까지 나아가서는 자재부품의 납입자로부터 유통기구까지 한덩어리가 되어 전원참가・전원협력으로 활동하지 않으면 품질보증이 되지 않는다.

기업 내에서는 「다음 공정은 소비자이다」 신제품 개발의 경우는 「다음 스텝은 소비자이다」 라는 것을 잊지 않고 긴밀히 연락을 취해 품질보증을 하는 것이 필요이다.

한편 시점을 바꾸어 보면 사회적으로 제조의 안전성이나 사용할 때에 있어서의 무고장성 등이 강력히 요청되고 있다.

또 제품기능에 대한 소비자의 요구도 다양해지고 있다. 이에 대처하여 QM의 발전 과정에 있어서 품질보증은 QM의 일환으로서 그 위치 부여가 크게 되었다고 할 수 있다. 다시 말하면 품질보증은 품질에 대한 사회의 많은 요청에 따라 제조업체에서 갖지 않으면 안되는 품질의 실패에 대한 방벽임과 동시에 새로운 연구개발로 진행할 때의 포석이 되는 것이라고 할 수 있다.

이러한 품질보증에 대한 정의를 하면 다음과 같다.

① 품질보증의 일반적 정의

『소비자가 요구하는 품질을 만족시키게 되어 있다는 것을 보증하기 위해서 생산자가 하는 체계적 활동』

② 미국 연방규격의 정의

『제품 또는 서비스가 주어진 요구를 만족하고 있어야 할 적절한 확신을 주기 위해 필요한, 모든 계획적 혹은 조직적인 활동』 (ANSI・Z・7)

③ 쥬란의 정의

『품질기능이 적절하게 행해지고 있다는 확신을 주기 위해 필요한 증거에 관계되는 활동』

④ ISO 9000 패밀리의 정의

『제품 또는 서비스가 주어진 품질요건을 만족시킬 것이라는 적절한 신뢰감을 주는데 필요한 계획적이고 체계적인 활동』(ISO 8402)

1.3 품질보증의 역사적 발견

종래 품질보증은 검사를 엄격히 하고 있으면, 품질보증 하고 있다. 부적합품이었다면 좋은 물건과 교환해 준다. 어느 기간동안 무료 A/S해주면 품질보증을 하고 있다 라고 아직도 국내기업에서는 오해를 하고 있다. 그래서 일본의 경우 역사적 변천을 소개하고 우리 실정과 비교해 보기로 한다.

(1) 품질보증 · 품질관리의 기본이 검사시대(1940년대)

품질관리 활동에서 무검사에서도 품질보증이 되도록 노력하고 있는데도 현재 검사=품질관리라고 생각하고 있는 기업도 있다.

(2) 품질은 제조공정에서 만들어 넣었던 시대(1950년대)

「품질은 제조공정에서 만들다」고 하기 위해서는 공정관리를 잘 해서 품질보증을 하는 편이 유리하다. 공정관리가 시작되었던 시대의 품질보증에 대한 사고방식이다.

더욱이 소비자가 불만족스럽게 생각하고 있어도 벙어리 냉가슴 앓는 식으로 있거나 혹은 불만을 말해도 그 정보가 필요한 곳에 잘 전달되지 않던 시대이기도 했다

이 시점이 소비자의 욕구나 불만스럽게 생각하고 있는 곳을 찾아내어 품질보증을 해 나가자는『소비자 지향의 품질보증』에 눈뜨게 된 시대이기도 하다.

(3) 신제품 개발의 품질보증이 강조된 시대(1960년대)

소비자 지향의 품질보증이 행해져도 불만은 줄지 않았다. 그 원인이라고 생각되는 것으로

① 신제품 개발방법이 서투르고 설계·시작(試作)이 나쁘고, 아무리 노력을 해도 제조공정에서 불량을 제로로 하는 것은 곤란하고 불가능하다.

② 신뢰성·내구성에 대해서는 제조공정을 아무리 관리하더라도 무리이며, 신제품 개발단계에서 확실하게 시험을 하고 더욱이 신뢰성에 대해서도 빈틈없는 연구나 기술의 축적·표준화가 이루어지지 않으면 품질보증은 곤란한 것이다. 그래서

- 설계와 공정에서 품질을 만들어 넣기
- 신제품 개발의 품질보증

이라는 것이 강조되었으며 이 시대쯤에서부터 신뢰성도 서서히 향상된 시대이다.

(4) 안전과 인간존중에 가장 중점을 둔 품질보증의 시대(1971년 이후-현재까지)

1990년대에 들어서서 일본인 경우에는 제품책임(Product Liability : PL)이 문제가 되어 결함상품을 내지 않으려는 것은 물론이고 안전과 인간존중에 보다 중점을 둔 시대가 된 것이다.

또 소송을 받았을 때 그게 대한 증거를 만들어 놓기 위한 데이터의 보관, 로트별로 층별한 재료, 부품, 조립품의 품질보증 데이터, 공정관리 데이터, 개발중의 각종 시험검사 데이터 등의 정리·보관 등이 필요해졌다. 이상과 같이 품질보증을 잘 해내기 위한 자세나 방법은 계속 진보·발전해온 것이다.

1.4 품질보증과 품질계약

근래에 와서 상품이 다양해지고 기능도 복잡해져서 소비자로서는 판단하기 어렵게 되고, 상품 구매하는데 있어서 상황판단 하기도 어렵게 되었다.

한편 생산자가 아무리 대량으로 생산하더라도 소비자가 사 주지 않으면 안되기 때문에 종래의 사는 쪽의 위험부담으로 원칙부담에서 써 보고 부적합품이었다면 교환해 준다는 식으로 파는 쪽 위험부담으로 원칙을 변경하지 않을 수 없게 되었다.

품질보증은 품질에 관한 소비자와의 하나의 약속이며 계약이라는 점에서 생각한다면,

① 부적합품이라면 좋은 물건과 무료로 교환해 준다.

② 일정기간 무상수리 보증한다.

등은 품질보증이라기 보다는 차라리 품질보상을 의미하는 것이어서 마치 생산 판매하는 제품에 부적합품이 뒤섞여 있는 것을 또 사용 중에 파손되는 것을 보증해 주는 꼴이 되어 충분한 품질보증이라고는 할 수 없다.

따라서 생산자와 소비자는 거래의 개시 때에 대상으로 하는 제품에 대하여 소비자의 품질요구를 명확하게 파악해 놓지 않으면 무엇을 보증해야 좋을 것인지 조차 불명확해지기 때문에 품질계약을 맺고 거래 행위가 이루어지고 있다. 이른바 이 품질계약을 일반적으로 품질보증계약서라고 부르고 있으며 적극적으로 기업내에서 활용되고 있다.

생산자는 소비자에게 납입하는 제품의 품질보증과 거래를 원활히 하기 위하여 거래를 시작할 때에 제품의 품질시방, 품질보증 시스템, 클레임의 보상 등 품질에 관한 약성사항을 통상 생산자와 소비자가 거래를 개시할 때 기본계약과는 별도로 품질계약으로써 교환하는 것이 필요하다.

특히 재료, 부품, 반제품 등 메이커와 거래가 이루어질 경우는 가장 중심적인 과제로서 다루어져야 한다.

품질계약의 기본적인 구성을 예시하면 다음과 같다.

구 분	주 요 내 용
① 제품품질의 시방에 관한 것	납품하는 제품의 규격, 구조, 품질, 신뢰성의 특성에 관한 기술적 보증사항을 상호 검토하여 승인 시방서로서 명확하게 할 것
② 품질보증 시스템의 실시에 관한 것	승인도로 교환한 사항을 보증하기 위해 설계, 구매, 제조, 검사, 판매, 서비스부문이 밀접한 협력아래 품질 보증 실시사항으로서 설정해 실시하는 것
③ 품질이상의 처리에 관한 것	공정 내 및 최종 시장에서 품질이상이 발생한 경우에 상호의 입장을 존중하고, 신속 적절한 서비스·처리의 방법을 명확하게 한 것

주) 이 품질계약의 기본적인 구성은, 재료·부품 생산자가 최종상품을 조립하는 회사에 납입하는 경우를 예로 구성하고 있다.

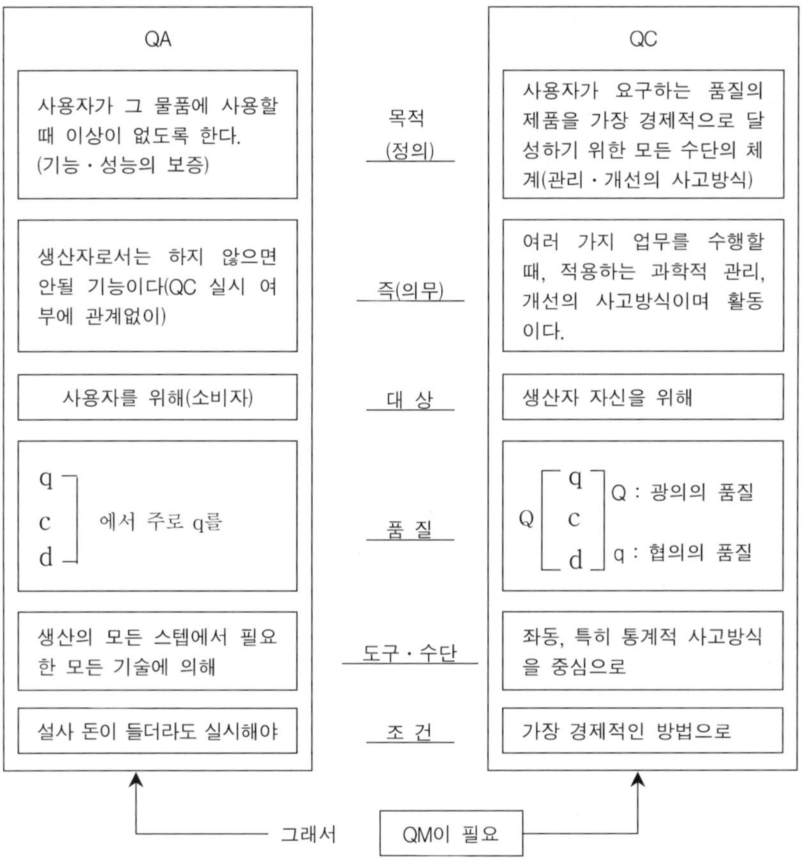

도표 6-1
QA와 QC 비교

1.5 품질관리와 품질보증

『품질관리는 품질보증을 달성하는 수단이고, 품질보증은 목적이다』 라고 말하고 있는데 이것은 아마도 TQC 도입시대(1960년대)에 품질관리를 아주 넓은 뜻에서 해석함으로써 제품품질의 관리면이 소홀히 다루어진 경향에 대한 반성으로서 제품품질의 관리를 강조하기 위해 『품질보증』 이라는 말을 사용하게 된 경위라고 생각된다.

또한 ASQC의 정의를 부면 “품질관리는 갖추고 있어야 할 품질을 만들어내는 것과 관련되어 있지만, 품질보증은 갖추고 있어야 할 품질로 되어 있는가를 확인 하는 것과 관련되어 있다”

<도표 6-1>은 품질보증과 품질관리를 비교 설명한 내용이다.

2. 품질보증 체계

2.1 품질보증 체계의 개요

품질보증활동은 각 부문에 걸친 부문간 활동이다. 이를테면 클레임처리만 해도 영업부문에서 클레임을 접수하고, QM부문에서 결과를 조사하고, 설계부문・제조공정부문을 조사 분석하여 대책 수립하여 재발방지를 하게 된다. 즉 기능별 관리를 하게 되는데 이러한 부문간의 연계와 협력에 대한 약속을 정한 것이 품질보증체계 혹은 품질보증 시스템이라고도 한다.

2.2 품질보증 체계도 작성

품질보증 체계를 도시(圖示)한 것을 품질보증 체계도라 하며 <도표 6-1-a> 및 <도표 6-2-b>를 참고 바란다. 품질보증 체계도는 지금까지 설명한 것처럼 제품의 개발에서부터 판매・서비스에 이르기까지의 각 스텝에서의 업무를 각 부문간에 할당한 것으로 보통 플로우차트로서 표시될 때도 있다.

품질보증 체계를 설정함에 있어서 주의해야 할 점

(1) 피이드백의 루트가 명확할 것

(2) 체계도의 세로축에는 개발의 스텝, 가로축에는 직제(職制)를 적고, 직제의 책임자가 명확히 되어 있을 것

(3) 시스템 운영을 위한 수단, 용구(도구, 장표류), 운영방법(규정, 표준)이 정해져 있을 것
(4) 다음 스텝으로 나아갈 것인가를 결정하기 위한 평가항목, 평가방법이 명확할 것
(5) 시스템운영의 경험을 반성하여 시스템을 개정할 것

기능별 관리를 하기 위해서는 기능방침이 필요한데 품질보증에 대한 그 중점 보증기준 등을 명확하게 제시할 필요가 있고, 관리책임자를 정해 두어야 한다. 또는 품질보증 위원회를 설치하여 구성한다.

품질보증 위원회의 업무는 다음과 같다.

(1) 체계도, 활동일람표 원안의 작성과 그 정리
(2) 품질보증 활동 실태조사와 그에 의한 시스템의 수정
(3) 품질보증에 관한 규정, 표준류 원안의 작성과 승인
(4) 품질감사, 품질보증 시스템 감사의 실시

품질보증 체계와 함께 각 스텝에서의 품질평가를 하기 위한 품질평가(검사 포함) 시스템과 품질정보의 활용을 도모하기 위한 품질정보 시스템을 구축하여 운영할 필요가 있다.

이들 세 가지가 설정되었을 때 비로소 진정한 의미의 품질보증 체계라고 할 수 있다.

2.3 품질보증 일람표

품질보증 활동의 각 스텝에 있어서의 보증사항, 보증을 위한 활동 보증책임자 등을 명확히 하여야 하며 일람표의 한 예는 <도표 6-3>과 같다.

도표 6-2-a
품질보증 체계도 (예1)

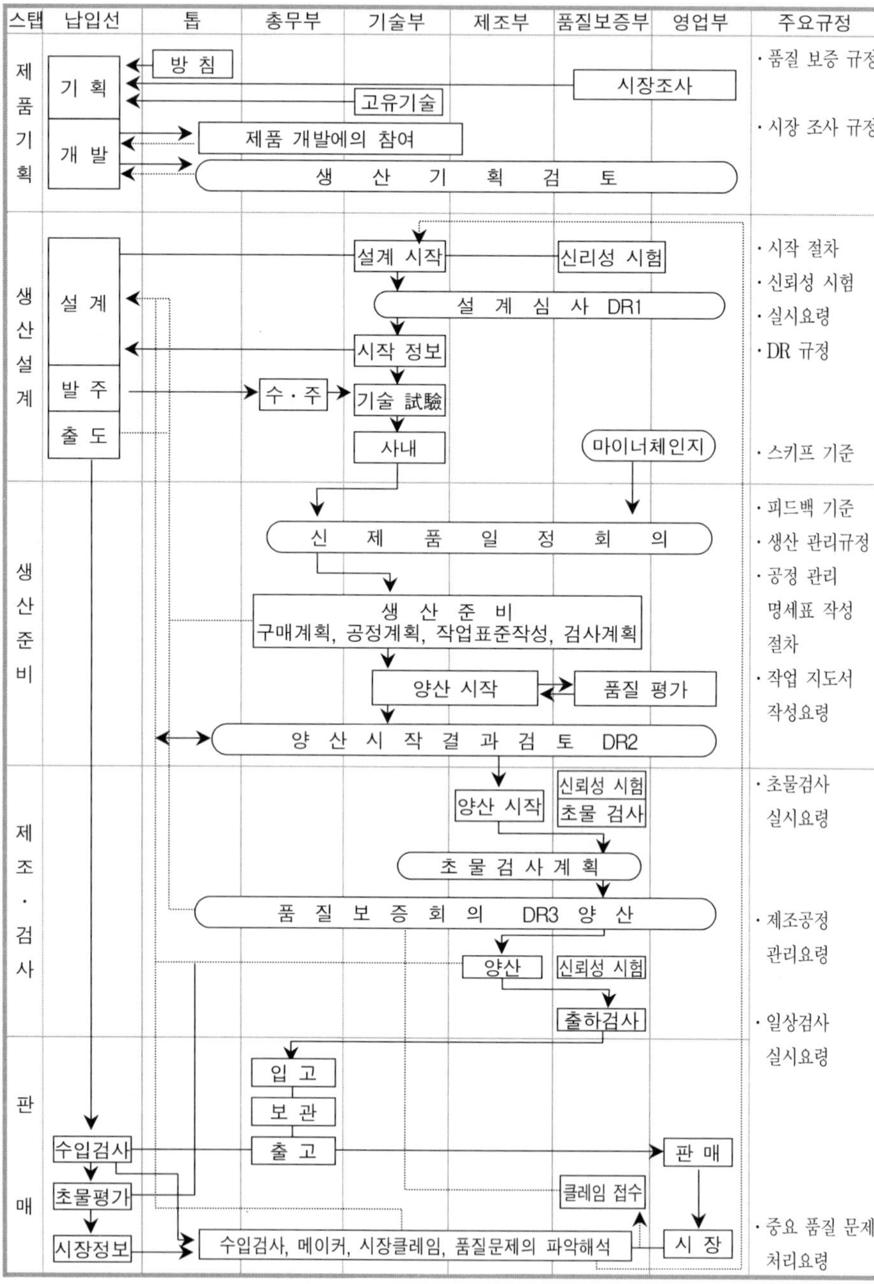

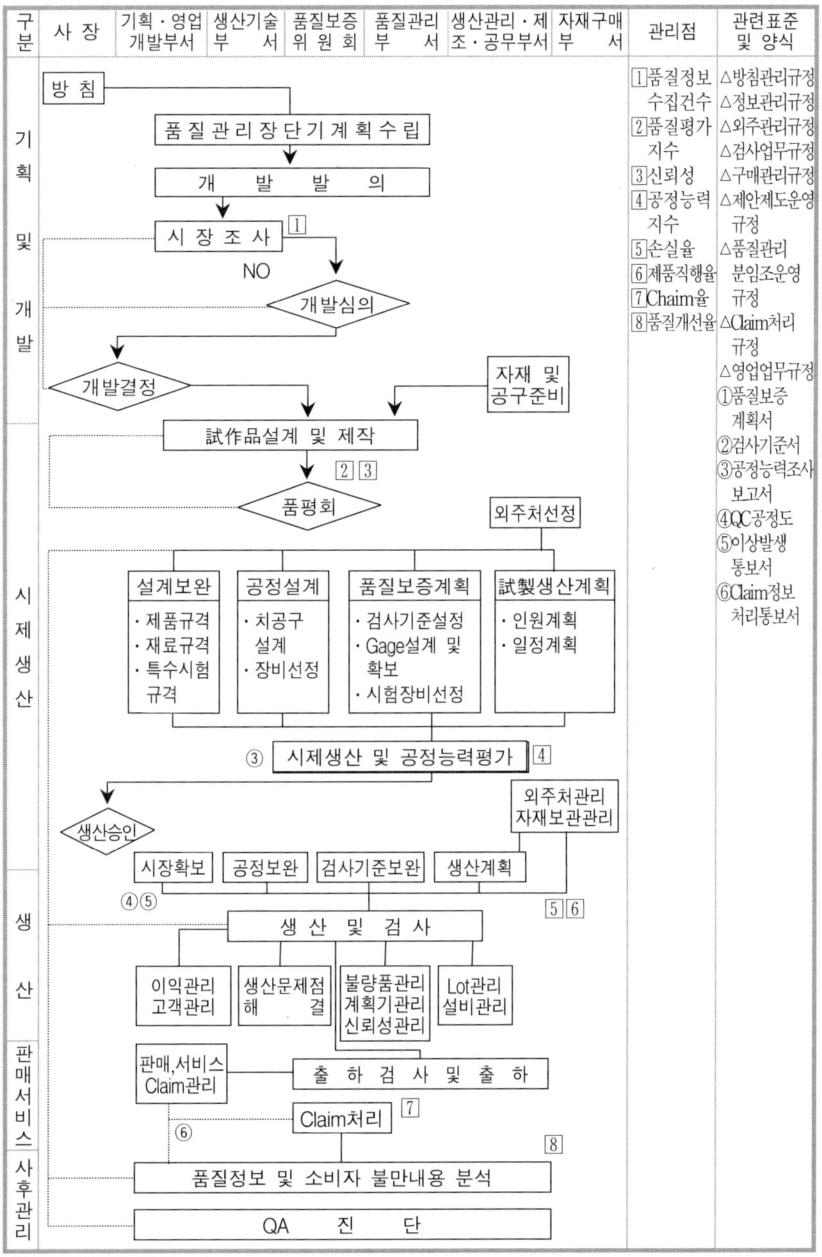

도표 6-2-b 품질보증 체계도 (예2)

도표 6-3 ▶ 품질보증 활동 일람표(예)

단계		보증 사항	보증 활동 항목	활동 부문										관리점	관련 표준
				영업	기획	개발	생기	생관	품관	제조	자재	공무	경리		
제품 기획 및 개발 단계	시장조사	소비자 요구 품질 파악	기존 제품의 소비자 반응 조사	*	○	○			○					· 시장 조사 횟수 · 타사 제품 품질 조사 건수	· 영업 업무 규정 · 연구 개발 규정
			경쟁사 및 외국 제품의 품질 조사	○		*			○						
			소비자 불만 및 요구품질 조사	*		○			○						
		수요 동향 파악	국내외 제품의 수요 동향	*	○	○									
			신기술, 신제품 정보의 수집	○	○	*	○								
			소비자 태도의 변화 추이 파악	*		○									
	정보분석	정보의 조사·분석	시장 조사 결과 및 수집 정책의 분석	○	*	○			○					· 정보 수집 건수 · 정보 활용률	· 정보 관리 규정
			분석 정보의 관련 부문 Feed Back으로 기술적인 면 검토	○	*	○	○		○		○				
			신제품 정보의 개발 가능성 및 방침과의 적합성 검토		○	*	○		○						
	제품기획	소비자 요구에 적합한 제품의 기획	사업성 검토	○	*	○	○	○	○	○	○	○	○	· 규정 사업 계획 보고 건수 · 개발 진도율 특허 출고 건수 · 품질 기능 전개 건수 · 개발 진도율	· 연구 개발 규정 · 신제품개발 규정
			기술 능력과의 적합성 검토		*	○	○		○						
			목표 품질 설정			*			○						
			신제품 개발 기획 수립		○	*									
	품질설계	목표 품질에 적합한 제품 설계	기본 규격의 결정			*	○		○						
			기본 SPEC의 설정			*	○								
			안전성의 확인			*			○						
			특허 문제의 확인	○		*									
			설계 품질의 결정			*	○		○						
			설비 공정 능력의 반영			*	○	○	○	○					
			Sales Point 설정	○		*									
		설계 심사	상세한 기술 계산			*	○								
			설계 기준에 의한 검토 평가			*	○								
			공정 능력의 반영 확인			*	○								
			재발 방지 대책의 적부 확인			*	○								
			설계서의 종합 Check			*	○								

(계속)

<table>
<tr><th colspan="2" rowspan="2">단계</th><th rowspan="2">보증
사항</th><th rowspan="2">보증 활동 항목</th><th colspan="10">활 동 부 문</th><th rowspan="2">관리점</th><th rowspan="2">관련
표준</th></tr>
<tr><th>영업</th><th>기획</th><th>개발</th><th>생기</th><th>생관</th><th>품관</th><th>제조</th><th>자재</th><th>공무</th><th>경리</th></tr>
<tr><td rowspan="10">제품기획 및 개발단계</td><td rowspan="5">시제품생산</td><td rowspan="5">설계서에 대한 생산 품질의 적정</td><td>가공상 문제점 Feed Back</td><td></td><td></td><td>*</td><td>○</td><td></td><td>○</td><td>○</td><td></td><td></td><td></td><td rowspan="5">・목표 신뢰도
・개발 완료 조건</td><td rowspan="10"></td></tr>
<tr><td>중간 제품의 중요도별 관리</td><td></td><td></td><td>*</td><td>○</td><td></td><td>○</td><td>○</td><td></td><td></td><td></td></tr>
<tr><td>설계도에 대한 가공성, 조립성 검토</td><td></td><td></td><td>*</td><td>○</td><td></td><td>○</td><td>○</td><td></td><td></td><td></td></tr>
<tr><td>기술적인 성능 시험 및 개선 대책</td><td></td><td></td><td>*</td><td>○</td><td></td><td>○</td><td>○</td><td></td><td></td><td></td></tr>
<tr><td>신뢰성, 안정성 등 검토</td><td></td><td></td><td>*</td><td>○</td><td></td><td>○</td><td></td><td></td><td></td><td></td></tr>
<tr><td rowspan="5">시작품평가</td><td rowspan="5">설계 품질의 적합</td><td>목표 품질과의 시작 제품의 품질 대비</td><td></td><td></td><td>*</td><td>○</td><td></td><td>○</td><td></td><td></td><td></td><td></td><td rowspan="5"></td></tr>
<tr><td>생산에 대한 제문제점 검토</td><td></td><td></td><td>*</td><td>○</td><td>○</td><td>○</td><td>○</td><td>○</td><td>○</td><td></td></tr>
<tr><td>신뢰성 및 기술 성능 평가</td><td></td><td></td><td>*</td><td>○</td><td></td><td>○</td><td></td><td></td><td></td><td></td></tr>
<tr><td>경제성 검토</td><td></td><td>*</td><td>○</td><td>○</td><td></td><td></td><td></td><td></td><td></td><td>○</td></tr>
<tr><td>시장성 검토
(소비자 반응 조사)</td><td>*</td><td>○</td><td>○</td><td></td><td></td><td></td><td></td><td></td><td></td><td></td></tr>
<tr><td rowspan="14">생산준비</td><td rowspan="8">판매계획</td><td rowspan="4">개발 제품의 판매 전략 수립</td><td>수요예측 및 판매 달성</td><td>*</td><td></td><td></td><td>○</td><td></td><td></td><td></td><td></td><td></td><td></td><td rowspan="14">・판매 목표 달성률
・광고 비점 유율
・인력 부하율
・투자 실적률
・계측 기확 보율
・QC 공정도 확보율
・제조 공정 도확 보율
・공정 능력 지수</td><td rowspan="14">・영업 업무 규정
・생산 관리 규정
・생산 기술 관리 규정
・제조 공정 관리 업무 규정
・계측 기관리 규정
・설비 관리 규정</td></tr>
<tr><td>판매 전략 및 시장 도입시기 결정</td><td>*</td><td>○</td><td></td><td></td><td></td><td></td><td></td><td></td><td></td><td></td></tr>
<tr><td>유통 경로 수립</td><td>*</td><td>○</td><td></td><td></td><td></td><td></td><td></td><td></td><td></td><td></td></tr>
<tr><td>판촉 계획 수립</td><td>*</td><td></td><td></td><td></td><td>○</td><td></td><td></td><td></td><td></td><td></td></tr>
<tr><td rowspan="4">제조 품질달성 및 생산준비</td><td>생산 능력 조사</td><td></td><td></td><td></td><td>○</td><td>*</td><td></td><td>○</td><td>○</td><td></td><td></td></tr>
<tr><td>생산 계획 수립</td><td></td><td></td><td></td><td>○</td><td>*</td><td></td><td>○</td><td>*</td><td></td><td></td></tr>
<tr><td>원자재 수급 계획 수립</td><td></td><td></td><td></td><td></td><td>○</td><td></td><td>○</td><td></td><td></td><td></td></tr>
<tr><td>인원 수급 계획 수립</td><td></td><td></td><td></td><td></td><td>*</td><td></td><td></td><td></td><td></td><td></td></tr>
<tr><td rowspan="3">설비계획</td><td rowspan="3">품질 규격을 만족하는 설비확보</td><td>적정한 설비규모의 결정</td><td></td><td></td><td>○</td><td>*</td><td></td><td></td><td>○</td><td></td><td></td><td></td></tr>
<tr><td>설비 보전 계획 수립</td><td></td><td></td><td></td><td></td><td></td><td></td><td>○</td><td></td><td>*</td><td></td></tr>
<tr><td>적정한 계측기 확보</td><td></td><td>*</td><td>○</td><td>○</td><td></td><td>*</td><td>○</td><td></td><td></td><td></td></tr>
<tr><td rowspan="3">공정계획</td><td rowspan="3">공정 능력 확보</td><td>품질규격을 만족하는 공정 설계</td><td>○</td><td>*</td><td></td><td></td><td>○</td><td>○</td><td></td><td></td><td></td><td></td></tr>
<tr><td>공정 능력 조사</td><td></td><td>*</td><td></td><td>○</td><td>○</td><td>○</td><td>○</td><td></td><td></td><td></td></tr>
<tr><td>기술 표준 및 작업 표준확보</td><td></td><td></td><td></td><td></td><td></td><td></td><td></td><td></td><td></td><td></td></tr>
</table>

(계속)

단계		보증 사항	보증 활동 항목	활동 부문										관리점	관련 표준
				영업	기획	개발	생기	생관	품관	제조	자재	공무	경리		
생산	공정계획	공정 능력 확보	Tooling 설계 및 확보			○	*		○	○					
			표준인시 설정				*	○		○					
	구매외주관리	적정 구매처의 확보	구매 품목의 시장조사								*			·납기 도수율 ·수입 검사 불합격율 ·재고 회전율	·구매 관리 규정 ·외주 관리 규정 ·자재 관리 규정
			구매처의 생산능력, 품질 수준 평가 관리				○		○	○	*				
			적정 구매처의 선정				○		○		*				
			협력 업체 관리				○		○		*				
		양질 물품 구매	구매 표준의 설정 및 검수						*		○				
			구매품의 Q.C.D 확보				○		○	○	*				
	자재관리	적정재료 및 적기공급	적정 안전 재고 관리					○			*				
			자재 입·출고 체계 정비					○			*				
			정기 재고 조사 실시					○			*				
	초기유동관리	초기 제품 생산	초기 유동품 관리				○	○	*	○	○			·공정 능력 달성률 ·검사 기준 확보율 ·제조 설비 확보률 ·규격 정비율	·초기 유동 관리 규칙
			표준 작업 실시				○	○		*					
			공정 능력 조사 개선				*		○	○	○	○			
			작업자 교육 훈련		○		○		○	*					
			시험 제작시의 품제점 개선			*	○		○	○	○	○			
		초기 유동품 평가	제품 설계의 적합성검토			○	*		○	○					
			공정 설계의 적합성			○	*		○	○					
			작업 표준 및 성능 확인			○	○		○	*					
			신뢰성 및 성능 확인				○		*	○					
	검사계획	적장한 검사 방법	검사 규격의 작성				○		*	○	○			·검사 기준 작성 ·계측 기정밀 정확도 유지	·감사업무규정 ·계측기 관리규정 ·한도 견본관리 규정
			검사 항목 및 검사 방법 설정			○	○		*	○	○				
			검사 기기의 정밀도 유지			○	○		*	○		○			
			한도 견본 관리						*	○					

(계속)

단계		보증사항	보증 활동 항목	활동 부문										관리점	관련 표준
				영업	기획	개발	생기	생관	품관	제조	자재	공무	경리		
생산준비	공정계획	공정 능력 확보	공정 능력의 평가				○		○	*	○	○		· 공정성능력조사건수 · 이상발생조치율 · 공정개선실적건수	· 제조공정관리업무규정
			작업 표준 관리도 및 QC 공정도의 활용				○		○	*	○				
			공정 관리 기준 설정 및 실시				○	○	○	*	○				
			공정 이상의 처리 및 개선				○		○	*	○				
	양산및납기관리	생산 진도 관리	생산 계획의 조정 및 관리					*		○	○			· 가공진도율 · 제공회전율 · 노동생산성과율	· 생산관리규정
			적정한 작업자의 선정 및 교육실시		○			○	○	*					
			생산 실적 분석					*		○					
	제조원가	적정 제조비의 확보	제조 원가 산출		○			○			○		*	· Q-Cost율	· 원가관리규정 · Q-Cost운영규칙
			Q-Cost 관리		○				○				*		
	설비관리	설비 능력 유지	설비 능력 조사				○			○		*		· 설비이용률 · MTTR점검률	· 설비관리규정
			설비 보전 및 개선							○		*			
			PM 관리							○		*			
			Utility 공급관리				○				○	*	○		
	계측기관리	초기 유동품 평가	계측기의 분류						*					· 적기검사실시율 · 교정검사실시율	· 계측기관리규정
			검교정 실시 및 기술 확보						*			○			
			계측기의 정도 관리						*			○			
	품질평가	품질규격에 대한 적합성	품질 평가, 검사 방법의 결정				○		*	○				· 중요품질문제등록건수	· 중요품질문제관리규정
			검사의 실시, 분석						*						
			이상 품질 해석 및 조치				○		○	*	○				
			중요 품질 문제의 선정				○		*	○	○				
	보관및출하관리	보관제품의 품질 유지	선입 선출 실시					*			○			· 납기달성률 · 운송비점유율	· 수입검사규칙
			적정 재고 유지					*			○				
			제품 보관 기준 설정 및 준수					*			○				
			정기적 품질 확인 및 Feed Back					○	*		○				

(계속)

단계		보증 사항	보증 활동 항목	영업	기획	개발	생기	생관	품관	제조	자재	공무	경리	관리점	관련 표준
보관출하	운송관리	운송과정의 품질 유지	상하차 및 운송 상황 점검	*				○			○				
			운송 조건 준수	*											
판매	판매준비	판매 준비의 철저	서비스 계획 수립	*					○					· 판매 신장률 · 판매 목표 달성률	· 영업 업무 규정
			영업 사원 제품 지식 숙지	*											
			제품 특성의 홍보 및 교육	*	○	○	○		○						
	판매	효율적인 판매관리	판매 관리 체계 수립	*										· SPM 실시율 · 정기 A/S 실시	· 영업 업무규정 · 서비스 운영규칙
			거래처 지원 및 사후 관리	*											
			판매 실적 평가 및 분석	*	○								○		
판매서비스	서비스	소비자에 대한 품질보증	품질 특성의 정확한 전달	*					○					· 정기 A/S 실시 건수	· 영업 업무 규정 · 서비스 운영규칙
			보관 및 사용 방법 홍보	*		○			○						
			대소비자 품질보증 활동 전개	○		○			*						
	크레임관리	신속한 크레임 처리	크레임 수집 및 홍보 체계 확립	*					○					· 크레임발생률 · 크레임처리비용 · 크레임개선율	· 크레임 처리 규정
			크레임 처리 기준 설정	*					*						
			크레임 처리 실적 분석	○		○	○		*	○					
		크레임 재발방지	철저한 원인 분석	○		○			*						
			중요 품질 문제 파악	○		○			*						
			잠재 크레임 파악	○		○			*	○					
			크레임 정보의 Feed Back	○		○			*	○					
품질개선	품질개선	중요문제 해결을 통한 품질향상	소비자 요구 및 크레임 결과 분석	○		○	○		*	○				· 중요 품질 문제 등록 건수	· 중요 품질 관리 규정
			공정 이상 여부 파악						*	○	○				
			중요 품질 문제 선정 및 개선 활동 수행			○	○		*	○					
			개선 결과의 분석 확인			○	○		*	○					
QA진단	진단	품질보증 활동실시 상태확인	품질 보증 활동 확인		*	○	○		○	○				· 진단 회수	· 품질 관리 진단 규정
			품질보증 활동의 미비점 파악		*	○	○		○	○					
			개선 대책 수립			○	○		*	○					

3. 품질보증 시스템과 그 운영

3.1 품질보증 시스템과 그 운영

품질보증은 각 개인은 물론이고, 전 부문이 참가하여 협력함으로서 비로소 품질보증을 할 수 있는 것이다.

품질보증 시스템이란 제품기획, 설계, 구매, 제조, 판매, 서비스 등의 제요소가 서로 관련을 가지면서 제품의 사용목적에 대한 적합성을 확보, 확약한다는 기업의 공통목적을 달성하려는 집합체라고 말할 수 있다.

종래의 기업 활동방법은 그 대부분이 기업화된 조직에 의하여 분할된 책임을 수행하는 형태가 많았다. 이 경우 각 부문은 목적을 달성하는데 집중하여 전체의 목적을 잊어버리거나 부문간 연락을 좋게 하는 것과 협조(joint activity)의 기능을 명확히하여 이를 적절히 처리하는 것을 중요시하는 것이라고 이해하여야 한다.

3.2 종합적 품질보증 시스템

종합적 품질보증 시스템이란 품질확보, 품질확약, 품질확인(품질보증 3가지 기능)을 위한 시스템을 말한다.

- 품질보증업무 시스템
- 품질평가 시스템
- 품질정보 시스템

3.2.1 품질확보

품질확보란 고객의 품질에 대한 요구 즉, 고객이 제시한 품질표시만이라는 단순한 것에서부터 제품사용시의 유용성을 유지하기 위한 애프터 서비스체제, 더 나아가 수명·종료후의 처리 등을 확보하는 것으로, 제품의 종류에 따라 어디까지 고객의 요구를 확보해야 하는가에 대하여 신중히 검토 후 설정해야 한다.

품질확보를 위한 시스템의 주요한 기본적 요소는 다음과 같이 생각할 수 있다.

① 품질목표 설정
② 설계품질의 확보
③ 생산기술의 확보
④ 공정능력의 확보
⑤ 제조품질의 확보
⑥ 납입품질의 확보
⑦ 제품 사용시 품질기능의 확보

3.2.2 품질확약

고객 또는 사회에 대하여 품질에 대해 제시된 기준을 확실히 구비하고 있다는 것을 약속하고, 만약 약속 위반시 적절한 보상, 책임을 갖는 것으로 품질확약에 관한 관리시스템의 주요 요소는 다음과 같은 것을 들 수 있다.

① 보증사항과 보증기준
② 클레임 처리기준 설정
③ 판매후 품질조사
④ 클레임처리에 있어서의 고객의 만족 확보

3.2.3 품질확인

품질확인은 종합적 품질보증 시스템에 있어서의 피이드백의 역할을 하는 것으로 볼 수 있다. 품질확인의 추진방법으로는 검사의 정확성 체크, 제품의 품질평가, 각 스텝에 있어서의 품질관리 실시상황의 조사 또는 판매후의 품질조사결과의 평가, 품질관리 시스템의 평가 등이 있다.

3.3 품질보증 시스템

품질보증 시스템을 설계하는 것은 쉽지 않지만 이론추구는 할 수 있으므로 노력하면 가능하게 될 것이다.

그러나 이 시스템을 기업이 효과적으로 운영하기 위해 전원의 관리자의 이해와 협조가 무엇보다도 필요하다.

앞에서 말한 품질목표, 설계품질, 제조품질, 애프터 서비스의 질(質) 등을 확보할 책임자를 우선 분명히 해야 한다. 이들 타부문간의 업무 및 부분간이 결합기능을 명확히하여 이를 책임을 갖고 수행하는 체계가 필요하다.

3.4 품질보증 추진방법

3.4.1 개발단계의 품질보증

종래 품질관리는 제조공정에 중점을 두어 공정관리를 잘 하며 품질보증을 하는 것으로 되어 있었으나 사회에 유익한 제품을 만들기 위해서는 제조공정만 품질보증을 실시하는 것으로는 불충분하다.

신제품 개발, 설계, 시험제작, 외주, 구매, 생산, 판매, 애프터 서비스 등 각 단계마다 확고한 평가를 하여 품질을 보증해 나가야 한다.「품질은 설계와 공정에서 만들어 넣어라」는 QC 격언이 있다. 제품설계단계에서 품질보증을 중요시하는 이유는

① 신제품 개발 중에 확고하게 품질관리를 하지 않으면 충분한 품질보증이 되지 않는다.

② 신제품 개발시 품질보증이 되어야만 그 다음 단계에서 전 부문이 품질관리, 품질보증을 할 수 있다고 볼 수 있다.

신제품 개발단계에서부터 이론과 경험을 결부시켜 나가야 한다.

신제품 개발단계에 있어서의 품질관리 활동의 중점은 다음과 같다.

① 각 단계에 있어서 업무과 관리내용을 명확히 해서 그 표준화를 한다.

② 한 단계에서 다음 단계로의 진행의 가부를 결정하기 위한 평가기준을 명확히 할 것

③ 개발하여야 할 제품의 품질을 명시하는 방침을 밝힐 것

④ 고유기술이나 과거의 경험을 정리 해석해서 축적하여 개발제품에 활용할 수 있도록 할 것

⑤ 각 단계에 있어서의 작업의 진행에 따라 필요한 자료를 정하고 이에 대한 진행관리를 할 것

(1) 품질방침의 확립

각종 사내 능력의 평가, 분석 결과와 시장조사 결과로써 어떠한 품질의 제품을 개발하는가 하는 개발의 방향과 품질에 대한 방침을 명확히 제시하여야 한다.

(2) 아이디어

아이디어는 어떤 경우에나 중요한 의미를 갖고 있으며 특히 신제품개발에 있어서는 절대적이라 해도 과언이 아니다.

아이디어를 얻는 방법에는 여러 가지가 있는데

① 사내 관계자로부터 얻는 것

② 사외 관계자들로부터 얻는 것으로 대별할 수 있다.

풍습이나 생활양식은 지역에 따라 다르기 때문에 아이디어도 충분한 지식을 갖고 다각적인 면에서 검토되고 수집되어야 한다.

(3) 시장조사 및 정보수집

시장조사를 하는 것은 시장으로부터의 정보에 의한 고객의 희망, 잠재적인 의향의 추측, 미래 경향을 예측하기 위해서이다.

신제품개발에 있어서는 겉으로 나타난 정보뿐만이 아니고 잠재된 정보를 수집 파악하는 것이 중요하다.

(가) 파악 방법

정보는 장기적인 경향을 보아 파악하여야 한다. 신제품 개발에는 다소간의 시간이 걸리기 때문이다.

(나) 시장조사할 때의 요점

① 시장조의 규모 및 비용
② 제품의 종류
③ 판매 예측량
④ 판매가격, 판매비용
⑤ 판매시기
⑥ 유통기구
⑦ 포장, 디자인
⑧ 품질수준, 결정자료의 수집

(4) 상품개발

상품개발에 있어서는 우선 소비자에게 팔리는 상품이 어떠한 것인가를 파악한다. 그리고 그 상품군 안에서 자사에서 만들 수 있는 것을 기획하고 개발한다.

신제품 개발하는데 고려해야 할 사항

① 남의 것을 모방하지 말고 창조하는데 중점을 둔다.
② 팔 가치가 있는 상품을 겨냥한다.
③ 경쟁회사 상품의 품질을 비교한다.

기획이 완료되면 우선 목표품질을 상품화하기 위한 시작(試作)이 필요하게 된다.

이 단계에서 많은 시행착오를 거쳐 목표품질을 확실히 정하게 되는데 개인적인 기술력 등이 요소이지만 이 때 조직의 기술력을 결집할 관리력이 필요하게 된다.

(5) 설계단계에 있어서의 보증활동

(가) 참특성을 대용특성으로 변화

상품의 기획단계에서 생각한 제품의 참특성을 대용특성으로 전환하여 관리 가능한 상태로 전환해야 한다.

① 목표치는 구체적이어야 한다.
② 사용조건의 변화를 잘 파악하여 대응해 나가야만 활용될 수 있는 품질 수준이 된다.
③ 코스트의 목표는 품질과 관련되어 있으므로 품질은 코스트에 의해 뒷받침이 되어야 한다.
④ 해외국가의 관계법규, 국내관련법규에 대하여 충분히 검토하고 품질목표에 반영시켜야 한다.
⑤ 품질은 산포를 고려하여 목표를 정한다.
⑥ 설계품질(목표품질)과 제조품질과의 관계를 확인할 수 있는 방법을 갖춘다.

㈏ 설계평가

목표한 기능을 대용특성으로 변화했을 때 목표품질을 전부 만족할 수 있는가를 보기 위해 파는 사람과 사는 사람의 입장에서 평가항목을 정해 평가한다.

또 심사의 방법은 조직화하고 직무권한을 결정해야 한다.

설계심사를 아무리 잘 해도 결함을 전부 발견하지 못할 수도 있다. 심사를 하여 발견된 결함은 수정을 얼마나 빨리 하느냐가 문제이다.

(6) 시작단계에 있어서의 보증활동

수준을 명확히 하여 해석한 결과 시작품의 품질이 규격을 벗어나게 되면 방법을 변경하는 등 계획을 수정해야 한다.

과거에는 시작, 시험부문이 생략하였기 때문에 양산(量産)으로 이행된 다음의 제조공정 및 시장에서의 품질이상이 많이 발생했다. 최근에는 각 기업 모두이 시작, 시험부문에 상당히 역점을 두고 있다.

3.4.2 생산단계의 품질보증(제조공정에서의 품질보증의 기본)

(1) 품질은 공정에서 만든다.

소비자에게 품질을 보증하기 위해서 검사를 활용한다는 것이 제일 먼저일 것이다. 즉, 생산된 제품을 모두 검사하여 부적합품 혹은 불합격품을 출하시키지 않고 합격된 제품만 출하하여 제품품질을 보증하는 것이다. 그러나 검사에 의한 조처이기 때문에 품질이 달라지지 않는다는 것은 누구나 쉽게 알 수 있다. 그러나 설계품질에 제조품질을 일치시키기 위해서는 예방의 원칙에 입각하여 제조공정에서 목표품질을 만들어 넣는 것이 품질관리의 기본이다. 이 원칙을 실천하기 위해서 작업표준의 교육훈련 및 준수가 요구되는 것이다.

(2) 공정관리 계획

공정관리상 필요한 요인을 구체적으로 검토하고 고유의 기술적인 지식과 제조현장의 실태에 맞는 관리계획이 명확히 수립되지 않으면 좋은 품질의 제품을 기대할 수 없다. 공정관리 계획을 세우기 위해서는 결정된 품질표준을 만족하게 하기 위한 요인 가운데서 관리할 필요가 있는 사항이 명확히 되어 있는가, 이를 관리하기 위해 표준화가 되어 있는가, 데이터의 해석 및 사후관리가 되고 있는가, 필요한 사람은 육성되어 있는가, 관리방법 및 이상시 조처사항이 명확한가 등의 전체조건이 필요하다.

(3) 공정관리와 공정에 있어서의 품질정보

㈎ 관리도에 의한 관리

① 관리특성 : 품질보증상 어느 특성이 중요한가를 검토한다.

② 군 구분과 층별

③ 조처후의 확인

④ 관리선의 변경

⑤ 공정관리의 조직적 운영

㈏ 공정이상의 기록, 전달 및 조처결과의 기록

(4) 제조공정능력의 파악

각각의 공정에 대해 공정능력조사 또는 기계능력 조사를 실시하고 공정능력이 확보할 수 있는 지그, 공구 등의 개선을 추진함과 아울러 작업표준, 지도서 등을 정비한다.

(5) 제조공정에서의 품질보증

㈎ 공정감사의 실시

제조공정에 있어서 품질보증이 충분히 이루어지고 있다고 한다면 그 공정의 계획이 요구되는 품질수준을 충분히 만족함과 동시에 공정의 계획이 확실히 실행되고 있다는 것이 확인되어야 하는 것이다. 이를 하기 위해서는 우선 QC 공정도를 작성하고 이에 따른 실시 및 체크가 이루어져야 한다. 또한 부적합품의 원인규명을 위한 추적체계가 확립되어야 한다.

㈏ 품질정보

생산되는 제품의 품질에 대한 올바른 정보를 신속하게 또 알기 쉽게 보내는 것은 품질보증을 하는데 불가결의 조건이다.

<품질정보의 구비사항>

① 품질을 정확히 나타내는 데이터가 취해져 있을 것

② 데이터가 정리되어 관계부문에 전달될 것

③ 구체적인 조처를 취할 수 있도록 되어 있을 것

(6) 구입품의 품질보증

구입품(외주품 포함)의 품질보증에 대해서는 별도로 정하는『구매관리 규정』에 의거하며, 사내로써는 요구품질을 적절히 전달한 이상 구입처에 모든 보증 책임이 있다. 전자부품이나 신소재, 전자부품 등은 외주의뢰가공이 많으므로 신뢰성 문제를 중요시함으로 발주선에 충분히 발주선이나 구매계약(품질보증 계약)을 고려해야 하고, 공정관리방법, 시험 · 검사방법 등을 확실하게 제시하여야 한다.

㈎ 품질보증시스템의 명확화

구입품은 원칙적으로 수입검사를 하는 동시에 부적합품의 입고되는 것을 방지해야 하는데, 납품처의 공장에서 출하검사에서 충분히 보증되고 있는 제품에 대해서는 자체 시험성적서 등 보증서가 될 수 있는 자료를 제시하고, 무검사 체제로 할 수 있다는 그러한 대상범위를 확대하여 품질보증 시스템을 명확히 해 두어야 한다.

(나) 구입품의 품질시방서의 제시

회사에서 품질보증에 관한 일반적 요구사항을 별도로 전사적인 입장에서 결정하여 납품업체에게 제시하는 한편 철저히 기하여야 한다. 이런 경우 중요부품, 중요특성에 대해서는 품질보증협정서를 개별적으로 교환해서 관리의 충실화를 도모해야 한다.

(다) 납품처의 품질평가

구입처에서 납품되는 물품의 품질평가와 구입처의 품질관리 실시사항에 대해 정기적으로 또는 수시로 조사하여 평가를 한다.

그러기 위해서는 다음과 같은 항목은 반드시 삽입해야 한다.

- 수입검사 불합격율
- 무검사 실시율
- 공정품질의 현황
- 공정의 관리표준의 정비상황
- 검사체제와 표준류의 정비상황
- 계측기의 점검관리와 정비상황
- 설비·치공구류의 보전상황

이러한 사항은 평가자, 평가방법 등 표준화가 되어 있어야 하며 전적으로 활용되어야 한다.

(7) 초기 유동관리

양산에 들어간 초기는 아직 안정되어 있지 않으며 제품품질의 산포가 크므로 적절한 품질보증을 하기 위해 그 개선과 본격적인 양산시의 품질문제의 예방을 고려한 특별한 관리를 필요로 하는 기간이며 구체적으로는 초기유동관리규정을 제정하여 적용하여야 한다. 초기유동관리규정의 주요내용을 나열하면 다음과 같다.

① 적용범위
② 관리기간의 지정과 해제(지정 : 양산이행결정, 해제 : ②항 참조로 한 그 기준의 달성상황에 대한 결정권한)
③ 평가항목과 해제기준의 지정
④ 초품검사와 특채조처
⑤ 잠정공정(설비, 치공구류 포함)의 취급
⑥ 초기유동관리의 체계도 작성
⑦ 초기유동품의 시장품질과 회사의 공정품질 파악

(8) 검사와 품질보증

㈎ 회사의 검사방침으로서

① 품질보증 활동의 일환으로서 검사관리기능의 충실화를 도모한다.
② 검사업무의 경제성 추구와 검사자동화를 추진한다.
③ 제조 공정에서의 품질확보를 기본으로 한 무검사를 지향한다.

㈏ 검사특성(항목)의 중요도(웨이트) 부여 및 검사방법

치명적인 부적합은 물론 중부적합에 대해서도 기본적으로 전수검사로 하고 효율과 인간성 존중의 견지에서 검사의 자동화를 적극적으로 고려한다. 다만 계량치로서 파괴검사인 경우는 본질적으로 공정에서 품질이 만들어지도록 하는 것이 바람직하다.

㈐ 특채처리 체계의 명확화

특별히 특채될만한 원인과 사정이 있을 때에는 특채조처로서 그 체계를 명확히 해 두어야 한다.

㈑ 검사원의 관리

특히 관능검사인 것, 치명부적합, 중부적합 등의 검사에 대해서는 검사원의 판정의 정확도가 요구되는 관리를 해야한다.

(9) 계측기 관리

계측기는 검사・시험에 있어서 중요한 기능이며 계측기 관리는 계측기 자체의 관리와 계측법의 관리 등이 포함되며 계측기에 관한 기준을 명확히 하고 계측기 관리 규정, 계측기 관리 매뉴얼을 만들어 활용한다.

(10) 신뢰성 시험과 품질보증

만들어 넣어지는 성질의 것이다. 왜냐하면 신뢰성의 확인은 대부분 파과시험이 되는 점에서 검사에 의한 제품의 시간적 신뢰성이란 품질보증의 일부를 가리키는 것이며 어느 사용상태에서 사용자가 지불하는 코스트에 대해 기대하는 시간 및 만족의 기능을 수행함을 보증하는 것이다.

이는 품질목표로서 설계부분에 부여되며 설계단계에서 대체적으로 결정되는 것이지만 각 스텝에서 선별이 힘들다.

㈎ 신뢰성시험 체계의 정비

상식적인 신뢰성을 확보하는데 중점을 두고 다음과 같은 것을 확실히 실행한다.

① 내구성, 내환경성 및 안정성, 안전성 …… 신뢰성, 안전성
② 호환성, 고장감지의 용이성, 수리 용이성 …… 보전성

㈏ 수명 및 고장의 정의

각 제품별로 수명 및 고장의 정의를 명확히 해 둘 것

㈐ 고장해석의 표준화

신뢰성 시험은 시간과 시험횟수가 좌우된다. 그러므로 이에 대한 대응책으로서는 오랜 기간에 걸쳐 쌓아 올려진 기술과 데이터(재현 데이터)에 준해야 한다.

그러므로 귀중한 고장품에 대한 품질정보를 되도록 많이 활용하는 기술을 연구하는 동시에 고장해석을 위한 순서 및 기타 표준화를 해 두어야 한다.

3.4.3 판매 · 서비스 단계의 품질보증

제품이 팔리지 않으며 기업은 존립할 수 없으므로 제품이 계속적으로 팔려야 한다. 이 판다는 일을 직접적으로 담당하고 있는 것이 판매 부문 또는 영업부문이다. 그러나 이 부문의 노력만으로는 계속 팔리게 하기 어려우며 기업내의 다른 모든 부문의 사람과 노력 더 나아가서는 관련기업의 협력이 있을 때 비로소 물품이 계속 판매될 수 있다는 점을 강조해 둔다. 즉 영업부문이나 판매부문에 한하는 것은 아니지만 QM 활동에 있어서 판매부문의 역할을 열거하면 다음과 같다.

(1) 시장품질 정보의 수집, 해석, 활용, 전달

계절상품은 수시로 상품의 디자인이 바꿔지고 기능도 다양해지는 것이 요즘 상품의 특성이다. 이에 대한 예측은 공장에서 직접 생산할 수 있고 외주가공처리(외주 OEM주문) 등으로 이루어지는 것이 보통이다. 그러나 제품의 종류에 따라 제조조건이 달라지기 때문에 정보수집에 의해 미리 이에 대한 샘플의 개발이 바람직하다. 그러기 위해서는 현재 생산품목에 대한 수요자의 만족도, 품질 향상, 잠재적 요구 등을 파악하는데 시장조사(앙케이트, 직접탐방조사 등) 등을 할 수 있다.

(2) 판매 · 유통체제의 정비

주문생산 체제에서 시장을 개척하는 적극적인 자세로 판매망을 확보하고, 유통 과정에서의 품질변화를 방지하고 제품이 지니고 있는 기능을 충분히 발휘할 수 있도록 품질을 올바로 PR함과 동시에 사용자가 요구하는 제품의 특성을 전달 할 수 있는 체제를 정비해야 한다.

(3) 판매부문 관계자의 품질지식, 품질의식의 육성

판매체제를 정비 운영하려 해도 그 부문의 사람이 목적을 이해하고 다름 사람들과 협력해 가려고 하는 의욕과 할 수 있을 만치 지식, 능력을 갖추고 있지 않으면 안된다.

품질보증의 입장에서 제일 중요한 것은 제품에 대한 올바른 지식을 갖는 것이다.

(4) 보관 · 수송 중에 있어서의 품질저하 방지

보관·수송의 업무는 외주로 이루어지는 경우가 많으나 사실상 보관 · 수송의 질을 높이는 노력이 등한시되는 경향이 있다.

제품이 공장을 나와 유통단계에서 이동 및 보관중에 손상되거나 품질이 떨어진다면 지금까지 서술한 각 단계별 품질보증 활동이 수포로 돌아간다.

따라서 메이커는 보관·수송에 따른 관련된 자는 품질의식을 지니도록 하고 또한 그 질(質)을 높이도록 노력해야 한다.

(5) 클레임 처리

클레임이란 본래 생산업체에서 명시한 보증품질에 대하여 위반한 품질의 제품을 출하한 경우에 사용자가 불만족스럽다고 생산자에게 불만을 제기하는 것을 말한다.

그러므로 최종제품, 중간제품 등 층별과 불만을 포함한 클레임의 중요도를 분류하여 그 처리체계와 절차에 대하여 클레임처리 규정에 따라 적절한 처리와 동시에 재발방지 대책을 수립한다.

① 제품 그 자체에 결함이 있는가?

② 제품이 그 기능을 충분히 발휘하지 못하는가?

③ 사용자의 사용상태에 문제가 있는가?

등을 구분하고, 다시 한대에 관한 것인가 혹은 로트 전체에 관한 것인가를 구분해야 한다. 또한 사내에서의 공정간, 또는 구입처와의 사이의 문제점도 별도로 처리규정하여 운영해가야 한다. 애프터 서비스용 부품도 제품의 수명주기를 고려해서 보존기간, 수리기간, 소비자의 수리요구도 등을 결정하여 충분히 확보하고 정비해 두어야 한다.

연 습 문 제

1. 최근 산업사회에서 철저한 품질보증(QA)을 요구하는 이유에 대하여 기술하시오.

2. 품질보증의 역사적 발전과정에 대하여 기술하시오.

3. 품질관리(QC)와 품질보증(QA)의 차이점에 대하여 기술하시오.

4. 품질보증 시스템이란 무엇인가?

5. 품질확보·확약·확인에 대하여 기술하시오.

6. 단계별 품질보증 추진방법에 대하여 기술하시오.

7. 다음 중 품질보증에 대한 참뜻을 설명한 것으로 맞지 않는 것은?

   ㉮ 품질이 소정의 수준에 있음을 보증하는 것이다.
   ㉯ 품질기준에 일치시키기 위하여 품질의 세부요소를 관리하는 기능이다.
   ㉰ 제품에 대한 소비자와의 하나의 약속이며 계약이다.
   ㉱ 소비자에게 제품이 만족스럽고 신뢰할 수 있으며 경제적임을 보증하는 것이다.

8. 품질보증의 사항에 속하는 것은 어느 것인가?

   ㉮ QC + Reliability + Liability　　㉯ QC +Liability + Reliability
   ㉰ QC + Reliability +Maintainability　　㉱ QC +Availability +Maintainability

9. 품질보증의 사전대책이라고 할 수 없는 것은?

   ㉮ 공업화 연구　㉯ 공정능력 파악　㉰ 클레임 처리　㉱ 공정관리

10. 사전 서비스(before service)와 사후 서비스(after service)를 구분하는 시점은?

   ㉮ 검사　㉯ 제조　㉰ 판매　㉱ 고장

Chapter 7

품질기능전개

1. QFD의 개요

QFD(Quality Functional Deployment)는 신제품 개념정립, 설계, 부품계획, 공정계획, 그리고 생산계획과 판매까지 모든 단계를 통해 고객의 요구가 최종 제품과 서비스에 충실히 반영되도록 하여 고객의 만족도를 극대화 하 는데 초점을 맞추고 있는 TQM의 방법론중 하나이다. QFD의 기본개념은 고객의 요구사항을 제품의 기술특성으로 변환하고, 이를 다시 부품특성 과 공정특성, 그리고 생산에서의 구체 적인 사양과 활동으로까지 변환하는 것이다. 또한, QFD의 전체적인 목적은 신제품의 기 기획 및 설계 단계에서부터 고객의 요구를 반영함과 동시에 개발기간을 단축시키는 것이며, 이런 목적을 달성하기 위하여 신상품 개발의 초기단계부터 마케팅부서, 기술부서 및 생산부서가 서로 밀접하게 협력해야 한다.

또한, QFD는 품질의 집(House of Quality; 이하 HOQ)이라는 도표를 이용하여 제품의 설계시에 고객의 욕구나 기호가 최대한으로 반영되어 설계되도록 돕다. 따라서, QFD는 고객이 원하는 품질이 무엇이며, 제품은 어떤 기능을 가지고 있어야 하며, 제품이나 서비스를 제공할 때 어떤 방법을 사용해야 하는가를 알려주며 또한 어떻게 하면 한정된 자원을 가지고 고객이 원하는 것을 최고로 만 만족시키는 제품이나 서비스를 제공하는 방법이 무엇인지를 HOQ를 통해 알려준다.

1.1 QFD 배경

QFD는 1960년대 후반 일본의 아카오요지에 의해 연구되기 시작하여, 1972년 미쓰비시 중공업의 고배 조선소에서 원양어선 제작에 처음 개발되어 사용되었다. 엄격한 정부의 규제조항과 고객의 요구사항을 설계과정에서 동시에 고려하기 위한 수단으로 미쓰비시의 기술자들이 사용했던 행렬형태의 도표가 QFD의 시초가 되었으며, 이 도표를 HOQ라 부르게 되었다. 1970년대 중반부터 도요다의 그 부품업체들에 의해 QFD는 더욱 발전하였다. 미국에서도 많은 회사들이 1980년대 중반부터 QFD를 사용해 오고 있으며, 현재는 Motorola, DEC, Hewlett Packard, AT&T, ITT, NASA, Kodak, Goodyear, Procter&Gamble, NCR, Polaroid, Ford, GM 등을 비롯한 많은 기업들이 적극적으로 활용하고 있다.

위에서 언급한 것처럼 QFD 기법의 사례는 주로 제조업에서 수행되었던 것이나, 1980년대부터 후반부터는 QFD가 서비스업과 같은 비제조업 분야에서도 활발히 사용되어지고 있다. 서비스 산업은 서비스 제공과정 자체가 최종 상품이고 특히 다양한 고객 계층을 상대로 하고 있다는 면에서 제조업과는 다르다고 볼 수 있다. 그러나 고객의 요구가 신제품 개발에 최우선적으로 반영되어야 한다는 기본적인 측면은 기존제조업의 경우와 동일하므로, QFD는 비제조업 분야에서도 효과적으로 사용되어질 수 있다. 현재까지 발표된 사례로는 자동차 정비관리, 고객 전화상담, 호텔경영, 교육제도, 국가보안, 환경보존 등 거의 영역의 제한 없이 폭넓게 사용되고 있다.

도표 7-1
품질기능전개 개념

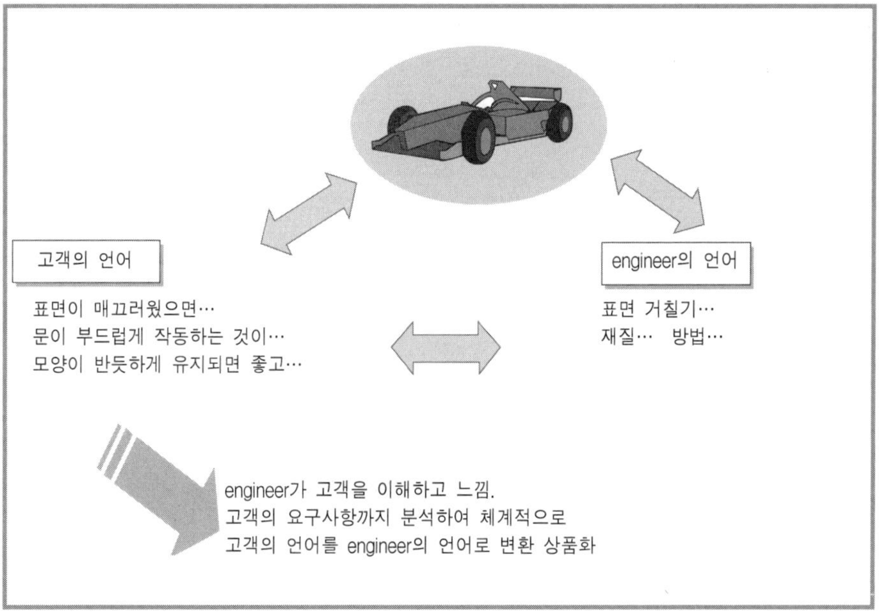

출처 : DFSS Academy Korea, http://www.dfss.co.kr

1.2 QFD의 필요성

고객은 항상 새로운 것을 원하고, 만족할 수 있는 신제품을 요구하기 때문에 기업은 고객의 요구에 부합하는 신제품 개발에 주력하지 않으면 안된다. 경쟁사들 간 품질의 격차가 없어져 새로운 기능을 추가하는 식의 단순한 차별화로는 시장의 요구에 대응할 수 없는 상황이 발생하고 있으며, 고객의 요구가 다양화됨에 따라 기업은 “Product Out” 에서 “Market In”으로 사고방식이 전환되지 않으면 안 될 것이다. 기업이 임의로 제품을 개발하는 것이 아니라 고객의 요구사항을 파악하여 고객의 요구를 충족 시킬 수 있는 제품을 개발할 필요가 있다.

또한 현재 생산되어 시장에서 판매되는 제품의 30%가 자본회수에 실패하며, 기술이나 마케팅에서 세계적인 수준에 있는 기업들도 고객을 잘못 이해해서 신제품의 성패에서 실패하는 경우가 종종 발생해 왔다. 그 대표적인 예가 IBM의 PC Junior, Coca Cola의 New Coke, Soney의 Beta Max, GE의 Electrak 등이다.

도표 7-2 신제품의 실패원인

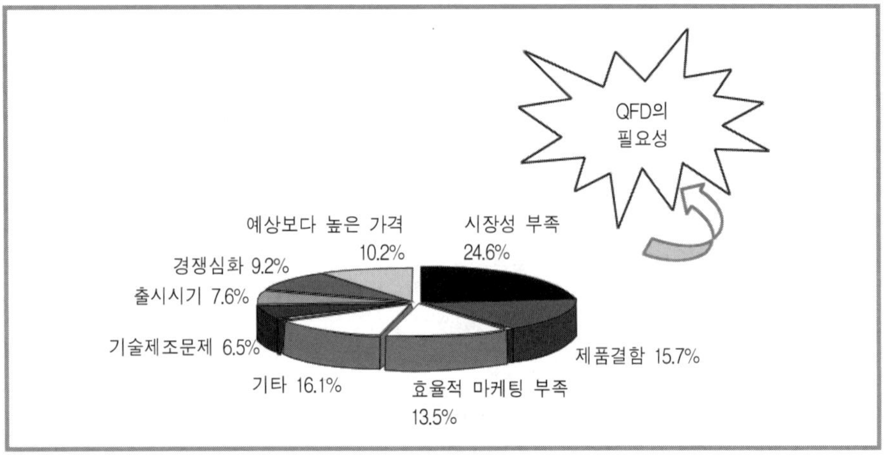

출처 : Robert G. Cooper, "Wining at New Product"

<도표 7-2>는 신제품의 실패 원인을 도식화한 것이다.

QFD는 품질 보증과 신제품 개발을 설계 단계부터 동시에 진행시키기 위한 체계적인 활동이며, 신제품의 단기 개발과 품질 확보를 순차적으로 추진시킬 수 있다. 또한, 과거에는 각자가 자신의 머리 속에만 담아두고 있던 정보를 사내에서 공유 정보로 축적함으로써 정보의 공유화를 실현 시킬 수 있을 것이다.

① 사전 행동의 개선

사전 행동적 체제의 회사는 전통적인 사후개선 체제들을 들여다보고 자원을 배분한다. 사전 행동적 회사는 전체적인 의견일치, 엄격한 계획, 문제점 방지 등에 관심을 집중하여 제품개선을 시행한다. 결과는 생산성의 문제점 최소화로 나타낸다. 따라서 이들 회사는 사후 행동적인 경쟁자보다도 문제점 해결에 휠씬 적은 자원을 필요하게 된다.

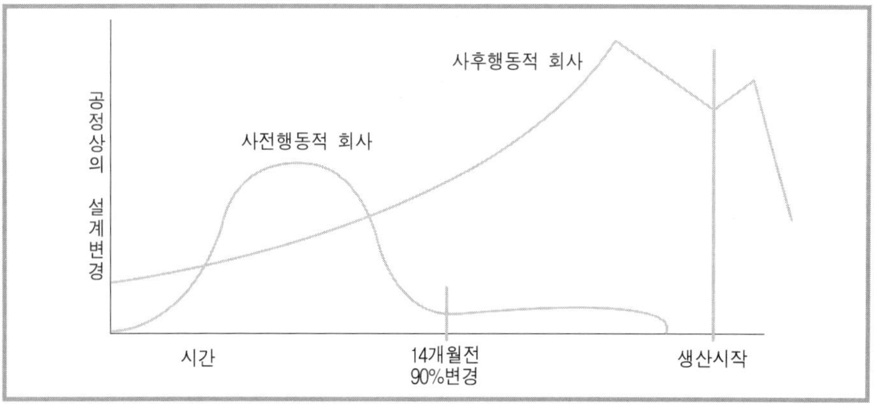

도표 7-3
QFD 실시전후의 변경비교

위의 <도표 7-3>은 거의 이상적인 제품을 설계한 사전 행동적 회사와 사후 행동적 회사의 작업결과를 보여준다. 양측에서 제품 개선 사이클이 진행되는 동안 발생하는 모든 시점의 공정변경 횟수를 기록하였다.

사후행동적인 회사는 공정간의 흐름에 따라 공정변경을 증가시키고 제품의 문제점들은 시험을 통해서 밝혀진다. 생산 시작 직전에는 변경횟수가 줄어 들었다가 조업 시작 후 새로운 문제점들이 발생하여 계속적인 변경을 필요로 한다. 사전행동적인 회사는 보다 적은 변경횟수를 보이지만, 그보다 중요한 것은 변경의 시점이다.

생산이 시작되기 14개월 전에 90%이상이 변경이 이루어졌다. 이 같은 변경은 서류상으로 이루어지고 문제점에 대응하기 보다는 사전에 문제점을 방지함으로써 훨씬 적은 비용으로 가능케 한다.

② 제품 완성시간의 단축

QFD는 단지 비용을 절감하는 것 뿐만 아니라 시간을 절약하자는 것이다. 생산품의 도입단계에서 기획하는 과정을 통해 QFD를 이용함으로써 회전기간을 1/3에서 1/2로 절감하였다.

③ 조업개시의 문제점 감소

QFD에 의해 촉진된 "미연의 방지" 방식은 하부구조의 문제점들, 특히 조업

개시에서의 문제점들을 감소시키는 결과를 가져온다. 아래 <도표 7-4>은 기존의 생산물의 새로운 생산물로 대체되면서 일어나는 생산의 문제발생 빈도를 보여준다. 이 그래프에서 보면 QFD이전의 생산문제점들은 조업개시점에서 갑자기 증폭됨으로써 예측 되지못한 문제점들이 발견됨을 알 수 있다.

도표 7-4
도요타사의 생산 개시점에서 문제 발생빈도

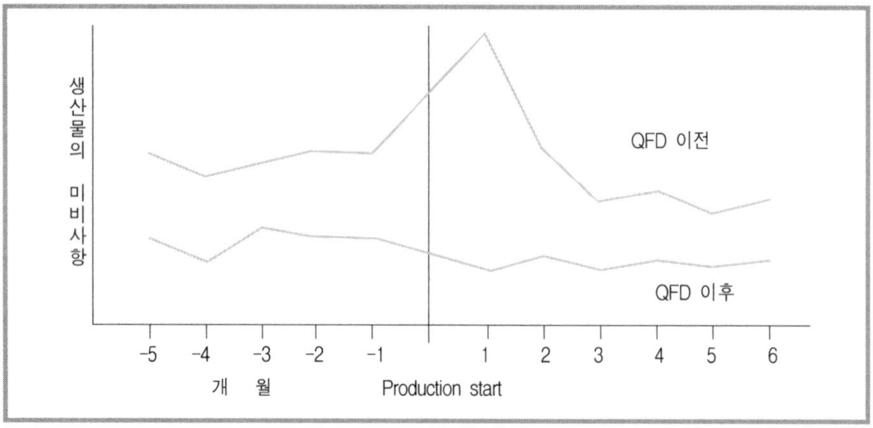

QFD를 실시한 후로 도요타사는 조업개시점에서의 Surge가 제거 되면서 문제발생 빈도가 감소함을 발견했다. QFD는"사후대응"보다는 "미연방지"를 통해 문제점이 발생 되기전에 예측토록 하여 Surge가 제거하도록 도와준다.

④ 조업개시점에서의 비용절감

다음 <도표 7-5>은 도요타 자동차 사업부가 4종의 새로운 미니밴을 도입하면서 QFD를 7년동안 적용시킨 결과를 보여준다.

빗금친 부분은 조업개시점 이후의 발생된 비용을 나타낸다. 도요타사는 이 부분 "0"이 되어야 하는 비용코스라고 생각했다. 도표상의 흰색 부분은 조업자 교육비용과 같은 기본적인 예비비용을 의미한다. 1977년(도요타가 QFD를 시작한 원년)의 총 비용을 100으로 하여 지수를 1984년과 비교하여 볼 때 조업개시점에서 61%의 비용 감소를 얻는다.

도표 7-5 도요타사 생산 개시점에서 문제 발생 빈도

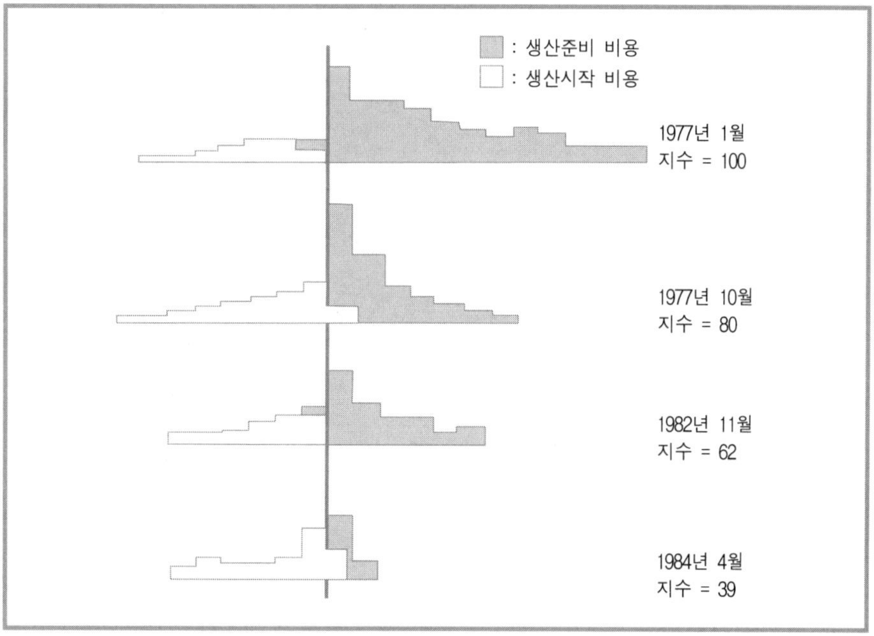

⑤ 보다 적은 현장의 문제점

비용절감은 조업개시점에서부터 시작하여 고객의 문제점을 감소하고 A/S비용의 절감에도 반영한다. 도요타사는 QFD가 풀기 어려운 생산물 문제에도 유용하다는 점을 알았다. 1960년대와 1970년대 초 일본 자동차들은 심각한 녹 문제를 안고 있었다. 녹을 제거하는 A/S비용은 도요타사가 4종의 차를 팔아 남긴 이윤을 초과하고 있다.

도요타사는 녹 문제를 해결하기 위해 다양한 노력을 시도했고 일부는 효과를 보기도 하였다. 녹문제는 너무 복잡하게 뒤엉긴 문제로서 고도의 기법을 통한 접근 방식이 요구되었다. QFD를 통해 이런 개선 노력들이 잘 조합되어 실행되었고 수많은 세부 사항들 중에서도 가장 중요한 문제에 초점을 맞추어 보증기간 동안에는 녹이나지 않도록 하는 성과를 올렸다.

도표 7-6
도요타사의 유럽시장 녹 제거 A/S

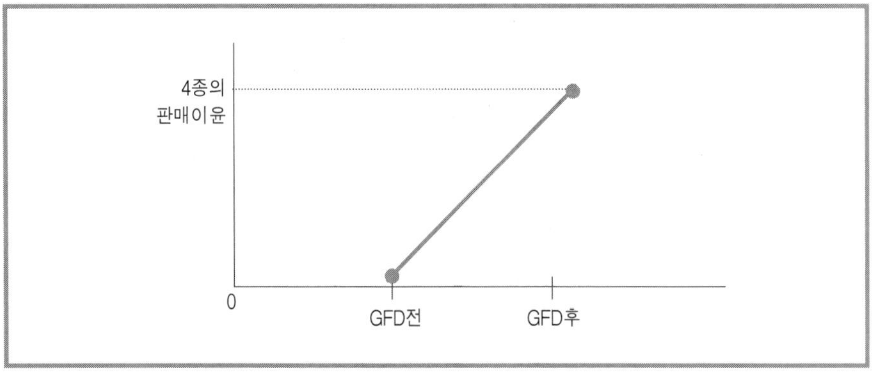

QFD공정은 구급에 의해 해결책을 모색치 않았던 다양한 원인들에 기인하는 문제점을 해결하는데 도움을 준다.

⑥ 만족한 고객

QFD는 엔지니어나 임직원들의 목소리에 의해서가 아닌, 고객의 목소리에 의해 추진되는 것이므로 고객만족을 증가시킨다. 고객에게 초점을 맞춤으로서 엔지니어링의 많은 이사결정이 고개의 취향을 만족하도록 유도한다. 잘 기획된 생산물에 있어서도 수많은 대체 방법이 필요하지만, 이과정은 엔지니어링의 편의를 위해서가 아니라 고객만족을 위해서 필요하다.

도표 7-7
고객만족

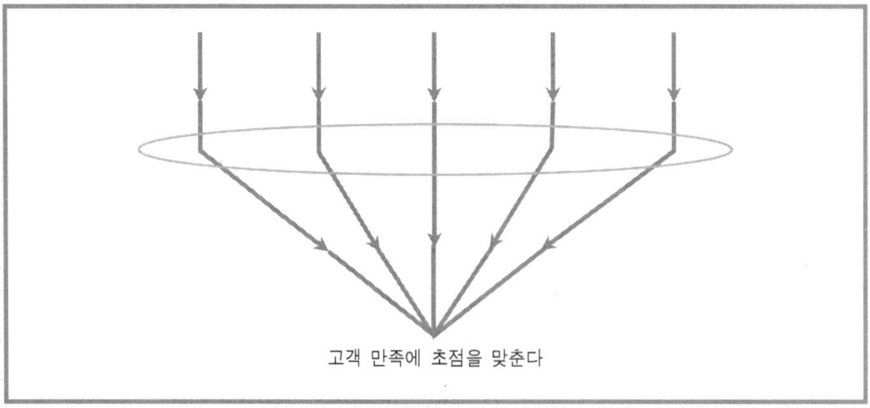

⑦ 특별한 지식 기반의 점유

QFD의 공정은 참여자들도 하여금 공정의 자세한 사항을 파악하여 그림으로 그려내듯 문서화 하도록 유도한다. 이에 따라 그래프화하고 통합된 사항들은 기술적인 Know-how로 연결되어 퇴직이나 이직으로 인한 지식의 로스를 최소화 한다. 이러한 작업을 통해 새로운 종업원에게 지식을 전수함으로써, 연수 단계에서 높은 기술 수준으로 일할 수 있게 해준다. 우리 모두는 실수를 저지르고 그 실수로부터 배운다. 하지만 조직으로서는 새로운 종업원을 고용했다고 해서 똑 같은 실수를 되풀이 할 수는 없다.

⑧ 무한한 이득

QFD의 기본을 이루고 있는 것은 품질, 상대적으로 낮은 가격, 개선시한 단축, 그리고 실질적인 마케팅 이득이다.

- 사전 행동적 변경
- 개선시한 단축
- 조업개시 비용의 절감
- 보증수리 비용의 절감
- 지식이 전수
- 고객 만족

1.3 QFD의 사용현황

QFD가 개발된 후 품질 기능전개가 사용되고 있는 현황을 일본, 미국, 한국 순으로 살펴보면 다음과 같다. QFD의 발생지인 일본의 경우 도요타 외에도 가전, 집적회로, 건설장비, 합성수지, 섬유, 금속제품 및 소프트웨어의 까지 QFD가 폭넓게 사용되고 있다.

미국에서는 1980년대에 소개되어 1980년대 말부터 급속히 보급, 활용되고 있다. 1983년 ASQC에서 발행한 Quality Progress에 마사오(Massao)등이 기고한

「품질기능전개와 일본의 품질관리」라는 기사가 소개된 이후, 킹(King), 설리 설리번(Sullivan), 로스(Ross)등 미국인 학자와 전문가들의 지도로 자동차 공업을 중심으로 보급되었다. 1989년부터 1993년까지의 QFD기법의 업종별 발표논문 건수는 [도표 7-8]와 같다.

도표 7-8
업종별 QFD 발표 건수 추이 (미국, 1989~1993)

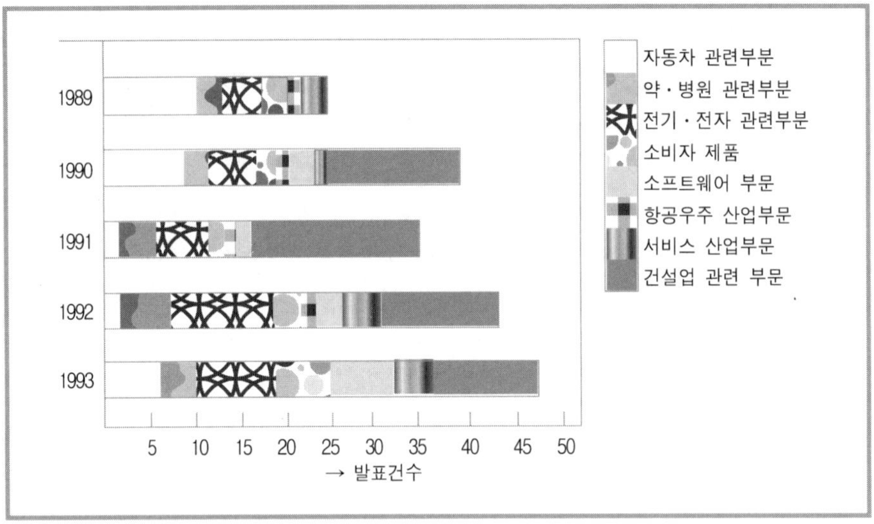

시카고 대학의 A. Griffin교수가 1987~1989년에 미국기업 9개 회사를 대상으로 35건의 QFD Project를 연구한 내용을 살펴보면, 대상기업의 51%가 QFD를 전 신제품에 활용했으며, Project별로 QFD활용의 성공율은 27%, 변화가 없는 것이 27%, 성과가 없는 것이 31%, 실패한 경우가 15%로 보고 되고있다.

미시간 대학의 J. Liker 교수가 제품설계능력이 있는 미국자동차 부품회사 177사를 대상으로 조사했는데, 응답한 115개사 중 51.3%가 QFD를 설계 및 개발과정의 일부로써 활용했으며, QFD의 활용기간은 평균 3.5년이고, 35.7%가 고객의 요구에 맞추었고, 64.3%는 개발과정의 일부로서 활용했다고 응답하였다.

한국의 경우, 업무기능전개는 1970년대 초부터, 제품기능전개는 1980년대 초부터 도입되어 활용하고 있으나, 품질기능전개의 사용현황은 극히 미약한 것으로 인식되며 [도표 7-9]에서 QFD에 대한 이해도는 대기업, 중소기업 모두 낮게 나타난다. 특히 QFD의 시발은 주로 영업 또는 판매, 서비스 등의 부서에서 이루어져야 하나 국내 기업에서 이들 부서 종사자의 품질관리 활동에의 참여 및 맡은바 역할 등의 수행도를 감안한다면 문제는 더욱 심각하다.

범 례 : 업체수(비율 %)

구 분	대 기 업	중소기업	합 계
10% 이상	49 (14.6)	105 (6.8)	155 (8.2)
7.5 ~ 10%	39 (11.6)	192 (12.4)	231 (12.3)
5 ~ 7.5%	45 (13.4)	184 (11.9)	229 (12.1)
2.5 ~ 5%	65 (19.4)	299 (19.3)	365 (19.4)
2.5% 미만	137 (40.9)	766 (49.5)	905 (48.0)
합 계	335 (100)	1,546 (100)	1,885 (100)

도표 7-9 품질기능전개 시스템에 대한 이해도

2. HOQ(품질주택)

HOQ의 기본은 제품이 고객의 욕구나 기호를 반영하여 설계되어야 한다는 것이다. 그래서 마케팅 담당자, 디자인 기술자, 제조 스태프는 하나의 신제품이 처음 고안될 때부터 함께 밀접하게 일하여야만 한다. HOQ는 일종의 개념도이다. 상이한 문제나 책임을 가진 다른 부서의 사람들은 HOQ를 만들어 가면서 먼저 디자인 해야 할 것을 정할 수 있게 된다.

도표 7-10 HOQ의 구성

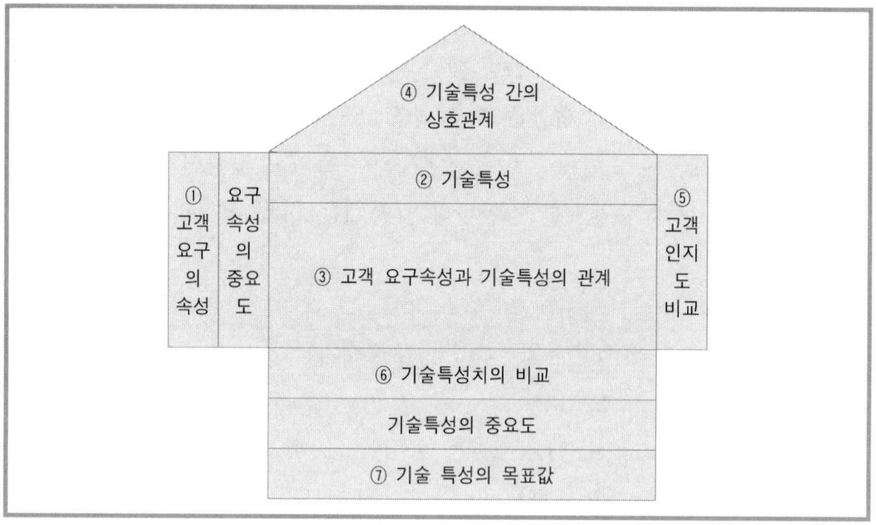

HOQ의 구성요소는 <도표 7-10>에서 보는 바와 같이 7개의 요소로 되어있다.

① 고객의 요구속성(Customer Attribute; 이하 CA) : HOQ의 왼쪽에 위치하고 있는 CA들은 '고객의 소리(Voice of Customer; 이하 VOC)' 또는 '요구품질'이라고 불리기도 한다. 이들은 고객이 사용하는 언어로 표현되기 때문에 정성적이며 모호한 경우가 많다. 이들 정보는 설문조사, 개별면담, 전시회 참가, 계획된 실험 등 여러 가지 방법을 통하여 얻을 수 있다. 이 단계는 QFD의 활용에 있어 매우 중요하며 전체 노력의 절반 가량이 이와 같이 고객 집단을 규정하고 그들의 요구사항을 추출하는데 소요된다.

② 기술특성(Engineering Characteristics; 이하 EC) : HOQ의 위쪽에 위치하고 있으며 하나 이상의 CA에영향을 미치는, 설계자에 의해 결정 될 수 있는 수들을 의미한다. CA와 달리 EC들은 제품이 완성된 후 정량적으로 측정될 수 있어 있어야 하고, 이 제품에 대한 고객의 인식에 직접적으로 영향을 줄 수 있는 것이 선정되어야 한다. 이러한 기술 특성은 '대용특성'이라고도 한다.

③ CA와EC와의 관계 : HOQ의 몸체 부분은 CA들을 나타내는 행과 BC들을 나타내는 열이 교차하여 행렬과 같은 형태를 가지고 있다. 교차된 위치

에는 CA와 EC간의 상관관계(양,음)와 상관강도(강,중,약)를 표시한다. 이와 같은 관계도의 작성은 CA와 EC의 설정이 적절히 되었는지 점검하는 기회를 제공하기도 한다. 즉, 비어있는 행이나 열이 있다면 이것은 CA와 EC의 설정에 문제가 있음을 반영한다. 예를 들어 비어있는 열은 중요한 CA의 누락 또는 의미없는 EC의 포함등을 나타내는 것이다.

④ EC간의 상호관계 : HOQ의 지붕에 해당하는 부분에는 EC 간의 상호관계가 제시된다. 이 상호관계들에는 설계시에 고려해야 할 기술 특성들의 상충관계가 포함되는데, 이러한 상충 관계는 획기적인 품질향상을 이루기 위하여 해결해야 할 잠재적인 연구개발의 기회이기도 하다.

⑤ 고객의 인지도 비교 : HOQ의 오른쪽에는 앞서 규정된 CA별로 자사제품과 경쟁제품들에 대한 고객들의 인지도가 비교되어 있다. 이것은 설계자의 판단이 아니라 고객들이 내린 평가에 의해 작성되므로, 필요한 자료는 주로 고객설문을 통하여 얻어진다. 대개의 경우는 5점 척도로 표현된다.

⑥ EC값 비교 : HOQ 몸체의 아래쪽에는 자사제품 및 주요 경쟁 제품의 현재의 EC 값들이 기록된다. 이 자료는 대개의 경우 실제 제품의 EC값 측정을 통해 얻어진다.

⑦ EC의 목표치 설정 : HOQ의 가장 아래쪽에는 EC의 목표치가 기록된다. EC의 목표치는 앞서 작성된 HOQ의 모든 정보를 이용하여 설계되는 제품이 고객의 요구사항을 가장 잘 만족시킬 수 있도록 정해진다. 앞서 실시한 CA와 EC 간의 연관관계의 강도와 각 CA의 상대적인 중요도를 곱하여 각 EC 별로 가중합이 산출되며, 높은 가중합을 가진 EC들이 중요한 기술특성으로 간주되며, 이들의 목표수준 설정에 초점이 맞추어진다. 이 단계에서는 EC 상호간의 관계도 고려되어야 한다.

⑧ 선택적 항목 : 제품의 특성과 HOQ의 활용목적에 따라 선택적으로 항목을 추가할 수 있다. 예를 들어 고객의 불만횟수를 CA별로 기록한 열이나 EC별로 기술적인 어려움을 기록한 행을 추가할 수도 있다. 그러나 이것만으로 고객이 원하는 제품이 만들어지는 것은 아니다. 제품이 만들어 지기 위

해서는 그에 맞는 적절한 부품이 필요하며, 그 부품의 제조를 위한 적절한 공정계획과 생산계획, 나아가 각 공정에서의 적절한 작업방법이 필요하다.

도표 7-11
QFD의 4단계

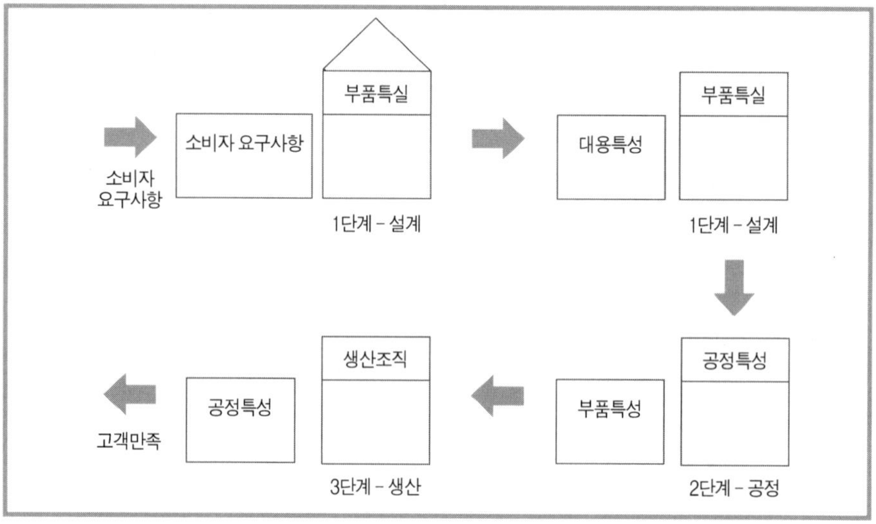

이를 위해 <도표 7-11>과 같이 HOQ의 연속적인 확장이 필요하다. 이와 같은 일련의 HOQ에 의해 고객의 요구속성을 기술 및 생산 요구사항과 결시킴으로써 공정이 효율적이고 체계적으로 확립될 수 있다. 즉, 고객의 소리가 생산 활동과 제품에까지 전개되는 것이다.

3. QFD의 기대효과와 한계

3.1 QFD의 기대효과

QFD기법의 전체적인 목적은 신제품의 개발기간을 단축하고, 동시에 제품의 품질을 향상시키는 것이다. QFD를 응용함으로써 다음과 같은 효과를 이룰 수 있을 것이다.

① 설계 변경의 감소

제품 개발과 관련된 모든 활동이 고객의 요구 사항을 근거로 하여 통합적으로 이루어지므로 전통적인 순차적 개발 방식과 같은 기능 부서 간 의사 소통의 미비로 인한 설계변경의 필요성이 근본적으로 줄어들게 된다.

② 개발기간의 단축

QFD 기법의 응용 시 일반적으로 제품의 개념정립과 기초 설계단계에서의 약간의 시간을 더 필요로 하지만 결과적으로는 이후 단계에서의 설계변경의 감소로 인해 전체 개발기간은 33~50% 정도 단축될 것이다.

③ 시운전시 문제점의 감소

제품의 설계과정과 공정 및 생산단계에서 발생 가능한 상충 관계를 미리 고려하기 때문에 문제점 발생의 소지가 근본적으로 감소하게 된다.

④ 설계과정의 문서화

QFD에서는 설계변수 간에 상충관계 발생의 근원 및 해결의 논리적 근거, 설계 시 특별히 고려되었던 제품의 특성 등을 상세히 기록하게 되므로 향후에 유용하게 활용되는 자료로 남게 된다.

⑤ 개발 컨셉트의 일관성 확인

개발 컨셉트가 설계로부터 생산에 이르기 까지 이어지고 있는가에 대한 객관적으로 확인이 가능하다. QFD는 설계에서부터 생산에 이르기 까지의 모든 프로세스를 총괄하므로 이와 같은 개발 컨셉트의 오류를 방지 할 수 있다.

⑥ 하자발생 감소 및 품질 보증비용 감소

QFD에 의하여 판매후 하자 발생이 감소하고 품질보증비용이 감소한다. 이와 같은 결과로 금전적인 이익 외에도 소비자에게 제품의 신뢰성 향상 및 회사 이미지 향상이라는 효과를 얻을 수 있다.

⑦ 기능 부서간의 팀웍 향상

현존하고 있는 부서 사이에 의사소통이 원활해지면서 기능 부서간의 팀웍이 향상된다. 신제품 개발 초기에 각 부서의 담당자들이 모여서 서로의 의견을 교환하고 서로의 애로 사항을 이야기 하면서 그 전에 있었던 부서간의 이기가 줄어들게 된다.

⑧ 경쟁사와의 벤치마킹 가능

경쟁사와의 비교를 통해서 새로운 제품이나 기존의 제품중 어느 곳을 향상시켜야 하는지를 알 수 있다.

⑨ 고객만족도 향상

가장 중요한 효과로 QFD에 의한 종합 상품성 향상으로 고객만족도가 향상된 다. 이러한 종합 상품성 향상은 앞에서 언급한 효과가 합쳐져서 생겨나는 것으로 QFD의 도입의 목표이기도 하다. 또한 QFD는 소비자의 중장기적인 시장 동향 예측 능력을 보유할 수 있게 하여 지속적인 고객만족을 실현 할 수 있다.

3.2 QFD의 한계

① 품질 Chart가 너무 크다.

QFD의 경우 HOQ라는 품질 Chart가 있다. 이 차트는 고객의 요구사항, 설계변수, 고객의 요구사항과 설계변수와의 관계 등의 여러가지 항목들이 존재한다. 이러한 품질차트의 경우 매우 간단한 제품의 개발시에는 그리 어려움이 없겠으나 대부분의 제품 개발시에는 너무 많은 데이터들이 있기 때문에 하나의 차트로 나타내기에는 어려움이 따른다.

② 범주를 정하는데 있어서의 어려움

어떤 응답은 요구된 품질로써 범주를 정하기 너무 어렵다. 이러한 경우는 대답이 너무 모호하기 때문이다.

③ 고객요구와 품질특성 사이의 상호관계를 결정하기 어렵다.

고객 요구에는 많은 것들이 있을 것이고 이러한 것을 품질특성과 어떤 상호관계를 만드는 것은 쉬운 일이 아니다.

④ 몇몇 요구 품질항목의 적절성을 판단 할 수 없다.

이러한 경우는 요구하는 품질항목의 필요여부를 판단하기 어려운 경우이다. 많은 소비자들이 필요하다고 대답을 하였지만 막상 소비자들이 제품을 구입할 시에는 이러한 사항들이 고려되지 않는 경우가 있기 때문에 정말로 적절한 것인지 아니면 적절하지 않은 것인지를 판단하는데 있어서 많은 어려움이 따르기 마련이다.

⑤ 판단에 있어서의 객관성이 결여될 수 있다.

⑥ 기존의 개발방법에 비해서 초기에 많은 시간과 초기투자를 요구하기 때문에 자포자기 하는 수가 발생 할 수 있다.

4. 품질표 작성

4.1 고객요구사항 수집

고객들로부터 원시적 요구(원시정보)를 수집하는 방법으로는 우선적으로 대상 소 비자집단을 명확히 하는 것이 중요하며, 다음으로는 설문조사, 개별면접, 초점그룹(Focusing Group)과의 면담, 전시회 참가, 클레임 사항 등의 여러가지 방법을 통해서 구체적인 자료를 수집하며 품질문제는 사용자가 제품에 대하여 부정적으로 생각하는 내용뿐만 아니라 긍정적으로 여기는 내용도 수집하며, 소비자의 요구에 대해서는 현재적인 것 뿐만 아니라 잠재적인 것도 파악한다. 이상과 같은 내용이 수집되면 각각의 내용이 한가지 요구만 제시할 수 있게 하고 한 가지 내에 두 개 이상의 요구를 포함하는 경우에는 쪼개어 분리한다.

[도표 7-12]은 소비자 만족도와 품질에 대한 성취정도 (Customer satisfaction vs. Degree achievement)를 나타낸 그림이다. 아래 [도표 7-12]의 Kano Model을 살펴보면, 소비자 만족은 제품이나 서비스가 소비자의 요구수준을 계속적으로 충족시켜 줄수록 높아진다는 것을 알 수 있다. 소비자의 기본품질은 최소한의 수준인데 비하여 열광품질은 소비자가 언급하지 않은 경우가 많으므로 달성하기가 쉽지는 않다. 다시 말하면 소비자가 언급하지 않은 것에서 소비자가 제품이나 서비스를 잘 이해하지 못해서 언급하지 않을 뿐이다. 그러므로 기업은 소비자가 언급하지 않은 부분에 대해서 얼마나 소비자를 만족시켜줄 수 있는가 하는 것이 기업경쟁에서 이길 수 있는 열쇠가 된다. 기업이 경쟁에서 이기기 위해서는 소비자의 만족의 수준을 꾸준히 재평가 해야 한다. 또 현재의 제품이나 서비스에 대한 요구보다 한발 앞서 나가야 하고, 고객의 목소리를 듣기 위해 끊임없이 노력해야 한다.

도표 7-12
Kano Model

Kano's Model에 의한 제품 특성의 분류˙

Dissatisfiers
⇒ "당연히 있어야 할" 또는 "기대되는" 제품의 특성

* Satisfiers
⇒ "일차원적인" 또는 "직선적인" 제품의 특성

* Delighters
⇒ "매력적인" 또는 "흥분시키는" 제품의 특성

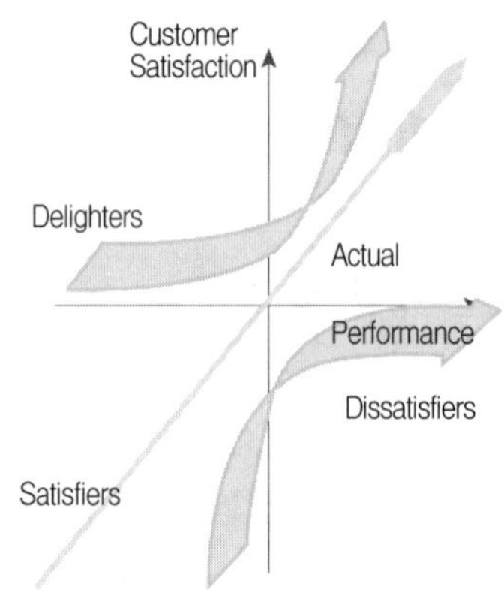

4.2 요구품질전개표 작성

(1) 요구품질로 변환

파악된 원시정보는 클레임, 품질특성이나 그 특성치, 방책 등 문자나 숫자 등

다양한 형태로 표현되어있다. 하나의 통일된 표현으로 정리할 필요가 있다. 고객의 요구사항을 요구품질로 전환시킬 때 주의해야할 사항은 고객이 진정으로 요구하는 것이 무엇인가를 명확히 할 필요가 있으며 요구품질로 변환시키도록 노력해야 한다. 요구품질로 변환해 임해서는 사용자의 원시적 요구를 그대로 평이한 말로 표현하고 특성치나 구성부품에 관계하는 말로 표현하지 않아야 한다. 특히 전문가가 작성할 때 특성치의 혼입에 더욱 주의하여야 한다.

(2) 요구품질전개표 작성

요구품질은 목적대상을 요소로 분해하는 입장을 취하고 있으므로 명사+동사 즉, 요구품질은 말로 표현되지만 명사+동사 즉, "○○+○○한다" 등의 표현에 얽매일 필요가 없으며 여기서는 제품의 기능전개가 아니고 고객의 요구항목을 전개이다. 시작할 때에는 새로운 항목을 추가하지 말고 표에 공간을 두었다가 나중에 추가해 가면 된다. 수집된 요구품질을 가지고 요구품질을 전개하며, 요구품질 전개표 작성 순서는 다음과 같다.

<순서 1> 소비자의 잠재적인, 현재적인 요구품질항목을 수집한다.

<순서 2> 각 항목별로 카드에 기입한다.

<순서 3> KJ법으로 Grouping 한다.

<순서 4> 개개의 항목을 대체로 3차 항목으로 유사집단을 Grouping 하여 2차, 1차로 상위 항목을 추구하면서 명칭을 부친다.

<순서 5> 1차 요구품질항목을 명확히 하고 2차, 3차로 전개하되 부족항목을 추가하거나 삭제하면서 재조정한다.

<순서 6> 분류번호를 붙여 정리한다.

4.3 품질특성전개표 작성

(1) 품질요소의 추출

품질은 제품이 사용목적을 충족시키고 있는가를 결정하기 위해서는 평가의 대상이 되는 성질, 성능을 집합하는 개념이며, 제품의 품질은 품질특성에 의해 구성된다. 따라서 요구품질전개표에서 나타난 요구사항을 기술적 사항으로 변환하여 요구품질을 충족시키고 있는가의 여부를 측정하여 품질특성을 각 요구품질로부터 추출한다. 품질요소에는 [도표 7-13]과 같이 물성적 요소, 기능적 요소, 인간적 요소, 시간적 요소, 경제적 요소, 생산적요소, 시장적 요소 등이 있다.

도표 7-13 품질 요소l

1) 물성적 요소 외관특성(크기, 길이,무게,두께) 역학적 특성(속도, 인장력, 속도) 물성(통기성, 보온성, 내열성, 신축성) 광학적 성질(투명성, 야광성, 차광성) 음향적성질(음색, 차음성, 음향출력, S/N비) 화학적 성질(내충성, 불연성, 내한성) 전기적 성질(절연성, 전도성, 투전성)	4) 시간적 요소 내환경성(내한성, 내섭성, 내진성) 시간적효과(효과의 지속성, 속효성) 내구·보존성(내용연수, 고장률, 수리용이성) 5) 경제적 요소 유리성 (유지비가 적게 먹힘) 손상
2) 기능적 요소 효율(에너지 효율, 취급의 용이성, 자동화) 안정성(무해성, Fool Proof 설계) 기능의 다양성(다기능품, 조합에의한 다양화) 사용자의 범위(아마추어용, 전문가용)	6) 생산적 요소 작업성 (공수가 적다, 손보기가 적다, 특수기능을요하지는 않는다,작업표준의 탄력성) 원재료 (품질의 탄력성, 재고가 용이, 검사가 용이, 공정능력의 탄력성)
3) 인간적 요소 이미지(고급품, 지명도) 희소성(특주품, 수입품, 천연품) 습관(전통, 신제품) 관능적 품질(다듬질, 촉감, 맛, 거주성) 충실감(지적충실감, 정서적충실감)	7) 시장적 요소 적시성 (유행, 계절) 품종의 다양성 (선택의 자유) 신용구입결정의 계기 (각자의 기준으로 선택, 여론 선도자가 결정, 제 3자 검증) 라이프사이클 (길다, 짧지만 이득이크다)

(2) 품질특성전개표 작성

기술부분이 중심이 되어 요구품질전개표의 각 항목을 정량적으로 나타내는 특성항목을 열거하면, 요구항목에 대한 계층구조를 형성하며, 이것은 제품의 품질특성분류에 도입된다. 일반적으로 종래에는 생각하지 않았던 많은 항목이 발견되 발견되는 예가 많으며 2차, 1차에 대해서도 새로운 용어를 선정한 후 사용해도 좋다. 이것은 특성치로서의 명칭보다는 분류를 통해 이름이 없어지는 것도 적지 않기 때문이다. 이 품질특성 전개표는 자체로도 품질보증 특성, 질평가특성, 관리 특성을 결정할 때에 중요한 역할을 한다.

4.4 개선안 작성

4.4.1 기본 구상 아이디어의 발상

본 단계부터는 가치 있는 개발 설계안을 발상 하는 창조(create)단계에 들어간다. 품질표를 토대로그 기능을 달성하기 위한 기본 구성에 대한 아이디어를 발상한다.

(1) 아이디어 발상의 목적

많은 설계착상(設計着想)을 얻기 위해서는 먼저 가치 분석자들 자신의 의욕, 특히 열의 있는 행동력이 요구된다. 왜냐하면 설계착상은 외부에서 타동적으로 주어지는 것이 아니라 그들의 자발적, 적극적, 탐구적 행동의 산물로 되기 때문이다. 설계착상은 또한 인간의 두뇌에 내재하는 창조력의 활용에서 유래한다. 창조한 과거 경험, 지식의 해체·결합에 의하여 새로운 효용을 실현하는 일이다. 따라서 창조력의 산물은 아이디어라고 부르며, 이 아이디어가 설계착상을 하게 된다. 아이디어 발상의 목적은 특히 기능을 달성하기 위한 아이디어를 내는데 있다.

여기서 특정 기능이란 아이디어 발상을 하는 기능을 말하며, 아이디어란 대체안의 바탕으로 되는 착상 또는 궁리를 말한다. 따라서 이 단계에서는 즉시 실시 가능한대체안을 내는 것이 아니라 대체안의 기초가 되는 암시를 얻으려는데 있다.

(2) 아이디어 발상순서

<순서 1> 아이디어 발상 기능의 선택: 기능계통도상의 기본 기능계열을 검토하여, 어느 기능을 발상의 키워드(key-word)로 할 것인가를 정한다. 주기능(critical path)에 준해 아이디어 발상을 시작한다.

<순서 2> 아이디어 발상 : 선택된 기능을 키워드로 기능 본위의 아이디어 발상하여 아이디어 카드에 기재한다.([도표 7-14] 참조)

도표 7-14 아이디어 발상카드

		경제성
		기술성
		평가
		No
I.N.	기능번호	

ㄱ. 발상된 아이디어는 가급적 그림을 그리도록 할 것.

ㄴ. 기능적으로 유사품이 있더라고 거기에 구애됨이 없이 다각적인 아이디어를 구하도록 힘쓴다.

ㄷ. 아이디어의 구상단계는 사고상 상당한 애매함이 겹치게 되므로 자신과 신념을 갖고 끈질기게 아이디어를 발상할 것.

ㄹ. 아이디어는 하나의 기능에 관해 30~40개를 목표로 하는 거의 필요하다.

ㅁ. 기능이 추상적이어서 발상하기 어려운 경우는 기능레벨을 낮출 필요가 있다. 다만, 손쉽게 표기하지 않도록 주의 할 것.

ㅂ. 아이디어 발생에는 IDEA NEEDLER(아이디어 발상관점 : I.N.)를 사용하는 것이 필요하다. 기본 구성단계의 I.N.은 '방식', '구조', '배치'가 중심이 된다.

(3) 기본 구상 아이디어의 평가

발상한 아이디어에 대해 경제성과 기술성 평가를 시행하여 아이디어 카드 평가란에 그 결과를 표시한다. 2개의 평가결과를 판단하여 [Fig 3-3]와 같이 채택란에 또는 불채택을 표시한다.

① 평가기준

ㄱ. 경제성 평가 : 기능평가의 결과 선정된 목표 코스트 이내에서 달성될 가능성이 있는가의 판단.

ㄴ. 기술성 평가 : 아이디어를 발상한 기능계와 각 기능계의 제약조건을 충족시킬 가능성이 있는가의 판단.

② 적용 수법 : 기본 구성에 대한 개략 평가이며, 상세 평가는 어렵다. 따라서 선택법을 사용할 필요가 있다.

③ 평가 판정 마크

○, △, x로 표시한다.

○ : 양호, 목표 달성의 가능성이 극히 높다.

△ : 좋을 듯하나 재검토해야 판명된다.

x : 부적합, 목표 달성의 가능성이 없음.

경제성	기술성	평가방법	비 고
○	×	×	
○	△	△	
○	○	×	
×	○	×	
×	○	△	기능향상의 기능성, 검토요망
△	○	△	

도표 7-15 기본 구상평가

4.4.2 기본 구상 아이디어의 구상화

이 단계에서는 개발·설계하려는 제품의 전체 구성이 어느정도 모습을 나타내게 된다. 아이디어의 구성화란 하나하나의 아이디어를 조합하여 판단하고, 종합안(개발 설계의 기본 구성안)을 정리하는 활동을 말하는데, 이것은 상당히 복잡한 일이다. 아이디어를 발상한 기능분야가 많고, 선택된 아이디어가 많을수록 전체 구성으로 정리하는 기본 구상의 수가 많아지기 때문이다.

아이디어의 수성화 순서는 다음과 같다.

<순서 1> 아이디어의 개략평가의 결과를 얻는다.

<순서 2> 아이디어 구성화 방침의 결정 ([도표 7-16] 참조)

구성화 방침은 4가지로 분류한다.

ㄱ. 저 코스트형 : 저 코스트화를 방침으로 결정한다.

ㄴ. 혁신형 : 신규성이 높은, 다소 도전적인 형태로 결합.

ㄷ. 기능향상형 : 다소 코스트가 향상되는 경향도 있으나, 시장에서 우위를 확보 할 수 있는 가능성이 있는 형태.

ㄹ. 현재 설비로서 가공하는 것이 가능한 타입.

<순서 3> 아이디어 개략평가를 NM법처럼 나열한다.([도표 7-17] 참조)

<순서 4> 개발 방침에 맞는 구성화 안을 작성한다.

<순서 5> 구성화 리스트 작성 ([도표 7-17] 참조)

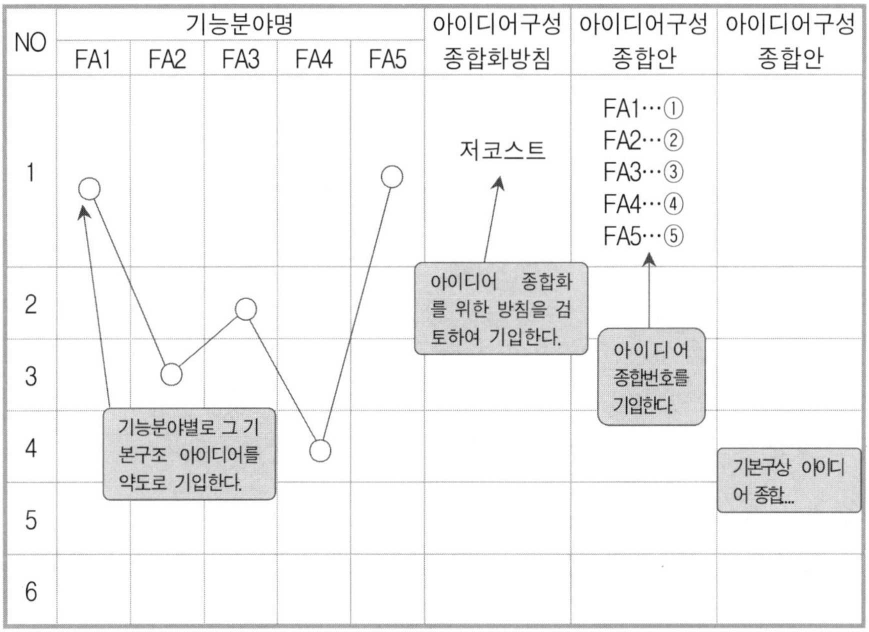

도표 7-16 아이디어 구성화 리스트

기능1	기능2	기능3	기능4	기능5
아이디어 11	아이디어 21	아이디어 31	아이디어 41	아이디어 51
아이디어 12	아이디어 22	아이디어 32	아이디어 42	아이디어 52
·	·	·	·	·
·	·	·	·	·
·	·	·	·	·

도표 7-17 아이디어의 개략평가

4.4.3 기본 구상의 평가

기본 구성안의 평가 결정은 4단계로 진행된다. ([도표 7-18] 참조)

① 기본 구상안

② **기본 구상안의 이점 · 결점 분석** : 기본 구상안을 상정하여 어떤 이점이 있고 또 어떤 결점이 있는가를 검토하는 것이다. 여기서 이점과 결점을 조사하는 것은 아이디어의 이점을 살리고, 그 결점을 극복하여 보다 나은 아이디어로 키우기 위해서이다. 즉 결점을 될 수 있는대로 많이 나열하면 대체 안을 도출했을 때 예상되는 결점을 미리 알아보고자 하는 것이다.

③ **결점제거 대책검토** : 여기서는 기본 구성안에 대해 그 결점을 극복하기 위한 방법을 고려한다. 기본 구성안에는 복수의 결점을 지니고 있는 것이 일반적이다. 그러므로 이러한 결점을 모든 결점에 대해 결점을 극복하기 위한 아이디어를 발상할 필요가 있다.

④ **구체화 우선 순위의 평가** : 이점 · 결점의 분석 결과를 토대로 가치 있는 설계를 구체화하는 데는 어느 기본 구상을 선택하는 것이 유리한가를 고려하여 최우선의 안을 확정하여 구체화 하는 기본구상으로 한다.

도표 7-18 기본 구성안의 평가

기본구성안	이점	결점	결점극복아이디어	제약조건	평가

4.4.4 설계 시방서의 작성

지금까지 QFD절차에서 나타난 요구기능을 정의하는 것부터 시작하여 품질기능전개를 진행해온 결과, 기본 구상안이 창조되고 가장 우수한 대체안을 선택할 수 있게 되었다.

그러나 이 기본 구상을 가지고 바로 설계단계에 들어가기는 상당히 어렵다.

구상화된 기본 구상은 간단한 개략도에 불과하므로 그것만으로는 설계하기 위한 기본 구상도가 될 수 없다. 그러기 위해서는 선택된 기본 구상에 대하여 검토를 하여 그 결과를 포함한 기본 구상도 및 경우에 따라서는 디자인 구상도(의장 구상도)를 작도할 필요가 있으며, 그 기본 구상을 구체화 하기 위해, 필요한 기능과 기능달성상의 제약을 확실히 파악하고 그것을 기능 시방서로 요약하여 설계단계에 제시하지 않으면 안 된다.

연습문제

1. QFD의 필요성과 효과에 대하여 기술하시오.

2. 해석적 접근방식과 설계적 접근 방식의 차이점에 대하여 기술하시오.

3. 기능전개의 개념을 기술하시오.

4. 요구품질전개순서에 따라 구체적 사례를 통하여 QFD를 작성하시오.

5. 품질표(Quality Map) 작성순서를 기술하시오.

6. QFD를 이용하여 산업사회에 적용분야를 찾아보고 실제 적용하여 구체적 사례를 작성하시오.

Chapter 8

소비자 보호와 제조물 책임

1. 제조물 책임의 의의 및 발전배경

1.1 제조물 책임(Product Liability)의 의의

제품책임이 일반민사 책임론이 지배하는 것과는 달리 책임 영역으로서 문제삼게된 것은 미국이며, 그들은 1930년대 보험업계에서 『Product Liability』라는 용어를 사용하기 시작했다.

제조물 책임(Product Liability)이란「상품의 생산, 유통, 판매 등의 일련의 과정에 관여한 자가 그 상품의 결함으로 인하여 야기된 생명, 신체, 재산 및 기타 권리에 대한 침해로 생기는 손해를 최종 소비자나 사용자 또는 제3자에 대하여 배상할 의무를 부담하는 것을 말한다.」으를 요약하면「제품결함으로 인하여 발생한 피해에 대한 생산자, 판매자 등의 손해배상 책임을 말한다.」이를 제품책임(품질관리관계), 제조물 책임(법률관계), 생산물책임(보험관계)이라고도 한다.

여기서 제품결함이란「제품의 이용자, 소비자 또는 그의 재산에 대하여 불합리하게 위험한 결함상태(defective condition)에 있는 것」이라고 정의한 것이 미국법원의 대표적인 입법의 예이다.

이때 결함상태란 상품의 통상적인 사용과 소비에 있어서 예기된 안전성을 갖추지 못한 상태로서 그것이 최종소비자에게 부당하게 위험한 경우를 뜻한다.

또한 불합리한 위험(unreasonably dangerous)이란 상품을 구입한 통상의 소비자가 예기하고 있는 정도를 넘은 위험을 의미하는 것이다.

제품결함의 개념은 <도표 8-1>과 같이 설계상의 결함(design defects), 제조상의 결함(manufacturing defects), 경고상의 결함(defectiveness because of failure to warn)의 3가지 유형으로 구분된다.

도표 8-1
제품결함의 유형

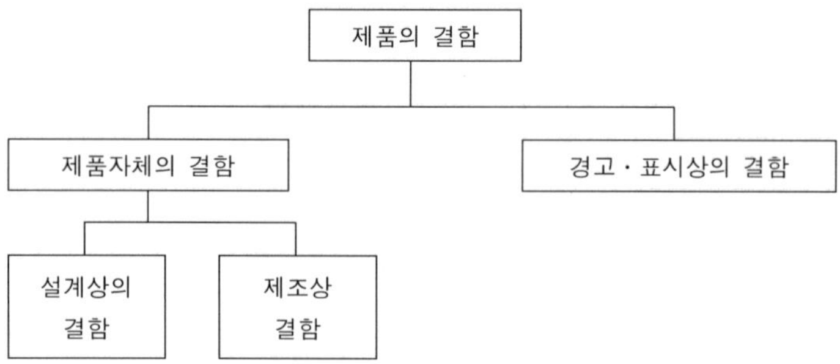

설계상의 결함	제조상 결함	경고·표시상의 결함
· 안전설계 불량	· 품질관리 불량	· 취급설명서 및 경고사항 미비
· 안전장치 미비	· 안전장치 고장	· 명시적 보증위반
· 중요부품 불량	· 조립상태의 검사불량	· 팜플렛, 광고선전, 판매원의 설명미비
· 기술수준	· 원재료 · 부품불량	· 표시불량(과대, 사기)

(1) 설계상의 결함(design defects)

제품의 설계상의 결함은 구조상의 결함이라고 하며, 제품의 설계, 계획과정에서 생긴 결함으로서 결함이 있는 설계에 의하여 제조된 모든 제품은 당연히 결함을 갖게 된다.

즉, 제품의 설계단계에서 이미 생산당시의 기술수준에 비추어 안정성이 결여된 경우를 뜻한다.

제조자는 제품이 그 용도에 맞도록 사용하거나 혹은 통상 예견되는 용도 밖의 사용에 있어서 제품의 목적에 적합하지 않는 사용이나 무리한 사용도 고려하여야 한다. 특히 기계의 경우에는 소비자의 부주의한 취급을 고려하여야 하며, 반드시 그에 대비한 안전장치를 설치하여야 한다. 제조자는 그 당시의 기술수준에 의하여 알고 있는 모든 위험방지 가능성을 동원하여 제품을 설계하여야 한다. 제조자가 신제품을 출하함에 있어서 제품의 사용자를 실험의 대상 내지는 희생물로 삼는다는 것은 용납될 수 없기 때문이다. 제품을 안전하게 설계하여야 할 제조자의 의무는 당해 제품에 의하여 야기될 수 있는 모든 예견가능한 위험에까지 미친다. 이는 사용자가 본래의 의도된 용도에 따라 사용하지 않는 경우에도 동일하게 적용된다. 이와 관련하여 손해를 야기시킨 직접적인 원인이 당해 제품상의 결함에 의한 것이 아니고 다른 원인에 의하여 손해의 정도를 확대하는 성질의 위험성을 갖고 있는 경우에도 설계상의 결함이 있다고 볼 수 있는가하는 것이 새로운 문제가 되고 있다. 이는 특히 자동차 설계에 있어서 이차충돌(second collision)의 문제 또는 유련한 사건으로는 자동차와 말이 당사자의 과실없이 충돌한 사건이 있다. 이는 자던 승객이 사망한 사건으로 자동차 제조회사는 이런 사고는 극히 이례적인임을 주장하였으나, 법원은 이와 유사한 사고가 적어도 오레곤주에서는 예견가능하다고 하여 제조자의 주장을 배척하였다.

'유발충돌성'의 요건으로서 합리적으로 예견가능하다고 하는 것이 무엇인지에 대해서는 아직까지 완전한 의견일치를 보지 못하고 있고, 이는 제품이 판매된 지역에 따라 달리 적용됨을 볼 수 있다.

(2) 제조상의 결함(manufacturing defects)

제조상의 결함은 제품의 제조, 관리과정에서 생긴 결함으로서 원래의 설계나 제조방법과 가으게 제조됨으로써 발생하는 제품결함의 유형이다. 따라서 제조상의 결함은 그 개념설정과 적용이 비교적 용이하다. 제조상의 결함이 다른 유형의 결함과 다른 점은 일반적으로 당해 제품을 제조자가 의도한대로 제조하지 못한 경우이다. 제품에 제조장의 결함이 있는지의 여부를 결정함에는 주로 재료의 선정과 사용, 제조과정 그리고 제품을 출하하기전의 결함유무를 판단하기 위한 검사의 적절성과 충분성 등이 그 판단요소가 된다. 설계상의 결함은 설계가 적용되는 일반 작업계열에서 생산되는 모든 제품에 존재하는데 비하여 제조사의 결함은 그 개별 제품에서 나타나게 된다.

(3) 경고상의 결함(warning defects)

제조자는 엄격한 설계와 제조기준을 충족시킨 제품이라고 하더라도 사용에 따라 위험이 수반될 수 있는 제품의 경우에는 안전한 사용방법을 설명하고, 부적당한 사용에서 생기는 위험을 경고하여야 한다. 따라서 제품에 대한 위험의 경고의무는 제품에 아무런 잘못이 없는 경우에도 존재한다. 즉, 제품 그 자체는 위험을 내포하고 있지 않으나 그 사용방법에 대한 적절한 지시내용을 결여하고 있기 때문에 피해가 발생한 경우에도 역시 제품에 결함이 있는 것으로 처리하는 것이 경고, 지시상의 결함의 문제이다. 따라서 경고의무를 인정하는 경우 제조상 그리고 설계상의 결함이 없는 경우에도 책임을 인정한다는 의미에서 절대(absolute) 책임을 부과하는 것과 유사한 결론에 이르게 된다. 경고상의 결함은 경고나 지시가 적절하지 못하다고 인정되는 경우 그 제품은 모두 경고상의 결함을 갖는다. 경고상의 결함이 있는지를 판단함에 있어서 경고의 적절성에 대한 가치평가를 하게 되므로 경고상의 결함 설계상의 결함과 유사한 성질을 가지고 있다. 또한 제품책임소송에서 경고상의 결함은 다른 결함유형보다도 전문가의 감정에 의존하는 정도가 낮다. 제조자가 경고하는 내용은 특수한 것이어야 하며, 객관적으로 명백한 위험은 소비자에게 경고할 의무가 없다. 그러나 무엇이 명백한 사실인가를 판정함에는 상당한 주의를 요한다. 왜나하면 명백한 사실유무에 대한 것은 상대적인 것으로서 어떤 사실이 해달 전문가에게는 명백한 사실이라 할지라도 일반인에게는 명백한 사실이 아닐 수도 있기 때문이다.

1.2 제품책임의 발전배경

인류의 가장 오래된 법전이 함무라비법전(The Code of Laws of Hammurabi B.C 1400~1300)의 한 예로「한 건축가가 어떤 사람의 집을 지었는데 그 집이 견고하지 못하여 붕괴되어 집주인이 사망한 경우에는 그 건축자는 사형에 처한다.」라는 내용이 포함되어 있다. 이는 오늘날의 시각에서 제품책임의 중요성에 대한 단면을 보여주고 있다. 그 후 고전적인 경제체제에서 점차 벗어나기 시작한 19C 이후, 산업이 발달함에 따라 산업경제사회에서 도시상공사회로 진전되고, 대량생산 대량 소비의 구조가 생기게 되어 조악한 결함상품의 출현이나 부당한 표시, 과대한 광고 등에 의하여 소비자의 피해가 증가함에 따라 생산자나 제조물에 대한 지식을 가지지 못한 소비자는 스스로 구매하고, 제조물의 품질이나 안전성을 확보할 수단을 잃게 되었다. 또한 과학기술의 발전과 유통과정의 복잡화를 배경으로 하는 시장구조의 변화에 의해 생산자와 소비자 사이의 실질적 평등을 잃게 되고, 따라서 극도로 고도화되고 복잡화한 현대의 경제구조하에서는 실질적으로 약한 입장에 위치한 소비자를 보호할 필요성이 점차 인식되게 되었다. 또한, 1920년대 후반에 이르러 소비자문제연구소나 소비자조합(consumer union) 등의 단체가 만들어져 소비자 보호운동이 시작되었다. 특히 1962년 3월의 미국의 케네디 대통령이 의회에 보낸 소비자 권익보호에 관한 특별교서(敎書)에서는 다음과 같은 사항이 포함되어 있다.

이상과 같은 소비자권익보호에 관한 교서에 의해 소비자 보호운동이 활발해지면서 소비자와 제조자간의 소비자 문제를 해결하고, 소비자 권익보호를 위한 정보시책을 규정한 것이 바로 소비자 보호법이다. 우리나라에서도 1978년 12월에 소비자 보호법이 처음으로 제정되었고, 1986년 12월에 이를 개정, 보완함으로써 소비자 피해구제를 위한 전담기구인 소비자 보호원이 설치되었다.

2. 제품책임제도와 기존 소비자 보호제도와의 차이점

2.1 애프터 서비스(after service)

가장 보편화되어 있는 소비자 보호제도인 A/S는 상품에 하자가 발생되어 소비자의 불만이나 시정요구가 있는 경우 수리 또는 교환해 주는 소극적 의미의 소비자 보호제도이다. 그러므로 고장이 잘나지 않도록 처음부터 제품설계 및 제조가 잘 되었다면 애프터 서비스의 작업량은 감소되는 것이 당연하다.

2.2 리콜 제도(recall)

개정된 소비자 보호법에 의거 1996년 4월 1일부터 전 공산품에 대해 실시키로 된 리콜 제도는 소비자의 안전에 위해를 주거나 줄 우려가 있는 제품을 기업(제조자, 수입자, 유통자 등)이 공개적으로 회수해서 수리, 교환, 환불해줌으로써 피해를 사전에 예방하는 직접적인 안전확보제도이다. 애프터 서비스는 소비자의 시정 요구가 있는 경우 해당상품에 대해서만 필요한 조치를 취하는 반면, 리콜은 일단 출하된 제품이 안전규격에 미달하거나 안전문제가 예상될 경우 소비자의 요구에 관계없이 문제품목전체를 대상으로 공개적으로 예방차원의 필요한 조치를 취하는 것이다. 리콜 제도는 정보가 결함상품에 대하여 시정조치를 내리기에 앞서 기업이 결함상품을 자발적으로 시장에서 회수하여 위험을 제거한데서 출발하였다.

현재는 사업자가 자발적으로 결함상품을 리콜하지 않을 경우 강제적으로 리콜명령을 할 수 있는 데 전자를 자발적 리콜, 후자를 강제적 리콜이라고 한다. 일반적으로 리콜이란 자발적 리콜을 말하는 데 기업은 적극적 리콜로 안전사고를 방지함으로써 소비자 피해에 따른 손해배상부담을 줄일 수 있을 뿐 아니라 자기가 만든 제품에 대해 끝까지 책임진다는 것을 소비자에게 보임으로써 기업의 이미지를 향상시키는 기회로 활용할 수 있다.

2.3 제조물 책임(products liability) 제도

제품의 결함으로 피해를 입은 소비자가 사후에 손쉽게 보상받을 수 있도록 한 사후구제(救濟)제도로써 제조업자 등은 제품결함 때문에 발생한 인적, 물적 손해는 물론 정신적 피해까지도 배상하여야 한다. 제조물 책임제도가 도입되면 리콜 제도는 자연스럽게 활성화될 것으로 예상된다. 한편 제조물 책임대상 제조물에는 완제품은 물론 관련부품도 포함되며, 결함에 대한 책임도 각 생산단계의 제조업자뿐 아니라, 유통, 판매업자에게까지 미쳐 책임범위가 광범위하다. 예컨대 자동차에서 제품책임이 제기될 경우 완성차뿐 아니라 각종부품도 대상이 되므로 부품업자, 조립업자 등 각 생산과정의 제조업자는 물론 부품 및 제품의 유통, 판매, 수입관련 도·소매상에게도 책임을 묻게 된다. 참고로 제조물 책임제도와 리콜 제도를 비교하여 보면 <도표 8-2>와 같다.

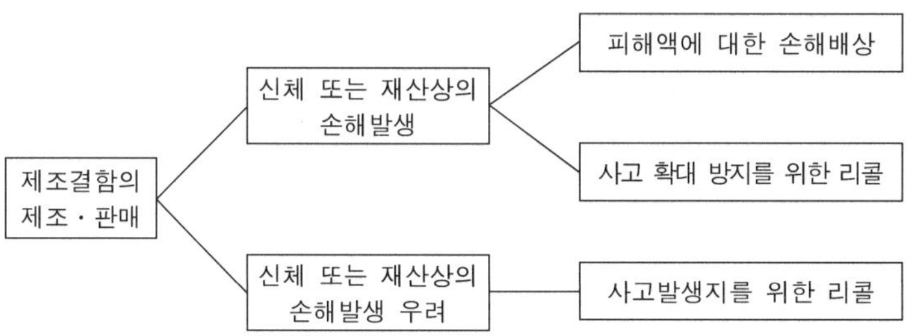

도표 8-2 PL과 리콜 제도의 비교

3. 각국의 제조물 책임제도 입법동향

오늘에 와서 미국과 유럽공동체의 거의 모든 국가, 그리고 기타 지역의 일부국가에서 제품결함피해에 대한 대책으로 안전행정의 강화와 더불어 제조자에게 엄격책임(strict liability)을 인정하는 민사책임법을 마련하고 있다. 각국의 입법동향을 살펴보면 다음과 같다.

3.1 미국

미국의 제조물 책임법은 판례에 의한 형성, 발전되었다. 연혁적으로 제조물 책임의 법리 구성은 과실책임, 보증책임, 엄격책임으로 전개, 발전되어 왔다. 엄격책임론은 1963년 캘리포니아주 최고재판소가 채택한 이후 1965년 공표된 제2차 불법행위 리스테이트먼트 제 402조 A에 규정됨과 동시에 1970년대에 각주(州)가 채택하게 됨으로써 미국 제조물 책임의 원칙이 되었다. 그러나 엄격책임을 채택하면서 제조물 책임소송의 극격한 증가와 배상액의 고액화에 의하여 1976년과 1985년 2차례의 배상책임보험의 파동으로 인한 제조물 책임의 위기가 발생하였다. 이러한 상황을 초래한 원인으로는 소원(訴願)에 관계없는 소송제기 비용, 우리에 비하여 인구비로 수십배나 되는 수많은 변호사의 존재, 패소할 경우에도 원고가 변호사비용을 부담할 필요가 없는 변호사 성공보수제도, 일반시민 가운데 무작위로 선임된 배심원이 책임의 유무 및 배상액을 인정하는 배심원제도 등의 사법제도 이외에 불충분한 의료보험제도 등을 들 수 있다. 그리고 이것들은 미국이 가지고 있는 특이한 제도이며, 우리와 사정을 달리한다. 이러한 제조물 책임위기를 극복하기 위하여 연방차원에서는 제조물 책임에 대하여 징벌배상의 제한과 판례의 분쟁처리제도의 도입이라는 제도적 개혁을 각 주(州)에서는 불법행위제도의 개혁 및 제품책임에 관한 법률의 제정을 추진하고 있다.

3.2 EU 국가

유럽의 대부분 국가에서는 제품결함으로 인한 제조자의 책임은 전통적으로 불법행위법 또는 계약법에 의해 처리되어 왔지만 구체적으로 보면 각국의 책임법제의 내용은 각양각색이였다.

첫째, 프랑스, 벨기에 , 룩셈부르크의 경우에는 특별법은 존재하지 않지만 계약 책임법리를 기업과 직접적 계약관계를 맺고 있지 않는 소비자에게까지 확대적용하고, 직업적 매도인은 숨은 하자(瑕疵)마저도 알고 있었다고 간주하여 무과실책임을 부과하였다.

둘째, 이탈리아는 고전적인 과실책임주의를 유지함으로써 결함상품에 대한 기업의 책임이 엄격하지 않았다.

셋째, 영국, 독일, 네덜란드 등의 경우에는 기본적으로 불법행위 책임법리에 기초한 과실책임주의에 입각하고 있으면서 과실추정 등의 방법으로 입증책임에 입각하고 있으면서 과실추정 등의 방법으로 입증책임의 경감내지 전환을 시도함으로써 양자의 중간적인 입장을 취하고 있다. 독일의 경우 기본적으로 과실책임의 원칙에 입각하고 있지만 1968년「닭페스트 사건」을 계기로 연방대법원은 과실에 대한 입증책임을 제조자에게 부담시킴으로써 입증책임전환의 판결을 내렸고, 또한 1978년 약사법 개정에서 의약품제조자의 무과실책임을 입법화하였다. 이와 같이 각국의 법제는 상당히 다르지만 1960년대초에 발생하여 유럽전역에 광범위하게 큰 해를 가져다준 타리도마이드(Thalidomide) 사건을 계기로 제조물 결함으로 인한 피해에 대한 제조자의 책임문제에 대한 재검토가 촉진되어 전통적 과실책임의 법리를 대신할 새로운 책임법리가 모색되었다. 이는 제조물 결함에 관한 유럽제국의 실체법통일이라는 움직임으로 나타났다. EU에서는 1968년부터 제조물 책임에 관한 통일입법화를 위한 검토를 시작하였는데 그 목적은 유럽지역 내에서의 경쟁조건의 동일화, 유통촉진, 소비자 보호에 있었다. EU위원회는 1974년 8월과 1975년 7월에 2회에 걸친 예비초안의 공표를 1976년 7월 제1차 지침안을 제안하고, 그후 1979년 9월 유럽의회와 경제사회위원회의 의견을 수정지침안을 각료이사회에 제출하여 토의 후 1985년 5월 새로 타협된 수정지침안을 EU이 사회에서 채택함으로써 가맹 12개국은 이후 3년이내에 국내법을 정비하여 시행토록 하였다.

3.3 일본

일본에서 제품의 결함으로 인하여 소비자의 생명, 신체나 재산에 심각한 손해를 가져온 사건은 1955년에 발생한 삼영비소(森永砒素) 밀크사건이 처음이었다. 그 후 1969년에 미국으로 수출된 결함자동차사건, 1969년 가네미 유병(油病)사건, 1971년 스몬사건, 1975년 크로로킨사건 등이 잇달아 발생하면서 제조물 책임문제가 심각한 사회문제로 되었다. 한편 이러한 결함제조물에 의한 소비자피해의 구제는 다른 나라와 마찬가지로 민법에 의하여 해결하여야 하는데 계약책임에 의해서는 제조자와 소비자 사이에 직접적인 계약관계가 없어서 제조자의 책임을 묻기가 곤란 할 뿐만 아니라 제품결함으로 인한 확대손해를 구제할 수 없으며, 불법행위책임에 위한 구제는 과실책임원칙에 위한 제조자의 과실을 입증하는 것이 매우 곤란하다는 면에서 효과적인 구제가 이루어지지 못하는 한계가 있었다. 따라서 위에서 언급한 스몬사건이나 가네미 유병사건 등의 심각한 위해(危害)의 발생을 계기로 입법을 요구하는 목소리가 강하였고, 1973년에는 정부의 국민생활심의회가 제조물 책임제도를 포함하여 소비자피해 주제에 대하여 심의를 시작하였으나 큰 진전이 없었다. 그러나 상황의 변화가 오게 된 것은 1994년에 이르러 국민생활중시, 소비자중시의 사고가 강조되게된 점, 공적(公的)규제의 완하에 따른 제조자, 소비자 쌍방의 자기책임원칙의 강화를 요구하는 목소리가 강하다는 점, 제품수입이 대폭증가한 점, EU지침에 의해 구주(歐洲)제국에 있어서 제조물 책임법이 속속 제정되고 있는 점 등을 배경으로 정당, 학계, 변호사회 등에서 법안이나 입법제안 등을 잇달아 제출, 공포하게 되었다. 다양한 의견이 취합과 논의를 거쳐 1994년 6월 22일에 국회에 상정되어 전원일치로 가격되어 7월 1일 공포하고, 이듬해인 1995년 7월 1일부터 시행하였다.

3.4 한국

우리나라도 1970년을 전후 괄목할 만한 경제성장을 이룩하여 산업구조가 개산되고 대량생산, 대량판매, 대량소비의 시대를 맞이하게 되었다. 이에 따라 소비자의 상품선택범위가 넓어지고 소비생활도 크게 향상되었다. 그러나 한편으로는 제품결함으로 인한 소비자의 생명, 신체, 또는 재산에 심각하고도 광범위한 피해가 발생하게 되었을 뿐만 아니라 그 피해가 날로 증가하고 있어서 사회적인 문제로 대두되었다. 대량생산 체제하에서 생산되는 제품은 결함이 없는 안전한 제품만이 제조판매된다는 것은 현실적으로나 기술적으로 불가능하다고 할 수 있지만 소비자가 이를 구입, 사용하는 과정에서 예기치 못한 피해를 입는 경우에는 구제되어야 할 것이다. 지금까지 기업은 안전성이 확인된 제품을 판매하여야 함에도 때로는 이윤극대화를 꾀하거나 다른 사업자와의 지나친 경쟁으로 인하여 충분히 안전성이 보장되지 않은 제품이 시장에 유통되므로써 소비자에게 피해를 입히게 된 것이다. 그러나 소비자피해는 사전에 예방되는 것이 가장 바람직하지만 사후에 구제하는 것 또한 매우 중요한 것이다. 소비자피해의 사후구제법리는 현재 민법에 의한 구제에 의존할 수 밖에 없으나 민법은 원래 제조자와 소비자와의 대등관계를 전제로 하는 전통적이고 개별적인 거래관계를 규제하고 있으므로 오늘날의 이른바 구조적인 피해를 예상하지 못하였다는 점에서 소비자 피해구제를 위한 현행법으로서는 한계가 있다. 우리나라도 이러한 사회, 경제적인 여건과 국제적인 환경 변화에 대응한 소비자피해구제의 실효성을 확보하고, 국제화의 진보에 대응한 제도와의 조화를 도모하기 위하여 제품책임법의 입법이 절실한 실정에 놓여 있다. 물론, 우리나라에서도 제품결함으로 인한 생명, 신체, 재산 손해에 대하여 제조자의 무과실책임을 골자로 하는 제조물 책임법안이 1982년 2월 19일에 국회에 제안한 바가 있고, 1989년에는 한국소비자 보호원에서도 입법시안을 정부에 제안한 바가 있다. 최근의 입법추진상황으로서는 1994년 6월에 한국소비자 보호원의 제안으로 "제조물 책임의 입법방향"을 주제로 세미나를 개최하여 입법논의를 시작하였다. 그 후 행정쇄신위원회를 제조물 책임법의 제정추진을 결의하였으며, 소비자 보호원에서도 1995년 1월 재정경제원의 제품책임법안을 입법건의하여 정부 차원에서 검토를 하고 있는 중이다. 따라서, 이제 국제적인 조류와 소비자 피해의 증가를 감안할 때 제품결함으로 인한 소비자의 확대손해를 효과적으로 구제하기 위하여 PL법에 대한 입법을 2000년 1월 공포하여 2002년 7월 1일부터 시행해 오고 있다. 이상과 같은 우리나라의PL법 추진경위를 요약하면 <도표 8-3> 과 같다.

도표 8-3 우리나라의 PL법 추진경위

순위	연 도	추 진 내 용
1	1982	김순규의원 등 26명의 국회의원 발의로 일본의 제조물 책임법요강 시안과 같은 내용의 제조물 책임법을 의회에 상정하였으나 폐기되었음.
2	1989	한국소비자 보호원이 소비자 보호를 강화코자 하는 차원에서 제조물 책임의 입법을 당해연도 역점사업으로 추진한바 있으나 입법에는 이르지 못함.
3	1989. 10.	독법률학회(당시 회장 손주찬교수)가 한국소비자 보호원의 후원으로 한, 독, 일 저명판사와 교수를 연사로 생산물배생책임에 관한 세미나 개최하고 한국에서도 동법의 조속한 입법 필요성을 강조함
4	1989	공업진흥청에서 제조물 책임 입법의 타당성 여부에 관한 조사를 한국 공업 표준협회(현재의 한국표준협회)에 의뢰, 동협회는 같은 해 11월 우리나라에서의 제조물 책임에 관한 조사연구 보고서를 작성, 보고함
5	1993말~ 1994	1993년 말부터 1994년 말까지 정부, 소비자 보호기관 등 각 관련기관에서 제조물 책임의 입법을 추진한다는 내용의 신문 및 방송뉴스 보도가 지속적으로 계속되었으며 제조업체, 교육기관 등 각 기관에서 제조업체를 대상으로 제조물 책임에 관한 교육프로그램이 개설, 실시됨.
6	1994. 6.	한국소비자 보호원에서 매일경제신문사의 후원으로 제조물 책임세미나를 개회하고 동법의 조속한 입법 필요성을 강조한 한편 입법방향을 제시함. 그리고 10월에는 2회에 걸쳐, 국낸 주요 제조업체를 대상으로 제조물 책임의 내용과 조속한 입법의 필요성을 설명함.
7	1996. 9	한국소비자 보호원이 행정쇄신위원회에 입법안으로 건의함.
8	2000. 1	법률 제 6019호 공포
9	2002. 7	PL법 시행

4. 제품책임의 피해사례 및 대책

과학문명의 발달에 따라 급속한 기술혁신은 제품의 다양화와 복잡화로 제품결함으로 인한 소비자피해가 발생함으로써, 소비자들의 제품품질에 대한 인식이 크게 향상되었고, 그 결과로 소비자의 불만고발건수가 계속 증가하고 있어 소비자 피해가 사회문제로 대두됨에 따라 우리나라에서도 제품결함에 의한 손해배상의 소송이 <도표 8-4>와 같이 증가되고 있다. 한국소비자 보호원의 추정에 의하면 제품결함으로 인한 국내 소비자들이 입은 피해액은 1993년 한해에만 1천2백억원에 달한다.

도표 8-4
국내 사고사례

순위	제조물	사고일시	사고장소	청구액	지급액
	사고원인 및 내용				
1	녹즙기	93. 12. 1	경기, 광명시	-	₩12,700,000
	녹즙기 사용중 유아(4살)의 손가락 2개가 절단됨.				
2	주차설비	94. 3. 31	서울	-	₩2,500,000
	주차설비위에 있던 차량이 추락 파손됨.				
3	도시락	91. 9. 21	잠실체육관	-	₩1,258,764
	체육대회 행사 중 도시락을 먹고 15명이 식중독에 걸림.				
4	식기건조기	93. 5. 20	경기, 시흥	-	₩1,490,000
	식기건조기의 누전으로 추정되는 화재사고가 발생하여 가재도구가 소손됨.				
5	사료	93. 11. 1	-	-	₩21,500,000
	포유돈용 벨크사료의 하자로 돼지가 폐사함.				
6	오일휠터	93. 1. 20	서울, 홍제동	-	₩1,379,370
	오일휠터내부 여과지 하자로 자동차 엔진이 파손됨.				
7	음료(캔)	93. 8. 2	전북, 이리	-	₩7,664,400
	음료뚜껑이 손으로 열리지 않아 입으로 여는 순간 폭발하여 상해를 입음.				
8	보일러	94. 3. 9	경기, 광주	-	₩179,500,000
	공장내부 기숙사에 설치되어 있던 보일러의 과열로 인한 화재로 공정건물 및 기계소손됨.				
9	엘리베이터	93. 7. 22	서울, 여의도	-	₩157,500,000
	엘리베이터 제동장치 결함으로 1명 사망함.				
10	파이프	91. 2. 22	경기, 안산	-	₩150,000,000
	생산·판매한 PP-C PIPE의 결함으로 시공한 주택의 건물에 누수손해가 발생(10개 건물)				
11	엘리베이터	90. 2. 5	서울, 서초동	₩206,000,000,	₩100,000,000
	아파트에 설치된 엘리베이터 고장으로 중상을 입음.				
12	기름온풍기	89. 12. 18	경기, 고양	-	₩79,700,000
	농업용 온풍기의 폭발·화재로 인해 관엽식물이 고사함.				

특히 미국에 수출된 우리나라 제품이나 부품이 제품책임에 해당되는 것이 점차 늘어나고 있다는 사실에 우리는 주목하지 않을 수 없다. 계속 증가되어 가고 있는 대미수출에 따라 제품책임비용이 급등하고 있으며, 수출품에 대한 제품책임 소송건수가 크게 늘고 있고, 금액도 고액화되고 있다. 대미수출품의 경우 제조물 책임 소송사례가 증가하고 있으며 자동차 타이어 사고로 1백 20만 달러를 배상한 일이 있다. 그럼에도 불구하고 우리나라에서는 각 기업이 제조물 책임문제에 대한 관심과 이해부족으로 아직은 초보단계에 머물러있는 실정이다.

우리날 제조업체의 제조물 책임에 대한 인식은 미국으로 상품을 수출하는 업체를 중심으로 다소 인식이 제고되고 있으나, 수출업체를 제외한 업계의 경우에는 제조물 책임을 제대로 인식하지 못하여 제조물 책임에 대비한 보험가입률도 내수 상품이 0.5%, 수출상품이 0.1%(매출액 기준)정도라고 한다.

1967년에 우리나라에 도입된 제품책임보험의 1990년도 이후, 연도별 계약현황은 <도표 8-5>와 같으며, 국내 제품책임보험 계약건수는 1994년도 기준으로 988건, 보험료는 46억3천만원이며, 전체 제품책임보험 계약건수는 1,147건, 보험료는 93억5천만원으로 이중 국내용 제품의 보험료비중이 약 50%에 이른다. 그리고 1994년을 기준으로 일반 책임보험에서 제조물 책임보험이 차지하는 비율이 미국의 경우 약 10%에 이르는 반면 우리나라는 0.1%로 아직까지 미미한 상황이다. 1994년도 제조물 책임보험 계약현황을 항목별로 살펴보면 전기제품, 기계류, 곤돌라, 가스용품, 자동차부품의 5대종목이 전체 보험료의 61.5%를 차지하고, 이 밖에는 음식물, 난로, 의류, 의약품의 순이며, 보험금은 국내에서 1억7천9백만원을 지급한 보일러 제조회사의 경우가 가장 큰 예이고, 수출품의 경우에는 약 2억2천만원을 지급한 와이어로프 회사의 경우가 있다. 특히 소비자의 권리 의식이 높아짐에 따라 소비자분쟁이 급증하고 있으며, 소비자의 불만 및 상담건수가 지속적으로 증가하고 있을 뿐만 아니라 소비자 대다수가 소비자문제 발생원인의 70%이상이 공급자 잘못으로 생각하고 있다. 따라서 우리나라 기업은 품질보증 및 품질관리에 노력하거나, 제조물 책임으로 인한 추가비용부담은 경영기반이 취약한 기업의 생산활동을 위축시키고, 최악의 경우 도산할 수 있는 가능성이 있어 제품결함 방지를 위한 노력의 강구는 매우 중요하다.

도표 8-5 제품책임보험의 연도별 계약현황

연 도	국 내		해 외		합 계	
	건 수	보 험 료	건 수	보 험 료	건 수	보 험 료
1990	461	961,357	148	1,582,475	609	2,543,833
1991	620	1,539,302	160	1,994,924	780	3,534,226
1992	707	1,690,282	144	2,010,589	851	3,700,871
1993	922	2,084,779	156	2,664,081	1,078	4,748,861
1994	988	4,627,152	159	4,724,763	1,147	9,351,915

날로 엄격해지고 있는 제품책임에 대항해서 대책을 강구하는 것이 제품책임 대책이다. 대책에는 제품사고 후 방어 전략을 강구하는 제품책임방어(PLD : product liability defence)와 사전에 예방하는 제품책임예방(PLP : product liability prevention)이 있다.

PLP는 PLP 추진 시스템을 포함하는 소프트면과 제품자체의 하드면이 있다. PLP는 <도표 8-6>에서와 같이 소프트와 하드의 양면에서 추진하는 것이 필요하며, 소프트는 PL에 대비한 조직이나 시스템을 구축하는 것이고, 하드적 측면은 제품 그 자체에 관한 문제로, 이것도 다시 소프트와 하드로 구분되는데, 하드는 제품을 만드는 재료나 부품 등에 관한 것이고 소프트는 품질관리 시스템이나 기술이다.

PLP를 추진하기 위해서는 먼저 조직체계를 구축하는데, 통상 품질보증조직에 PLP 업무를 할당한다. 또한 업무의 전문성을 확보하기 위해 PLP 전문위원회를 두는 것도 바람직하다.

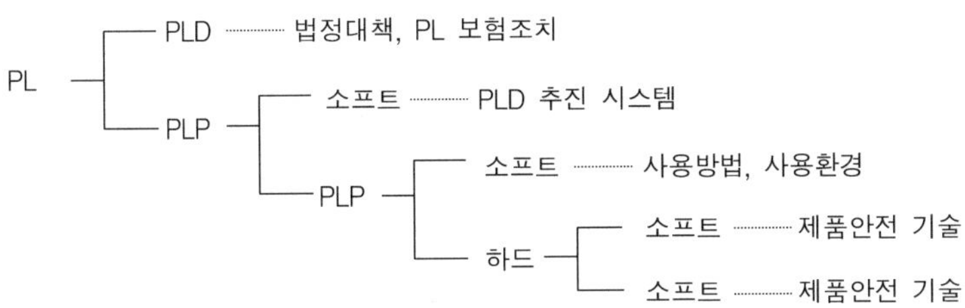

도표 8-6 제품 책임의 자구책 전개 과정

연 습 문 제

1. 제조물 책임(PL)의 필요성에 대하여 기술하시오.

2. 제품결함의 유형을 기술하시오.

3. PL의 발전배경 및 우리나라 입법동향에 대하여 기술하시오.

4. AS/Recall/PL 제도의 차이점을 비교 설명하시오.

5. 미국/EU/일본에서 PL 제도의 입법동향에 대하여 기술하시오.

6. 미국/EU/일본/한국에서의 PL 사례를 기술하시오.

7. PLP와 PDL의 차이점에 대하여 기술하시오

8. PL에서 가장 중요시 하는 특성은?

㉮ 외관　　㉯ 성능

㉰ 신뢰성　　㉱ 안전성

9. 제조물 책임에서 사용방법, 사용환경, 제품안전기술과 부품이나 재료에 관한 것을 무엇이라 하는가?

㉮ PLD　　㉯ PLP

㉰ PLS　　㉱ PST

Chapter 9

ISO 9000 패밀리 국제품질 인증제도

1. ISO 패밀리 배경 및 효과

1.1 ISO 9000 패밀리의 배경

ISO 9000 패밀리는 1987년에 국제 표준화 기구(The International Organization for Standardization)에서 국가간에 서로 다른 품질 규격과 무역상의 기술 장벽을 해소하기 위해 제정한 국제 표준으로 현재 선진국을 포함한 70여 개의 국가에 의해 국가 표준으로 채택되었다. ISO 9000 패밀리를 만든 기술 분과 위원회 176(ISO/TC) 176)은 1976년에 품질경영과 품질보증 영역에서 국제간 교류 증진의 목적으로 구성되었다. ISO/TC 176의 제 1 소위원회에서는 품질과 관련된 용어 정의로 1986년에 ISO 8402를 제정하였고, 제 2 소위원에서는 품질 시스템 표준으로 ISO 9000 패밀리를 제정하였다.

ISO 9000 패밀리는 이전의 생산자 중심의 제품 검사 또는 공장의 부적합품률을 조사해 온 품질 체계를 구매자 중심으로 바꿔 기업이 품질 시스템을 제대로 구축하고 있는가에 초점을 두고 있다. 또한 제품 자체의 품질은 물론 시장조사, 제품 개발 및 설계, 자재 조달, 생산 관리, 설비 관리, 제품의 시험 및 검사, 보관, 판매, 애프터 서비스, 제품의 폐기 등 기업 활동의 모든 단계와 필요업무를 체계적으로 모형화하여 기업 활동의 결과와 함께 그 과정을 종합적으로 평가하여 인증하는 제도이다. 즉, 품질 시스템을 완벽하게 갖춘 기업에서 생산되 제품은 그 품질을 믿고 구매할 수 있다는 것이 ISO 9000 패밀리 인증의 기본 취지이다. ISO 9000 패밀리 인증은 KS 등의 일반 규격이 생산 제품 자체에 부여되는 것과는 달리 생산 공장에 부여되고 있다. 특히 ISO 9000 패밀리에서 강조하고 있는 것은 품질관리나 제품 검사 등에 관한 기록을 중시하여 문제가 발생할 경우에 어느 부분에 원인이 있는가를 추적할 수 있도록 품질 시스템을 체계화하는 것이다. 즉, 제품의 개발, 생산, 판매, 애프터 서비스의 전 과정에 걸쳐 규정의 준수를 강조 있는 것이 ISO 9000 패밀리 인증의 요체이다.

최근에 들어 각 기업마다 ISO 9000 패밀리 인증에 대한 관심이 고조된 이유는 구매자들로부터 ISO 9000 패밀리의 인증 취득에 대한 요구 또는 권고를 강하게 받고 있을 뿐만 아니라, ISO 9000 패밀리 인증을 받지 못하여 수출 상담 과정에서 수출 자체가 무산되는 경우가 발생하고 있기 때문이다. 수출 기업의 경우 유럽 지역은 유럽 연합(EU) 12개국이 3억 2천만 명의 인구를 가졌고, 유럽 자유 무역 연합(EFTA) 6개국이 3천만 명 이상의 인구를 가졌기 때문에 수출 시장으로서의 규모가 무척 크다고 하겠다. 더군다나 미국이나 일본에 버금가는 구매력을 갖고 있는 것을 고려하면, 이보다 인구가 많은 인도나 중국과는 비교가 안될만큼 중요하다 하겠다. 또한 동구권의 민주화로 인하여 구 소련 블록의 바르샤바 조약기구에 속했던 국가들도 머지않아 유럽 연합권에 합류하든지 어떤 형태로든 유럽 연합과 연대를 갖고 움직일 때 이 지역 인구는 5~6억 이상이 되어 그 경제권은 실로 어마어마하다 하겠다. 실제로 미국의 2억 3천만 명과 일본의 억 2천만명과 비교하여 볼 때 그 외 비슷한 경제 수준인 5~6억의 인구가 끼치는 영향은 쉽게 상상할 수 있다. 따라서 우리 나라에서도 조기에 ISO 9000 패밀리 인증에 대한 준비를 하지 않으면 수출에 문제가 있으리라 예상된다.

ISO 9000 패밀리의 제정 배경은 유럽 공동체 12개 국을 하나의 시장으로 보아 국가간에 통용될 수 있는 규격을 제정하여, 이 규격을 만족하면 별도의 인증없이 유럽 공동체 내에서 통용이 가능하도록 한 것에서 출발하였다. 즉, 유럽 공동체가 ISO 9000 패밀리의 제정과 전파에 실로 큰 영향을 미쳤다고 할 수 있다. 유럽 공동체는 1957년에 유럽의 경제 성장과 수입 물량 할당제를 폐지하기 위해 체결된 로마 조약에 의거하여 프랑스, 서독, 이탈리아, 룩셈부르크, 네덜란드, 벨기에 등의 6개국으로 결성되었다. 그 후에 덴마크, 그리스, 아일랜드, 포르투갈, 영국 등이 추가로 참여하여 현재의 유럽 연합 12개국이 되었다. 그런데 1970년대와 1980년대 초반까지 세계적인 경제 성장이 둔화됨에 따라, 유럽은 미국과 일본 등에 21 세기 세계무역의 주도권을 빼앗길 것을 염려하여, 유럽 나름대로의 공통의 표준을 제정해야 한다는 움직임이 있었고, 이것이 구체적으로 ISO 9000 패밀리의 제정으로 나타나게 되었다.

즉, ISO 9000 패밀리 규격 제정의 취지는 국제 무역에서의 기술 장벽을 제거하기 위한 것이었으나, 이 규격에 대한 인증을 받지 못할 경우는 제품 수출이 사실상 불가능해지므로, ISO 9000 패밀리 인증 자체가 또 다른 무역 장벽으로 대두되고 있다. 즉, 외국의 구매자들이 국제적으로 인지도가 낮은 기업의 제품에 대해 ISO 9000 패밀리에 의한 품질인증을 요구할 경우 관세 등에 의한 무역 규제보다 더 까다로운 무역 장벽으로 대두되고 있는 것이다. 특히 유럽 지역의 경우는 유럽 통합 후 ISO 9000 패밀리 인증규격을 유럽 연합 규격으로 채택하여 이 규격에 의해 품질인증을 받지 못한 제품에 대해서는 유럽 연합내에서의 유통을 금지시키기로 한바 있다. 특히 유럽 연합내에서 유통이 가능토록 하는 강제 인증 분야를 설정하였다. 한편 이와 같은 강제 인증 분야는 점차 확대될 전망이다. 뿐만 아니라 유럽 자유 무역 연합(EFTA) 회원국가들도 이 규격을 강제 규격으로 채택한 것을 비롯해, 세계 70여 개 국가에서 이 규격을 자체 국가 규격으로 채택하였고, 우리 나라에서도 1992년 4월에 ISO 9000 패밀리 인증 규격을 한국 표준 규격으로 채택하였다. 미국의 경우, 국방성에서는 품질 표준으로 과거에 사용하던(FDA)에서는 ISO 9000 패밀리를 의약품 품질관리 기준으로 결정한 바 있다. 대형 플랜트, 선박용품 등 주문자가 제시하는 시방의 제품 또는 서비스를 대상으로 실시되었으나, 그 후 일반 공산품, 식당, 병원, 호텔, 관공서, 공항 등의 서비스 업종에까지 확산되고 있는 실정이다. 예를 들어 영국의 호텔이나 싱가포르의 공항에서는 ISO 9000 패밀리인증 획득을 소비자의 만족을 위해 노력한다는 표시로 내세우면서 적극적으로 고객 유치에 나서고 있다. 이는 ISO 9000 패밀리 규격이 여러 분야에 폭넓게 인정을 받고 있다는 증거인만큼 우리나라 기업들의 적극적인 수용 자세가 필요하다고 하겠다.

1.2 ISO 9000 패밀리 인증의 필요성 및 구축 효과

ISO 9000 패밀리에 대한 인증이 기업에서 필요한 이유를 살펴보면 다음과 같다.

(1) 구매자의 요구

앞에서 언급된 바와 같이 최근 해외 바이어들이 제품 주문시 ISO 9000 패밀리 인증 여부를 확인하고, 인증서가 없으면 거래를 중단하려는 움직임이 나타나고 있다.

(2) 유럽 연합의 강제 인증 분야에 대한 대비

1985년 유럽 공동체(EC) 집행 위원회가 유럽 공동체 지역내의 물품의, 자유로운 유통을 위해 국가별로 상이한 제품 표준을 신속히 제거할 목적으로, 지정된 인증기관으로부터 제품 및 품질 시스템에 대한 인증을 받게 하고, 이를 필한 제품에 한해서 유럽 지역내에서 유통이 가능하도록 강제화할 움직임을 보이고 있다.

(3) 품질 시스템의 개선

ISO 9000 인증을 획득하게 되면 제품의 품질 향상 뿐만 아니라 이에 따른 경쟁력이 강화되고, 생산비 절감, 부적합품 감소 등의 개선이 이루어진다.

(4) 개별적 품질 감사의 감소

ISO 9000 인증은 품질의 객관적 입증의 유효 수단으로 인증을 획득하게 되면 기업에서 생산, 판매하는 제품의 품질이 대외적으로 공인되는 것이므로, 개별적 구매자의 제품 품질에 대한 감사 횟수가 감소할 것이다.

(5) 품질에 관한 기업 활동이 실질적인 것으로 변화

이제까지는 소비자의 요구 사항 검토 등의 품질에 관한 업무가 형식적인 것에 많이 치우쳐 있었다. 그러나 ISO 9000 패밀리는 본 심사와 사후 심사의 엄격성으로 실질적 활동을 하게 만든다.

ISO 9000 패밀리에 대한 인증 획득 후의 기대 효과는 다음과 같다.

(1) 상품 또는 서비스 매출의 증대

ISO 9000 패밀리에 따른 체계적인 품질 시스템의 확보로 우수한 품질의 제품이 생산되고 있다는 것을 객관적으로 입증하게 되므로 전 세계 시장으로의 진출이 생산되고 있다는 것을 객관적으로 입증하게 되므로 전 세계 시장으로의 진출이 용이하고, 구매자의 요구에 신속히 대응할 수 있으므로 매출액이 증대된다.

(2) 기업의 효율성 향상

ISO 9000 패밀리에 따른 품질 시스템을 구축하면 재작업, 수리 등의 불합리한 실패 요소의 제거로 이익 증대를 기할 수 있고, 업무 처리를 한 번에 마칠 수 있으므로 기업 활동의 효율이 향상된다.

(3) 기업의 관리 능력 향상

ISO 9000 패밀리에 따른 품질 시스템을 구축하면 모든 업무가 관리 상태로 되어 기업 변화에 대한 대응력이 향상되고, 기업 구성원 개개인에 분산되어 있는 개인적인 Know-how로 이전되어 구성원들의 직무 이동 및 전직에 따른 적응력을 강화 할 수 있다.

(4) 구매자의 품질 감사의 감소

공인된 제 3의 인증기관으로부터 ISO 9000 패밀리에 대한 인증을 받으면 개별 구매자로부터의 중복된 공장 평가를 면제받을 수 있다.

(5) 전세계 시장으로 진출 용이

ISO 9000 인증을 획득하면 ISO 9000 인증 명부에 수록되어 전세계적으로 알려져, 시장 개척이 용이해진다.

(6) 광고시 ISO 인증 마크 사용

ISO 9000 인증을 획득하면 광고시 인증 마크를 사용할 수 있으므로 기업의 대외적인 이미지가 제고된다.

구체적인 기업의 인증 취득의 효과는 대부분의 회사들이 경쟁사와의 문제 때문에 대외비로 하고 있어 자세히 알 수는 없지만, 외국의 예를 들면 공정 부적합품률의 현저한 감소(28%→8%)와 품질의 월등한 향상(미국의 Dupont Imaging System)에서부터 공정 및 제품 개선(미국의 ISC Advanced Material), 향상된 기술 인력과 품질 수준 향상에 따른 추가 주문(캐나다의 Iron Ore Company, Canada), 표준류의 정비 및 유지의 향상과 사원 의식 향상(일본의 GE Plastic), 각 부서 업무 배당의 문서화로 인한 사후 혼란 및 불만 요서의 제거와 개별 고객의 생산 시스템의 품질 심사 생략, 회사 인지도 제고 등을 기대할 수 있다. 이와 같은 효과는 위에 기술한 기대되는 효과와 일치되는 것이다.

한편, ISO 9000 패밀리에 의한 인증 제도를 도입해야 하는 또 다른 이유를 살펴보면 다음과 같다.

(1) 국제적 품질보증 추세에의 부응

현재 많은 국가들이 품질보증을 통해 제품이나 서비스의 품질을 높이고 있고 이는 수출 신장에도 많은 영향을 미친다.

(2) 상호 인증을 통한 국제적 인증 대열에 참여

인증을 각국간에 서로 인정함으로써 외국의 기관에 인증을 받아야 하는 문제점을 줄이고 있다.

(3) 품질에 대한 경각심 부여

이제까지 품질에 대한 캠페인은 많았지만 KS나 등급제가 적용이 안되는 분야에는 구체적 적용 규격이 없었다. 더 나아가서 KS 사후 관리에 있어 서류 심사를 함으로써 실질적 효과가 상대적으로 적었는데 ISO 9000 패밀리를 도입함으로써 이러한 단점을 보완할 수 있다.

(4) 제조물 책임법(product liability law) 또는 제품 보상법에의 대책

제조물 책임법이 우리 나라에서도 2002년 7월 1일 시행되고 있는 법률로 여러 기업들이 결함제품을 판매한 후 배상을 하여 준 사례가 있다. 이 법은 일찍이 미국에서 판례법으로 존재해 왔으며, 1990년대에 이르러 유럽 각국에서 제품 책임법을 제정하였으며, 일본에서는 1995년부터 이 법이 시행되었다. ISO 9000 패밀리 인증을 통하여 첫째, 품질 좋은 제품을 만들어 배상 요구를 받는 사례를 줄이고 둘째, 피소되었을 경우 ISO 9000 패밀리에 의한 품질 시스템을 구축하여 이를 준수하고 있다는 것이 판명되고, 사용자의 사용 잘못에 의한 사고인 경우에는 생산자의 면책 사유로 이용될 수 있다.

2. ISO 패밀리의 내용

2.1 ISO 패밀리 규격구조

• ISO 9000 패밀리 규격 구조를 나타내면 <도표 9-1>과 같다.

도표 9-1 ISO 9000 패밀리 규격구조

ISO/TC 176 핵심규격	기타 ISO /TC 176	TR <기술보고서>	Brochure	타 기술 위원회로 이전	TS <기술기준>	핵심규격으로 대체
9000 9001 9004 19011	10012 9004-4 10005 10006 10007	10013 10014 ☆10015 10017	QMP Selectio n &Use	9000-9 9000-4	TS16949	9000-2 9002 9003 9004-1 9004-3 10011

• QMP(Quality Management Principle) Selection & Use : 품질 경영원칙 및 선택 및 사용

2.2 ISO 9000 패밀리 핵심규격

ISO 9000 패밀리 핵심규격은

• ISO 9001 (품질경영시스템 - 기본사항 및 용어)
품질경영시스템에 대한 기본 사항을 서술하고 품질경영시스템에 대한 용어를 정의

• ISO 9001 (품질경영시스템 - 요구사항)
조직이 고객 및 적용되는 규제 사항을 만족시키는 제품을 제공하는 능력을 증명하기 위해 갖추어야 할 요구사항을 제시

• ISO 9004(품질경영시스템 - 성과개선 지침)
조직이 고객 및 이해관계자의 만족에 기여하는, 지속적인 개선을 통해 조직의 성과를 향상시키도록 프로세스를 개선하고 조직의 품질경영시스템의 완성도를 평가하는데 사용되도록 지침을 제시

• ISO 19011 (심사에 대한 규격 - 품질경영시스템 및 환경경영시스템)
품질 심사 및 환경심사를 관리하고 수행하기 위한 지침을 제공하고 있다.

2.3 ISO 9001 품질경영시스템 요구사항 조항

조항번호	조항명칭	세부조항	
		조항번호	조항명칭
0	개요	0.1 0.2 0.3 0.4	일반사항 프로세스 접근 방법 ISO 9004와의 관계 기타 경영시스템과의 병용성
1	적용 범위	1.1 1.2	일반사항 적용
2	인용규격		
3	용어의 정의		
4	품질경영시스템	4.1 4.2	일반 요구사항 문서화 요구사항
5	경영책임	5.1 5.2 5.3 5.4 5.5 5.6	경영의지 고객중심 품질방침 기획 책임, 권한 및 의사소통 경영검토
6	자원관리	6.1 6.2 6.3 6.4	자원확보 인적자원 기반구조 업무환경
7	제품실현	7.1 7.2 7.3 7.4 7.5 7.6	제품실현의 기획 고객관련 프로세스 설계 및 개발 구매 생산 및 서비스 제공 모니터링 장치 및 측정 장치의 관리
8	측정, 분석 및 개선	8.1 8.2 8.3 8.4 8.5	일반사항 모니터링 및 측정 부적합품의 관리 데이터의 분석 개선

3. 품질경영의 원칙

품질경영시스템 8원칙은 조직을 선도하고 운영하기 위한 포괄적이면서 기초적인 규칙 또는 신념이다.

o 원칙1 - 고객중심
o 원칙2 - 리더십
o 원칙3 - 전원참여
o 원칙4 - 프로세스 접근 방법
o 원칙5 - 경영에 대한 시스템 접근 방법
o 원칙6 - 지속적 개선
o 원칙7 - 의사결정에 대한 사실적 접근 방법
o 원칙8 - 상호 유익한 공급자 관계

품질경영원칙은 ISO 9000 : 2000 규격에 포함되며, ISO 9000 패밀리 규격들은 품질경영 원칙에 기반을 둔다. 또한 품질경영 원칙은 전세계적으로 도입이 급속도로 확산되고 있으며, 이러한 품질경영 원칙은 다른 사용자 그룹의 욕구를 만족시키도록 신규 또는 기존 문서에 반영되어 사용될 수 있다.

품질경영원칙을 적용함으로써, 조직들은 고객, 소유자, 일반인, 공급자, 지역사회 등에 더 나은 이익을 제공한다.

3.1 원칙 1- 고객중심

조직은 그들 고객에 의존하고 있다.

따라서 현재 및 미래의 고객 요구를 이해하고 고객 요구사항을 충족시키며, 고객의 기대를 능가하도록 노력해야 할 것이다.

고객에 초점을 맞춘 조직의 원칙을 적용하는 것은 전형적으로 다음 사항을 이끌어낸다.

1) 고객 요구와 기대를 조사하고 이해하는 것
2) 고객 요구와 기대와 연계된 조직의 목표 및 세부목표를 보장하는 것
3) 조직을 통하여 고객 요구와 기대를 의사전달 하는 것
4) 고객 만족을 측정하고 그 결과에 조치하는 것
5) 고객 관계를 체계적으로 관리하는 것
6) 고객과 기타 이해관계자(소유자, 종업원, 공급자, 자본가, 내부 커뮤니티 및 크게는 소사이어티) 사이의 균형된 접근 방식을 보장하는 것.

3.2 원칙 2 - 리더십

리더는 조직의 목적과 방향의 일관성을 확립한다.

리더는 구성원들이 조직의 목표를 달성하는데 전적으로 참여할 수 있는 내부환경을 조성하고 유지하여야 할 것이다.

리더십의 원칙은 적용하는 것은 리더십을 전형적으로 다음 사항을 이끌어 낸다.

1) 고객, 소유자, 직원, 공급자, 내부 커뮤니티 및 크게는 소사이어티를 포함하는 모든 이해 관계자의 필요를 고려하는 것
2) 조직의 미래를 명료한 비전을 수립하는 것
3) 도전하는 목표 및 세부목표를 수립하는 것
4) 조직의 모든 계층에서 공유 가치, 공평성, 윤리적 역할 모델을 창출하고 유지하는 것
5) 신용을 구축하고 두려움을 제거하는 것
6) 책임 및 의무를 다하기 위한 요구하는 지원, 교육훈련 및 독립적 재량권을 갖도록 인원을 제공하는 것
7) 직원의 기여를 고무하고, 장려하고, 인정하는 것

3.3 원칙 3 - 전원참여

모든 계층의 사람들이 조직의 필수 요소이다.

따라서 전원이 참여함으로써 그들의 능력이 조직의 이익을 위하여 발휘될 수 있다

전원 참여의 원칙을 적용하는 것은 전형적으로 다음 사항을 이끌어 낸다.

1) 조직 내에서의 그들의 기여와 역할의 중요성 이해하는 인원
2) 그들의 성과를 억제하는 인원
3) 문제를 해결하기 위한 주인의식 및 책임감을 수용하는 인원
4) 자신의 추구 목표와 목표를 향한 그들의 성과를 평가하는 인원
5) 그들의 적성, 지식 및 경험을 발휘하기 위한 기회를 적극적으로 추구하는 인원
6) 지식과 경험을 자유롭게 공유하는 인원
7) 문제와 논제를 공개적으로 토의하는 인원

3.4 원칙4 - 프로세스 접근 방법

관련된 자원 및 활동이 하나의 프로세스로 관리될 때 바라는 결과가 보다 효율적으로 얻어진다. 프로세스 접근방식 원칙을 적용하는 것은 전형적으로 다음 사항을 이끌어 낸다.

1) 바람직한 결과를 얻기 위해 필요한 활동들을 정하기 위한 조직화한 방법을 사용하는 것
2) 중요 활동을 관리하기 위한 명료한 책임 및 의무사항을 수립
3) 중요 활동의 능력의 분석 및 측정
4) 조직의 기능들 내에서, 그 중에서 중요 활동의 상호관계를 파악하는 것
5) 조직의 중요 활동을 개선시킬 자원. 방법 및 재료와 같은 요인들에 초점을 맞추는 것

6) 고객, 공급자 및 기타 이해관계자에 관한 활동 중에서 리스크, 중요성 및 영향을 평가하는 것

3.5 원칙5 - 경영에 대한 시스템 접근 방법

상호 연계된 프로세스를 하나의 시스템으로 파악하고 이해하며 관리하는 것은 조직의 목표를 효과적이며 효율적으로 달성하는데 이바지한다. 경영에 대한 시스템 접근방식의 원칙을 적용하는 것은 전형적으로 다음 사항을 이끌어 낸다.

1) 가장 효과적이고 효율적인 방식으로 조직 목표를 달성하기 위한 시스템을 구축하는 것
2) 시스템의 프로세스들의 상호 의존성을 이해하는 것
3) 프로세스들을 조화시키고 통합하는 구축된 접근 방식
4) 공동목표와 다기능팀 간의 장해요소를 줄이는 정도를 달성하는데 필요한 역할과 책임의 보다 나은 이해를 제공하는 것
5) 조치에 앞서, 자원 억제를 수립함과 조직적인 능력을 이해하는 것
6) 시스템 내에서 특정활동이 어떻게 운용할 것인지를 목표를 정하고 정의하는 것
7) 측정 및 평가를 통해 시스템을 지속적으로 개선하는 것

3.6 원칙6 - 지속적 개선

조직의 총체적 성과에 대한 지속적 개선은 조직의 영구적인 목표이어야 할 것이다.

지속적인 개선의 원칙을 적용하는 것은 전형적으로 다음 사항을 이끌어 낸다.

1) 지속적 개선으로 일관성 있는 조직 전반의 접근 방식을 사용하는 것
2) 지속적 개선의 방법과 도구에 관한 교육훈련을 제공하는 것
3) 조직내에서 제품, 프로세스 및 모든 개인의 목표 시스템의 지속적 개선을

이루는 것

4) 지속적인 개선을 추적하기 위한 측정과 이끌어내기 위한 목표를 수립하는 것

5) 개선을 인식하고 인지하는 것.

3.7 원칙7 - 의사결정에 대한 사실적 접근 방법

효과적인 결정은 데이터 및 정보의 분석에 근거한다.

의사결정에 대한 사실적 접근 방식 원칙을 적용하는 것은 전형적으로 다음 사항을 이끌어 낸다.

1) 데이터와 정보를 충분히 정확하고 신뢰할 수 있다는 것을 보장하는 것

2) 그것을 필요로 하는 누군가에게 접근 용이한 데이터 만들어 내는 것

3) 유효한 방법을 사용하여 데이터와 정보를 분석하는 것

4) 경험과 객관적 지식과 균형을 이룬 사실적 분석을 기초로 한 조치를 취하고 결정을 만드는 것

3.8 원칙8 - 상호 유익한 공급자 관계

조직 및 조직의 공급자는 상호 의존적이며, 상호이익이 되는 관계는 가치를 창조하기 위한 양쪽 모두의 능력을 증진시킨다.

상호이익이 되는 공급자 관계 원칙을 적용하는 것은 전형적으로 다음 사항을 이끌어 낸다.

1) 단기 이득과 장기 고려사항 사이의 균형 잡힌 관계를 구축하는 것

2) 중요 파트너와 함께 전문가 및 자원을 공동 출자하는 것

3) 핵심 중요 공급자를 파악하고 선정하는 것

4) 명료하고 개방된 의사소통

5) 정보 및 향후 계획을 공유하는 것

6) 공동의 개발 및 개선 활동을 수립하는 것

7) 개선 및 성취를 고무시키고, 격려하고, 인지하는 것

4. ISO 9000 패밀리 인증 절차

ISO 9000 패밀리 규격은 유럽 연합 회원국을 중심으로 한 유럽지역 국가들은 물론 그 밖의 대부분의 선진국들이 이를 자국의 국가 규격으로 채택함으로써 이 규격 자체가 하나의 무역 장벽으로 대두되고 있는 실정이다. 이에 따라 국내에서도 공업 진흥청이 주관이 되어 1992년부터 ISO 9000 패밀리 인증 체제를 국내에 도입, 시행하고 있다. 중소기업청은 기업의 <품>자 마크를 ISO 9000 규격으로 통일하였으며, <KS>, <전> 등의 마크를 획득한 제품에 대한 사후 관리를 ISO 9000 패밀리의 규격수준으로 강화한 바 있다.

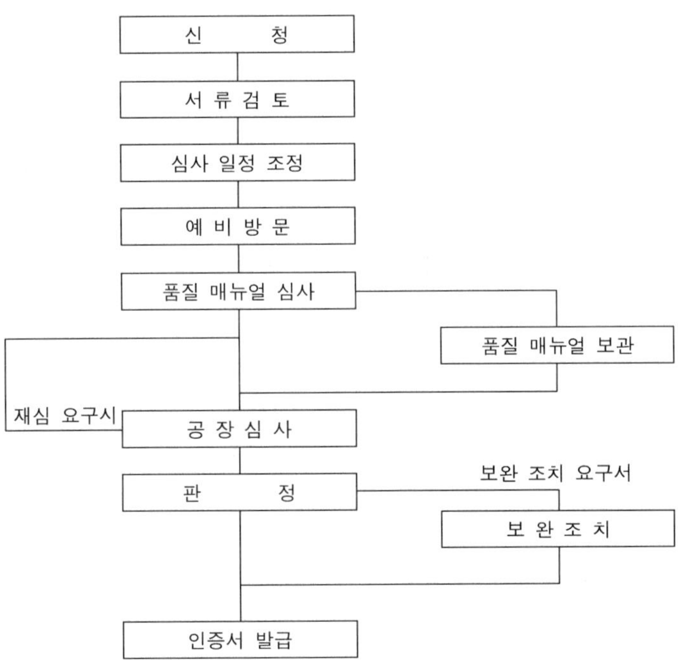

도표 9-2 ISO 9000 패밀리 인증절차

ISO 9000 패밀리 규격 인증을 위해서는 품질 매뉴얼 심사와 공장 실사 등 2단계의 심사를 받아야 한다. 품질 매뉴얼 심사는 ISO 9000의 요구 사항을 만족시키도록 품질에 필요한 제반 사항이 품질 매뉴얼과 업무 규정에 규정되어 있는지를 평가하는 것이다. 공장 실사는 품질 매뉴얼과 업무 규정에 따라 기업의 업무가 실제로 실행되고 있는지를 심사하는 것이다. ISO 9000 패밀리 인증 절차는 인증 심사 기관에 따라 다소 차이가 있으나, 대략 살펴보면 <도표 9-2>와 같다.

ISO 9000 패밀리 인증 절차는 다음과 같다.

<1단계> 인증 신청

인증 신청을 위해서는 신청서와 계약서, 품질 매뉴얼, 설문지 등의 서류가 필요하다. 인증 심사 기관에 따라 공정 매뉴얼과 작업 방법 설명 매뉴얼을 요구하기도 한다. 또한 이때 신청비도 제출한다. 이 중 설문지는 공장 실사에서 참고하는 문서이다. 외국 기관의 인증을 받을 경우에는 영어로 된 품질 매뉴얼도 요구한다.

<2단계> 품질 매뉴얼 심사 단계

서류 심사시 품질 매뉴얼이 ISO 9000 패밀리의 품빌보증 규격 요건을 따르는지와 신청한 기업의 공장에서 생산되는 제품에 대한 모든 사항을 문서화하고 있는지를 평가한다. 이때 품질 매뉴얼을 포함한 서류 심사를 통과하면 현장 심사일정을 결정하고 부결될 경우에는 부결 결정과 부적점 및 문제점을 통고하게 된다. 인증기관에 따라 품질 매뉴얼 심사나 공장 실사 전에 신청한 기업의 개황과 심사 준비 상태를 점검하는 예비 심사를 실시하기도 하나 이는 신청 기업의 선택 사항이다.

<3단계> 공장 심사 단계

품잴 매뉴얼이 ISO 9000 패밀리 보증 규격 조건을 갖춘 것으로 평가되면 인증기관은 심사팀 및 선임 심사원을 선정하고 신청 기업에 통고한다. 신청 기업에 의해 심사원이 수락되면 선임 심사원과 예비 면담을 통하여 무엇을 보고 어느 정도 수준을 기대하는가의 문제와 심사 일정, 안내자, 현장내 교통편, 기록, 회의 또는 면담자를 요청하게 되고 더불어 심사에 필요한 기타 사항을 의논하는 예비 방문을 선임 심사원이 한다. 공장 심사는 최고 경영자를 비롯해 부서별 책임자, 실무자, 현장 작업자들을 면담하고, 품질 매뉴얼이나 규정을 따르는지 확인하는 작업에 들어간다. 공장심사를 단계별로 나타내 보면 <도표 9-3>과 같다.

도표 9-3
공장심사 단계

단　계	내　용
시 작 회 의 (Opening Meeting)	· 심사원 소개 · 품질 매뉴얼 심사시 불확실한 사항 확인 · 경영자와 심사원간의 대화채널 구축 · 공장 심사 절차 설명
공 장 심 사 (Assessment)	· 최고 경영자 면담 · 부서별 책임자 면담 · 실무 담당자, 현장 작업자 면담 · 현장 조사
심 사 원 회 의 (Audit Team Meeting)	· 심사 결과에 대한 지적 사항 정리　· 심사 요약 작성
종 결 회 의 (Closing Meeting)	· 지적 사항 제시 및 동의　· 보고서 개요 설명 · 심사 요약 제출

<4단계> 심사 결과 통보 및 인증 등록 단계

공장 심사시 인증 신청 기업은 자체의 품질 시스템을 실증하고, 인증기관의 심사 결과에 대한 보완 조치를 행하고, 이들이 통과되면 인증 등록을 하고 인증서를 발급 받음으로써 인증 획득이 된다. 일반적으로 심사시 큰 부적합 사항이 있거나 가벼운 부적합 사항이 여러 개 발견되면 재심사를 요구받게 된다. 가벼운 부적합사항이 한두 개변 시정 요구를 받고 서류 심사로 합격되는 경우가 대부분이나 어떤 경우에는 그 부분에 관해서만 공장 실사를 다시 받기도 한다.

<5단계> 사후 심사 단계

인증을 획득하면 매 6개월마다 사후 관리를 통해 품질 시스템의 규정 준수 여부에 대한 평가를 받게 되며, 통상 3년에 한 번씩 재인증을 받도록 되어 있으나 인증기관에 따라 사후 심사만 계속하는 경우도 있다. 사후 관리 절차를 그림으로 나타내 보면 <도표 5-4>와 같다.

도표 9-4 ISO 9000 인증 사후절차

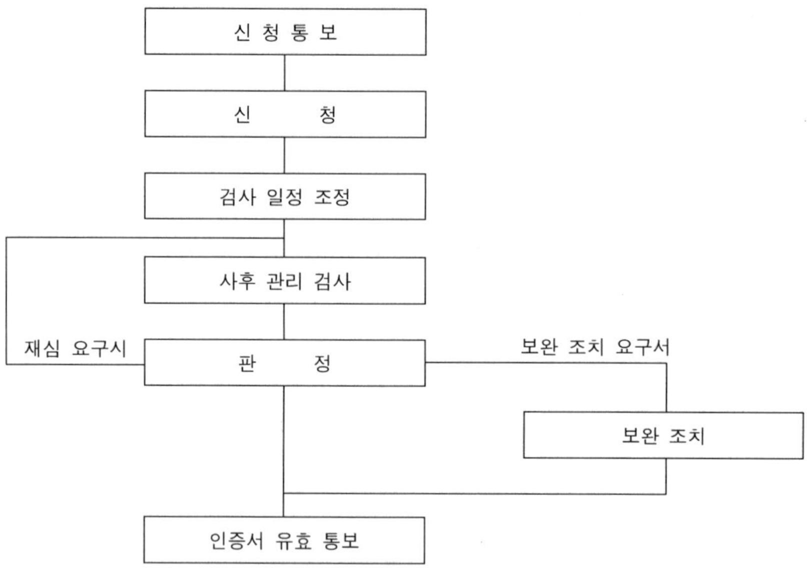

이상에서 살펴본 바와 같이 품질 매뉴얼 심사는 품질 매뉴얼과 사규에서 규정한 조항이 ISO 9000 패밀리에서 요구하는 사항을 만족시키도록 명문화되어 있는가를 평가하는 것이며, 현장 심사는 품질 매뉴얼과 사규에 따라 기업의 업무가 실행되고 있는가를 확인, 평가하는 것이다. 따라서 ISO 9000 패밀리 인증을 획득한 기업의 모든 흐름은 관리 상태에 있다는 것이 증명된 것이고, 품질 향상, 원가 절감, 생산성 향상 등의 기업 목표가 용이하게 달성될 수 있다는 것을 의미한다.

즉, ISO 9000 패밀리 인증의 충족요건은 기업의 모든 업무가 관리 상태하에 있어야 하며, 업무 수행 도중에 잘못된 점이 발견되면 쉽게 원인을 찾아내어 시정이 가능하도록 품질 시스템이 구축되어 있어야 한다.

이를 구체적으로 살펴보면, 제품이나 서비스의 품질이 보증되기 위해서는 그 제품이나 서비스에 관련되어 투입된 인력, 설비, 업무 처리 방법, 자재 등의 생산 자원이 적절하게 관리되고 있다는 것이 보증되어야 한다. 예를 들면, 자격 없는 용접공이 용접한 압력 용기, 검교정되지 않은 검사 장비에 의해 검사된 제품 등은 품질이 보증된다고 확신할 수 없다. 따라서 ISO 9000 패밀리 인증 규격은 제품이나 서비스의 품질보증에 관한 가장 기본적인 구매자의 요구 사항을 규정하고 있고, 인증 심사의 사후 관리의 엄격성 등으로 기업 활동을 형식적인 것에서 실질적인 것으로 변화시켜 준다.

5. ISO 9000 패밀리 인증의 오해와 문제점

ISO 9000 패밀리 인증에 관한 오해점으로 다음과 같은 사항이 있을 수 있다.

(1) 제품 품질 규격 기준에 대한 무관심

ISO 9000 패밀리의 인증이 기업의 품질 시스템에 대한 품질 시스템에 대한 인증이므로, 개별적인 제품 품질 규격 기준은 신경쓰지 않아도 된다고 오해할 수 있으나 실은 개별적인 제품 품질 규격 기준은 품질 시스템의 한 요소이므로 계속 관리하여야 한다.

(2) ISO 9000 패밀리 인증이 최종 목표

ISO 9000 패밀리에 의한 품질 시스템은 최소한의 요구 조건이므로, 기업의 입장에서는 ISO 9000 패밀리의 인증이 품질 시스템 정착의 시발점인 것이다. 따라서 ISO 9000 패밀리 인증에 만족하지 말고 계속적으로 품질 시스템의 개선에 노력하여야 한다.

(3) ISO 9000 패밀리의 표준 요구 사항 중 최소한의 요구 조건에만 대처

ISO 9000 패밀리의 표준은 포괄적인 요구사항이므로 이중 최소한의 요구 조건만 만족해서는 효율적인 품질 시스템의 운영이 불가능하므로, 이를 토대로 보다 개선된 품질 시스템의 구축이 가능하도록 노력하여야 한다. 예를 들면, ISO 9000 패밀리 인증에 안주하여 제품의 품질 개선에 대한 노력이 결여되면, 경쟁 업체와의 경쟁력이 떨어지게 되고 구매자로부터도 외면당하게 된다.

(4) ISO 9000 패밀리는 품질경영과는 무관

ISO 9000 패밀리에 의한 품질 시스템 구축의 목적은 소비자 신뢰할 수 있는 품질 향상 방법이나 제품의 안전 및 책임 의무에 대한 보증이므로 이러한 사항들이 제외되는 것이 아니고, 품질 시스템의 중요한 구성 요소인 것이다.

한편 대부분의 기업에서는 ISO 9000 패밀리 인증을 받으면 많은 효과가 나타나리라고 기대하고 있다. 그러나 국내기업의 경우 ISO 9000 패밀리 인증이 가져다 주는 효과가 실제로 많이 나타나지 않고 있음을 볼 수 있다. 그러한 이유를 살펴보면 다음과 같다.

① 우선 ISO 9000 패밀리 인증만 받아 두자는 생각으로 일을 추진하였기 때문이다. 예를 들면 전 구성원이 아닌 몇 명의 ISO 9000 패밀리 인증 추진팀만이 모든 일을 준비하고 문서 양식 및 규정을 만들었기 때문이다. 이러한 경우 전 구성원들이 호응을 얻지 못하여 ISO 9000 패밀리 인증은 일부 구성원의 잔치로 끝난 결과를 초래하였다.

② ISO 9000 패밀리 인증만 받으면 품질이 저절로 향상될 것이라고 막연히 기대하고 있기 때문이다. 그러나 ISO 9000 패밀리 인증이라는 것은 제품을 만드는 시스템을 인증하는 것이다. 따라서 확실한 업무 체계와 검사 제도에 의해서 부수적으로 품질이 향상되기는 하지만, 이의 엄격한 준수 없이 단순히 ISO 9000 패밀리 인증만 받아서는 큰 품질 향상을 기대하기는 어렵다. 더군다나 인증만을 받기 위해서 설치한 시스템에서는 예전의

품질 문제가 ISO 9000 패밀리 인증 후에도 계속 나타나게 된다.

그리고 우리나라에서 ISO 9000 패밀리의 인증을 획득하는데 근본적으로 장애가 되는 문제점을 나열해 보면 다음과 같다.

① 대부분의 기업들이 규정을 제대로 구비하고 있지 않다는 점이다. 대기업의 경우는 그런대로 어느 정도의 규정을 갖추고 있었지만, 이들 대부분은 ISO 9000 패밀리에서 원하는 수준에 많이 미흡한 실정이다. 중소기업의 경우에는 대부분이 품질 시스템 없이 그때 그때의 상황에 따라서 제조 및 판매를 하였기 때문에 정식 규정이 전무한 상태였다. 이러한 사정 때문에 외국 기업보다 국내 기업이 품질 시스템을 구축하기 힘든 이유라고 볼 수 있다.

② 대부분의 기업에 있어서 업무 절차, 방법 및 분장 관계가 명확하지 못하다는 점이다. 각 부서별로 무엇을 수행해야 하는지 모르는 경우가 허다함은 물론 같은 업무를 여러 부서에서 중복적으로 행하는 경우도 많이 있다. 이러한 것들은 각 부서간에 정보를 교환하는 채널이 없거나, 처음에 업무를 명확히 분장해 두지 않은 데에 기인한다.

③ 많은 기업들이 조직을 수시로 변경한다는 것이다. 물론 ISO 9000 패밀리 인증을 획득하였다고 하여 조직을 바꾸어서는 안된다는 얘기는 아니다. 하지만 모든 규정이 현 조직에 따라 만들어지는 경우가 대부분이므로, 조직이 수시로 바뀌는 상황에서는 이전 규정이 그대로 적용되기가 어렵다.

④ 구성원들이 규정에 의하여 업무를 수행하는 습관이 배어 있지 않다는 것이다. 규정이 있으면 무조건 번잡하며 복잡하다고 생각하고, 또한 일이 많아진다고 우려한다는 것이다.

⑤ 경영자가 너무 초조해 하며 서두른다. 경영자들은 하루빨리 ISO 9000 패밀리 인증을 받아야 한다는 생각만으로 적절한 과정을 거치지 않고 서둘러 ISO 9000 패밀리 규격에 기업을 맞추려고 하는 경향이 있다. 심지어는 다른 회사의 규정을 복사하여 만들려고 하는 경우도 있었다.

⑥ 경영자가 ISO 9000 패밀리에 관하여 전혀 알지 못하거나 또는 무관심하여 ISO 9000 패밀리 인증을 위해서 소비하는 시간과 경비를 무척 아까워하는 경우가 있다. 이런 경우에는 경영자가 회사 임원들이 요구한 인원이나 경비를 승인하지 않아 하위 관리자나 작업자들로부터 협조를 받는다는 것이 거의 불가능해진다. 따라서 ISO 9000 패밀리 인증을 위한 노력이 무산되거나 수포로 돌아가는 경우가 종종 있는 것이다.

⑦ 경영자가 ISO 9000 패밀리 인증의 필요성을 알고 지원을 하나, 본인은 전혀 관여하지 않으려 한다. ISO 9000 패밀리 인증을 위한 품질 시스템을 구축하다 보면 여러 가지 문제점이 많이 생기는데, 이런 경우에는 최고경영자의 결단이 필요하다. 본인이 교육을 받고 솔선수범하지 않고서는 이런 문제점을 이해하기도 힘들고 의사 결정시 오류를 범할 수도 있다.

연 습 문 제

1. ISO 9000 패밀리의 제정 배경에 대하여 기술하시오.

2. ISO 9000 패밀리 인증의 필요성 및 구축효과에 대하여 기술하시오.

3. ISO 9000 패밀리의 기본 골격에 대하여 기술하시오.

4. 품질경영의 원칙을 8가지로 나누어 설명하시오.

5. ISO 9000 규격을 설명하시오.

6. ISO 9001 규격을 설명하시오.

7. ISO 9004 규격을 설명하시오.

8. ISO 9000 패밀리 인증절차를 기술하시오.

9. ISO 9000 패밀리 인증의 오해와 문제점에 대하여 기술하시오.

제3부

품질개선 활동

Chapter 10

공정능력의 조사 · 해석

설계품질에 대한 제조 품질의 일치는 품질보증상 중요한 일이다. 설계품질에 대한 제조 품질의 일치 여부는 규격값 또는 도면의 치수와 공차로 제시되는 제조품질과를 비교하여 판단된다.

이와 같은 공정의 품질달성 능력을 공정능력이라 한다. 공정능력의 정의와 정량화 방법에는 다음과 같은 것이 있다.

1. 공정능력의 정의

소정의 절차에 의해 일정 기간 기대되는, 안정 상태의 공정에 있어서, 경제적인 특정 조건의 허용 범위 내에서 도달 할 수 있는 공정의 달성 능력을 말하고, 그것은 공정에서 만들어진 결과의 특정 특성으로 표시된다.

① 공정능력은 결과에 대한 것이다.
② 과거에 만들어진 것에 대해 결과를 평가할 수는 없다.
③ 요인의 상태에 대한 규정이 필요하게 된다.
④ 요인의 상태에 대한 결과로부터의 규정은 공정의 조건에 따라 달라진다.
⑤ 공정능력은 특정 조건하에서의 도달 가능한 한계 상태를 표시하는 정보라야 한다.
⑥ 공정능력의 측정은 공정능력이 개념에 부수 시켜 결정해야 한다.

공정능력의 개념을 규정하는 데 필요한 요건을 요약하면 다음과 같다.

공정능력에 대한 다른 몇 가지 정의를 보면 다음과 같다.

- J. M. Juran
  공정이 관리 상태에 있을 때, 제품의 변동이 어느 정도인가를 나타내는 양이다. 공정능력이라는 말 대신 자연공차라는 용어를 사용하고 자연공차는 6σ로 정의한다.
- Western Electric Co
  공정능력이란 통계적 관리 상태에 있을 때의 공정의 정상적인 움직임, 즉 외부 원인에 방해됨이 없이 조작되었을 때, 공정에 의해 만들어진 예측할 수 있는 일련의 결과를 말한다.
- E. G. Kirkpatrick
  의미가 있는 원인이 제거되고, 또는 적어도 최소화된 상황에 있어서의 공정의 성과를 의미하는 것이다.

2. 공정능력의 분류와 분해

2.1 공정능력과 4M

품질에 영향을 미치는 요인들은 4M(사람 · 설비 · 재료 · 방법)으로 분류할 수 있다. 또한 공정능력을 나타내는 변동을 σ_P^2라 하면, σ_P^2은 다음 식과 같이 분해할 수 있다.

$$\sigma_P^2 = \sigma_{MAN}^2 + \sigma_{MAC}^2 + \sigma_{MAT}^2 + \sigma_{MET}^2 = \sigma_{MAC}^2 + \sigma_O^2$$

σ_{MAN}^2 = 사람의 능력을 나타내는 변동

σ^2_{MAC} = 기계의 능력을 나타내는 변동

σ^2_{MAT} = 재료의 능력을 나타내는 변동

σ^2_{MET} = 방법의 능력을 나타내는 변동

σ^2_{O} = 기계 이외의 요인에 의한 변동

기계능력이란 공정능력으로 나타나는 변동 가운데, 주어진 일정의 조건하에서 운전되고 있는 기계·설비에 기인한 변동의 부분을 말한다. 위의 식에서 σ^2_{MAC}을 말한다.

σ^2_{P}이 커서 공정능력이 부족한 경우, 공정의 개선을 위해서는, 기계를 개선할 것인가, 기계 이외의 요인을 검토하여 개산할 것인가의 결정은 이 σ^2_{MAC} 과 σ^2_{O}의 비교가 참조된다.

기계능력 조사의 결과는 설비 계획, 보전 계획의 입안에도 유효하게 이용된다.

2.2 정적 공정능력과 동적 공정능력

정적 공정능력이란 문제의 대상물이 갖는 잠재 능력이며, 동적 공정능력이란 현실적인 면에서 실현되는 능력이다.

즉, 정적 공정능력은 설비의 정밀도 검사 결과와 같은 것이며, 동적 공정능력은 시간적 변화는 물론, 원재료의 대체나 작업자의 교체 등에 기인한 변동까지 고려한 공정능력이다. 품질관리상 최종적으로 필요한 것은 동적 공정능력이지만, 정적 공정능력과 동적 공정능력과의 관계가 파악되면 정적 공정능력의 결과로부터 동적 공정능력을 추정할 수가 있게 된다.

2.3 단기 공정능력과 장기 공정능력

공정능력은 반드시 시간적으로 일정한 것은 아니다. 어니 정도의 일정성은

공정을 관리함으로써 얻어지게 되지만 결코 절대적인 것은 아니다.

설비 부분의 자연적 마모, 화학적 열화 등에 의해 공정능력은 변화된다.

단기 공정능력은 임의의 일정 시점에 있어서 공정의 정상적인 상태를 말하며, 장기 공정능력은 정상적인 상태를 말하고, 장기 공정능력은 정상적인 공구 마모의 영향, 재료의 로트간의 미묘한 변동과 유사한 것을 예측할 수 있는 변동을 포함한 것을 말한다.

통계적으로 이야기하면, 단기 능력은 급내 변동을, 장기 능력은 급내 변동과 급간 변동을 합한 것을 말한다.

이러한 공정능력을 활용하는 면에서 고찰하면, 기업의 보전 부문은 단기 능력이 유지되도록 설비 관리를 하고, 제조 부문은 장기 능력이 유지되도록 작업 관리나 공정관리를 함으로써, 장·단기 공정능력의 수량적 크기와 시계열적 변화를 파악하는 것이 필요하게 된다.

이렇게 파악된 공정능력 정보에 의해 두 부문은 각각에 할당된 책임 권한의 범위내에서 적절한 관리 행동을 취할 수가 있다.

3. 공정능력의 조사·평가의 방법

공정능력을 정보로서 활용하기 위해서는 공정능력을 정량화할 필요가 있는 것이다.

(1) 공정능력 조사의 추진 방법

공정능력의 조사 순서는 <도표 10-1>과 같다. 공정능력의 조사 기법은 주로, 히스토그램·관리도·규격값을 이용한 그래프(공정 능력도)가 이용되며, 필요에 따라 다른 통계적 방법이 병용될 수 있다.

(2) 공정능력의 산출 및 평가

공정능력이 규격을 만족하는 바람직한 상태인가는, 히스토그램 관리도·공정 능력도를 보는 것만으로도 판단할 수 있으며, 개선의 대상을 파악하는 것도 가능하다. 공정능력을 평가하고 각 부문이 공정능력이 조사 결과를 유효하게 이용하기 위해서는

① 공정능력을 산출하기 위한 표준,

② 공정능력을 평가하기 위한 표준,

③ 평가 결과를 활용하기 위한 표준

등을 사내 표준으로 규정하여 두는 것이 바람직하다.

공정능력의 산출 방법을 특성값이 계량값인가, 계수값인가에 따라 구분하면 <도표 10-2>와 같이 표시할 수 있다.

공정능력의 평가는 보통 주어진 규격값에 비례하여 수행된다. 계량값에 대해서는 편의적으로 공정능력 지수라고 하는 척도가 이용되며 기호로는 C_P를 이용한다.

<도표 10-3>에서는 공정능력의 평가에 대한 기본적 방법을 표시한 것이다.

공정능력의 정량화의 방법의 하나로 미국 등에서는 공정능력 비라고 부르는 것을 이용하는 예가 있다.

공정능력비 D_P는

$$D_P = \frac{6\sigma_P}{T}$$

이며, 앞에서 설명한 C_P의 역수가 된다.

D_P와 C_P는 역수 관계이기 때문에 평가 척도로서 σ미지일 때 C_P에 비해 취급이 용이하고, 통계적 특성이 파악되기 쉬운 장점이 있다.

<도표 10-4>에서는 공정능력의 등급별 조치사항을 정리한 것이다.

도표 10-1 공정능력의 조사 순서

기 본 순 서	주 의 점

(1) 품질정보(설계정보, 시장정보, 공정 설계정보, 공정 품질정보, 검사정보 등)를 활용하여 중요 공정을 선정한다.
(2) 4M의 현상을 먼저 저사하고, 표준화가 불충분한 것이 발견되면, 개선 · 조치하고 조사에 들어간다.
(3) 공차폭, 측정오차를 고려하고, 적절한 정밀도의 측정기를 선정한다.
(4) 측정방법은 전후공정, 최종공정 등의 관련을 고려하여 가능한 한 구체적으로 제시한다. (예 : 측정위치, 측정개소, 측정기준, 측정회수, 측정시간, 측정온도 등)
(5) 조사중에 나타나는 4M의 변화를 반드시 기록한다.
(6) 곤정능력의 데이터는 4M을 반드시 명시하여 집약한다.
(7) 가능한 한 보고서로 작성하여 관련 부문에 반영시킨다.

도표 10-2 공정능력의 산출 방법

종류	항목	표시 방법	사용하는 데이터
	공정능력	품질의 분포를 수량적으로 표시한다.(평균값의 조절이 용이한 경우가 많으므로 보통 다음과 같이 표기한다.) 산포의 폭 : $6\sigma_P$ 평균의 값 : $\overline{x}_P$	4 M의 변동을 포함한 데이터 1) 히스토그램 2) $\overline{x}$ 관리도의 개개의 값이 히스토그램 (또는 $\overline{R}$로부터의 추정값에서 σ_p를 구한다.) 3) 공정도능력도 → 히스토그램
	기계능력	기계의 기인하는 품질 분포 (평균값의 조절이 용이한 경우가 많으므로 보통 다음과 같이 표기한다.) 산포의 폭 : $6\sigma_m$ 평균의 값 : $\overline{x}_m$	기계이외의 요인 변화를 포함하지 않은 데이터 1) 연속하여 취한 관리도 $\sigma = \frac{\overline{R}}{d_2}$ 2) 공정능력도 → 히스토그램 $\hat{\sigma} = h \times \sqrt{\frac{\Sigma fu^2}{n} - (\frac{\Sigma fu}{n})^2}$ 3) 경향의 변화가 있을 때 $\sigma_m = \frac{\overline{R_S}}{d_2}$ $\overline{R_S}$: 이동 범위의 평균

도표 10-3 공정능력 지수의 산출과 평가

<table>
<tr><th></th><th>계 산 식</th><th>평 가</th></tr>
<tr><td>양쪽 구분</td><td>(1) 분포의 중심과 규격 중심이 일치하는 경우(치우침이 없는 경우)
$C_P = \frac{T}{6\sigma_P}$</td><td rowspan="4">
<table>
<tr><th>C_P값</th><th>판 정</th></tr>
<tr><td>$C_P > 1.67$</td><td>공정능력이 매우 만족</td></tr>
<tr><td>$1.67 \geq C_P > 1.33$</td><td>공정능력이 충분히 만족</td></tr>
<tr><td>$1.33 \geq C_P > 1$</td><td>공정능력은 있으나 관리에 주의 필요</td></tr>
<tr><td>$1 \geq C_P > 0.67$</td><td>공정능력이 불충분</td></tr>
<tr><td>$0.67 \geq C_P$</td><td>공정능력이 매우 불충분</td></tr>
</table>
[비 고]
T : 규격의 폭, 공차 $(S_U - S_L)$
S_U : 규격의 상한
S_L : 규격의 하한
[예 제]
규격값 : 12.3±0.01mm
표준편차 : 0.003mm
$C_P = \frac{0.02}{6 \times 0.003}$
$= \frac{0.02}{0.018}$
$= 1.11$
</td></tr>
<tr><td></td><td>(2) 분포의 중심과 규격 중심이 일치하지 않는 경우(치우침이 있는 경우)
$C_{PK} = (1 - K)\frac{T}{6\sigma_P}$
$K \geqq 1$ 일때 $C_{PK} = 0$
다만,
$K = \frac{\mid 규격의\ 중심값\ - \bar{x} \mid}{(t/2)}$
(C_{PK}값만으로는, $C_{PK} \leqq 1$의 경우에 평균이 치우침이 문제인지 알 수 없으므로 C_P와 병용하는 것이 좋다.)</td></tr>
<tr><td>상측 규격</td><td>$C_P = \frac{S_u - \bar{x}}{3\sigma_P}$</td></tr>
<tr><td>하측 규격</td><td>$C_P = \frac{(\bar{x} - S_L)}{3\sigma_P}$</td></tr>
</table>

도표 10-4 공정능력의 등급별 조치

등급	분포와 규격의 관계	사용하는 데이터
특급	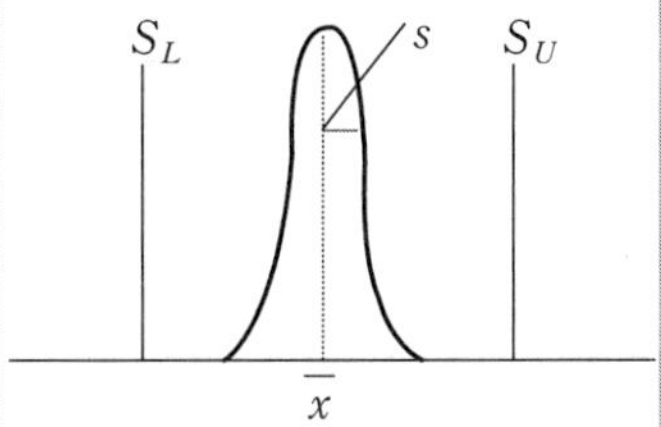	1. 관리의 간소화, 코스트 절감의 방법을 취한다. 2. 더 정도가 높은 부품을 가공토록 한다. 3. 가공시간을 단축하여 생산능력을 향상시킨다.
1	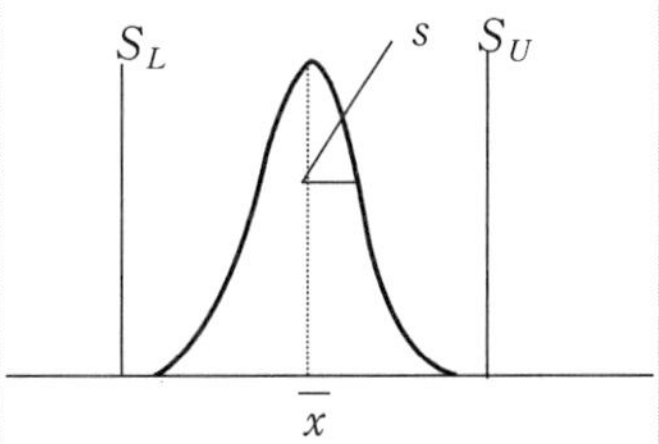	1. 현재의 관리상태를 유지한다.
2	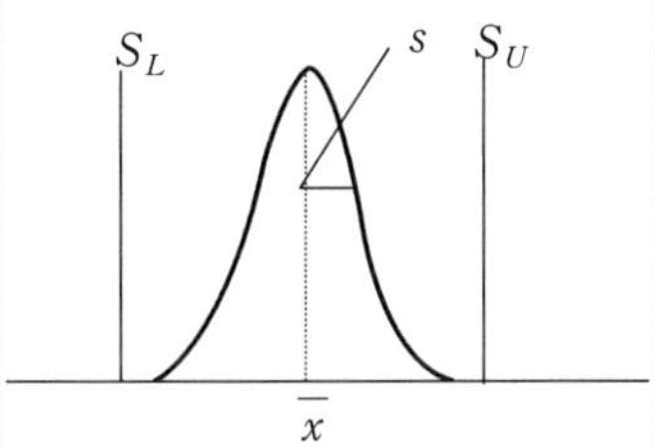	1. 공정관리를 철저히 기하여 불량이 발생하지 않도록 한다. 2. C_p 값이 1에 접근하지 않도록 필요한 조처를 한다.
3	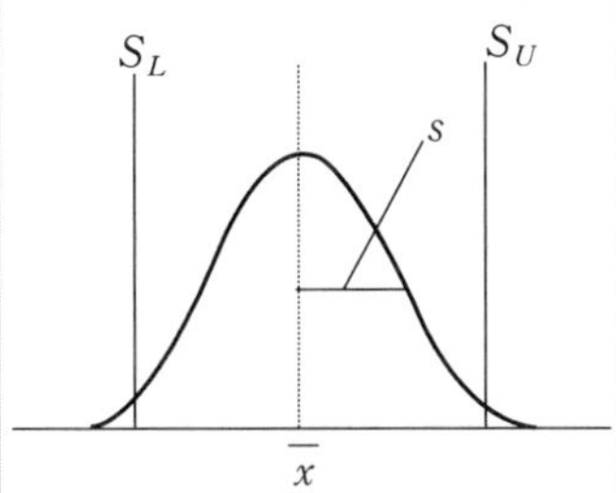	1. 전수선별 한다. 2. 공정개선을 위한 조처를 취한다. 3. 원인제거를 위한 긴급대책을 취한다.
4	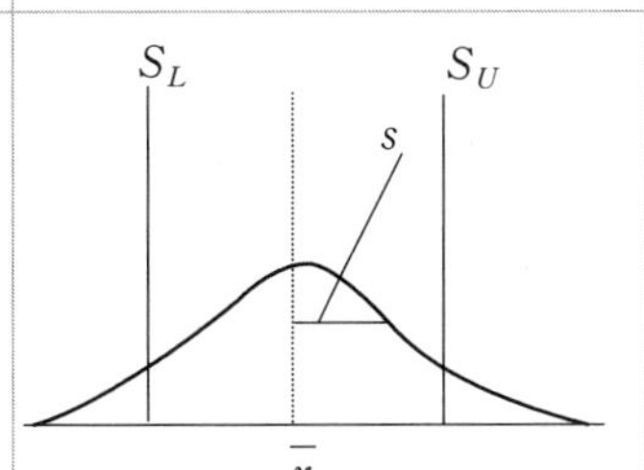	1. 별도의 특별한 관리・가공방법을 고안한다. 2. 현공정의 능력을 향상시키기 위한 투자를 한다. 3. 달리 방법이 없을 때는 규격을 재검토, 조정한다. 4. 적정한 능력을 보유한 공정을 옮겨서 작업한다.

연습문제

1. 공정능력이란 무엇인가?

2. 다음 용어를 간단히 설명하시오.

   ㉮ 정적 공정능력　　　　㉯ 동적 공정능력

   ㉰ 단기 공정능력　　　　㉱ 장기 공정능력

3. 공정능력의 조사순서에 대하여 기술하시오.

4. 공정능력지수 산출 방법에 대하여 기술하시오.

5. 어떤 제품의 축의 안지름을 품질특성으로 하여 n=5, k=20의 데이터를 취해 $\bar{x}-R$ 관리도를 작성한 결과 다음 값을 얻었다. $\bar{\bar{x}}$ = 6.4297, $\bar{R}$ = 0.0273, 그리고 $\bar{x}$ 및 R관리도는 관리상태에 있음을 알았다. 또, 이 제품의 규격은 6.400~6.470㎜, n = 5일 때, d_2는 2.326이다. 공정능력 지수 C_{Pk}를 구하여라.

6. 공정능력의 개념을 규정하는데 필요한 기본조건은 다음 중 어느 것인가?

   ㉮ 공정능력은 해석에 대한 것이다.

   ㉯ 공정능력은 과거에 만들어진 결과를 평가할 수는 있다.

   ㉰ 공정능력은 요인의 상태에 대한 결과측으로부터의 규정은 공정이 놓인 조건에 따라 달라지지 않는다.

   ㉱ 공정능력은 특정조건 하에서의 도달 가능한 한계 상태를 표시하는 정보라야 한다.

7. 어떤 콘크리트 제품의 사내강도 규격이 90±8 이다. 최근 공정관리의 결과는 $\bar{x}$ = 88.0, 표준편차는 2.45이다. 공정능력지수 C_{PK}값을 계산하여라.

   ㉮ 0.82　　　㉯ 1.09　　　㉰ 1.22　　　㉱ 0.92

8. 공정능력, 공정능력지수, 공정능력비를 비교 설명하시오.

Chapter 11

규격과 공차

1. 규격

규격이란 '표준(standard) 중 주로 물건에 직접 또는 간접으로 관계되는 기술적인 사항에 관한 규정되는 기준'을 뜻한다. 규격은 제조 및 사용 양쪽의 타협에 의해 허용되는 '흩어짐'의 한도(규격 한계)를 정하여 규정되어야 한다.

품질관리의 주 업무는 다음과 같다.

①은 설계의 품질에 관한 것이며 ②는 적합 품질에 관한 일이다. 따라서 규격을 설정하는 일은 품질관리에 있어 가장 핵심적인 업무라고 할 수 있다.

품질특성의 관리는 대체로 '변동의 관리'가 문제이며, 따라서 규격의 요소 중에서도 공차에 관심을 기울여야 함은 두 말할 나위가 없다.

그러나 너무 넓지도 좁지도 않은 공차를 지정한다는 것은 매우 어려운 일이며, 공차가 필요 이상으로 크거나 작거나 하면 비경제적으로 운영될 가능이 매우 크다.

따라서 적절한 공차의 설정을 위해서는 무엇보다 조직적인 검사를 통해 각종의 생산에 관한 원인계의 정보를 알고 있어야 한다.

제품의 설계시에 기술자가 책임을 져야 할 사항은 제품의 기능·내구성·형상 및 원가로 요약될 수 있으므로 공차의 설정에 관하여 영향을 미칠 수 있는 물리적 요인, 계측의 영향, 공차의 경제성을 고려하여 결정하여야 한다.

상식적인 말이나 제품의 품질은 그것을 구성하는 품질 특성의 정밀도와 밀접한 관계를 가지고 있기 때문에 일반적으로 품질의 정밀도를 높임으로써 품질은 향상되지만 제조 원가의 증가는 불가피하다. 때문에 품질과 원가와의 균형 있는 설계가 요청되는 것이다.

① 제품에 대한 규격을 설정하는 일
② 설정된 규격에 실제의 품질을 접합시키는 일

제품의 품질에 요구되는 규격값은 사내 표준의 제품 규격이나 한국 산업 규격, 또는 시방서 등에 의해 정해지는 것이 대부분이다.

이 때 규격값은 규격의 중심과 품질 특성에 관하여 허용될 한계를 규정하는 공차를 지정하여 나타낸다.

규격에는, 규격의 중심이 되며 요구하는 품질 특성의 기준이 되는 치수를 일반적으로 호칭치수 또는 공칭치수(nominal size)라 하고, 기준이 되는 치수로부터 흩어짐에 의하여 규정된 품질 특성 총허용 변동을 공차(tolerance)라 하며, 규격은 이 두 가지에 의해 이루어진다.

2. 허용차와 공차

사내 표준의 규정을 위한 흩어짐을 수치로 표시하는 범위에는 허용차와 공차가 있다.

허용차란 규정된 기준값과 규정된 한계와의 차, 또는 분석 시험 등에서 데이터의 산포가 허용될 한계로서, 예를 들면 범위·잔차 등의 허용될 한계를 말한다.

공차란 규정된 최대값과 최소값의 차로서, 예를 들면 끼워 맞춤 방식에 최대 치수와 최소 치수와의 차를 말한다. 공차와 허용차의 관계는 <도표 11-1>과 같다.

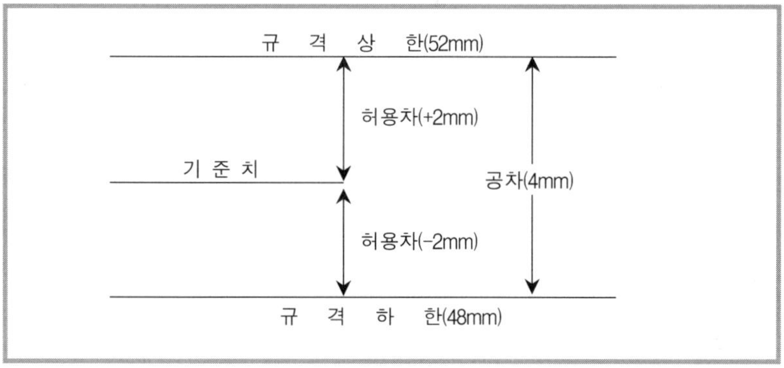

도표 11-1
공차와 허용차

3. 치수공차와 끼워 맞춤

치수공차란 최대 허용치수와 최소 허용치수와의 차, 즉 위 치수허용차와 아래 치수허용차와의 차를 말한다.

다시 말해 어느 치수에 허용되는 치수의 흩어짐의 범위를 나타낸다. 그러므로 치수공차의 크기는 그 치수의 정밀함을 나타내는 척도로서 끼워 맞춤 방식의 결정에 중요한 요소가 된다.

끼워맞춤(fit)이란 두 개의 기계 부품이 서로 끼워 맞추기 전의 치수의 차에 의해서 생기는 관계로서 틈새(clearance)와 죔새(interference)의 크기에 따라 세 가지의 끼워 맞춤 방식이 있다.

틈새란 <도표 11-2>와 같이 구멍의 치수가 축의 치수보다 클 때의 치수의 차를 의미하며, 죔새란 <도표 11-3>과 같이 구멍의 치수가 축의 치수보다 작을 때의 치수의 차를 의미한다.

최대 틈새는 <도표 11-4>의 부품 E의 구멍의 최대 한계에서 부품 A의 직경의 최소 한계를 뺀 값이며, 최소 틈새는 E의 최소 한계에서 A의 최대 한계를 뺀 값이다. 틈새는 실제의 틈새는 실제의 틈새의 조건 여하에 따라 양의 값이 되기도 하고 음의 값이 되기도 한다.

도표 11-2 틈새

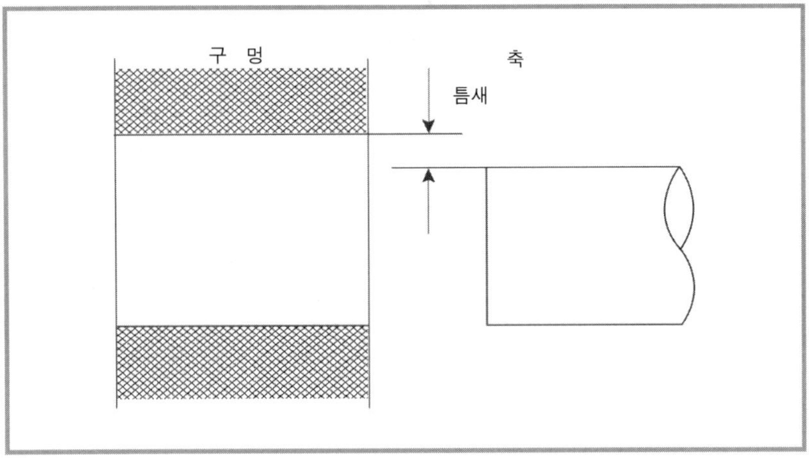

도표 11-3 죔새

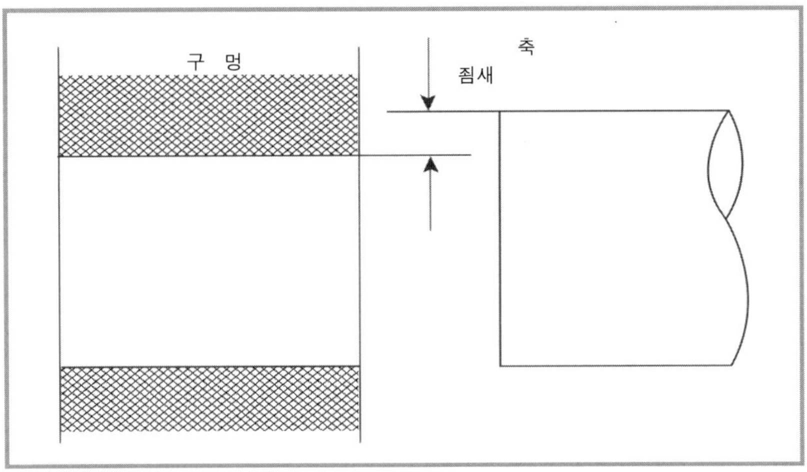

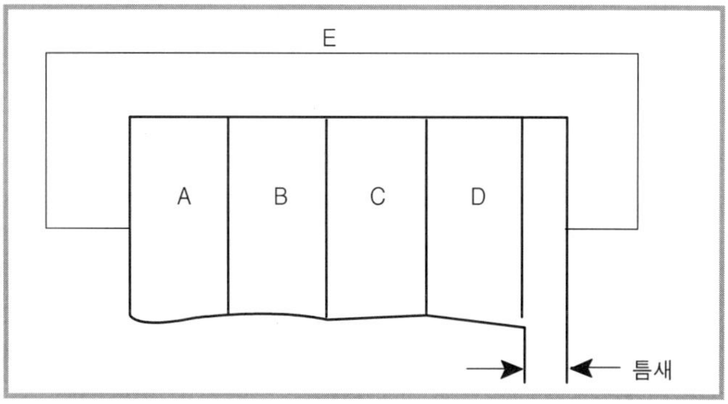

도표 11-4

끼워 맞춤에는 다음과 같은 세 가지 방식이 있다.

① 헐거운 끼워맞춤(〈도표 11-5〉 참조)

항상 틈새가 생기는 끼워 맞춤으로, 축의 허용 구역은 구멍의 허용 구역보다 밑에 있다.

② 중간끼워 맞춤

각각의 허용 한계 치수 안에 다듬질한 구멍과 축을 끼워 맞추었을 때, 그 치수에 따라 틈새가 생기는 것도 있고, 죔새가 생기는 것도 있는 끼워 맞춤으로, 축의 허용 구역은 구멍의 허용 구역에 겹치게 된다.

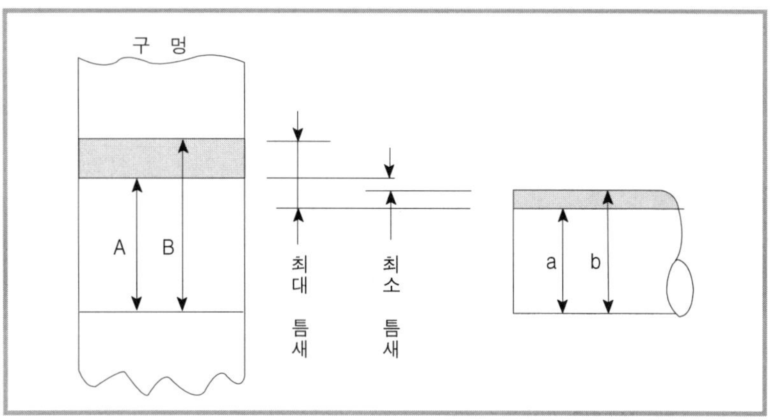

도표 11-5
헐거운 끼워 맞춤

도표 11-6 억지 끼워 맞춤

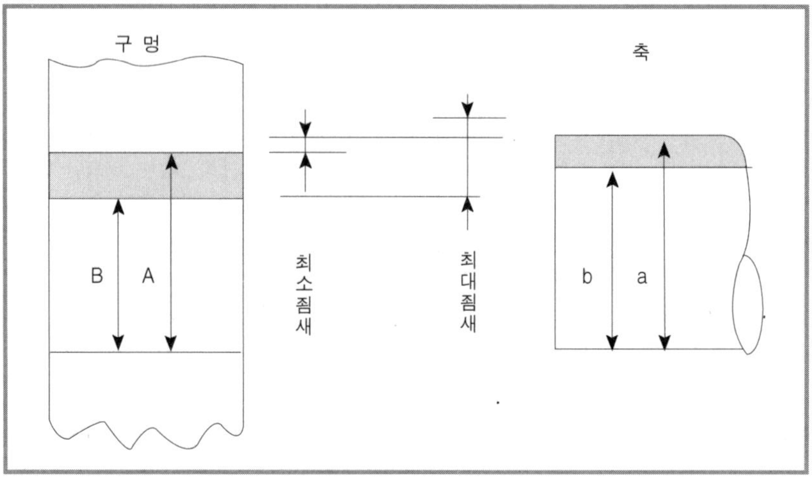

③ 억지 끼워 맞춤(〈도표 11-6〉 참조)

항상 죔새가 생기는 끼워 맞춤으로 축의 허용 구역보다 위해 있다.

예를 들어 구멍과 축의 치수가 다음과 같이 주어졌을 때 최대 및 최소 틈새는 다음과 같이 계산된다.

(단위 : inch)

	구 멍	축
최대 허용 치수	A = 0.5010	a = .05010
최소 허용 치수	B = 0.5000	b = 0.5006

공칭 치수 : $\frac{1}{2}in$

공　　차 : 축, 0.004 : 구멍, 0.001

최대 틈새 = A — b = +0.0004

최소 틈새 = B — a = -0.0010

평균 틈새 = (최대 틈새 + 최소 틈새) / 2

= (0.0004 — 0.0010)/2 = -0.0003

이 경우의 끼워 맞춤 형태가 중간 끼워 맞춤이다.

4. 규격과 제조 공정

규격은 설계 기술자 또는 제조 기술자에 의해서 개개의 제품과 제품의 분포에 의해서 정해진다. 대부분의 이들 규격은 다음과 같은 두 가지 형을 취하게 된다.

첫째, 규격은 개개의 제품에 적용되는 한계 또는 품질 특성의 요구를 규정한 것이다. 이를테면 부품의 길이가 12.5±0.02㎜일 때 제조 공정에서 제조된 개개의 제품이 규격 한계 내에 있을 때는 물론, 모든 제품의 한계 상에 있어도 그 제품은 규격에 맞는 것으로 한다.

둘째, 규격은 제품의 집단 분포에 대해 규정한다. 이를테면 전자 제품의 허용 전압은 전체의 평균값은 0.5mV 보다 높아서는 안되며, 제품의 각 단위가 ±0.02mV를 넘지 않게 산포를 가질 경우의 규격에 해당된다.

이와 같은 요구를 $\bar{x}$ - R관리도로 규정할 때도 있다. 이 경우는 품질관리를 실시하는데 있어서 많은 이점이 있다.

셋째, 규격은 때로는 어떤 제품에 대하여 허용되어지는 요구를 규정한다. 대부분의 제품이 그 요구에 합치되어야 하지만 일정 비율의 제품은 그 요구를 넘어도 좋다고 규정할 경우, 이를테면, 샘플링 검사에 있어서 합격 품질 수준(AQL)이 여기에 속한다.

① 개개의 제품에 적용되는 한계 또는 요구를 규격으로 하는 경우

부품의 길이는 0.5±0.1㎜라야 하며, 홈의 폭은 0.6㎜를 넘어서는 안된다.

② 제품의 분포에 대해 규정한 경우

제품 전체의 평균값은 0.5mV보다 높아서는 안 되며 제품의 각 단위는

±0.03mV를 넘지 않는 산포를 가지며 항상 이 평균값의 주위에 분포하지 않으면 안된다.

③ 어떤 요구를 규정한 경우

품질관리를 하는 데에는 ②의 규격을 활용하는 것이 경제적으로나 품질보증면에서 유리한 점이 많다. 규격과 공차의 관계를 나타내기 위하여 $\bar{x}$ - R 관리도를 활용하여 제조 공정과 규격을 비교한다. 제조 공정이 관리도에서 안정 상태에 있어도 규격과 비교하여 맞지 않으면 부적합품이 발생한다. 그러므로 관리도가 안정 상태를 나타내어도 이것이 히스토그램, 또는 공정능력도로 나타내어 규격과 비교하여 제조 공정 규격 한계 내에서 안정되도록 하여야 한다.

(1) 공정의 산포가 규격 한계를 충분히 만족할 경우

<도표 11-7> 에서와 같이 공정의 중심이 규격의 중심과 거의 일치하고 규격 한계($S_{U,}$ S_L)로부터 공정 산포 사이에 여유가 있을 때는 현행 제조 공정의 관리를 계속한다든가, 변형된 관리 한계선을 적용하는 등의 체크 검사를 실시하여 검사를 줄인다.

도표 11-7
공정의 산포가 규격 한계를 만족할 경우

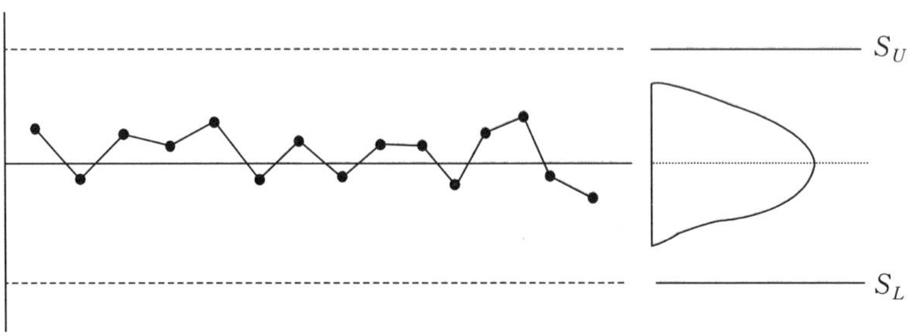

(2) 공정의 산포가 규격 한계와 같을 경우

<도표 11-8>에서와 같이 규격의 한계 (S_U, S_L)와 공정의 산포가 같을 경우, 공정의 변화를 항상 주의 깊게 체크하고 공정의 산포를 줄이던가 또는 규격의 폭을 넓힐 수 있는 가능성을 검토하여야 한다. 이 경우 분포가 커졌을 때는 전수 선별을 하여야 한다.

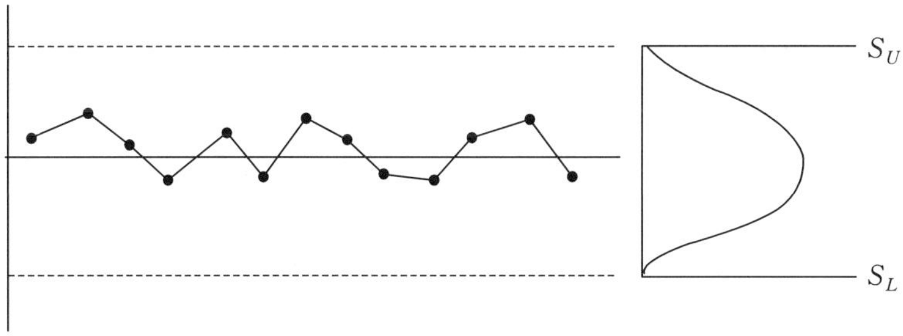

도표 11-8
공차와 산포가 규격 한계와 같을 경우

(3) 공정의 산포는 규격 한계보다 작고 규격을 벗어났을 경우

<도표 11-9>에서와 같이 공정의 산포 자체는 안정 상태로서 산포의 폭은 규격 한계의 폭을 충분히 만족시키나 공정의 중심이 규격의 중심을 벗어난 경우이다.

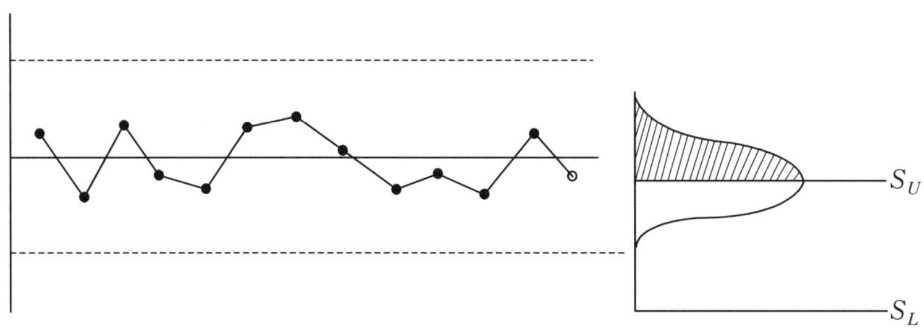

도표 11-9
공정의 산포가 규격 한계보다 작고 규격을 벗어났을 경우

이 때는 공정과 규격이 일치하도록 공정의 대폭적인 관리를 하거나 현재의 규격을 제품에 불리한 영향을 주지 않도록 변경한다. 이 때 규격 한계를 만족시킬 때까지는 전수 선별하고 관리를 계속한다.

(4) 공정의 산포가 규격 한계보다 클 경우

<도표 11-10>에서와 같이 공정의 산포가 규격 한계 양쪽을 모두 벗어났을 때는 규격 한계를 넓히든가 공정의 산포를 감소시키는 방법을 택하여야 한다. 이 때 이상적인 관리의 상태가 될 때까지는 전수 선별하고 경제적인 측면에서 공정의 개선 및 관리를 도모한다. 공정의 산포와 규격 한계에 모순이 있을 때의 해결 방법으로는 ① 공정의 변경, ② 규격의 변경, ③ 한계밖으로 나가는 제품의 선별하여 손질을 한다.

도표 11-10 공정의 산포가 규격 한계보다 클 경우

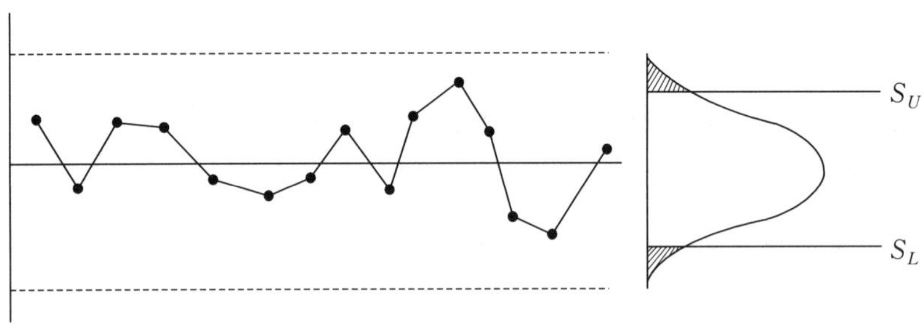

5. 공차의 설정법

두 개 이상의 부품이 조립되는 공정에서 조립품의 공차는 각 부품 공차의 단순한 합으로서 이루어지지 않고 통계적 방법에 의하여 공차가 설정된다.

공차 설정의 통계적 방법으로 분포의 가성성이 성립되는 바, 부품의 어떤 치수는 서로 가성되지만 어떤 치수는 빼도록 조립될 때, 조립품의 치수의 평균값은 부품의 치수의 평균값의 대수합이다.

한편 부품이 랜덤(random)하게 조립될 때 조립품의 표준편차는 분산의 가성성 법칙에 따른다. 결국 조립품의 공차와 각 부품이 치수공차 사이에는 다음과 같은 관계가 있다.

5.1 분포의 가성성의 이론

분포의 가성성에 관한 가장 중요한 통계적 법칙은 다음과 같다.

평균값의 법칙

부품 하나의 치수가 다른 부품에 조립되어질 때 조립품의 치수의 평균 값은 부품의 치수의 평균값의 합과 같다.

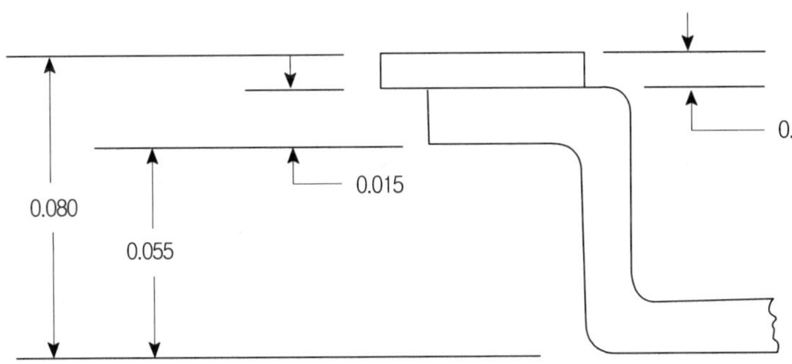

도표 11-11 평균값의 합

예를 들어,

$\bar{x}_A$= 부품 a의 치수의 평균값

$\bar{x}_B$= 부품 b의 치수의 평균값

$\bar{x}_C$= 부품 c의 치수의 평균값

라고 하면, 조립품의 치수의 평균값은 다음과 같이 된다.(<도표 11-11> 참조).

$$\overline{X} = \bar{x}_A + \bar{x}_B + \bar{x}_C$$

차의 법칙

부품 하나의 치수가 다른 부품의 치수로부터 빼도록 조립되어질 때 조립품의 치수의 평균값은 부품의 치수의 평균값의 차가 된다.

예를 들어,

$\bar{x}_D$ = 부품 d의 치수의 평균값

$\bar{x}_E$ = 부품 e의 치수의 평균값

라고 하면, 조립품의 치수의 평균값은 다음과 같이 된다(<도표 11-12> 참조).

$$\overline{X} = \bar{x}_D - \bar{x}_E, \text{ 또는 } \bar{x}_E - \bar{x}_D$$

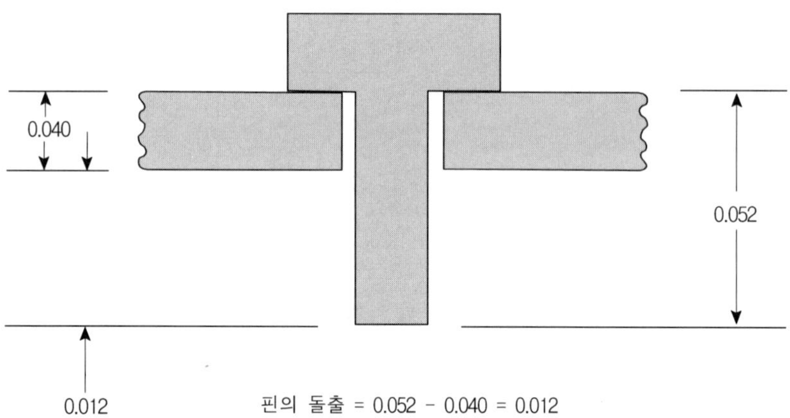

도표 11-12
평균값의 차

합과 차의 법칙

부품의 어떤 치수는 서로 더해지지만 어떤 치수는 빼도록 조립될 때는 조립품의 치수의 평균값은 부품 치수의 평균값의 대수 합이다.

그러므로 조립품의 치수의 평균값 $\overline{X}$는 다음과 같은 형태로 된다(+,−는 임의의 부호임).

$$\overline{X} = \bar{x}_A + \bar{x}_B + \bar{x}_C - \bar{x}_D + \bar{x}_E$$

표준편차 또는 분산의 가성성의 법칙

부품의 랜덤으로 조립될 때 조립품의 표준편차는 부품의 표준편차의 값을 각각 제곱하여 분산으로 나타낸 값을 합한 값의 제곱근을 취하면 이것이 조립품의 표준편차가 된다.

예를 들어,

σ_A = 부품 A의 표준편차

σ_B = 부품 B의 표준편차라고 하면,

조립품의 표준편차는 다음과 같이 된다.

$$\sqrt{\sigma_A^2 + \sigma_B^2}$$

공차의 가성성의 법칙

부품의 표준편차는 얼마인지 미리 알지 못하나 부품의 공차가 정규 분포를 하고 있다는 가정 하에서 앞에서 말한 분포의 가성성 이론에서 표준편차 대신에 규격의 공차를 이용하여 조립품의 공차의 한계를 설정할 수 있다. (<도표 11-13> 참조).

도표 11-13 겹침 공차의 틀린 사용법

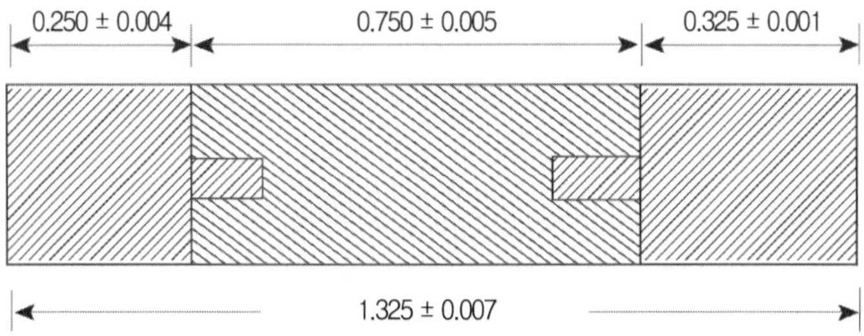

- 옳지 않은 방법 : 개개의 부품의 공차의 합계 = ±0.010
- 옳은 방법 : 조립 부품의 공차 = $\pm\sqrt{(0.004)^2 + (0.005)^2 + (0.001)^2}$ = ±0.0065

이 계산은 다음과 같이 한다.

조립품의 평균값은 공칭 치수 A+공칭 치수 B+공칭 치수 C이어야 함으로

$$0.0250 + 0.750 + 0.325 = 1.325$$

가 되며, 조립품의 공차는 $\pm\sqrt{(\text{공차 } A)^2+(\text{공차 } B)^2+(\text{공차 } C)^2}$ 에서

$\pm\sqrt{(0.004)^2 + (0.005)^2 + (0.001)^2} = \pm 0.0065$ 가 된다.

5.2 틈새와 끼워 맞춤의 공차

공차의 통계적 가성성은 틈새가 끼워 맞춤을 취급할 때에도 유효하게 적용된다. 틈새와 끼워 맞춤은 앞에 논한 바와 같이 동일한, 또는 상이한 공차를 갖는 둘, 또는 그 이상의 부품에 대하여 기대되는 조합의 조건이므로 여러 가지 조립 부품의 기능적인 설계에 의해 합리적인 적합이 되어진다.

연 습 문 제

1. 다음 용어를 간단히 설명하시오.

   ① 규격　　② 표준　　③ 시방
   ④ 허용차　　⑤ 공차　　⑥ 틈새(최대 틈새, 최소 틈새, 평균 틈새)
   ⑦ 죔새

2. 끼워 맞춤에 대하여 기술하시오.

3. 공차의 설정법에 대하여 기술하시오.

4. A_1 , A_2 , A_3 의 조립 부품의 규격을 구하라.

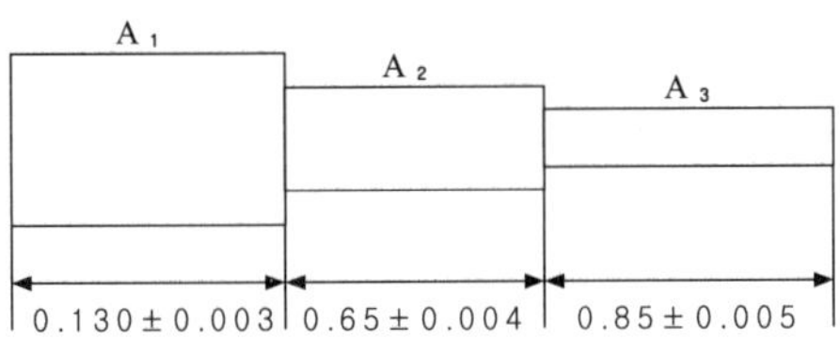

위의 그림에서 (1) 개개의 부품의 공차 합계
(2) 조립부품의 공차
(3) 조립품의 평균차를 구하라.

5. 그림과 같은 도면에서 ① 개개의 부품의 공차합계, ② 조립부품의 공차, ③ 조립품의 평균치를 구하여라.

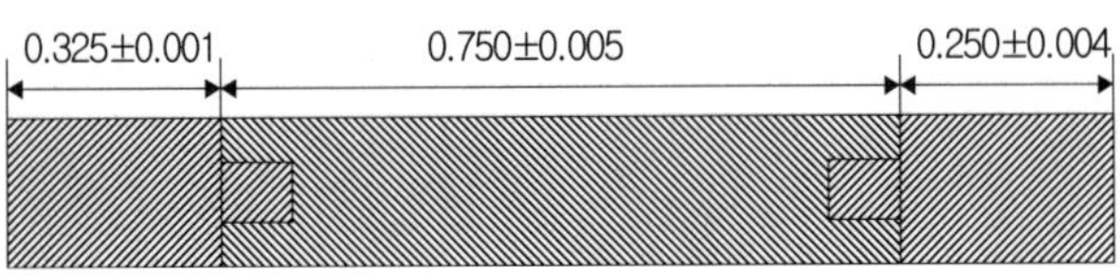

(단위 : inch)

	구멍	축
최대 허용치수	A = 0.5010	a = 0.5010
최소 허용치수	B = 0.5000	b = 0.5006

6. 구멍과 축의 치수가 다음과 같이 주어졌을 때 최대 및 최소의 틈새는 다음과 같다.

① 공채지수　② 공차　③ 최대틈새　④ 최소틈,

⑤ 평균틈새 등을 구하여라. 단, 이 경우는 중간 끼워맞춤의 형태이다.

7. '표준 중 주로 물건에 직접 또는 간접으로 관계되는 기술적 사항에 관하여 규정된 기준은'은 다음 중 어느 것에 해당되는 정의인가?

㉮ 시방　㉯ 공차

㉰ 허용차　㉱ 규격

8. 치수공차 또는 공차의 설명에 가장 적합한 것은 다음 중 어느 것인가?

㉮ 최대 허용치수 - 최소 허용치수　㉯ 최대 허용치수 - 기준치수

㉰ 기준치수 - 최소 허용치수　㉱ UCL - LCL

9. 다음 그림에서 공차는 얼마인가?

㉮ 2㎜

㉯ 4㎜

㉰ 0㎜

㉱ -2㎜

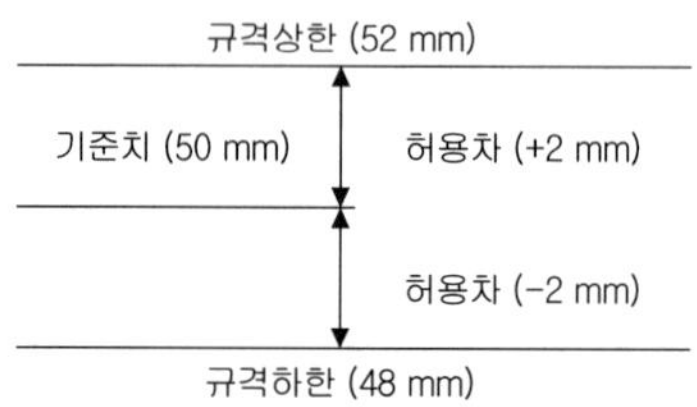

10. 끼워 맞춤에는 세 가지 형태가 있다. 다음 중 이 세가지 형태에 속하지 않는 것은?

㉮ 중간 끼워 맞춤　㉯ 헐거운 끼워 맞춤

㉰ 억지 끼워 맞춤　㉱ 틈새 끼워 맞춤

11. 다음 그림과 같은 2개의 부품(hole과 shaft)이 있다. hole에다 shaft를 끼워맞출 때 최대 틈새의 값은 얼마인가?

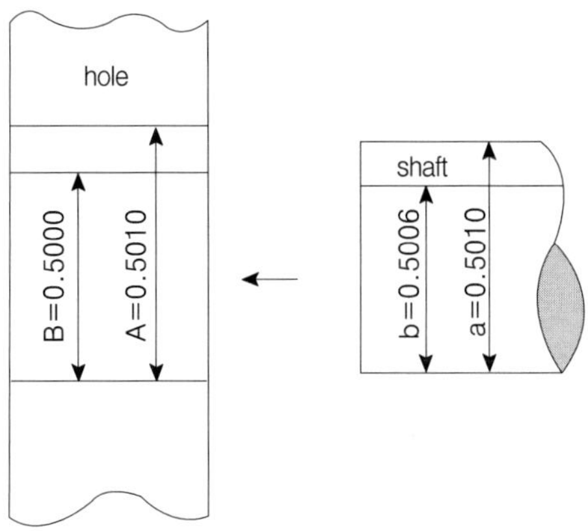

㉮ -0.001 ㉯ -0.0003
㉰ 0.0004 ㉱ 0.0006

12. A부품의 규격이 2.5±0.03, B부품의 규격이 4.5±0.04, C부품의 규격이 6.5±0.05인 세 가지 부품을 조립할 경우, 이 조립부품의 겹침 공차는 얼마인가?

㉮ 0.062 ㉯ 0.071
㉰ 0.082 ㉱ 0.091

Chapter 12

계측기 관리

1. 계측기 관리의 기본적인 사고

품질관리의 기본인 계측기에 대하여는 기업 나름대로 계측기 관리 규정 등을 정비하여 올바른 계측이 가능하도록 노력하고 있다.

이러한 의미에서 계측이란 용어의 정의는 '재려고 하는 양이 같은 종류의 기준량에 비해 몇 배나 되는가, 또는 몇 분의 몇인가 하는 것을 수치로 나타내는 일이다'라고 정의 할 수 있다.

계측의 동의어로는 '계량 · 측정'이라는 말이 사용되고 있는데, 이들도 양을 수치화 하는 의미로 사용되고 있으므로 본장에서는 구분해서 생각하지 않는다.

1.1 계측기 필요성

제품의 생산, 판매, 유통 등이 기업 활동에 있어 계측이 없는 활동이란 하나도 없다고 해도 과언이 아니다.

따라서 다음과 같은 필요성을 들 수 있다.

① 계측은 올바르게 판정하지 않으면 좋은 것을 나쁘게 판정하거나 나쁜 것을 좋은 것으로 판정하게 된다. 무슨 일이 있어도 계측을 올바르게 해야 할 필요가 여기에 있다.

② 거래 · 계약 등에서도 기본적으로 계측 없이는 성립할 수 없다.

③ 이와 같은 계측을 올바르게 함으로서 기업 활동의 원활을 꾀할 수 있다.

1.2 계측관리

가장 경제적인 생산을 위해 생산 공정에서 품질 특성을 계측화하여 이 계측에 적합한 계측기를 선정하고, 이들 계측기를 정비하여 그 정밀도를 유지하는 한편, 그 계측법의 개정과 적정 실시에 필요한 조치를 취하는 것이라고 정의할 수 있다.

1.3 계측 관리의 필요성

앞으로의 기업은 국내 · 국외의 치열한 경쟁 속에서 이기기 위해 생산 설비의 자동화 · 기계화를 급속히 진전시킬 수 밖에 없다. 따라서 이들 기계나 자동기를 보전 · 수리하기 위해 계측 업무에 종사하는 전문 인원은 늘어나게 된다. 이것은 육감이나 요령에 의존하는 관리에서 계측기를 이용하는 계측 관리로 발전하는 것을 뜻한다.

현재 품질관리는 생산 활동에 없어서는 안 되는 중요한 기능이며 효과적인 경영 수단이다. 따라서 품질관리가 품질 특성을 계측하여 그 계측 결과에 따라서 통계적 기법, 또는 기타 관리 기법을 사용하여 품질의 유지 · 향상을 꾀하는 수단인 이상, 품질관리의 올바른 계측 관리를 바탕으로 할 때, 비로소 효과적인 관리 기능이라고 하겠다.

1.4 계측기 관리는 품질관리를 실시하기 위한 필요조건

품질 특성 이상값인 제품의 부적합품 원인을 해석하는 경우에도 계측기는 필요하다. 또 계측이 잘못되었기 때문에 부적합품이 발생할 수도 있다.

품질관리에서 이상값이 나온 경우에는 조치 사항으로서 우선 계측기의 오차나 계측 방법의 적부를 확인한 후에 그 이상 원인을 탐구하는 것이 중요하다.

1.5 계측기 관리 체계의 정비

계측기 관리 체계의 정비의 목적은 그 추진을 통하여 다음과 같은 개선 효과를 꾀할 수 있다.

① 제품의 품질, 안전성의 유지 향상
② 검사, 계측 작업의 합리화
③ 관리 업무의 효율화
④ 공업 표준 규격 · 해외 안전 규격 · 품질인증 등에 대한 관리 체제의 충실
⑤ 계측 관리에 대한 종업원의 이해, 관심의 고취
⑥ 법률(계량법 등)에서의 체제 강화

그 관리 체계의 정비 내용으로는 다음과 같은 항목들이 있다.

① 방침 · 계획의 명확한 전개
② 조직의 명확화와 그 운영
③ 계측 · 계량 기술자의 육성
④ 계측 표준서의 정비
⑤ 계측 · 계량기의 등록 관리 체제의 정비
⑥ 계측 · 계량 관리실과 교정 검사 체제의 정비
⑦ 계측 · 계량기의 취급 및 일상 관리의 지도
⑧ 협력 회사의 계측 · 계량 관리 지원
⑨ 계측 · 계량의 개선 활동 추진
⑩ 계몽 보급과 감사 · 평가

2. 계측기의 종류

계측기의 종류는 정밀 정확도 등급에 따라 다음과 같이 6가지로 구분할 수 있다.

(1) 국가 표준

계측 계량 분야별 기본 단위·유도 단위 및 기타 특수 단위에 대하여 최고 정도를 갖고 있는 국가의 현시용 및 유지용 표준 기기를 말하며 정밀 정확도 1등급 및 2등급 표준기기

(2) 교정용 기준기

교정 검사 기관 및 산업체가 유지해야 할 4등급 표준 기기를 말하며, 공장요 기준기 및 정밀 계측 기기의 교정·검증에 사용된다.

(3) 공장용 기준기

정밀 계측기급 이하의 교정·검증에 사용되는 5등급의 기기

(4) 정밀 계측기

산업체 및 시험 검사 기관에서 정밀 측정 및 시험 검사에사용하는 6등급의 기기

(5) 일반 계측기

산업체 및 시험 검사 기관에서 사용하는 일반 계측용으로 사용하는 정밀 계측기 보다 정보가 낮은 7등급의 계측기

(6) 하급 계측기

일반 계측 기기보다 정도가 낮은 8등급의 기기

3. 계측기의 특성

(1) 감도

측정기의 민감함 정도를 표시하는 것으로, 측정하고자 하는 양의 변화에 대한 측정기 눈금 표시량의 변화에 따라 달라진다.

일반적인 측정기의 감도(E)는 측정량의 변화(ΔM)에 대한 지시량의 변화(ΔA)의 비로 나타낸다.

즉,

$$E = \frac{\Delta A}{\Delta M}$$

로 표시되며, 길이 측정기에서 배율(V)은

$$V = \frac{L}{S}$$

와 같다(L은 눈금 간격, S는 최소 눈금)

도표 12-1 정확도와 정밀도의 비교

	정 확 도	정 밀 도
뜻	한쪽으로 치우침이 작은 정도	흩어짐이 작은 정도
양적인 표시법	모평균 - 참값	모표준 편차
원 인	계통적 오차	우연 오차

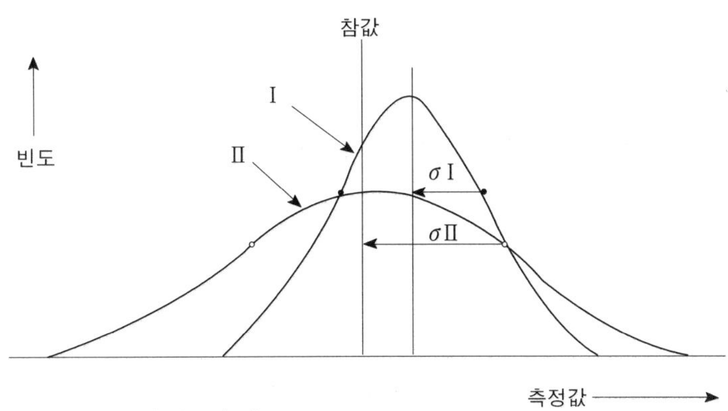

• 정확도 : Ⅱ의 경우가 양호
• 정밀도 : Ⅰ의 경우가 양호

(2) 정확도와 정밀도 개념

계통적 오차의 작은 정도, 즉 참값에 대한 '한 쪽으로의 치우침'의 작은 정도를 정확도(accuracy)라 한다. 그리고 유연오차, 즉 측정값의 '흩어짐의 작은 정도'를 정밀도(precision)라 한다. 그 비교는 <도표 12-1>과 같다.

(3) 지시 범위와 측정 범위

지시 범위는 계측기의 눈금상에서 읽을 수 있는 측정량의 범위를 말하며, 측정 범위는 최소 눈금값과 최대 눈금값에 의거하여 표시된 측정량의 범위를 말한다.

(4) 되돌림 오차

동일 측정량에 대하여 다른 방향으로부터 접근할 경우에 지시의 측정값의 차를 되돌림 오차라고 한다.

4. 측정 오차

4.1 오차

측정할 때 피측정물은 어느 결정된 값을 가지고 있는데, 이 값을 참값이라고 한다. 이 때 측정값과 참값의 차를 오차라고 하며 다음과 같이 나타낸다.

① 오　　차 = 측정값 − 참값

② 오 차 율 = $\frac{\text{오차}}{\text{참값}}$

③ 오차 백분율 = 오차율 × 100

4.2 오차가 생기는 원인

오차가 발생하는 원인으로는 다음과 같은 것을 들 수 있다.

① 측정기 자체에 의한 것(기기 오차)

② 측정하는 사람에 의한 것(개인 오차)

③ 외부적인 영향에 의한 것

㉮ 되돌림 오차 ㉯ 접촉 오차

㉰ 시차(視差) ㉱ 온도

㉲ 측정력이 적당하지 않은 경우 ㉳ 긴 물체의 힘에 의한 오차

㉴ 진동에 의한 경우 ㉵ 측정기를 잘못 선택한 경우

4.3 측정 오차의 종류

(1) 개인 오차

측정하는 사람에 따라 생기는 오차로 숙련에 따라 줄일 수 있다.

(2) 계통 오차

동일 측정 조건하에서 같은 크기와 부호를 갖는 오차로서 보정하여 측정값을 수정할 수 있다. 이와 같이 측정기의 보정을 구하는 것은 교정이라 한다. 측정기를 미리 검사함으로서 수정할 수 있다.

(3) 우연 오차

측정기, 측정물 및 환경 등의 원인을 파악할 수 없어 측정자가 보정할 수 없는 오차이다.

4.4 측정방법

(1) 직접 측정

일정한 길이나 각도가 표시되어 있는 측정기를 사용하여 측정하고자 하는

부품에 직접 접촉시켜 눈금을 보는 법.

<예> 버니어 켈리퍼스, 마이크로미터

(2) 비교 측정

기준 치수로 되어 있는 표준 편차 제품을 측정기로 비교하여 지침이 지시하는 눈금의 차를 읽는 방법.

<예> 다이얼 게이지, 전기 마이크로미터, 공기 마이크로미터

(3) 간접 측정

나사 기어 등과 같이 형태가 복잡한 것에 이용되며 기하학적으로 측정값을 구하는 방법이다.

<예> 사인 바(sine-bar)에 의한, 각도 측정 블록 게이지에 의한 데이터의 측정

4.5 측정 단위

(1) 계량의 기본단위

① 길이의 계량 단위는 미터(m)로 한다.

② 질량의 계량 단위는 킬로그램(kg)으로 한다.

③ 시간의 계량 단위는 초(s)로 한다.

④ 온도의 계량 단위는 켈빈(T)로도 한다.

⑤ 광도의 계량 단위는 칸델라(I)로 한다.

⑥ 전류의 계량 단위는 암페어(A)로 한다.

⑦ 기본 단위의 현시 방법은 대통령이 정하는 바에 따른다.

(2) 벌 칙

① 계량기를 변조한 자

② 계량을 기만할 목적으로 부정하게 계량기를 사용하는 경우

③ 검정 승인의 표시가 없는 계량기를 사용한 자

④ 유효 기간이 지난 계량기를 사용한 자
⑤ 법정 계량 단위 이외의 계량 단위가 표시되어 있는 계량기를 사용한 자
⑥ 무허가 제작 계량기를 사용한 자

(3) 보조 단위

① 평면각이 계량 단위는 라디안(rad)으로 한다.
② 입체각의 계량 단위는 스테라디안(sr)으로 한다.

(4) 기차 등의 정리

① 기차 : 계량기가 표시하는 양이 실량에 미달하는 경우의 그 미달량
② 비교 검사 및 교정 : 계량기를 그 원기표준기 및 기준기와 비교하여 기차를 구하는 것
③ 보정 : 비교 검사 및 교정에 의하여 계량기의 정확한 측정값을 나타나게 하는 것

(5) 기준기의 검정 유효기간(제41조 관련)

종　　　류	검정유효기간(1년)
기준 전량 플라스크, 기준 전량 피펫, 기준 뷰렛	10
기준 밀도 부액계, 농도 기준기, 비중 기준기	6
기준 곧은자, 기준 줄자, 주철제 이외의 기준 분동, 기준 탱크, 기준 부피관	5
기준 유리제 온도계	4
기준 가스미터, 기준 수도미터	2
기준 표준전지, 기준 저항기, 기준 전력계, 기준 전류계, 기준 압력계, 정밀 기준 전력량계, 보통 기준 전력량계	1

(6) 기준기 시험 검사실의 환경 조건

허가 분야	조 건
길이계, 부피계, 비중계, 밀도계, 농도계	온도 : 20±2℃, 습도 : 60±5%
기타 계량기	온도 : 20±5℃, 습도 : 60±5℃

5. 측정 시스템

(1) 측정 시스템이 지녀야 할 특성

① 측정 시스템에서의 산포는 우연원인에 의해서만 발생하는 통계적 관리 상태를 보여야만 한다.

② 측정 시스템에서 파생된 산포는 제조공조에서 파생된 산포에 비해 반드시 작아야 한다.

③ 산포는 제품의 규격에 비하여 작아야 한다.

④ 계측기는 규격보다 한 눈금이 더 작은 것까지 읽을 수 있어야 한다. 예를 들면, 규격이 2.5±0.5g 이라면 계측기의 눈금은 0.01g까지 읽을 수 있어야 한다.

(2) 측정 시스템과 오차

측정 시스템에 대한 평가는 일반적으로 다음의 2단계를 거쳐 진행된다. 첫 단계는 측정 시스템이 필요한 필수요건을 지니고 있는가를 평가하고 어떤 작업환경이 측정 시스템에 강한 영향을 미치는가를 판단하기 위한 것이다.

두 번째 단계에서는 사용하기에 적합하다고 판단된 측정 시스템이 통계적 특성을 적절히 유지하고 있는가를 평가하는 것으로서 R & R(Repeatability & Reproducibility) 테스트가 이용된다. R & R 테스트는 일반적으로 작업현장에서 실시되며 반드시 문서화되어야 한다. 이 문서에는 다음과 같은 내용을 담게 된다.

· 측정된 제품의 규격과 작업조건 및 환경

· 데이터의 수집, 기록 및 분석에 대한 구체적 기록

· 주요 조건과 개념에 대한 운영상의 정의

① 정밀도 또는 반복성(repeatability)

정밀도는 동일 작업자가 동일한 측정기를 가지고 동일한 제품을 측정하였을 때 파생되는 측정 변동을 의미한다. 즉 측정 작업자가 반복 측정했을 때 나타나는 일관성으로 산포가 작으면 작을수록 좋다(<도표 12-2> 참조).

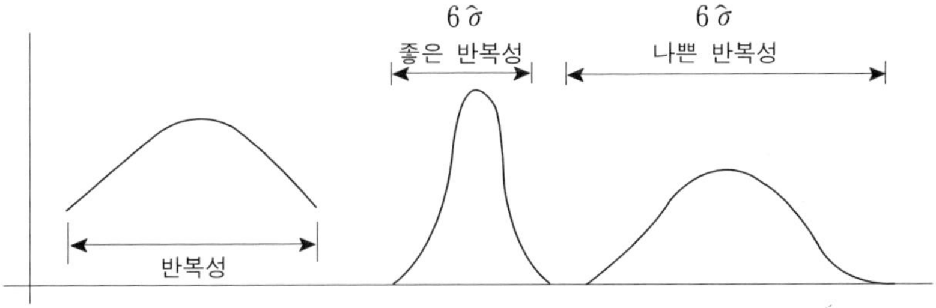

도표 12-2
반복성

② 재현성(reproducibility)

동일한 계측기로 동일한 제품을 여러 사람이 측정했을 때 나타나는 결과의 차이를 재현성이라고 한다. 즉 측정자 간에 나타나는 측정 데이터의 평균의 차이로서 이 평균의 차이가 클수록 재현성은 떨어진다고 말한다(<도표 12-3> 참조).

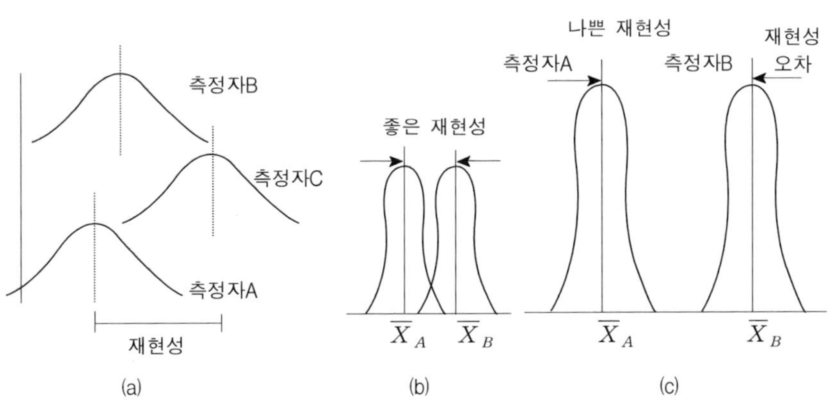

도표 12-3
재현성

③ 편기

어떤 계측기로 동일한 제품을 측정하였을 때 얻어지는 측정값의 평균과 이 특성값의 참값과의 차이를 의미한다. 경우에 따라서는 정확성(accuracy)이라고도 설명되는 이 편기는 가급적 작을수록 좋다(<도표 12-4> 참조).

도표 12-4 편기(정확성)

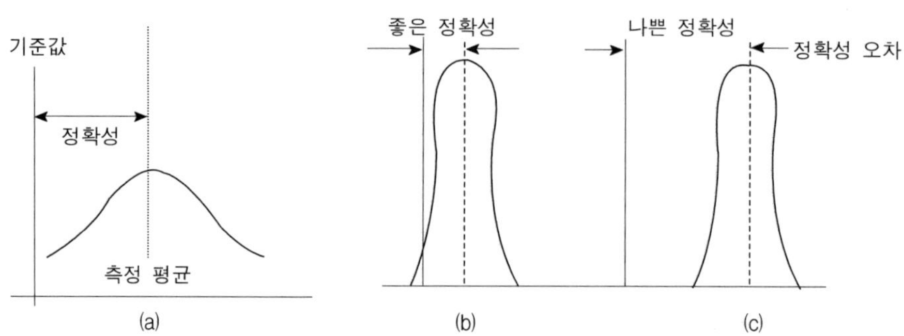

④ 안정성

계측장비가 마모되거나 온도, 날씨 등의 환경변화에 의한 시간경과에 따른 동일 제품의 계측 결과가 달리 나타나는 정도를 의미하는 것으로서 시간 경과에 따라 측정된 평균값이 다를 경우 그 계측기는 안정성이 결여되었다고 말한다(<도표 12-5> 참조). <도표 12-5>와 같이 시간간격(시간 1과 시간 2)을 두고 측정하였을 때 측정값의 총변동을 말한다.

도표 12-5 안정성

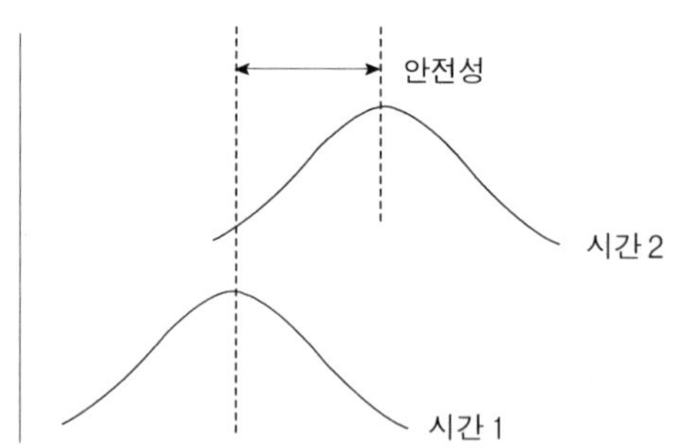

⑤ 선형성

선형성이란 계측기의 측정범위 내에서 정확성 값의 변화이다. 즉 계측기의 작동 범위 내에서 몇 개의 부품을 선택하여 측정한 뒤 각 부품의 참값과 평균값의 차이로 1차 회귀 직선을 추정하여 얻은 기울기로 정의된다.

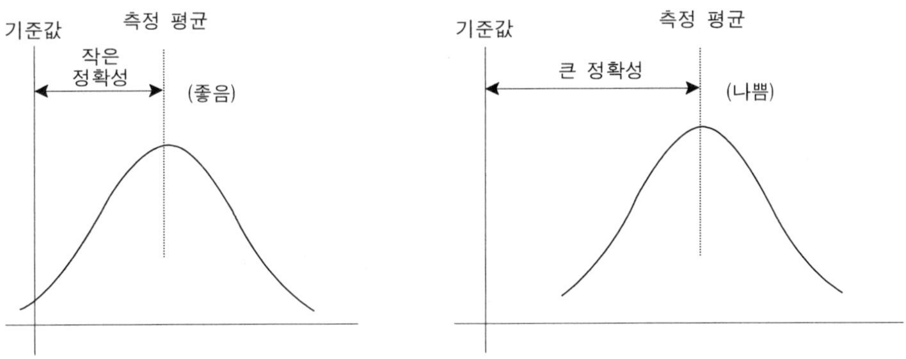

도표 12-6
선형성

⑥ 측정치의 변동의 문제점과 원인관계

문제점	원인
정확성	계측기 마모 적합하지 않은 눈금 적합하지 않은 계측기 사용방법
정밀도	계측기 보전의 미비 적합하지 않은 측정기 계측기 고정방법이나 위치 문제
안정성	환경 조건, 불규칙적인 사용 시기 계측기의 작동준비(warm-up) 상태
재현성	측정자 교육미비 계측자의 눈금의 불확실에 의한 해독 오차

(3) 정밀도와 재현성 테스트(R&R test)

일반적으로 측정 시스템에 영향을 미치는 요소는 5M , 즉 인력, 방법, 자재 기계, 환경 등으로서 그 세부적 내용을 살펴보면 다음과 같다.

① 인력

일반적인 평가능력을 지닌 평가자 2명 또는 3명을 선택한다.

여기서 일반적이란 측정작업자 중에서 가장 잘하는 사람도 가장 못하는 사람도 아님을 의미한다.

② 방법

모든 평가자는 정확하게 측정시료를 측정하는 방법을 알아야 한다. 새로운 측정기를 사용한다. 테스트 전에 미리 측정교육을 시키고 완전히 이해했는가를 확인하여야 한다. 평가자가 측정하는 방법을 정확히 모르면 오차를 정확하게 발견해 낼 수 없기 때문이다.

③ 자재

대부분의 경우 10개의 측정시료를 선택하여 각 측정시료에 일련번호를 부여한다.

④ 기계

계측기는 규격보다 한 눈금 더 작은 것을 읽을 수 있어야 한다. 그렇지 못하면 잘못된 정보를 얻을 수도 있다.

⑤ 환경

측정 품목에 따라 작업환경의 측정오차에 큰 영향을 미치는 경우가 있으므로 적합한 작업환경에서 측정하여야 한다. 작업환경은 측정시료에 영향을 미칠 뿐 아니라 측정기기나 평가자의 효율에도 영향을 미칠 수 있다.

▶ 측정 시스템의 능력을 평가하기 위한 정밀도 및 재현성 테스트 절차

<스텝1> 측정 시료에 일련번호를 부여한다. 그러나 평가자는 이 번호를 알 수 없도록 한다(blind test).

<스텝2> 시료 측정은 반드시 랜덤하게 측정되도록 한다. 1차 측정기록을 용지에 기입한다(<도표12-7,8> 참조).

<스텝3> 3명의 평가자 모두다 <스텝2>를 반복한다.

<스텝4> 2차 측정에 대해서도 <스텝2> 및 <스텝3>과 동일한 방법으로 다시 실시한다. 필요하다면 3차 반복을 실시하도록 한다. 반복수가 증가할수록 더 정확한 결과를 얻을 수 있다.

<스텝5> 측정된 자료에 대해서 각 측정값에 대한 10개의 시료의 합 ($\overline{X}$)과 범위(R)를 구한 뒤 각 평가자에 대한 평균값과 평균을 구한다.

<스텝6> 측정 시스템이 관리상태에 있는가 확인한다.

(a) 총평균 범위($\overline{R}$)를 계산한다.

(b) R 관리도의 관리상한성($\text{UCL}_R = D_4\overline{R}$)을 계산한다(다만, 반복측정이 2회일 때 $D_4 = 3.267$, 3회일 경우는 2.575이다).

(c) 각 평가자에 대하여 산출된 범위(R)와 UCL_R를 비교하여 측정 시스템이 관리상태에 있는지 분석한다. 만일 어떤 범위가 UCL_R보다 클 경우 측정 시스템에 문제가 있는지 조사하고 값을 제외한 후 <스텝5>와 <스텝6>을 다시 반복한다.

<스텝7> 평가자 간의 평균값 범위를 다음과 같이 계산한 후 평가 보고서에 기입한다.

$\overline{X}_{diff}$ = 최대 평균 — 최소 평균값

<스텝8> 정밀도를 나타내는 EV(계측기 변동 : Equipment Variation)를 계산한다. 이 값이 크면 정밀도, 즉 계측기 사이의 변동이 크다고 판단한다.

$$\mathrm{EV} = \overline{R} \cdot K_1$$

$$\text{여기서 } K_1 = 2 \times \frac{2.757}{d_2}$$

이때 d_2는 시료의 크기 n 대신 반복횟수 r를 대입시켜 얻어지는 값으로 1.128이다. 반복횟수가 3이면 1.693, 4이면 2.059를 얻을 수 있다. 여기서의 계산은 모두 정규분포에서 99%를 차지하는 ±2.575 s의 신뢰구간에 근거하고 있다. 만일 99.73%를 원한다면 ±3 s를 사용하면 된다.

<스텝9> 재현성을 의미하는 AV(평가자 변동 : Appraiser Variation)를 계산한다. 이 값이 크면 평가자 간의 오차가 큰 것을 의미하며 재현성이 나쁘다고 평가한다.

$$\mathrm{AV} = \sqrt{(\overline{X}_{diff} \cdot K_2)^2 - \frac{(EV)^2}{n \cdot r}}$$

$$\text{여기서 } K_1 = 2 \times \frac{2.787}{d_2}$$

<스텝10> 정밀도와 재현성을 동시에 나타내는 R & R를 다음과 같이 계산한다.

$$\mathrm{R\ \&\ R} = \sqrt{(EV)^2 + (AV)^2}$$

<스텝11> 정밀도 · 재현성 및 R & R의 공차(또는 총변동)에 대한 백분비를 계산 한다.

% 정밀도 = % EV = (EV ÷ 공차) × 100%

% 재현성 = % AV = (AV ÷ 공차) × 100%

% R & R = % R & R = (R & R ÷ 공차) × 100%

%R & R	평가 및 조치
10% 미만	계측기 관리가 잘 되어 있는 편임. 지속적인 유지 관리
10~30%	계측기의 수리 비용, 측정 오차의 심각성 등을 고려하여 필요조치 여부 결정
30% 이상	계측기 관리가 미흡하며, 반드시 계측기 오차의 원인을 규명하여 해소해야 함. 사내에서 개선할 수 없다면 계측기 판매회사의 협조를 얻도록 함.

(4) R & R 평가표

표 12-7 정밀도와 재현성의 평가법(예)

열번호	1	2	3	4	5	6	7	8	9	10	11	12
측정자	A				B				C			
시료번호	1차반복	2차반복	3차반복	범 위	1차반복	2차반복	3차반복	범 위	1차반복	2차반복	3차반복	범 위
1	0.65	0.60		0.05	0.55	0.55		0	0.50	0.55		0.05
2	1.00	1.00		0	1.05	0.95		0.05	2.05	1.00		0.05
3	0.85	0.80		0.05	0.80	0.75		0.05	0.80	0.80		0
4	0.85	0.95		0.10	0.80	0.75		0.05	0.80	0.80		0
5	0.55	0.45		0.10	0.40	0.40		0	0.45	0.50		0.05
6	1.00	1.00		0	1.00	1.05		0.05	1.00	1.05		0.05
7	0.95	0.95		0	0.95	0.90		0.05	0.95	0.95		0
8	0.85	0.80		0.05	0.75	0.70		005	0.80	0.80		0
9	1.00	1.00		0	1.00	0.95		0.05	2.05	1.05		0
10	0.60	0.70		0.10	0.55	0.50		0.05	0.85	0.80		0.05
합계	8.30	8.25		0.45	7.85	7.50		0.45	8.25	8.30		0.25
		8.30		0.05		7.85		0.05		8.25		0.03
			$\bar{R}_A$				$\bar{R}_B$				$\bar{R}_C$	
	합	16.55			합	15.35			합	16.55		
	$\bar{X}_A$	0.83			$\bar{X}_B$	0.77			$\bar{X}_C$	0.83		

$\bar{R}_A$	0.05
$\bar{R}_B$	0.05
$\bar{R}_C$	0.03
합	0.13
$\bar{R}$	0.04

반복횟수	D_4
2	3.27
3	2.58

$\bar{R} \times (D_4) = UCL_R$

$(0.04) \times (3.27) = 0.13$

Max $\bar{X}$	0.83
Min $\bar{X}$	0.77
$\bar{X}_{Diff}$	0.06

도표 12-8 정밀도와 재현성 평가 보고서(예)

시료이름 가스켓　　계측기이름 두께측정기　　날　짜 ________
측 정 치 두께길이　　계측기번호 X-0.2034　　평 가 자 ________
규　격 0.6 ~ 1.00mm　　계측기형태 0.0 ~ 1.00mm

데이터 시트결과 $\overline{R} = 0.04$　　$\overline{X}_{Diff} = 0.06$

계측기 성질	%공차 분석

정밀도-계측기 변동($E.V.$)

$$E.V. = (\overline{R}) \times (K_1)$$
$$= (0.04) \times (4.56)$$
$$= 0.18$$

반복 횟수	2	3
K_1	4.56	3.05

$\%E.V. = 100 \times [(E.V.)/(공차)]$
$= 100[(0.18)/(0.40)]$
$= 45.0\%$

재현성 - 측정자 변동($A.V.$)

$$A.V. = \sqrt{(\overline{X}_{Diff} \times K_2)^2 - (E.V)^2/n \cdot r}$$
$$= \sqrt{(0.06 \times 2.70)^2 - (0.18^2/10 \times 2)}$$
$$= 0.16$$

측정 자수	2	3
K_2	3.56	2.70

$\%A.V. = 100 \times [(A.V.)/(공차)]$
$= 100[(0.16)/(0.40)]$
$= 40.0\%$

정밀도와 재현성($R\&R$)

$$R\&R = \sqrt{(E.V.)^2 + (A.V.)^2}$$
$$= \sqrt{(0.18)^2 + (0.16)^2}$$
$$= 0.24$$

$\%R\&R = 100[(R\&R)]/(공차)]$
$= 100[(0.24)/(0.40)]$
$= 60.0\%$

연습문제

1. 계측기 관리의 필요성에 대하여 기술하시오.

2. 계측기의 종류에 대하여 기술하시오.

3. 계측기의 정확도와 정밀도에 대하여 기술하시오.

4. 오차가 발생하는 원인에 대하여 기술하시오.

5. 다음 용어를 간단히 설명하시오.

   ㉮ 반복성　　　　　　　　㉯ 재현성
   ㉰ 정확도(치우침)　　　　㉱ 선형성

6. 계측기 관리의 목적으로 가장 적합하지 않은 것은?

   ㉮ 제품의 품질, 안전성의 유지향상
   ㉯ 감시, 계측작업의 합리화
   ㉰ 관리업무의 효율화
   ㉱ KS 표시 허가 등 대외 인증의 획득

7. 측정 시스템의 분석 및 조사 과정에서 잘못된 결과를 피하기 위해서 고려할 사항이 아닌 것은?

   ㉮ 측정은 랜덤하게 이루어져야 한다.
   ㉯ 측정 시스템 분석을 관장하는 자는 어떤 번호의 시료가 측정되었고 누가 측정했는지 등을 정확히 기입한다.

㉰ 시료는 공정 중에서 채취하여야 하며, 공정의 모든 상태를 나타내는 것이어야 한다.

㉱ 평가자는 미리 정한 측정방법의 순서에 따라 계측기를 사용하여 측정한다.

8. 계측장비가 마모, 기온, 습도와 같은 환경조건의 변화에 의하여 시간이 지남에 따라서 동일 제품의 계측결과에 영향을 미치는 측정오차의 성질은?

㉮ 정확성 ㉯ 정밀도

㉰ 안정성 ㉱ 재현성

9. R & R의 크기에 따라서 다음의 평가가 나왔다.

계측기의 수리비용, 측정오차의 심각성

R & R 평가의 크기는?

㉮ 10% 미만 ㉯ 10~30%

㉰ 30% 미만 ㉱ 50% 이상

Chapter 13

관능검사

1. 관능검사란

1.1 관능검사의 의의

제품의 품질 평가 또는 품질관리는 이 화학적인 시험과 더불어 관능검사가 중요시되고 있는 추세이며 이에 따른 검사 방법도 많이 발달되어 활용되고 있다.

상품의 기능 품질(치수, 내마모성 등)의 경우, 일반적으로 화학적인 검사로 체크 할수 있는 것이 많으나 매력적인 품질(색상 · 향취 등)은 간단히 측정할 수 없는 것이 있다.

또한 매력적인 품질의 평가는 많은 특성값이 측정을 동시에 시행하여야 할 필요가 있기 때문에 물리 화학적인 검사보다도 인가의 관능에 의해 측정하는 쪽이 훨씬 수월하고 소비자의 요구에 알맞은 측정일 수 있다.

관능검사는 이러한 경우 외에도 신제품의 개발, 제조 공정의 개선, 제품의 등급화, 소비자의 기호 조사에도 널리 사용되고 있다.

1.2 관능검사란

관능검사란 인간의 감각을 이용하여 품질을 평가 · 판정하는 검사를 말한다. 인간의 감각은 시각·청각·촉각·후각·미각을 말한다.

관능검사는 통상 관능검사 패널(panel)을 통하여 이루어지는데, 무엇보다 중요한 것은 판정의 감도(sensitivity)와 재현성(reproducibility)이라고 할 수 있다.

관능에 의한 측정과 물리 화학적인 측정을 비교해 보면 <도표 13-1>과 같은 특징이 있음을 알 수 있다.

도표 13-1 측정방법의 차이에 의한 특징

관능에 의한 측정	물리 화학적 측정
1. 다각적인 측정에는 편리하다. (도금 표면의 양부 : 광택·흠·빛깔을 동시에 판정한다.) 2. 기기의 차이가 커서 조정이 어렵다. (개인차에 의해서 '아름답다'라고 표현하는 사람도 있다.) 3. 재현성(再現性)이 결여된다. (빛깔의 농도를 1점~5점으로 표현했을때 같은 것을 다시 측정해도 같은 점수로 되지 않는 경우가 있다.) 4. 측정기(사람)의 관리가 어렵다. (사람은 기후·환경·피로·감정 등으로 오차가 나기 쉽다.) 5. 고객이 느끼는 감각에 가까우므로 실제적이다. (옷감의 감각, 담배의 맛은 검사원이 적절하면 관능 쪽이 실제적이다.)	• 다각적인 측정이 곤란하다. (도금의 광택만 판정하는 것은 간단하나 흠·빛깔까지 동시에 판정하는 것은 곤란하다.) • 기기 차이가 있어도 조정하기 용이하다.(버니어 캘리퍼스의 0점 조정) • 재현성이 있다. (자가 틀림이 없다가 5cm는 어디서나 5cm이다.) • 측정 기기의 관리가 용이하다. (저울의 관리는 용이하다.) • 고객의 감각 그 자체의 측정이 아닌 경우가 있다. (카레의 매운 감각의 정도는 캡사이신(capsaicin)의 양과 반드시 일치되는 것은 아니다.

2. 패널의 분류와 선발 기준

2.1 패널의 분류

패널의 분류는 다음의 세 가지로 분류할 수 있다.

(1) 사용 목적에 따른 분류

시료간의 특성 차이를 식별하거나 특성을 평가할 경우의 분석할 패널과, 소비자의 기호를 조사하는 경우의 기호형 패널이 있다.

(2) 검사 방식에 따른 분류

밀폐형 패널과 개방형 패널이 있다.

(3) 패널의 판정하는 판단 내용에 따른 분류

이들의 구체적 내용을 보면 다음과 같다.

① 차이 식별 패널

표준품 또는 대조품과 시료를 비교 식별하여 차의 유무를 판정

② 프로파일 패널

관능적인 품질 특성을 묘사 평가는 경우의 패널

③ 품평회 또는 심사회 패널

각종 품목별 품평회 또는 심사회에서 전문 지식과 경험이 풍부하고, 심사과정에서 중립을 지킬수 있는 사람으로 구성된 패널

④ 기호 조사 패널

소비자의 기호 조사에 사용되는 패널

이와 같은 패널은 측정 기기의 역할을 하기 때문에 목적하는 내용과 특성에 따라 선별할 수 있는 능력을 갖추고 있어야 한다.

또한 패널이 검사에 임할 때는 판단의 치우침과 산포, 판단의 시각적인 변화, 환경상태(명암·온도·습도·소음 등),검사 받는 물건의 외관 및 포장상태, 검사할 때의 심리, 검사 의뢰자에 대한 감정 등의 사항에 유의해야 한다. 따라서 검사시의 조건을 정비하여 표준화하여야 한다.

2.2 패널의 선발

패널의 선발 기준은 일률적으로 할 수는 없으나 대략 다음의 사항을 고려하여 선발하는 것이 좋다.

① 건강

생리적 · 심리적으로 이상이 없어야 하며, 시험하고자 하는 물품에 대한 알레르기를 갖지 않아야 한다.

② 편견과 의욕

비흡연자일 경우 담배의 물질을 평가할 수 없다.

③ 참가 가능성

필요한 시간과 장소에 용이하게 집합할 수 있어야 한다.

④ 연 령

20~55세 정도의 연령이어야 한다. 일반적으로 연령이 많으면 관능 능력이 감퇴하고 연령이 너무 작으면 감도는 예민하나 경험과 판단력이 부족하다.

⑤ 성 별

패널 요원의 선발은 남녀의 차이를 두지 않는 것이 보통이나 일반적으로 감도의 예민도는 여자가 남자보다 크다.

⑥ 직업과 수입

⑦ 사용 또는 소비 빈도

⑧ 지역 또는 생활 환경

⑨ 경험 정도

⑩ 흡연 정도

이러한 점을 고려하여 패널을 선발하는 것이 바람직하며 대략 10~29명 정도의 크기면 충분하리라 본다.

패널을 사용하여 테스트할 경우, 동일한 패널 요원으로 하여금 일시에 3~4회 정도는 반복검사 실시 할 수 있다.

패널 요원은 선발된 후에 제품의 관능, 제품의 품질, 관능검사 방법 등에 대해서 훈련과 체크를 계속해서 정확한 판정이 지속되도록 해야 한다.

관능검사실은 조용하고 깨끗하며 색채와 조명이 은은하여야 하며, 주변에 사람이 없도록 해주며, 냉·온방 장치가 잘 되어 있어 검사원에게 안락감을 주어야 한다.

관능검사가 합리적으로 효과 있게 시행되어 정확한 판정을 얻으려면 다음과 같은 방법이 잘 이행되어야 한다.

① 가장 적절한 시료의 조달 방법
② 합리적인 패널 구성
③ 가장 효과적인 실험 계획
④ 가장 적합한 통계 처리 방법

관능검사는 어떤 경우든 결과의 재현성이 있어야 한다. 이를 위해서 개인적으로나 패널 전체의 판단 기준을 통하여 공통적으로 확립시켜야 하므로 그 훈련이 대단히 중요하다.

패널의 훈련은 관능검사에 대한 새로운 지식과 기술을 따른 속도로 받아들여 검사의 효율을 증진시킬 목적으로 실시한다.

그에 따른 훈련 목적을 나누면 다음과 같다.

① 시료에 익숙하게 하고 그 시료에 대한 전문 지식을 갖게 한다.
② 기호성의 요소가 되는 미각과 맛, 후각과 냄새, 시각과 색깔, 텍스처(texture)등에 관한 기본 지식을 이해시킨다.
③ 관능검사 요령과 평가 방법을 숙지시킨다.
④ 합리적이고 안정된 판단 기준을 확립시킨다.

3. 관능검사의 기능과 환경

3.1 관능검사의 기능

관능검사 업무의 기능은 조직의 요구에 따라 다르지만 다음과 같은 사항이 포함된다.

① 자기 회사의 모든 제품과 경쟁 제품의 관능적 특성에 대한 양적인 정보를 제공한다.

② 각종 관능검사에 참여할 수 있는 훈련된 인원을 확보한다.

③ 요구에 따라 제품의 관능적 특성에 대한 정보와 견해를 적기에 제공한다.

④ 관능검사 결과와 객관적 품질 측정값과의 상관관계를 조사하여 제품 개발, 또는 품질관리에 이용할 수 있도록 한다.

⑤ 새로운 검사 방법은 개발에 관한 정보를 수집하고 필요시 기업에 적응할 수 있도록 한다.

3.2 관능검사장의 환경

관능검사 활동에 기본적으로 필요한 것 중의 하나는 사용할 수 있는 검사시설의 확보이다. 관능검사는 소음·실온·조명 등과 같은 물리적 환경에 영향을 받을 뿐만 아니라, 냄새나 주변에 사람이 있다는 인식 등에 의해서도 영향을 받는다.

실내의 온도와 습도를 쾌적하게 조절하기 위하여 냉·온방장치를 설치하여 실온은 20~25℃, 습도를 50~60%로 유지하는 것이 좋다.

조명은 태양 광선과 인공 조명을 함께 사용하여 검사면의 조명은 탁상 광도가 30~50촉광 정도가 되도록 한다. 실내의 벽·촌장·바닥·탁자 등은 밝고 안정된 색으로 도색하며, 환기 시설을 설치하여 냄새가 빨리 제거되도록 한다.

4. 관능검사 각론

4.1 미각에 의한 검사

기본 맛은 짠맛 · 신맛 · 쓴맛 · 단맛으로 구분된다. 이러한 맛에 대응되는 정미 물질은 식염 · 젖산 · 카페인 · 설탕이 쓰인다.

정미 물질의 맛과 그 강도 등에 연구할 때 최소 감량을 측정하는 경우가 많은데, 최소 감량이란, 일련의 감각 또는 판정에 있어서 하나의 변화가 자주 나타나는 척도상의 통계적으로 결정된 한계점으로 그 종류는 다음과 같다.

(1) 최소 감각량

무감각에서 유감각으로 변화하는 자극의 크기를 말한다.

(2) 최소 감별량

감각에 있어 변화를 가져오는 데 필요한 주어진 자극의 최소량의 차이이다.

즉 여러 가지 농도의 정미액이 있을 때, 어떤 농도에서 미각으로 비교 구분할 수 있는 최소의 농도 차이이다.

(3) 최소 감미량

물질이 정확하게 인지될 수 있는 최소 농도이다.

(4) 한계 감미량

자극에 대한 특유의 성질이 인지되는 강도에서 더 이상 증가되지 않는 자극의 크기를 말하며, 최소 측정은 제시 순서, 건강 상태, 연령 등에 의하여 영향을 받는다. 맛의 강도를 측정하는 심리적 척도로서 거스트(gust)라는 단위를 쓰는데, 1 gust는 설탕 1%의 농도에 해당한다.

4.1.1 맛의 한계값

(1) 맛의 한계값

정확한 맛은 모르더라도 맛의 차이가 있음을 느끼는 최소 농도를 말한다.

(2) 감지 한계값

특정한 맛을 식별해 낼 수 있는 최소의 농도로서, 감지 한계값은 절대 한계값 농도에 비해 더 높게 나타낸다.

'Gregson의 분류'에 따라 한계값은 7단계로 나누어지며, 그 내용은 다음과 같다.

① 물과 같다.

② 순수한 물은 아닌 것 같다.

③ 매우 약한 맛이 있으나 무슨 맛인지 모르겠다.

④ 매우 미미한 맛이다.

⑤ 미미한 맛이다.

⑥ 약한 맛이다.

⑦ 분명한 맛이다.

이 Gregson의 분류의 척도에서 감지 한계값은 ④ 이상의 농도에 해당된다.

맛의 한계값에 영향을 주는 것으로는 다음과 같은 것이 있다.

① 맛의 종류

당에 대한 한계값 농도는 소금의 농도보다 높고, 짠맛의 한계값 농도는 신맛보다 높으며, 쓴맛 물질은 약간만 있어도 그 맛을 알 수 있다. 일반적으로 냄새의 한계값 농도에 비해 맛의 한계값 농도가 더 높다.

② 사람

예민한 사람은 둔한 사랑의 경우보다 1/50에 해당하는 농도에서 맛을 알아낼수 있다.

③ 조사 방법

한계값 농도는 조사 방법에 따라 달라질 수 있다.

④ 검사 시기

4가지 기본 맛에 대한 예민도는 식사 30분전에 가장 크며, 식사 후 1시간정도가 지나면 크게 감소한다.

⑤ 온도

기본맛 중 17℃에서 47℃까지의 온도에 따른 한계값의 변화를 보면 소금의 한계 맛은 온도에 따라 계속 증가하나, 신맛의 경우는 온도에 영향을 거의 받지 않으며 쓴맛·단맛도 온도에 영향을 받는다.

4.1.2 맛의 상호 작용

맛의 상호 작용은 매우 복잡하다. 따라서 사용된 농도와 적용 방법, 패널 요원의 경험 및 훈련 정도에 따라 다른 결과가 나오지만 대략 다음과 같은 결과를 얻는다.

① 소금이 한계값 농도 이하로 존재할 경우, 산의 종류에 따라 신맛을 약간 또는 많이 감소 시킨다.

② 소금은 염산에 영향을 받지 않으나 염산 이외의 산은 짠 맛을 증가시킨다.

③ 대부분의 산은 포도당의 단맛에 영향을 미치지 않으나 염산과 초산은 단맛을 감소시킨다.

④ 당은 짠맛과 신맛을 감소시킨다.

⑤ 카페인과 짠맛은 서로 무관하다.

⑥ 카페인은 단맛에 영향을 미치지 않지만 설탕은 쓴맛을 감소시킨다.

⑦ 카페인과 소금은 상호 효과를 증진시킨다.

⑧ 소금은 단맛을 감소시키지만 단맛의 소금에 대한 영향은 없다.

4.2 후각에 의한 검사

냄새의 종류는 매우 다양하여 약1,600만에 이르는데 아직 확립된 분류별은 없는 실정이다. 냄새가 가장 강한 물질의 후각 최소 감량은 약한 미각 최소감량 보다 약 10,000배나 적다.

냄새의 최소 감량은 냄새 물질이 가스이므로 최소 요량으로 MIO(minimum identifiable odor)로 표시된다. MIO수치는 공기 1ℓ 중 mg량이며, 냄새의 최소 감량은 사람에 따라서 동일인이라도 측정 시간별로 큰 차이를 나타낸다.

후각의 최소 감량은 냄새 물질의 유동 속도·시간·건조·상태 또는 냄새맡는 방법 등의 외부 조건에 따라서 큰 차이를 나타내며, 후각의 감도는 식사의 영향을 받는다.

4.2.1 냄새 감지의 이론

Moncrieff는 냄새의 이론을 위한 요건을 다음과 같이 제안하였다.

① 모든 정상인은 냄새를 맡을 수 있다.

② 어떤 물질은 방향성이지만 다른 물질은 방향성이 아니다.

③ 선택적 무후각증의 가능성이 고려되어야 한다.

④ 사람은 멀리서도 냄새를 맡을 수 있다.

⑤ 화학적 성분이 다른 물질도 서로 비슷한 냄새를 가질 수 있다.

⑥ 화학적 성분이 비슷한 물질들은 일반적으로 비슷한 냄새를 갖는다.

⑦ 고분자량의 물질들은 대체로 비휘발성이다.

⑧ 냄새의 질과 강도는 희석 농도에 비례한다.

⑨ 후각은 빠른 속도로 둔화된다.

⑩ 냄새는 서로 상쇄할 수 있다.

⑪ 냄새는 하강하는 바람을 따라 움직인다.

⑫ 동물은 사람보다 냄새 감지가 더 예민하다.

4.2.2 냄새의 강도

희석액을 냄새 맡은 후 결정된 후각 한계값의 비율을 냄새의 강도라고 한다. 이 냄새의 강도는 대략 용액 농도의 평방근에 비례한다.

냄새의 한계값은 가장 강력한 것이 가장 약한 것의 약 10,000배나 더 낮으며, 이 한계값에 영향을 미치는 요인은 다음과 같다.

① 화합물의 순도

② 외적인 변수(처리 시간 · 시료의 제시 방법 등)

③ 공복 상태 여부

④ 개인차

4.2.3 냄새의 둔화 현상

냄새에 대한 적응, 둔화 및 피로는 같은 의미를 가진다.

냄새에 대한 둔화 현상은 다음과 같은 요소에서 발생한다.

① 후각이 사라지기 전까지 자극이 머무른 시간

② 적응하는 동안 한계값의 증가

③ 강한 자극에 대해 적응한 후 감각 기관이 민감도를 회복하는 시간 등으로 인하여 발생한다.

4.3 색상에 의한 검사

(1) 색의 표현 방법

색에는 종류가 대단히 많은데 이 많은 색을 계통적으로 표시하는 색의 표시 방법은 다음 세 가지의 종류가 있다.

① Munsell color system

② Hunter color system

③ ICE 색도계

이 중 ① 과 ②의 방법은 심리적 표현 방법이고, ③의 ICE색도계는 삼원색이 어떤 비율로 혼색된 것인가를 표시하는 광학적인 방법이다.

(2) Munsell color system

색깔의 분류는 색계는 명도(밝은 정도), 색도(순도)를 형성하여 100등분의 색상으로 구분한 것이다.

(3) Hunter color system

Hunter의 색계는 명도를 R또는 L로, 색상은a, 색도는 b로 표시한다.

(4) ICE 색도계

어떤 색깔을 삼원색으로 분석햇을 때의 자극량을 G(green), R(red), B(bule)로 하고 이들의 혼합 비율을 g, r, b로 표시하면,

g=G / (G+B+R)

r=R / (G+B+R)

b=B / (G+B+R)이고

g+r+b=1 이라는 공식을 이용한다.

(5) 색깔의 측정

색깔의 측정 방법은 다음과 같다.

① 주관적 색깔의 평가

② 분광 분석법

③ Tristimulus 비색계

④ 반사광 측정기

4.4 텍스처에 의한 검사

텍스처(texture)는 식품의 중요한 품질 특성 중의 하나로 소비자의 기호도에 큰 영향을 끼친다. 텍스처란 식품의 구조적 요소와, 이것이 생리적 감각으로 느

껴지는 형태의 복합적 결과라고 정의할 수 있다.

이와 같은 입장에서 국제 표준 기구의 정의에 의하여 '텍스처란 기계적 촉각, 경우에 따라서는 시각과 청각의 감각 기관에 의하여 감지할 수 있는 식품의 모든 물성학적 및 구조적 특성을 말한다' 라고 정리하고 있다.

텍스처와 관련된 감각을 표현하는데 쓰이는 용어는 다음과 같다.

4.4.1 텍스처 특성의 분류

텍스처는 입안의 촉각 · 근육 운동 · 청각 · 마찰 등의 느낌으로 발휘되는 복합적 특성인데, 이를 분류하면 기계적인 것과 기하학적인 것과 촉감적인 것으로 분류할 수 있다.

(1) 기계적 특성

① 경 도
② 응집성
③ 점 성
④ 탄 성
⑤ 부착성
⑥ 파쇄성
⑦ 씹힘성
⑧ 껌 성

(2) 기하학적 특성

① 분말 모양
② 과립 모양
③ 모래 모양
④ 거칠은 모양
⑤ 덩어리 모양

(3) 촉감적 특성

식품의 텍스처가 수분 함량에 영향을 받는 특성이 있는데, 예를 들면 건조하다, 질다, 묽다 등의 표현이다.

5. 관능검사 방법

5.1 차이 식별 검사

가장 많이 사용되고 있는 방법의 하나이며, 훈련된 패널 요원에 의해 검사가 실시된다. 이 방법은 제시된 시료를 대조품과 비교하여 통계적으로 유의차가 식별되는가를 판정한다.

(1) 단일 시료법

이 방법은 한 개의 시료를 제시하여 자기의 기억 표준(memory standard)과 비교하는 것이며, 소비자 조사나 특수한 경우 외에는 사용되지 않는다.

(2) 2점 비교법

표준품, 또는 대조 시료와 시험하고자 하는 시료의 두 개로, 동시에 제시하여 차이 유무를 비교 식별하여 하는 방법이다.

(3) 1 · 2점 비교법

표준법 또는 알려져 있는 대조 시료를 제시하고, 다음에 대조 시료와 미지 시료의 두개를 제시하여 어느 것이 먼저 것과 동일한가를 지적하는 방법이다.

(4) 3점 비교법

두 개는 같고 나머지 한 개는 다른 3점의 시료가 동시에 제시되어 어느 것이 옳은 시료인가를 지적하는 방법이다.

두 시료간에 차이가 있으면 지적하게 되므로 정답 확률은 1/3 정도이다. 이 검사 방법은 훈련된 패널 요원이 필요하며, 차이 식별 능력이 비교적 정확하다.

5.2 질과 양의 검사

(1) 순위법

어떤 한 가지의 품질 특성을 기준으로 하여 제시된 몇 개의 시료의 특성의 강도, 또는 기호법에 의거하여 순서를 정하게 하는 방법으로, 시료의 품질 특성이 여러 가지일 때는 이들을 각각 분리하여 따로 검사하여야 하다.

이 방법은 실험실에서 제품, 공정 평가를 전문가에 의해 최적 시료의 선정, 소비자에 의해 제한된 수의 시료 중에서의 기호 선택 등에 사용된다.

(2) 채점법

여러 가지 시료에 대하여 표준품과 비교시켜 그 차이 비율을 점수로 나타내는 방법이다. 이 방법은 상당히 광범위하게 사용되나 실시함에 있어서는 훈련된 패널을 사용할 것과 준비조건이 먼저 이루어져야 정확하게 평가될 수 있다.

(3) 기호 척도법

기호정도를 척도화하는 것이 발전・확립되어 세계적으로 사용되는 방법이며 통상 9단계의 척도로 나타낸다.

① 최고로 좋다.	② 대단히 좋다.	③ 보통으로 좋다
④ 약간 좋다.	⑤ 좋지도 싫지도 않다.	⑥ 약간 싫다.
⑦ 보통으로 싫다.	⑧ 대단히 싫다.	⑨ 최고로 싫다.

(4) 희석법

비교적 농후한 소량의 시료를 검사할 때에 표준적인 물질과 혼합 희석하여 시험하는 방법으로서 훈련된 패널을 이용하여 실시하며, 차이 식별을 3점 시험 또는 1·2점 시험을 한다.

(5) 묘사법

전문가 패널을 의하여 실시되며, 특히 풍미에 관한 분석 평가를 서로 앉아서 토론 형식으로 검토하는 방법이다.

이 방법도 신제품 개발, 품질관리 패널 요원의 훈련 등에 많이 사용된다.

이 밖에도 관능적 품질의 종합적인 품질에 대한 기호성, 또 선택성을 조사하는 소비자 기호 조사와 감도 시험 등이 있다.

6. 관능적 측정에 영향을 주는 요소

제품의 품질을 관능적으로 평가하는 것은, 평가하는 사람의 감각과 심리 작용에의한 주관적인 판정으로 이루어진다.

그러므로 관능적 측정 결과는 관능검사 요원의 조건·시료·장소·시간·검사방법 등, 여러 가지 요소에 의하여 영향을 받는다.

측정에 영향을 주는 요소를 보면 다음과 같다.

① 검사에 임하는 자세

② 검사에 임하는 동기 부여 상태

③ 판단시의 심리적 오차

- 중앙 경향 오차
- 순위 오차
- 기대 오차
- 습관 오차
- 관련 자극 오차
- 논리 오차
- 근사 오차

· 대조 오차
· 연상 오차
· 제1종의 오차
· 제2종의 오차

④ 자극과 지각 작용의 관계

관능적 반응은 발견 · 감지 · 차이 식별 및 계량으로 나누어지며, 이러한 자극과 지각의 관계는 다음과 같이 설명된다.

(1) 웨버비율

웨버의 공식은 다음과 같다.

$$K = \triangle S / S$$

여기서 △S는 정의된 1단위의 심리적 반응의 변화를 나타내는 자극 S의 증가를 의미한다. 따라서 K는 S에 대한 증가의 비율을 나타내며, 이것은 주어진 자극과 관찰자에 대하여 일정하다.

(2) Fechner의 공식

Fechner는 자극 S의 △S는 일정하다는 결론을 얻고 다음과 같이 표시하였다.

$$\triangle S / S = \triangle R$$

여기서 △R은 소감각 단위이고, K는 비례 상수이다.

이 식은 또 다음과 같이 나타낼 수 있다.

$$R = \log S / S_o$$

여기서 S_o는 절대 한계값을 나타낸다.

7. 관능검사 요원 및 시료

7.1 관능검사 요원

관능검사의 판정에서 가장 중요한 것은 감도와 재현성이므로 검사원의 선정과 훈련은 이 점을 고려하여야 한다.

관능검사 요원은 다음과 같이 나눌 수 있다.

(1) 차이 식별 검사원

차이 식별 검사원은 복잡한 시료를 분석적으로 다룰 수 있도록 선발한다. 선발 방법은 3점 시험법을 적용하는 적용하는 방법과, 품질이 유사한 시료군을 반복하여 평가시켜, 그 결과를 시료군내 또는 시료군간의 분석으로 F-test를 통하여 선발하는 방법이 있다.

패널의 크기는 검사의 목적·성질·선발 가능 여부에 따라 다르나 가장 많이 채용되는 훈련된 검사원의 수는 약 10명 정도다. 이 경우 패널의 수는 최소한 5명 이상이 되어야만 평가의 정확성을 기할 수 있다.

(2) 기호 시험의 검사원

기호 시험의 검사원은 차이 식별 능력 대신에 어떤 소비자 집단을 대표할 수 있어야 한다. 요구되는 소비자 집단을 적절하게 결정하고 이 집단에 속하는 후보자의 명부를 만들어 랜덤하게 선발하되, 패널 요원의 크기는 오차의 크기·정확도 및 표본 채취의 요인이 고려되어 16~20명의 패널의 사용되는 경우도 있으나 적어도 30명은 되어야 하며, 이를 실험실에서 실시하는 경우는 50~100명의 패널 요원이 적합하다고 볼 수 있다. 일반적으로 차이 식별의 경우보다 기호 조사용 패널의 크기가 큰 것이 보통이다.

7.2 관능검사의 시료

관능검사에 있어 시험하고자 하는 시료를 제시할 때는 세삼한 주의가 필요하다.

시험하고자 하는 항목 이외의 모든 요소는 표준품과 시료는 동일하여야 하며, 이들 요소 중에는 외양·시료의 크기·온도·식품·주입량·순서·지시서·입을 부시는 방법 등이 있다.

시료에는 이물질의 냄새 또는 맛이 혼입되지 않아야 하며, 감사원에게 제시될 때에는 검사원의 판정이 오직 시료 자체에 의해서 이루어지도록 하여야 한다.

(1) 시료의 크기

원칙적으로 맛을 보거나 검사하는데 충분한 양이어야 하며 대조 시료와 동일하여야 한다. 검사에 필요한 양을 결정하는데 중요한 요인으로서는 다음과 같은 것들이 있다.

· 최적의 품질 유지	· 준비하는 시간
· 재료의 확보	· 사용 기구의 수와 용량

(2) 제시 순서

시료가 두 개 이상일 때, 시료의 제시 순서는 제시 순서 때문에 틀리게 응답하는 경우가 있으므로 매우 중요하다. 이것이 순위 오차다.

또 먼저 제시된 시료 때문에 뒤의 시료 판정에 영향을 줄 경우가 있다. 이것은 대조 효과 및 근사 효과의 영향이다.

3점 비교법 또는 순위법에서와 같이 시료가 동시에 제시될 때도 같은 문제가 일어난다. 이것이 위치 오차다.

검사물은 종류에 따라 적합한 온도에서 제공되어야 한다. 뜨겁거나 차가운 상태가 요구되는 식품은 검사전까지 온도를 유지할 수 있는 방법이 마련되어야 한다.

(3) 시료의 수

시간과 경비에 관련되며 시료의 개수가 많아지며 검사원의 판별 능력이 피로하여 정확성이 약해진다.

시료개수는 시료 제품의 종류와 검사 방법에 따라 틀리나 냄새 및 맛에 대한 검사의 단일 시료법에 의한 기호 평가는 보통 3~4개의 시료가 사용되며 6개를 넘을 수 없다.

또 2점 비교, 기호 선택 시험의 경우는 세 쌍의 시료를 초과하지 않는다.

순위법에서는 4~6개의 시료, 훈련된 패널로서 차이 식별 검사를 실시활 때에는 2점 대비에 여섯 번, 3점 비교에 네 번까지 할 수 있다.

7.3 관능적 판단의 오차

관능검사에 있어서 판정자가 무의식적으로 심리적인 오류를 범하는 오차에는 다음과 같은 것이 있다.

(1) 습관의 오차

자극 강도의 계열이 아주 완만하게 증가하든가 감소할 때 마치 동일 강도가 계속되는 것처럼 느껴지는 경향에서 오는 오차

(2) 기대 오차

판정자의 선입관에서 오는 심리학적인 오차

(3) 관련 자극 오차

두 가지의 시료 자체에는 차가 없는데 용기·절차 등의 관련 조건이 다르므로 차이가 있다고 판단하는 오차로 특히 시험하고자 하는 품질 특성을 잘 모르는 판정자가 말하기 쉬운 오차

(4) 논리 오차

관능 품질의 두 가지 특성이 논리적으로 관련이 있다고 판정자가 생각하고

있을때에 한가지 특성만으로 두 시료를 동일하게 평가하는 경우의 오차

(5) 대조 오차

대조 효과에 따른 오차, 즉 기호 수준이 다른 두 개 시료를 같이 평가하였을 때 나타나는 오차

(6) 근사 오차

근사 현상에 따른 오차로서 시험 시료가 앞의 시료와 성질에 관계없이 유사한 것이 되는 경향으로부터 오는 오차

(7) 순위 오차

시료의 제시 순서 또는 위치에 따라 판정자의 선입관에 의하여 생기는 오차

(8) 중앙 경향 오차

제품을 채점하는 판정자가 대체로 척도의 중간 정도를 평가를 하는 경향에 의해 생기는 오차

(9) 연상 오차

과거의 인상을 반복하는 경향이 있어 자극에 대한 반응이 과거 인상 때문에 감소하거나 증가하는 경우의 오차

(10) 제1종 오차

실제로 존재하는 자극을 감지하지 못하는 오차

(11) 제2종 오차

실제로 존재하지 않는 자극을 존재하는 듯 판단하는 오차

연 습 문 제

1. 관능검사와 물리화학적 검사의 차이점을 비교하시오.

2. 다음 용어를 간단히 설명하시오.

① 최소 감각량
② 최소 감별량
③ 최소 감미량
④ 한계 감미량
⑤ 습관오차
⑥ 관련 자극오차
⑦ 순위오차
⑧ 중앙 경향오차

3. 관능검사방법 중 차이 식별검사에 대하여 기술하시오.

4. 관능검사의 일반적 부적합에 대하여 기술하시오.

5. 관능검사에서 질과 양에 의한 검사방법에 대하여 기술하시오.

6. 관능검사의 적용 상황 중 틀린 것은?

㉮ 소비자의 기호를 정확히 파악해야 한다.
㉯ 소비자의 취향을 물리적, 화학적 특성으로 계측시험을 해야 한다.
㉰ 인간의 감각을 매개로 하여 제조할 필요가 잇다.
㉱ 수입검사, 공정검사도 관능검사를 두어야 한다.

7. 다음 중 관능에 의한 측정의 장점이라고 할 수 없는 것은?

㉮ 다각적인 측정에는 편리하다.

㉯ 재현성이 있다.

㉰ 고객이 느끼는 감각에 가까우므로 실제적이다.

㉱ 신제품 개발에 기여한다.

8. 관능검사의 관능적 분석에 중요한 두가지 요소는 무엇인가?

㉮ 감도와 재현성　　㉯ 강도와 정밀성

㉰ 재현성과 정밀성　　㉱ 정밀성과 특이성

9. 다음 중 기본 맛과 정미물질이 올바로 연결되지 않은 것은?

㉮ 짠맛- 식염　　㉯ 신맛 - 식초

㉰ 쓴맛- 카페인　　㉱ 단맛 - 설탕

10. 표준품 또는 대조품과 시료를 비교 식별하여 차이 유무를 판정하는 검사방법은?

① 프로파일 검사　　② 패널 검사

③ 차이식별 검사　　④ 기호 조사

Chapter 14

품질개선 활동과 관련기법

1. 개선 활동

1.1 개선 활동의 의의

인간의 본성은 미래 지향적이므로 현재의 상태에 만족하지 않고 성장, 진보를 목적으로 항상 노력하여야 한다. 이같은 노력은 소속된 직장에서의 업무로 연결되지 않으면 그 참된 목적을 이룰 수 없을 것이다.

어떠한 일이든 담당하는 공정이나 품질을 안정되게 유지하는 것이 필요하지만, 담당하는 공정이나 품질을 보다 좋게 만드는 사명도 함께 지녀야한다. 현상을 유지하는 것만으로는 진보가 없다. 다른 회사는 계속 진보하고 있으므로 현상 유지는 퇴보를 의미한다고 해도 좋을 것이다.

개선 활동에서는 특히 다음의 두 가지에 대해 생각할 필요가 있다.

(1) 전체로서 조화가 취해진 개선일 것

부분적인 개선이었다고 해도, 그것을 전체적으로 보면 잘될 것일 수도 있다. 개선은 종합적으로 보아 확실한 성과로 이어졌을 때를 말하는 것이며, 부분적으로 개선된 것이 전체의 균형을 잃게 하며 좋지 않은 상태가 되기도 한다.

(2) 스스로의 문제로 착수할 것

개선 문제는 자기가 담당하는 업무 중에서 자기 자신이 발견하며 해결해 가는 것이 정상이다. 진정으로 자기가 하지 않으면 안 된다고 느낄 때, 비로소 그 문제의 핵심에 다가가 원만한 해결을 기대할 수 있는 것이다.

1.2 개선 활동의 추진 방법

실제로 개선 활동을 추진하는 데 있어서 일반적으로 다음 진행순서에 의해 추진된다. 개선활동을 추진하는 데는 어떤 문제를 해결하기 위해서든 개선하고자 하는 의욕, 해결에 필요한 능력(지식・기술), 개선안을 실행으로 옮길 결단 등, 세가지 요소가 갖추어지지 않으면 안된다.

① 문제점의 파악 (개선해야할 대상 선정)
② 문제점의 결정 (개선 목표 선정)
③ 개선을 위한 조직 만들기 (팀 편성)
④ 문제점에 대한 실험 분석 (공정의 해석)
⑤ 개선 방법의 입안 및 검토
⑥ 개선안의 실시
⑦ 개선 성과의 원인

문제의 종류나 성격에 따라서는 이 부문 또는 한 사람으로 이 세 가지가 갖추어져 있는 수도 있으나 다른 부문이나 사람의 원조가 필요하며, 협력이 유효한 경우도 있다.

그 때문에 실제의 품질 개선 활동에서 다음과 같은 방법이 행해진다.

(1) 프로젝트팀

특정한 과제(project)마다 그 해결에 필요한 사람을 모아 팀을 편성하고, 원칙적으로 그 문제가 해결되면 해산하는 것이다.

테스크 포스팀 활동(TFT), QC팀 활동 등으로 불리는 것도 이런 일종이다.

문제의 크고 작음과 성격 등에 따라, 구성하는 기간이나 맴버의 수·직위·주어진 책임·권한에는 큰 차이가 있을 수 있으나, 일반적으로 비교적 단기간(3~12개월)을 예정하여 소수 인원(3~8명)으로 구성하는 것이 바람직하다.

여기서 중요한 것은 프로젝트팀에게는 완전히 권한을 주어서 일일이 윗사람의 허가를 받지 않아도 계속 진행할 수 있도록 해야 한다.

(2) 프로젝트 매니저제

기업을 좌우할 만한 큰 문제일 때는 중역급 인원을 차출하여 그 프로젝트의 담당책임자로서 다른 문제의 해결에 전념하도록 하고, 또 필요한 예산 조처도 강구할 필요가 있다. 이 프로젝트매니저에게는 그 문제 해결에 필요한 전문 스태프를 배치하거나 프로젝트 매니저가 필요에 따라 협력을 요청하면 사내의 어느 부문의 인원이라도 이를 거절할 수 없는 권한을 주어야 한다.

(3) 위원회제

상당히 큰 문제로써, 많은 부문의 협력을 필요로 하는 문제일 때는 그 관계부문에서 선정된 위원에 의해 문제 해결의 기본을 검토하기 위한 위원회를 구성하는 방법도 흔히 행해진다. 그러나 위원회 제도를 채택하는 경우, 그 책임과 권한을 명확히 해 둘 필요가 있다.

(4) 직재내 그룹 활동 (QC 분임조)

문제가 비교적 단순하고 어느 특정한 부문에만 한정되어 있을 경우는 그 부문 내에서 개선 그룹을 만들어 해결에 착수해도 좋다. QC 분임조 활동의 대부분의 이에 속한다.

2. QC 7가지 도구

품질개선에 임해서는 품질의 안정 유지와 같이 사실에 의거하여 확실한 대책을 취하지 않으면 안 된다. 이를 위해서는 통계적 기법을 비롯한 각종 과학적 기법을 활용하는 것이 바람직하다. 다음의 7가지 기법은 모든 통계적인 방법은 아니나 현장에 있어서의 'QC기법의 7가지 도구'로서 널리 활용되고 있다.

① 파레토 그림	② 특성 요인도	③ 체크 시트	④ 히스토그램
⑤ 산점도	⑥ 관리도(그래프)	⑦ 층 별	

개선활동을 위한 QC 기법의 7가지 도구의 사용 단계는 <도표14-1>과 같다.

2.1 파레토 그림

파레토 그림(pareto diagram)이란 부적합·고장 등의 발생 건수(또는 손실금액)를 분류 항목별로 나누어 크기의 순서대로 나열해 놓은 그림이다(<도표 14-2> 참조).

파레토 그림의 사용방법을 설명하면 다음과 같다.

① '어디에 문제가 있는가'를 안다.

많은 분류 항목이 있어도 큰 영향을 미치는 것은 둘이나 셋으로 이 중 영향력 있는 항목을 뽑아 개선하지 않으면 안된다.

② 부적합의 원인을 조사한다.

부적합 항목에는 다음의 두 종류가 있다.

- 결과 : 부적합 항목별, 장소별, 공정별
- 원인 : 원료별, 기계·작업자별, 작업 방법별

우선 결과의 분류에 의해서 문제점을 파악하고 대책으로서 원인별 파레토 그림을 작성한다.

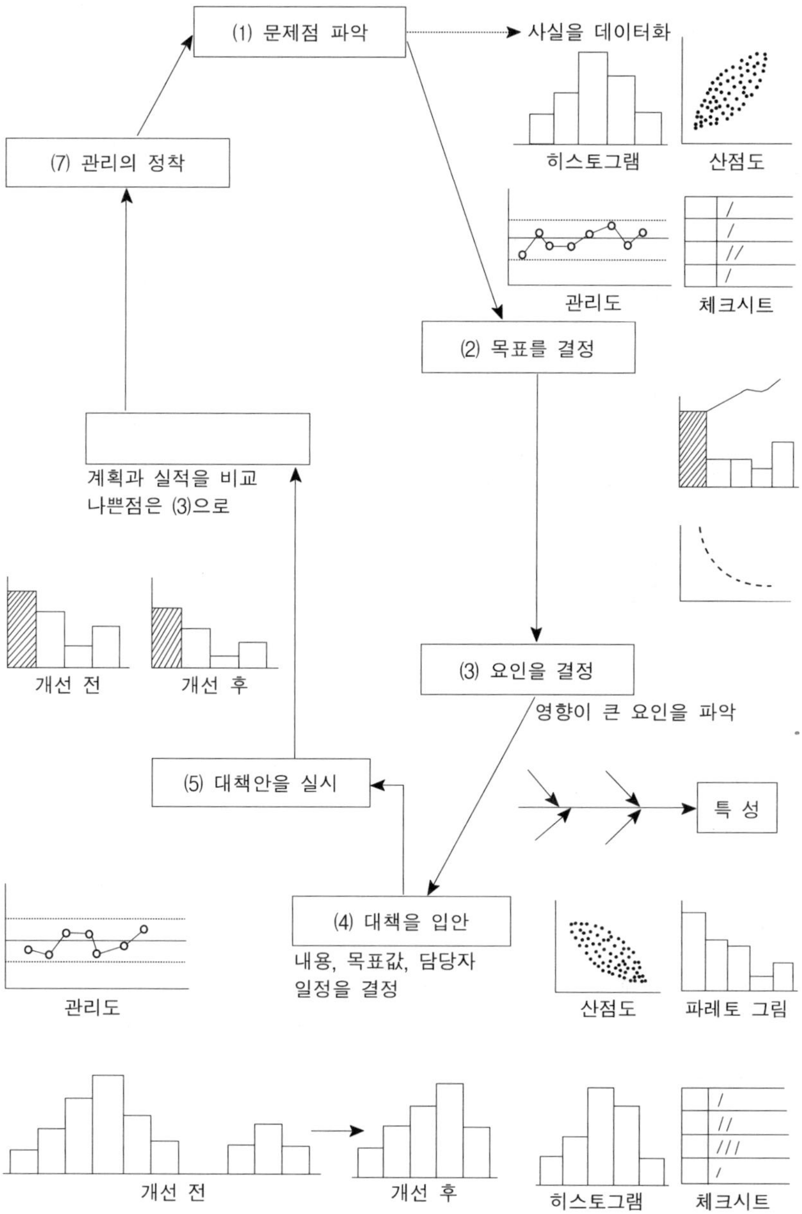

도표 14-1
개선 활동을 위한 QC의 7가지 도구

도표 14-2 부적합 항목별 파레토 그림

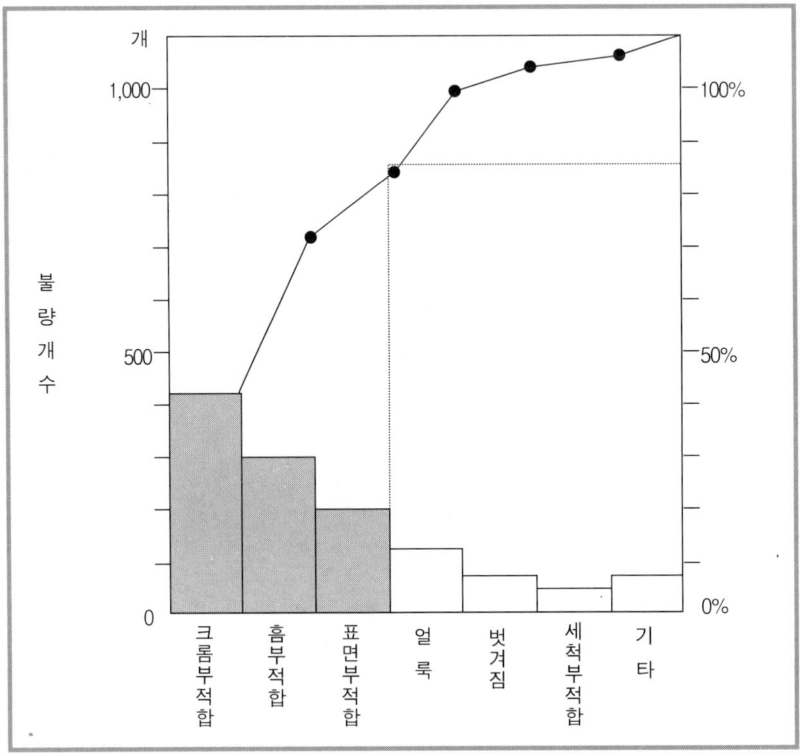

③ 보고나 기록을 사용한다.

단순히 데이터에 의해서 살피는 것보다 파레토 그림으로 정리하면 알아보기 쉬운 보고나 기록이 된다. 특히. 대책 전후의 파레토 그림을 나란히 작성하여 보면 효과가 확실해 진다(<도표 14-3> 참조).

파레토 그림에 의해서 부적합 · 고장 등에 대하여 '어떤 항목에 문제가 있는가', '그 영향은 어느 정도인가'를 알아 낼 수 있다.

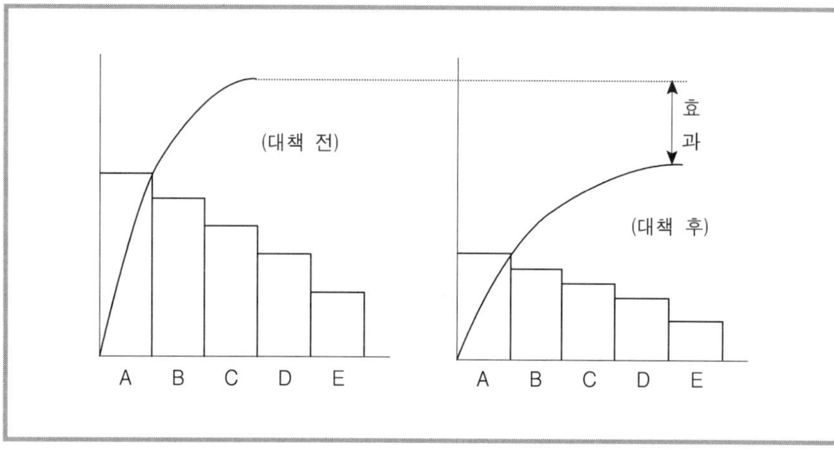

도표 14-3
대책 전후의 파레토 그림

2.2 특성 요인도

특성 요인도란 결과(제품의 특성)에 원인(요인)이 어떻게 관계하고 있으며, 영향을 주고 있는가를 한 눈으로 알 수 있도록 작성한 그림이다. 그 모양이 생선을 닮았다고 해서 '생선뼈'라 불리기도 한다(<도표 14-4>참조).

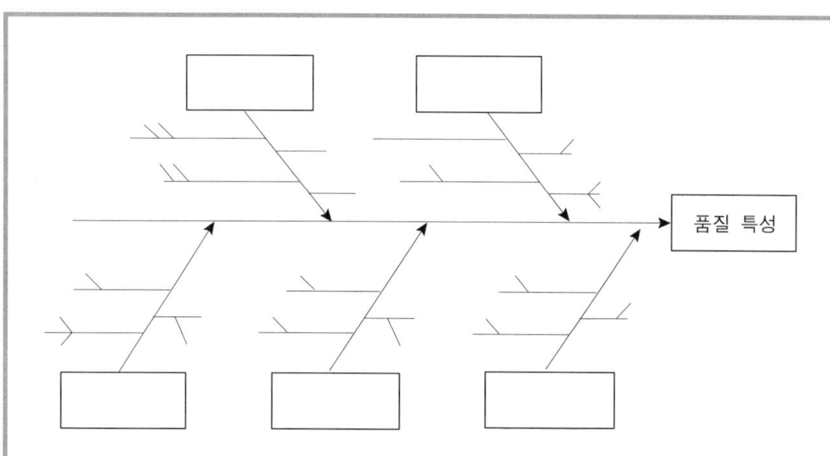

도표 14-4
특성 요인도

특성 요인도는 문제점을 정리하거나 개선할 때 서로 다른 의견을 한 장의 그림으로 정리하여 나타낼 수가 있다.

특성 요인도의 사용법을 설명하면 다음과 같다.

① 클레임, 부적합품의 원인을 정리한다.

특성 요인도를 작성한 다음 그 원인 클레임이나 부적합품이 발생하였을 때 그 원인에 대해서 브레인스토밍 방법 등으로 많은 의견을 서로 내어 이것을 특성 요인도에 정리하고, 원인에 대한 중요도를 결정하여 어디서부터 대책을 취할 것인가를 결정한다.

② 개선의 수단을 정리한다.

이 경우도 각각의 수단에 중요도를 결정해서 어떤 것부터 다룰 것인가를 정한다. 품질향상 · 능률 향상 · 원가 절감 등의 목적으로 어떤 문제점을 뽑아냈을 때 그 개선 수단에 대한 방법을 제기하여 특성 요인도에 정리한다.

2.3 체크 시트

체크시트(check sheet)란 부적합품수 · 부적합수 등, 셀 수 있는 데이터(계수값)가 분류 항목별의 어디에 집중하고 있는가를 알아보기 쉽게 나타낸 그림이나 표에 매일의 기록 용지 구실을 한다.

또, 기록이 끝난 다음에 데이터가 어디에 집중하고 있는가를 한 눈으로 알 수 있어, 어디에서 대책을 취할 것인가도 알수 있다(<참조 14-5> 참조).

체크 시트 사용법에 대하여 설명하면 다음과 같다.

① 데이터의 기록 용지로 사용한다.

② 부적합품 발생 상황의 기록 또는 보고용으로 사용한다.

③ 부적합품의 원인 조사를 하는데도 이용된다.

	3월2일	3일	4일	5일	6일	9일	10일	11일	12일	13일	계
소형 램프 교환	//	/					𝍸				38
비스 조임	/		//		//		/		/	//	16
화장판 위치 고치기	/		//	/			/	//			24
결품 보충			/	/				/			3
세 척		//	/		/						36
기 타	/	/			///		//	//			12
계	12	13	9	9	6	11	15	20	18	16	129

(/수와 계가 맞지 않을 수 있음)

도표 14-5
자동차 · 라디오 조립 공정의 불량 항목별 체크 시트

2.4 히스토그램

히스토그램(histogram)이란 길이 · 무게 · 시간 · 경도 등을 측정한 데이터(계량값)가 어떤 분포를 하고 있는가를 알아보기 쉽게 나타낸 그림이다.
(<도표 14-6> 참조)

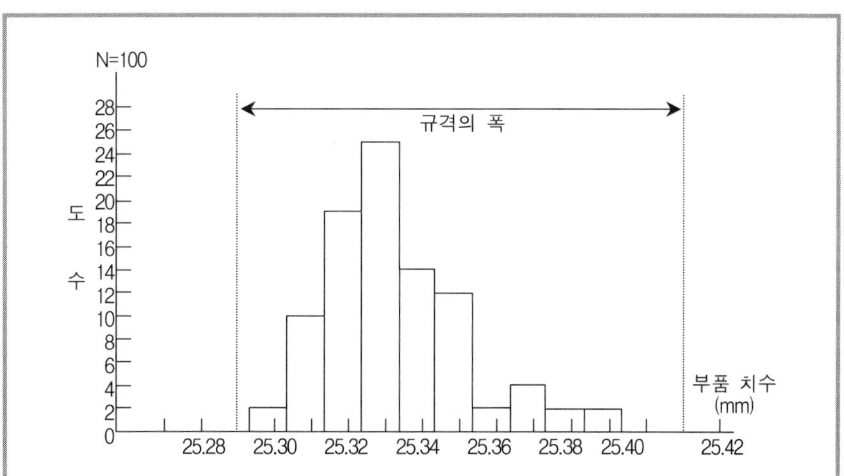

도표 14-6
기계 부품 치수의 히스토그램

히스토그램의 사용법에 대하여 설명하면 다음과 같다.

① 히스토그램의 모양에서 공정의 이상을 알아낸다.

안정된 공정에서 취해진 데이터는 규칙적인 모양의 히스토그램이 되지만 이상이 있으면 불규칙한 모양새에 의해 공정에 어떤 이상이 있는지를 어느 정도 추측할 수 있다.

② 규격이나 표준값에 맞는가 어떤가를 조사한다.

히스토그램에 규격이나 표준값을 넣으면 어느 정도의 부적합품・불합격품을 내고 있나를 알게 된다. 따라서 어떤 대책을 새울 것인가도 알게 된다.

③ 층별한 히스토그램을 작성하여 치우침이나 산포의 원인을 조사한다.

재료・기계・작업 방법(4M)등으로 층별한 히스토그램을 작성하여 그 영향을 살펴본다. 이 결과에서 4M이 치우침이나 산포에 어떠한 영향을 미치고 있는가를 알 수 있게 된다.

도표 14-7
히스토그램의 모양

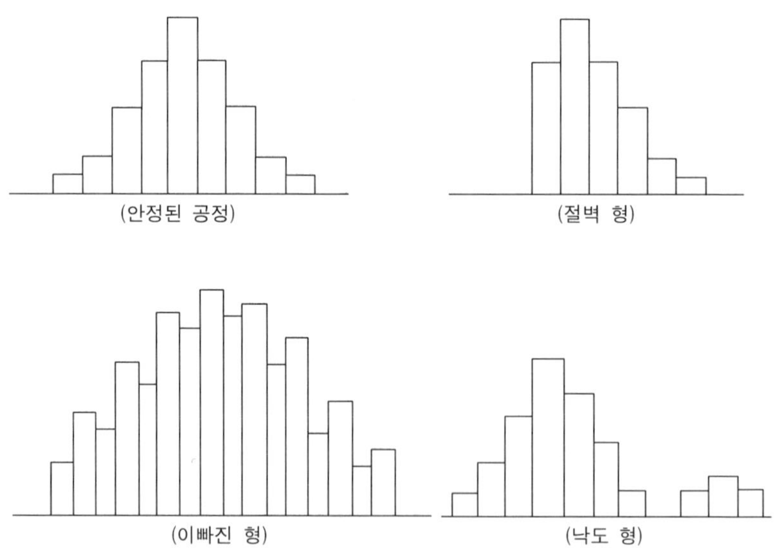

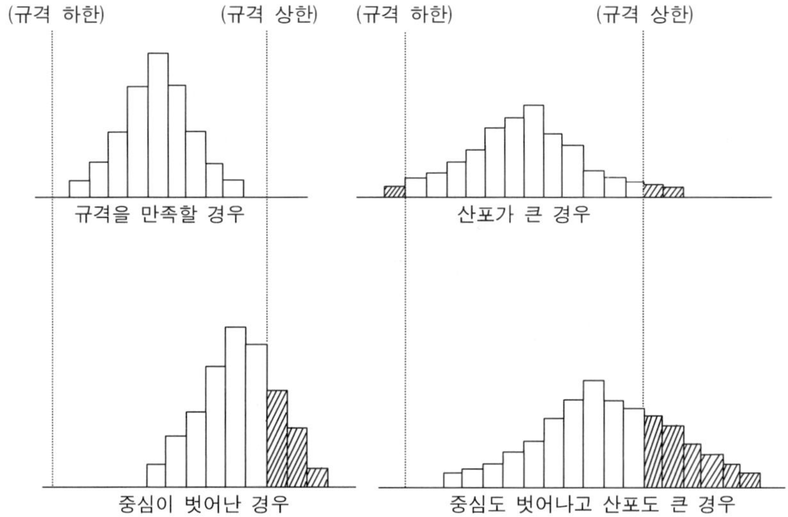

도표 14-8
히스토그램의 해석

2.5 산점도

산점도 (scatter diagram)란 두 개의 짝으로 된 데이터를 그래프 용지 위에 점으로 나타낸 그림이다 <(도표 14-9) 참조> 산점도를 작성하면 짝이 된 데이터의 관계를 살피는 경우가 많지만 특성과 특성, 요인과 요인의 관계를 나타내는 경우도 사용된다.

도표 14-9 수분과 신장률과의 관계

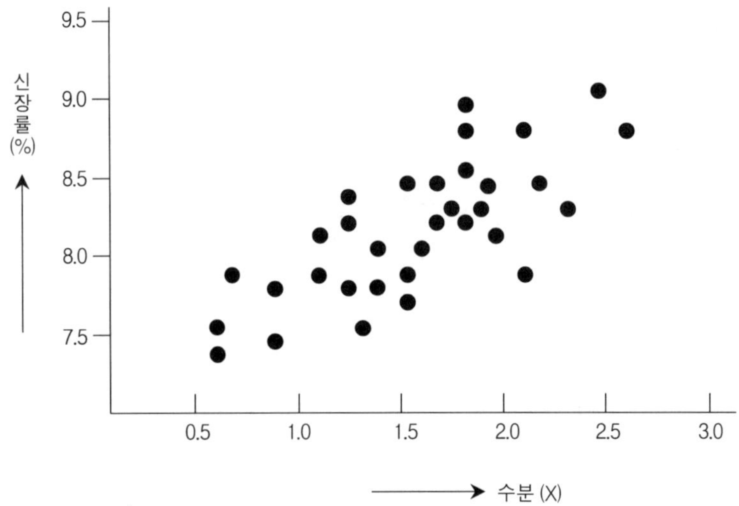

도표 14-10 산점도(X와 Y의 관계)

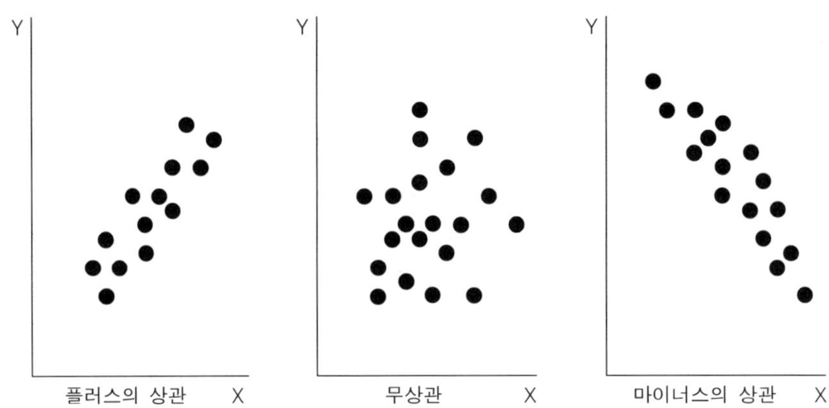

이 사용방법을 설명하면 다음과 같다.

① 짝으로 된 두 데이터의 사이에 어떤 관계가 있나를 알아본다.

X가 커지면서 Y도 커지면 '플러스의 상관이 있다'고 하고 X가 커지면 Y가 작아진다는 관계를 '마이너스의 상관이 있다'라고 한다(<도표 14-10> 참조).

② 층별한 삼점도를 작성하여 그 영향을 조사한다.

재료・기계・작업자・작업 방법(4M)등으로 층별한 산점도를 작성하고 그 영향을 살핀다. 그 결과 다른 모양이 다른 산점도가 만들어지면 층별한 요인이 영향을 미치고 있음을 뜻한다(<도표 14-11> 참조).

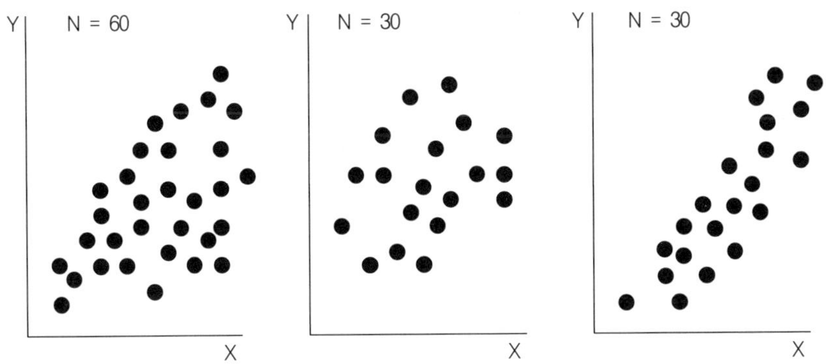

A, B 두 가지의 재료가 혼합되어 있는 경우 | 재료 A의 경우 (상관이 없다) | 재료 B의 경우 (플러스의 상관)

도표 14-11 산점도의 해석 사례

2.6 꺾은선 그래프(관리도)

꺾은선 그래프란 데이터의 움직임을 점과 꺾은선으로 이은 그림이다.

꺾은선 그래프 안에서 점의 이상 여부를 판단하기 위한 중심선이나 한계선을 기입한 것을 관리도라 한다(<도표 14-12 참조>).

꺾은선 그래프 데이터의 시간적 변화를 살피는데 좋은 방법이다.

또, 꺾은선 그래프 안에 데이터의 영향을 미치는 요인을 구분하여 적어 놓으면 이것들의 영향도 알 수 있다.

꺾은선 그래프는 측정하는 데이터 (계량값), 세는 데이터(계수값)의 어느 것이나 사용할 수 있다.

도표 14-12
약품의 특성에 대한 X의 관리도

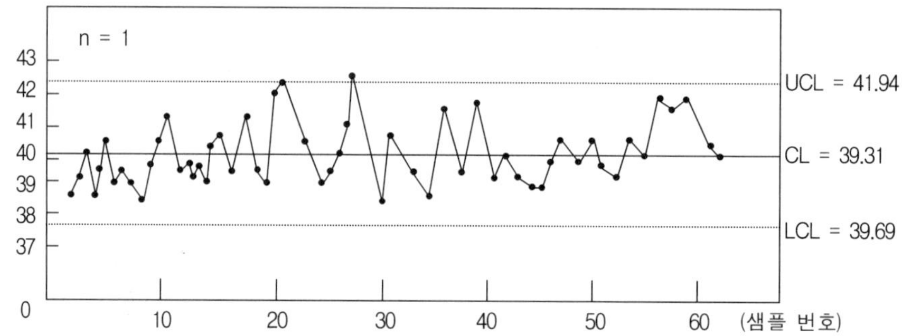

2.7 층별

층별이란 원인을 골라내는 방법으로 층별을 잘 하려면 다음의 3가지에 먼저 착안하여야 한다.

(1) 그룹으로 나누자

제조조건이 비슷한 것을 정돈하고 틀린 것을 구별하여 몇 개의 그룹으로 나눈다. 나누는 것을 층별이라고 하고 각 그룹을 층이라 부른다.

(2) 비슷한 것을 모으자

나눈 층 안에서는 비슷한 것이 모여서 산포가 작아지게끔 경험이나 기술적 지식을 활용한다.

(3) 특성 요인도의 큰가지는 층별을 할 때에도 꼭 맞는다.

4M 즉, 사람 · 기계 · 재료 · 방법 등으로 나눈다. 또한 시간별 · 지역별 · 기후별 등으로도 생각한다.

과거에는 옷을 마련할 때 대부분 맞춤복으로 했다. 기성복은 몸에 잘 맞지 않았기 때문이다. 그러나 지금의 기성복은 신장 · 체중 · 흉위등을 층별하고 나눈 층 안에서 산포를 작게 하고 있으므로 자기의 체형에 맞는 치수를 고르면 어느 제품의 기성품이든 몸에 꼭 맞는 옷을 고를 수 있게 되었다.

3. 신QC 7가지 도구

3.1 신QC 7가지 도구의 목적

기업에서 추진하는 품질경영의 목적은 다음의 5가지 체질을 강화함으로써 품질목적을 달성하려는데 있다.

① 문제를 파악하는 체질
② 계획을 중시하는 체질
③ 프로세스를 중시하는 체질
④ 중점지향을 하는 체질
⑤ 전원이 시스템 사고를 하는 체질

이상과 같은 체질강화를 목적으로 경영자를 비롯한 관리자, 스태프 그리고 현장작업자, 영업사원 등, 기업내의 모든 구성원이 힘을 합쳐 QM을 추진하게 된다.

그런데 이러한 QM의 추진과정에서 보면, 각자가 당면하는 문제 가운데는 일반적으로 수치 데이터의 해석뿐만 아니라 언어 데이터를 통한 정보파악도 하지 않으면 안된다. 기업내외의 각 분야에서 모집되는 다양한 데이터를 바탕으로 한 수법으로 적용함으로써 보다 효율적으로 QM을 추진하는데 신QC 7가지 도구의 목적이 있다.

3.2 신QC 도구

신QC 7가지 도구는 다음과 같다.

① 연관도법	② 친화도법	③ 계통도법	④ 매트릭스 도법
⑤ 매트릭스 데이터 해석법		⑥ PDPC법	⑦ 애로우 다이어그램법

3.2.1 연관도법(Relations Diagram)

(1) 연관도법이란

문제가 되는 사상(결과)에 대하여 요인(원인)이 복잡하게 엉켜 있을 경우에 그인과 관계나 요인 상호관계를 명확하게 함으로써 원인의 탐색과 구조의 명확화를 가능하게 하고, 문제해결의 실마리를 발견할 수 있는 방법이다.

가능하게 하고, 문제해결의 실마리를 발견할 수 있는 방법이다.

또한, 어떤 목적을 달성하기 위한 수단을 전개하는 데도 효과적인 방법이다.

(2) 적용사례

본 사례는 가전제품의 조립라인에서 만성부적합의 원인탐색에 적용한 예이다. 이때 작성한 연관도 가운데 최후에 작성한 것을 <도표 14-13, 14-14>에 표시한다.

도표 14-13 연관도의 개념

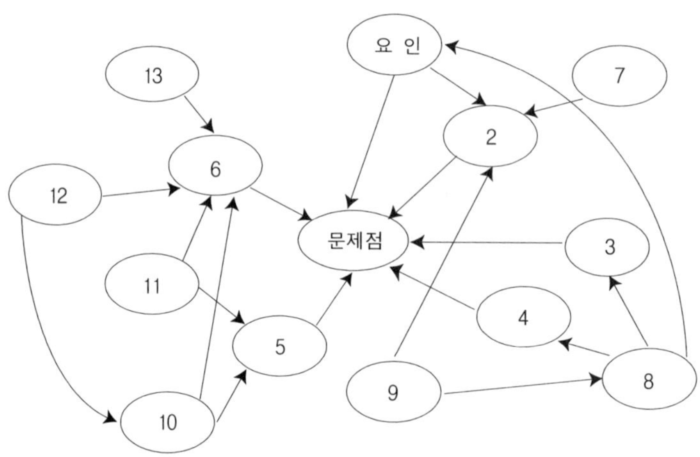

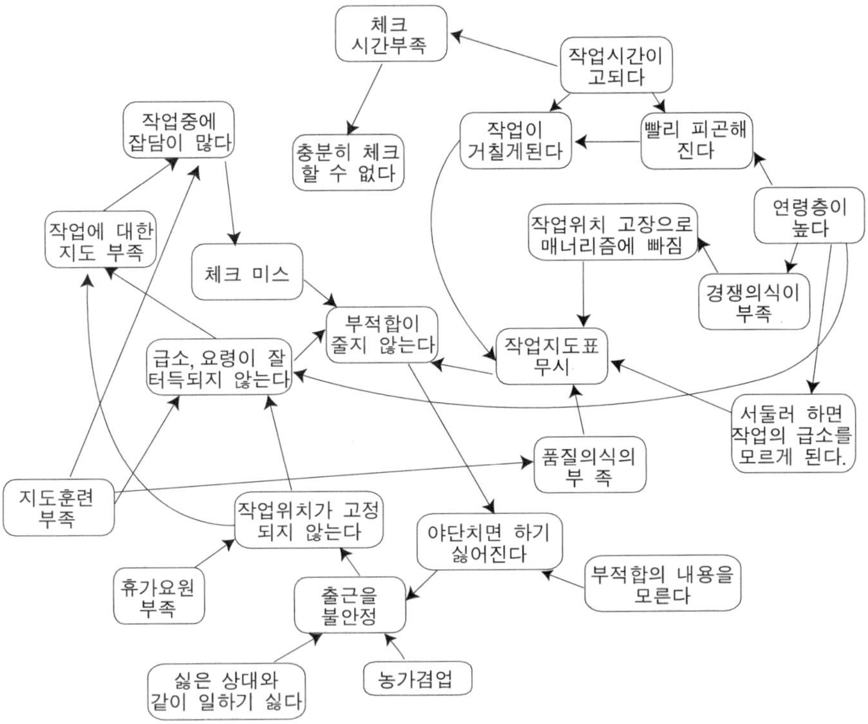

도표 14-14
가전제품 조립라인의 부적합 원인 추구 연관도

현장의 육성을 그대로 데이터로 파악하여 연관도법으로 분석한 결과, 종례까지 생각했던 작업자의 질이 낮다는 요인보다는 바른 작업지도가 부족하거나 적정 배치가 되어 있지 않았다는 등이 요인이 중요하다는 것이 판명 되었다. 새롭게 판명된 이런 요인에 대처한 결과, 부적합은 크게 줄고, 작업자의 사기도 향상되었다.

3.2.2 친화도법(Affinity Diagram)

(1) 친화도법이란

미지·미경험의 분양 등 혼돈된 상태 가운데서 사실·의견·발상 등을 언어 데이터에 의하여 유도하여 이들 데이터를 친화도법에 바탕하여 정리함으로써 문제의 본질을 파악하고 문제해결과 새로운 발상을 이끌어 내는 방법이다.

(2) 적용사례

"앞으로의 QA는 어떻게 되는가"에 관해 각자가 평소의 업무를 통해 관찰하거나 생각한 것 가운데서 언어 데이터를 서로 제풀하여 이것을 친화도법으로 정리한 것을 <도표 14-15, 14-16>에 표시한다. 이 결과에서 앞으로의 QA활동에 포함 시켜야 할 중요과제를 명확하게 할 수 있었다.

도표 14-15 친화도법의 개념

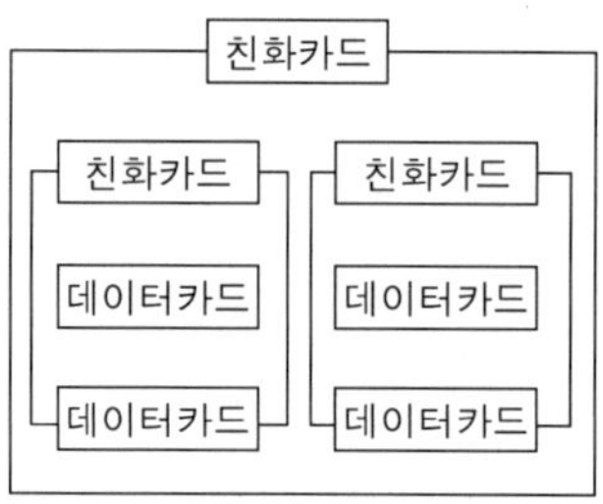

도표 14-16 친화도법을 적용할 문제

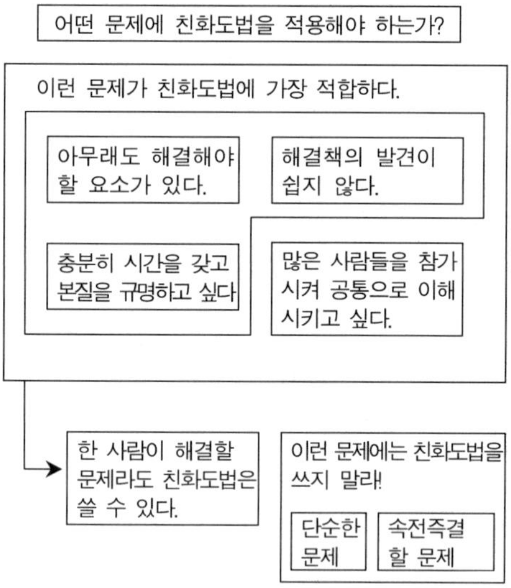

3.2.3 계통도법(Tree Diagram)

(1) 계통도법이란

이는 목적 · 목표를 달성하기 위한 수단 · 방책을 계통적으로 전개함으로써 문제(사상)의 전모에 대해 한눈에 알아볼수 있도록 하고 그 문제의 중점을 명확히 하는 것으로, 목적 · 목표를 달성하기 위한 최적의 수단 · 방책을 추구해 가는 방법이다(<도표 14-17> 참조).

그러므로 계통도법에서 계통도는 대상을 구성하고 있는 요소를 목적 · 수단의 관계를 전개하는「구성요소 전개형」과 문제해결이나 목적」목표를 달성하기 위한 수단」방책을 계통적으로 전갠하는 「방책전개형」으로 대별하게 된다.

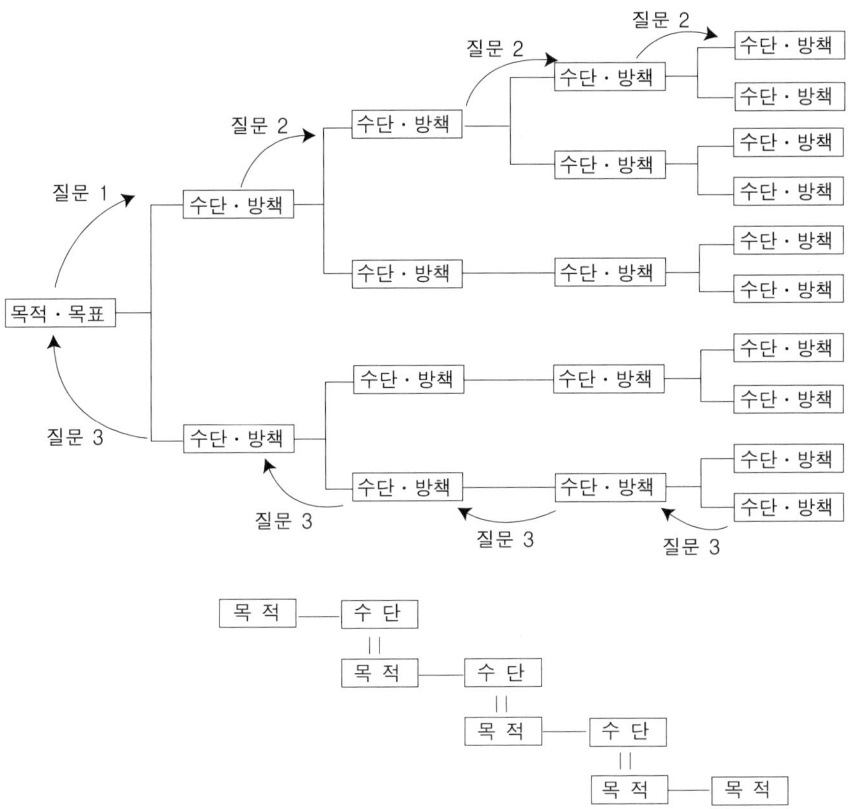

도표 14-17
계통법의 개념

(2) 적용사례

북클로즈가 공정의 도중에서 너비 방향으로 갈라지는 「원단 찢어짐 부적합」이 월 평균 59건이나 발생하는 만성부적합 상태에 있었다. 그래서 "원단 찢어짐 부적합에" 의한 손실을 최소화 한다.는 것을 제1레벨의 목적으로 하고, 이것을 "원단 찢어짐을 발생시키지 않는다."는 것과 "원단 찢어짐의 손실을 줄인다"는 것을 두 번째 목적으로 나누어 브레인스토밍법에 의해 유출한 각 방책의 아이디어를 <도표 14-18>과 같이 계통도로 정리하고 이것을 평가함으로서 실시사항을 결정하여 실시했다. 그 결과, 대책개시 후의 6개월간의 평균 찢어짐 건수가 13.2로 감소되었다.

도표 14-18 찢어짐 부적합에 의한 손실감소의 아이디어 계통도(방책전개형 계통도)

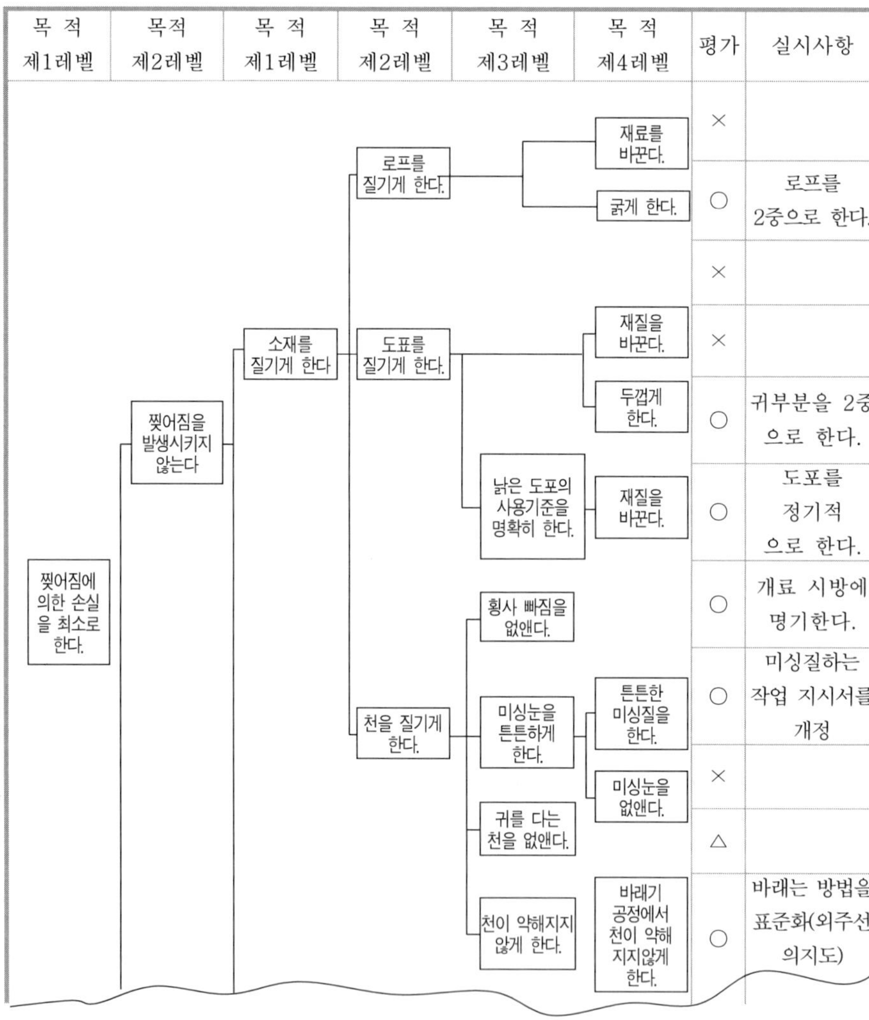

3.2.4 매트릭스 도법(Matrix Diagram)

(1) 매트릭스 도법이란

매트릭스 도법이란 문제가 되고 있는 사상 가운데서 상대가 되는 요소를 찾아내여 이것을 행과 열로 배치하고, 그 교점에 각 요소간의 연관유무나 관련 정도를 표시함으로써

· 이원적인 배치 가운데서 문제의 소재나 문제의 형태를 탐색한다.

· 이원적인 관계 가운데서 문제해결에의 착상을 얻는다.

등, 이 교점을 「착상의 포인트」로 하여 문제해결을 효과적으로 추진해 가는 것이다. 매트릭스 도법에서는 사용되는 매트릭스도를 그 패턴에 따라 다음과 같이 분류·명명하고 있다.

· L형 매트릭스
· T형 매트릭스
· Y형 매트릭스
· X형 매트릭스
· C형 매트릭스

		R						
		R_1	R_2	R_3	…	R_j	…	R_n
L	L_1							
	L_2							
	L_3							
	⋮							
	L_i					○		
	⋮					착상의 포인트		
	L_m							

도표 14-19 매트릭스 도법의 개념

도표 14-20 인쇄형 클로즈의 더러움 부적합원인 추구 매트릭스(T형 매트릭스)

현상 \ 공정(발생원)		기름	녹	삐져나옴自	삐져나옴他	검정	티	골	生地	유사	고리터짐	찌꺼기붙음	잔털붙음	손때	보올지	페이퍼	이색도료	정전기	먼지
닮아진 더러움		△							△				◎	○	○				
이색 더러움		◎	◎		○	◎	◎		○	○	△	○	◎			△	○	○	△
동색 더러움								△				○	○						
얼룩 더러움		△	△						○		○								
흑점 더러움		◎	◎	○		◎	◎									○	○	○	○
도료배합		○	◎		○	○													
	믹서		◎		◎														
	드럼관			○			○												
	원료			○			○												
	작업																		
운반·보관					○														
도장 기계	권출·권취	○	○																
	펌프·호오스		○			○	○							○	○	○	○	○	◎
	코오팅그롤		○					○			○	○					○		
	가이드로울	○									○	○							
	실린더					◎	◎					○							
	클립	○	◎								○	○							
	큐어	○	◎			◎	◎				○			○	○			○	
도장 환경	천장		◎			◎	◎				○								
	마(마루)					◎	◎											◎	
	플레임	○	◎			◎	◎				○								
	파이프	○	○			○	○				○	○							
	거수	○									○								
운반·보관						○	○				○			○			○		
다듬질 기계	스프레이																		
	물 맹글	○	○								○		○				○		
	풀붙임		◎			◎								○	○		○		
	광택죽임	○	○			◎	◎				○	○						○	
	로울	○				○	○				○				○				
다듬질	환경	◎				◎	◎										○	○	
재단 기계	싱글카터																		
	기로틴	○					○											○	
	S E	○																	
	마루	○					○												○
재단	환경																		○

◎ 관련 큼 ○ 관련 있음 △ 관련이 있을 것 같음

	1 내광성	2 세 탁 견우성	3 내한성	……	23 난연성	24 내약품성	25 내피제 장 해
1. 신사하복	$x_{1 \cdot 1}$	$x_{1 \cdot 2}$	$x_{1 \cdot 3}$	……	$x_{1 \cdot 23}$	$x_{1 \cdot 24}$	$x_{1 \cdot 25}$
2. 신사추동복	$x_{2 \cdot 1}$	$x_{2 \cdot 2}$	$x_{2 \cdot 3}$	……	$x_{2 \cdot 23}$	$x_{2 \cdot 24}$	$x_{2 \cdot 25}$
3. 부인하복	$x_{3 \cdot 1}$	$x_{3 \cdot 2}$	$x_{3 \cdot 3}$	……	$x_{3 \cdot 23}$	$x_{3 \cdot 24}$	$x_{3 \cdot 25}$
4. 부인추동복	$x_{4 \cdot 1}$	$x_{4 \cdot 2}$	$x_{4 \cdot 3}$	……	$x_{4 \cdot 23}$	$x_{4 \cdot 24}$	$x_{4 \cdot 25}$
5. 스커트	$x_{5 \cdot 1}$	$x_{5 \cdot 2}$	$x_{5 \cdot 3}$	……	$x_{5 \cdot 23}$	$x_{5 \cdot 24}$	$x_{5 \cdot 25}$
⋮ ⋮	⋮	⋮	⋮	⋮	⋮	⋮	⋮
⋮ ⋮	⋮	⋮	⋮	⋮	⋮	⋮	⋮
40. 덮개	$x_{40 \cdot 1}$	$x_{40 \cdot 2}$	$x_{40 \cdot 3}$	……	$x_{40 \cdot 23}$	$x_{40 \cdot 24}$	$x_{40 \cdot 25}$
A 포	x_1	x_2	x_3	……	x_{23}	x_{24}	x_{25}

도표 14-21
직물제품과 그 요구 품질의 매트릭스 데이터

(2) 적용사례

인쇄용 클로즈의 「더러움 부적합」에 관해 현상-원인-공정간의 각각의 관련을 <도표 14-20>과 같은 T형 매트릭스로 정리했다. 이 T형 매트릭스 중심으로 토의함으로써 부적합의 발생원인 각 공정의 대책안을 유출하여 「더러움 부적합 대책일람표」로 정리하고, 그 표에 따라 차례로 실시 해갔다. 그 결과 더러움 불량은 단기간에 대폭적으로 절감 되었다.

3.2.5 매트릭스 데이터 해석법(Matrix Analysis)

(1) 매트릭스 데이터 해석법이란

L형 매트릭스의 각 교점에 수치 데이터가 배열되어 있는 경우는 그들 데이터간의 상호 관계를 실마리로 하여 그 데이터가 지닌 정보를 한꺼번에 가급적 많이 표현할 수 있게 합성득점(중요도 합계점- 주성분)을 구함으로써 전체를 알아보기 쉽게 정리하는 방법이다.

주) 이 방법은 주성분 분석법이라 부르는 다변량 해석법의 한수법으로 「신QC 7가지 도구」 가운데 유일한 수치 데이터 해석법이다.

도표 14-22 매트릭스 데이터 해석법에 의한 신제품 직물 A의 용도탐색

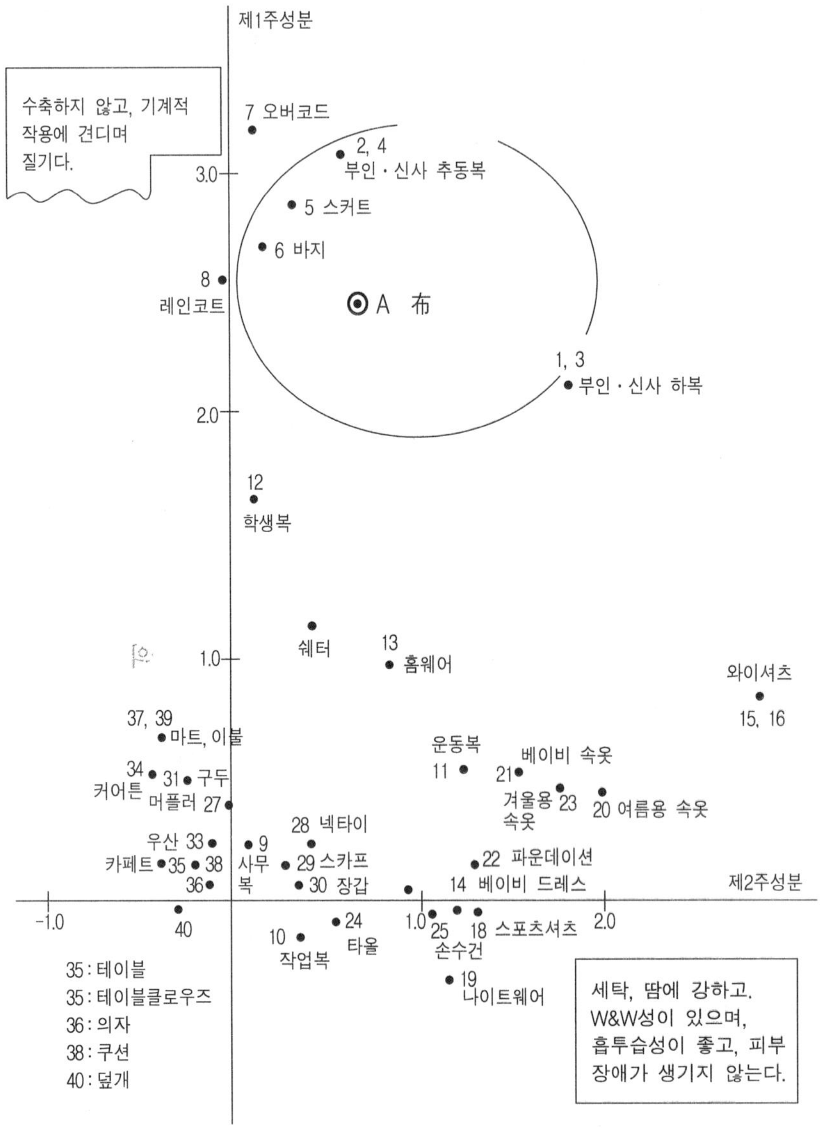

(2) 적용사례

섬유메이커에서 신소재를 개발하여 그것을 신제품으로서 판매하기 위하여는 우선 그 소재가 어떤 용도에 적합한가를 알 필요가 있다. 과거에는 전문가의 경험과 육감으로 처리해 왔다. 그래서 <도표 14-21>과 같이 직물제품과 그 요구품질 특성의 관련을 나타낸 데이터를 매트릭스 데이터 해석법으로 해석하면 <도표 14-22>와 같은 결과를 얻을 수 있게 되어 누구나 객관적으로 신소재의 용도 탐색을 할 수 있게 되었다.

3.2.6 PDPC법(Process Decision Program Chart)

(1) PDPC법

신제품개발이나 신기술개발 또는 제품 책임 문제의 예방이나 클레임의 절충, 나아가서는 치명적인 중대사태의 회피 등과 같이 최초의 시점에서 최종결과까지의 행방을 충분히 짐작할 수 없는 문제에 대하여 그 진보과정에서 얻어지는 정보에 따라 차례로 시행되는 계획의 정도를 높여 적절한 판단을 내림으로써 사태를 바람직한 방향으로 이끌어 가거나 중대사태를 회피하는 방책을 얻게 되는 방법이다.

(2) 적용사례

어떤 신제품 양산시험 단계에서의 쇼트런 테스트에서는 예견치 못한 중대부적합이 발생했다. 이 트러블을 해결하기 위해 상품연구소, 중앙연구소, 제조부문이 각각 역할을 분담하여 병행적으로 문제를 검토해 갔다. 검토하는 과정에서 판명된 사실을 축차적으로 정보교환하면서 얻어진 정보를 각각의 실시계획에 추가하는 동시에 계획의 정도를 높여가며 추진해 나갔다. 그 결과, 단기간에 문제가 해결되고 신제품의 양산화에 성공하게 되었다. 그것을 해결한 시점에서의 PDPC를 <도표 14-23>에서 나타내고 있다.

도표 14-23
PDPC 법의 개념

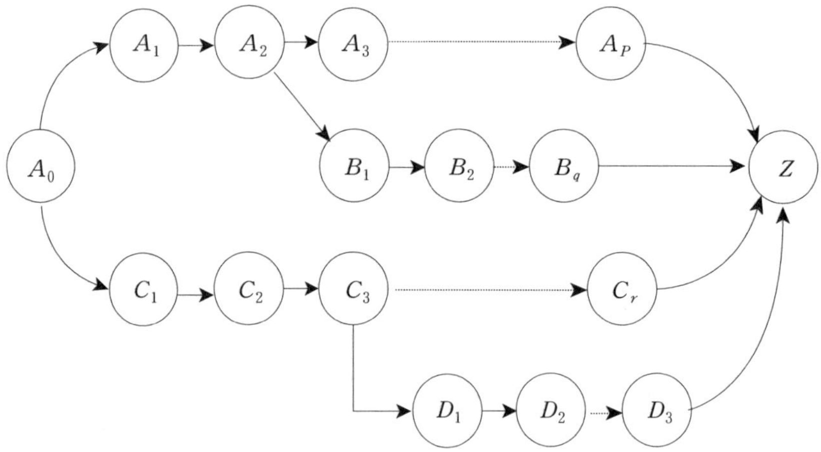

3.2.7 애로우 다이어그램 (Arrow Diagram)

(1) 애로우 다이어그램법이란

애로우 다이어그램(화살선 그림)은 PERT(PERT : Program Evaluation and Review Technique)나 CPM(CPM : Critical Path Method)에서 쓰이는 일정계획을 위한 네트워크 그림이다. 즉, 어떤 계획을 추진해 감에 있어 필요한 작업의 관계를 <도표 14-24>와 같이 여러 개 연결하여 네트워크를 짠 것이다.

일정계획과 그 진도관리에 「애로우 다이어그램법」을 사용할 때 다음과 같은 효과가 있다.

- 치밀한 계획을 세울 수 있다.
- 계획단계에서 안을 다듬기 쉽기 때문에 최적의 계획을 세울 수 있다.
- 실시단계에 들어간 다음의 상황의 변화, 계획의 변경 등에 대처를 하기 쉽다.
- 일부의 작업지연이 전체적 계획에 미치는 영향에 대하여 정확한 정보가 신속하게 전달된다.

(2) 도시기호 및 명칭

애로우 다이어그램을 구성하는 요소는 <도표 14-24>와 같다.

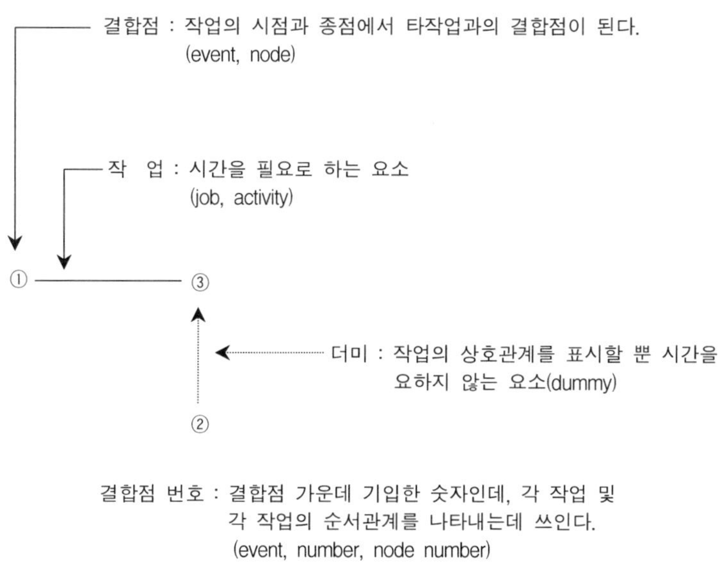

도표 14-24
도시 기호와 명칭

(3) 적용사례

본 사례는 전자기기 Model 52 개발 계획에서 전체 일정을 약 1개월 단축하지 않을 수 없는 사태가 생겨 Critical Path상의 소요일수가 긴 것부터 차례로 일정 단축을 거듭한 결과 <도표 14-25>에서 보는 바와 같이 기초 계획 202일 소요 일정이 173일로 단축되어 약 1개월(29일) 단축하였다.

4. 품질 분임조

4.1 품질 분임조 활동의 의의

품질 분임조는 「같은 직장 또는 같은 부서 내에서 품질 생산향상을 위해 계층간 또는 계층별 소집단을 형성하고 자주적 · 지속적으로 작업 또는 업무개선을 하는 전사적 품질기술혁신조직」이다.

도표 14-25 ➡ 전자기기 Model 52 개발 계획(일정 단축 계획)

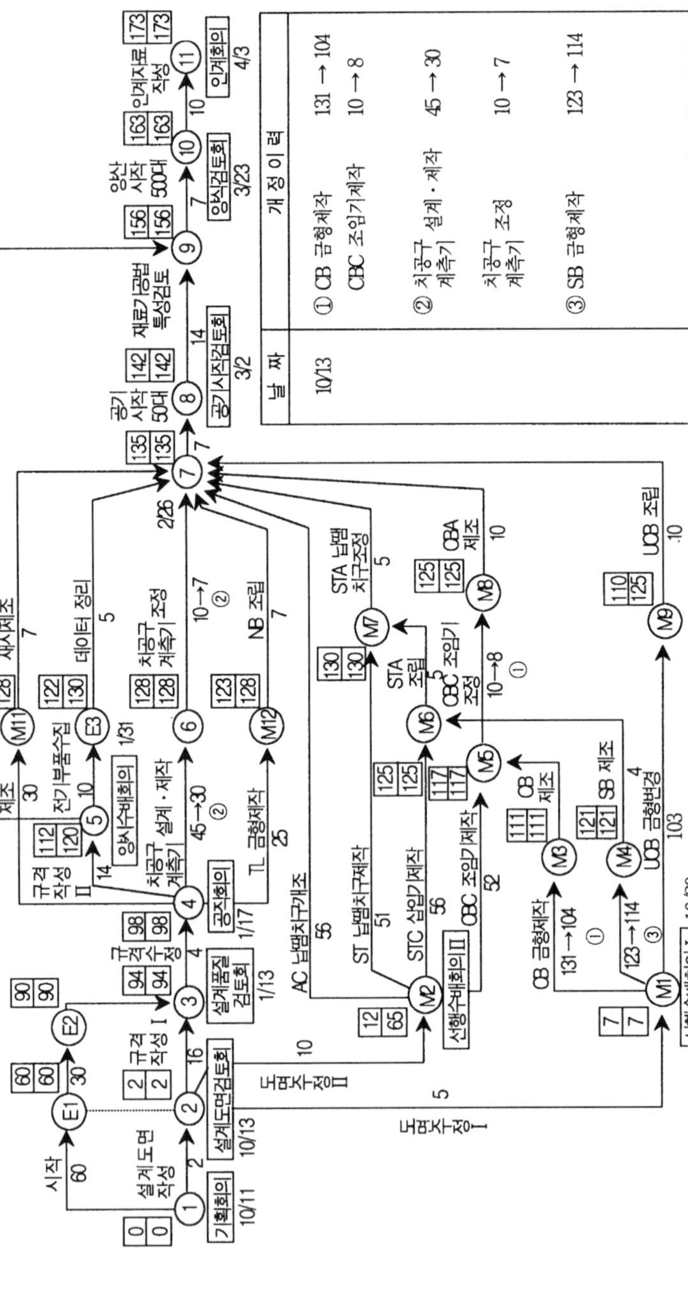

품질 분임조 활동은 전사적 품질경영활동의 일부이기는 하지만 그 자체는 아니다. 그러나 전사적 품질경영활동이 추진되지 않으면 품질 분임조는 존재할 수 없으며, 비록 존재하더라도 형식적이고 일시적인 것에 불과하다. 따라서 품질 분임조 활동이 그 본래의 기능을 원활히 수행하기 위해서는 적어도 다음 사항이 고려되어야 한다.

① 일선감독자의 리더쉽과 능력을 계발하도록 해야 한다.

② 모든 작업자의 참여에 의한 사기양양 및 QC의 극대화로 작업자 스스로가 QC상의 여러가지 문제를 인식하고 어떻게 하는가를 깨닫도록 해야 한다.

③ 전사적 품질관리활동의 통합수단으로서 또한 현장의 핵심적 활동으로서 관리 정책의 명확화, 작업감독의 안정화 및 작업표준의 확립에 기여하도록 해야 한다.

여기에서 중요한 것은 품질 분임조 구성은 개개인의 능력계발과 참여 의욕이라고 할 수 있다. 왜냐하면 품질 분임조는 소집단의 특성을 활용해서 종업원의 동기를 부여하고 문제를 해결함으로써, 궁극적으로 기업의 전반적 발전에 기여하자는데 그 목적이 있기 때문이다.

이를 위한 품질 분임조 활동의 기본 이념은 다음과 같다.

① 기업이 체질개선 발전에 기여한다.
② 인간성을 존중하여 보람있고 명랑한 직장을 조성한다.
③ 인간의 능력을 발휘하여 무한한 가능성을 창출한다.

품질 분임조를 잘 운영해 가기 위해서는 여러 가지 사항을 생각하지 않으면 안된다.

그 기본적인 마음가짐은 다음과 같다.

① 자기계발

② 자주성

③ 그룹활동

④ 전원참가

⑤ QC수법 등의 활동
⑥ 직장에 밀착된 활동
⑦ 품질 분임조 활동의 활발화와 영속
⑧ 상호 계발
⑨ 창의 연구
⑩ 품질의식, 문제의식, 개선의식

품질 분임조 활동에서의 문제해결 과정(QC스토리)과 단계별 진행요령은 다음과 같다.

4.2 분임조 단계별 진행요령

4.2.1 주제선정

(1) 선정의 원칙

업무를 처리하는 과정에서 많은 문제점들이 있다. 그렇다고 이 많은 무제들을 한꺼번에 해결 할 수는 없는 것이며 따라서 가장 가깝고 쉬운 것부터 하나하나 단계적으로 해결해 나가야 한다. 주제선정은 그 분임조의 실력·경험 등에 따라 달라진다. 처음부터 성과나 평가, 발표회만을 의식하여 너무 커다란 주제나 어려운 주제를 선정하면 활동이 추상적인 토론으로 일관되어 효과를 기대하기가 어렵게 된다. 따라서 주제의 선정이 잘되고 못됨이 분임조 활동을 본궤도에 올리느냐 못올리느냐와 직결되며, 또 성과는 크게 영향을 미친다.

① 처음에는 자신들에게 가깝고 비근한 문제 선정
② 조원들의 공통적은 문제를 선정
③ 단기간에 해결 가능한 문제를 선정
④ 필요성을 느끼고 있는 문제를 선정
⑤ 구체적인 문제를 선정

(2) 주제 선정의 중요도 평가

몇 가지 문제점이 나오면 그 중에서 어느 것을 이번 주제로 할 것인지를 결정하게 된다. 목소리가 큰 사람이나 고참의 의견이라고 해서 무조건 따른다면 너무나 무책임하다. 당연히 충분한 대화를 나누고 결정해야 한다.

대화의 도구로써 권장하고 싶은 것이 '주제 선정의 중요도 평가법'이다.

<도표 14-26>과 같이 효과성(큰 성과인가, 작은 성과인가), 난이도 (해결은 용이한가, 곤란한가), 시급성(해결이 급한가, 천천히 해도 되는가) 등의 관점에서 의견을 토론한다.

평점은 3등분 정도로 나누어 거수 또는 투표로 점수를 매기고 합계점이 가장 많은 것을 이번 주제로 정한다.

이런 방법은 전원의 의견을 반영하게 되므로 사후에 불평이 나오는 경우 또는 없을 것이다.

평가 항목 / 문제점	효과는 큰가	쉬운가	급한 일인가	자기들의 힘으로 해결할 수 있는	기간 내에 가능한가	합계점	평 가
A	5	1	3	5	5	19	○
B	5	3	3	1	5	17	○
C	1	3	3	3	3	13	△
D	3	5	5	5	3	21	◎
E	3	1	1	1	1	7	×
·	·	·	·	·	·	·	·
·	·	·	·	·	·	·	·
·	·	·	·	·	·	·	·

도표 14-26
주제 선정이 중요한 평가도(예시)

주제 선정의 평가 항목은 다음과 같은 것들을 참고로 하면 좋을 것이다.

① 전원 참여가 가능한가 (전원 참여성 또는 멤버의 이해와 협력도)
② 방침 및 계획과의 연관성은 좋은가 (방침 연관성)
③ 그 문제의 해결은 시급한것인가 (시급성)
④ 해결 기간은 적당한가 (해결 기간 또는 해결 난이도)
⑤ 기대 효과는 큰가 (기대효과)
⑥ 윗사람이나 타부문의 요망이 있는 것인가 (요망에의 부응, 기여도 등)

(3) 주제의 구체적인 예

아래의 주제는 주제 선정시 참고용으로 선정한 대표적인 예에 불과하다.

도표 14-27 현장 부문의 주제 일람표 예

문 제 점	포 인 트
품질을 유지 향상시킨다. (Quality)	· 공정 부적합품을 줄인다. · 부적합품의 재발 방지 · 산포를 작게 한다 · 작업 지도서를 올바르게 지킨다. · 부주의에 의한 부적합품을 줄인다 · 이점을 명확히 한다. · 품질의 이상을 줄인다 · 표준화한다. · 클레임을 줄인다. · 신뢰성을 향상 시킨다. · 품질을 향상시킨다. · 관리의 정착·재발 방지를 한다. · 품질 공정 능력을 올린다. · 공정을 안정 상태로 한다.
코스트를 절감한다. (Cost)	· 경비를 삭감한다. · 공수를 절감한다. · 재료 부품을 절약한다. · 재손질을 감소시킨다. · 원단위를 절약한다. · 인원을 삭감한다. · 작업시간을 단축한다. · 수율을 향상 시킨다. · 작업을 활용한다. · 설비의 가동률을 높인다.
생산량을 증가시킨다. (Delivery)	· 생산량을 증가시킨다. · 생산량을 향상 시킨다. · 납기를 지킨다. · 작업 시간을 단축한다. · 재고를 줄인다 · 진도 관리를 한다. · 재고 관리를 감소시킨다. · 지그 공구를 개선한다. · 레이아웃을 개선한다 · 설비의 가동률을 향상 시킨다.
모랄을 향상시킨다. (Morale)	· 환경을 미화한다. · 개선 제안을 활발히 한다. · 출근율을 향상 시킨다. · 즐거운 직장을 만든다. · 적정하게 배치한다. · 팀워크를 원만히 한다. · QC 분임조 활동을 즐겁게 진행한다. · 한사람 한사람의 능력을 향상시킨다. · 품질 의식을 높인다 · 직장 규율을 확립한다.
안전을 확보한다. (Safety)	· 직장이 안전을 확보한다. · 정리·정돈한다. · 자신들의 안전을 확보한다. · 환경을 정비한다. · 재해 사고를 감소시킨다. · 안전 관리를 충실히 한다.

4.2. 목표 설정

주제가 선정되면 활동기간을 정하고 현재상황과 비교하여 목표를 설정해야 한다.

즉, 언제까지 어느 정도 달성해 보겠다는 것은 구체적으로 정하도록 한다.

(1) 좋은 목표의 조건

① 관계자의 납득과 신뢰를 얻을 수 있을 것

② 관계자의 의욕과 행동을 자극할 것

③ 달성될 수 있고 결과의 확인이 가능한 내용일 것

④ 목표 달성의 노력에 비해 기대 효과가 클 것

⑤ 상 · 하 수평간의 관계 및 전체 목표와의 관계(기여도) 가 잘 검토되고 서로의 관련이 명확할 것

⑥ 목표의 근거, 이유 등이 명확하고 증거가 뚜렷할 것

⑦ 절실감이 있을 것

⑧ 문서로 되어 있을 것

(2) 목표는 구체적으로 숫자로서 나타낸다.

선정한 문제에 대해 개선을 하여 현상보다도 얼마만큼 좋은 상태로 향상 시킬 것인가 하는 것이 목표 설정이다.

'부적합품을 없애자'라든지 '코스트를 내리자'라고 하는 것 같은 정신 운동으로서의 방향 제시를 위한 슬로건적인 표어가 아니고, 어느 누구든지 명확하게 알 수 있도록 구체적인 목표를 정하는 것이 필요하다.

목표는 다음의 3가지 요소로 명확하게 제시해야 한다.

① 무 엇 을 … 평가 항목 (특성)
② 언제까지 … 달성 기한 · 완결기한
③ 얼마만큼 … 달성해야 할 목표값

(3) 달성 가능한 목표를 세운다.

이상(理想)은 높게 가져도 좋지만 개선하는 목표는 반드시 좋은 것은 아니다. 하기 쉬운 목표를 그다지 노력하지도 않은 채 달성한다면 진보가 더디고 기쁨도 느끼지 못할 것이다. 그렇다고 하여 지나치게 높아 제 아무리 노력하여도 목표의 반도 달성하기 어렵다면 점차 자신을 잃게 되어 하고자 하는 의욕마저 사라지게 된다.

(4) 회사 방침과 윗사람의 지시에 부응하는 목표를 세운다.

회사의 방침관리나 목표관리의 일환으로써 자기 부서·공정이 수행해야 할 책임을 인식하는 일은 기본적으로 매우 중요하다고 할 수 있다.

목표의 설정에서도 회사의 방침, 윗사람의 지시에 따르는 목표이어야 하고, 관련되는 타 부분과의 계획과도 상호 조정이 이루어지는 것이 필요하다..

자주적으로 목표를 설정하고 온갖 노력을 다해 이 목표를 달성했을 때의 기쁨은 더하겠지만, 자주적이라고 해서 자기 임의로 정할 수 있는 것만은 아니다.

4.2.3 활동계획 수립

주제가 선정되고 목표가 정해지면 문제해결을 위한 활동계획을 세부적으로 수립하여 추진하도록 해야한다.

(1) 활동계획의 수립방법

① 5WIH를 결정한다.

활동계획은 6하원칙에 의거 세밀하게 작성되어야 일정기간에 소기의 성과를 얻을 수 있다.

· WHO(누가)- 담당자 결정
· WHAT(무엇을) - 조사분석 대상
· WHEN(언제까지) - 기한을 명확하게
· WHERE(어디서) - 자료 수집할 곳

· WHY(왜) – 활동목적을 분명하게

② 전원이 검토하고 전원이 이해하고 전원이 추진한다.

어느 특정인만이 의견을 제시하고 계획을 세우는 것이 전원참여의 그룹활동이라 할수 없다. 전원이 검토하고 전원이 이해하여야만 전원이 그룹활동을 추진할 수 있는 것이다. 전원이 생각하고 검토하면 보다 쉽게 좋은 계획을 수립할 수 있는 것이다.

③ 1인 1역 전담제 시시

전원이 추진한다고 해서 모든 문제를 전조원이 다함께 해결하려고 한다면, 혼란만 가중될 뿐 해결의 실마리는 찾을 수 없는 것이다. 문제를 세분해서 하나하나에 대하여 담당자를 정해서 각자의 책임하에 추진시킬 필요가 있는 것이다.

(2) 활동일정의 결정

문제 해결을 위한 다음 활동항목에 대하여 담당자와 일정을 정하여 계획서를 작성하고, 작성된 계획서는 지도사원의 확인을 받아 사무국에 제출하여야 한다.

① 현장조사분석　　i) 자료수집(현상파악)
　　　　　　　　　ii) 자료검토(현상분석)
　　　　　　　　　iii) 원인파악

② 대책검토 및 수립

③ 대책실시

④ 효과확인

⑤ 재발방지 및 표준화(정책화)

⑥ 반성회 (종합정리)

⑦ 보고서 작성 및 제안

4.2.4 현상조사분석 (자료수집 · 자료검토 · 원인파악)

현상조사분석 과정은 분임조 활동의 특징이며 가장 중요한 부분이다. 문제에 대한 원인을 철저히 규명해야만 적절한 대책을 수립하여 개선책을 유도해 낼 수 있다. 즉 문제점에 대한 주원인이 무엇인가를 경험이나 육감에 의한 것이 아니라 사실에 입각해서 근본원인을 규명하게 확인하는 것이다.

조사분석 대상에 대한 담당자와 방법 · 장소 일정을 정하여 「현상조사 분석 계획표에 기록하고 원인을 제거함으로써 주제에 미치는 예상효과를 도표로 이용하여 계획표에 나타나도록 한다.

(1) 모든 것을 숫자로 표시한다.

조원들이 열심히 자료를 수집했으나 그것이 무엇을 의미하는지를 발견치 못하면 아무소용이 없다. "구슬이 서말이라도 꿰어야 보배"란 말이 있듯이 수집된 자료를 숫자로 표시하여 나타냄으로써 자료가 뜻하는 바를 알고 적절히 활용할 수가 있다.

(2) 움직임(동작)을 관찰해 본다.

숫자에 의한 정태적 분석뿐만 아니라, 문제에 따라서는 움직임이나 동태적 관찰을 해볼 필요가 있다. 예를 들면 타사를 방문하여 관찰해 본다던가, 전산처리과정을 세밀히 분석한다던가 하는 경우, 뜻밖의 새로운 사실을 발견하는 수가 있다.

(3) 전체적으로 넓게 관찰한다.

(4) 분석결과는 도표화한다.

데이터를 취하는 데는 반드시 목적이 있어야 한다. 즉, 그 데이터를 보고 무엇인가 행동을 취할 수 있어야 한다. 쓰지 않을 행동하지 않을 데이터는 취할 필요가 없는 것이다.

그렇다면 어떤 데이터를, 어느 정도, 또 어떻게 취해야 할까? 목적에 부합되는 데이터를 적절하게 취한다는 것은 매우 중요하다.

(1) 특성화 값을 명확히 한다.

공정의 상황을 판단하기 위해 선택한 값을 '특성값'이라고 부른다. 그런데 이 특성값에 대한 정보가 바로 데이터이다.

데이터에 의해 특성값의 상황을 알고 '공정에 이상이 있는가 없는가', '이상의 원인은 무엇인가'를 파악한다.

따라서 특성값으로 무엇을 선정할 것인가가 중요하다.

공정의 진단에는 적절한 특성값을 선정할 필요가 있는데, 이를 위해서는 다음사항에 유의를 해야 한다.

① 데이터를 취하는 목적에 맞는 특성값을 선정할 것
② 공정의 상태를 한눈에 알 수 있는 특성값을 선정할 것
③ 샘플링이나 측정을 하기 쉬운 특성값을 선정할 것

(2) 여러 각도에서 층별한 데이터를 잡는다.

특성값이 정해지면, 그 특성값을 여러 각도에서 알아보기 위한 데이터가 필요하다. 즉, 부적합품 특성을 흠집 부적합품인가, 이물질 혼입인가 등의 부적합 내용별로 조사한다.

제품별이나 부적합품 부위별로 조사한다. 그리고 재료별 · 기계별 · 작업자별 · 시간별 등으로 구분해서 데이터를 잡는다. 이렇게 하면 부적합의 원인을 파악하는데 매우 편리하다.

이것을 '층별'이라고 한다. 층별이란 간단히 말해 필요한 요인마다 데이터를 나누는 것을 말하는데, 나눈다는 것은 곧 안다는 것으로 통한다.

만약 부적합 데이터를 1개월분 취해도 그것이 층별되지 않은 데이터라면 현상을 제대로 파악할 수 없게 된다.

이와같이 여러 각도에서 층별한 데이터를 취하는 것이 '현상 파악'에서 가장 중요하다.

(3) 데이터를 잡는 기간을 적절하게 한다.

데이터의 수집 기간에 대해 생각해 보기로 하자. 기간의 결정은 얼핏 간단해 보이는 것 같지만 실제로는 매우 어려운 일이다. 따라서 결코 소홀히 해서는 안된다.

(4) 그 밖의 데이터를 잡을 때의 유의 사항

① 데이터 수집의 이력이나 조건을 기록해 둔다.

② 데이터는 숫자로 기록하는 것보다 직접 체크시트에 기록하도록 한다.

③ 많은 것중에서 몇 개를 샘플링 하여 측정할 경우에는 전체에서 고르게 샘플링 할 수 있도록 연구한다.

④ 데이터는 한번만 얻는 게 아니고 과거의 상태와 비교하기 쉽도록 항상 일정한 조건으로 계속해서 얻는다.

⑤ 계측기 관리를 잘하여 항상 소정의 정밀도가 유지될 수 있도록 한다.

4.2.5 대책검토 및 수립

(1) 대책안(아이디어)를 짜낸다.

아이디어를 내려면 혼자서 생각하는 것보다는 여러 사람이 모여서 궁리하는편이 더 좋다. 이를 위해서는 브레인스토밍 방법으로 추진하는 것이 효과적이다.

(2) 대책안을 평가한다.

브레인스토밍으로 나온 많은 아이디어를 경제성(저렴하게 할 수 있는가), 기술성(기술적으로 가능한가), 작업성(일을 잘 할 수 있겠는가) 등의 관점에서 검토하여 어느 아이디어를 채택할 것인가를 결정한다.

(3) 대책안을 구체화한다.

채택된 아이디어를 구체적으로 검토하여 개선 실시안을 작성한다. 이 때 위 사람이나, 스탭, 앞·뒤 공정의 사람에게도 되도록 의견을 물어서 그것을 반영시키는 것이 중요하다.

4.2.6 대책 실시

(1) 대책안을 시행한다.

어떤 대책안이라도 막상 실제로 해보면 뜻대로 안되는 점이 몇가지 나오기 마련이다. 그러므로 실시하기 전에 테스트를 해보고 실제로 잘 되는가 어떤가를 확인 하는 것이 필요해 진다. 이것이 시행(試行)이다.

(2) 대책안을 결정한다.

시행해 보고 잘 된다는 것이 확인 되었으면 이것을 대책안으로 결정한다. 만약 미비한 점이 나타나면 다시 원인 분석을 하여 테스트를 반복한다.

(3) 윗 사람의 승인을 받는다.

실시할 때에는 윗사람의 승인이 필요하다. 윗사람이나 관계자에게 대책안을 설명하여 승인을 얻을 뿐만 아니라, 필요에 따라서 실시의 협력을 요청한다. 또 예산이 필요한 경우는 승인 절차를 밟는다.

(4) 실행에 옮긴다.

관계자 전원이 힘을 합처서 추진한다. 특히 중요한 것은 계획대로 추진하고, 한 두 번의 실패에 굴하지 않고 끈기 있게 추진하는 것이다.

4.2.7 결과 분석 (효과 분석)

좋은 대책이라고 생각했던 것도 실제로 실행에 옮기다 보면 좀처럼 생각대로 되지 않는 경우가 많다. 따라서 수립된 대책을 실시해 본 후에는 결과를 분석하여 기대했던 효과가 나타났는가를 반드시 확인해 본다.

(1) 데이터에 의해 확인한다.

대책실시 결과 나타난 효과에 대하여 막연하게 "잘될 것 같다", "좀 불충분한 것같다"는 등의 효과확인은 정확한 효과를 측정할 수 없을뿐더러 정착화시키는 데는 문제가 있다. 더구나 분임조원들에게 뚜렷한 효과를 인식시킬수 없어 앞으로의 활동에도 의욕을 불러일으킬 수 없게 된다.

(2) 효과도 도표(그래프)로 나타내 본다

효과가 숫자화 되면 이를 보다 일목요연하게 알 수 있도록 도표로 표현해 본다.

(3) 효과가 불충분하면 재도전 해본다.

효과가 항상 생각했던 대로 나타나는 것이 아니다. 효과가 불충분하면 전원이 다시모여 검토해보고 원인 분석하여 다시 한번 도전해 보는 것도 좋다.

즉, · 현상 및 원인 분석은 옳았는가?

· 발견 못한 요인은 없었는지?

· 대책은 적절하였는지 등을 검토해 본다.

(4) 효과측정은 각 대책별로 한다.

몇 개의 대책과 조치를 취한 경우에는 그 대책의 효과가 종합되어 나타나기 때문에, 어떤 대책이 가장 효과적이었는지 알아보기가 곤란할 때가 있다. 따라서 실시된 내용의 정착화와 표준화를 위해서는 실시했던 대책마다 각각 효과측정을 하는 것이 바람직하다.

4.2.8 재발방지 및 표준화 (정착화)

대책을 실시해서 효과가 확인되면 지도사원과 상의하여 일상업무 처리에 정착화 시켜 재발을 방지해야 한다. 전조원이 힘들여 얻은 결과가 원점으로 되돌아가면 QC분임조 활동의 참다운 의의가 없데 된다. 조원이나 조장이 전근·퇴직으로 인하여 담당자가 바뀌더라도 계속해서 실시할 수 있도록 정착화하는 것이 중요하다. 또한 표준화가 가능한 항목은 지도사원의 협조와 실무위원회의 결제를 받아 표준화를 작성하여 QM 사무국으로 제출하여 표준화 작업을 체계화하도록 한다.

표준화를 실시할 때에는 다음의 4가지 요점을 고려해야 한다.

① 작업하는 방법을 정착시킨다.
② 도면 · 규격 등의 수정을 받는다
③ 관리방법도 확실하게 설정한다.
④ 교육 · 훈련을 통해 새로운 방법을 주지시킨다.

4.2.9 반성회 (종합정리)

한가지 주제에 대한 활동이 끝나면 정리종합이 필요하다. 다시 처음으로 되돌아가, 처음 주제를 선정한 이유에서부터 그동안 활동경과를 되돌아보고 앞으로의 활동에 참고로 하는 것이 반성회를 갖는 이유이다. 이것은 문제 해결능력 향상에도 도움이 된다.

(1) 목적

① 전조원이 활동상황을 되돌아 보고 반성하며, 다음 활동을 위한 거울로 삼는다.
② 활동상황을 문서로 종합정리 기록함으로써, 사람이 바뀌어도 정착할 수 있고 다른조에게 참고자료가 되며, 회사 전체적으로 제도화할 경우에 필요하다.
③ 활동경과를 평가받고 상사나 사무국의 지도 · 협조를 받을수 있다.

(2) 방법

종합정리하는 방법은 다음의 7단계 과정이 일반적이다.
① 왜 그 주제를 선정했는가? - 주제선정 사유를 분명히 한다.
② 다른방법으로 분석했는가? - 어떻게 조사 분석했는가를 볼 수 없으면, 나중에 다른 사람이 볼 경우 이해하는데 곤란을 겪게 된다. 분석할 때 어려웠던 점, 고생한 점 등을 꼭 넣어야 한다.
③ 분석결과는 어떠했는가? - 분석한 결과는 모두 도표나 그래프로 요령있게 정리해 두도록 한다.

④ 어떤 대책을 수립·실시했는가? - 누가 어떤 대책을 언제 실시했는가를 명확히 해 둔다. 성공한 대책 뿐만 아니라 잘 되지 않은 대책도 빠뜨리지 않는다.

⑤ 대책의 효과는 어떠했는가? - 표면에 나타난 구체적인 효과 즉, 유형의 효과 뿐만아니라, 무형의 효과도 적어 넣도록 한다.

⑥ 정착화를 위해 어떤 조치를 했는가? - 재발방지를 위해 세운 조치를 검토하며 그 조치가 최선의 조치였나를 다시 한번 확인한다.

⑦ 반성과 앞으로의 계획은?

- 효과는 기대한 대로였나, 아니면 그 이유는?
- 일정은 계획대로 였는가, 아니면 그 이유는?
- 미해결 문제는 무엇인가?
- 접근방법(QC 수법)은 잘 취해졌는가?
- 팀웍은 잘 이루어졌는가?
- 조원들은 자기계발·상호계발에 노력했는가?

4.2.10 보고서 작성 및 개선제안 제출

(1) 보고서 작성

한가지 주제를 중심으로 하여 분임조 활동이 끝나면 활동과정 및 결과를 종합·정리하여 보고서를 작성하고 소정의 결재를 받아 사무국에 제출한다.

제출된 보고서를 활동경과의 평가를 받고 좋은 결과는 회사 전체에서 실시하도록 조치해야 한다. 또한 매월말 현재의 분임조 활동 추진상황을 사무국에 보고하여야 한다.

(2) 개선제안 제출

대책을 수립 실시하여 효과가 좋았던 것은 실행위원회에 건의하고, 전사적으로 채택하여 제도화할 필요가 있는 개선안은 사무국에 제출하면 업무개선위원회에 이송 조치하여 채택된 제안에 대하여는 업무개신 및 제안규정 의거 포상한다.

(3) 향후계획 수립

한가지 주제를 해결하여 끝나면 "아!끝났다"고 쉬고 싶은데 보통이지만 반드시 다음에 착수할 주제를 정하도록 하는 정력과 능동적인 자세가 바람직하다.

5. 가치공학

5.1 VE의 생성

VE(Value Engineering)의 사고방식이 탄생한 배경은 제2차 세계대전 후이 물자부족이었다. 전쟁에서 많은 물자를 낭비한 결과, 산업계에서는 제품 생산에 필요한 자재를 확보하는데 고생 했으며, 대용자재를 찾지 않으면 안되게 되었다. 이러한 물자부족 시기에 미국 최대의 전기 메이커 GE(제너럴 일렉트릭)사에서 VE가 탄생하는 계기가 된 다음과 같은 사건이 발생하였다.

당시 GE사에서 전기부품 도장공장에서 불연성의 마루커버로 아스베스트(석면)를 사용하고 있었는데 이를 구하기가 여간 어려운 것이 아니였다. 구매 담당자가 전문 업자를 찾아다니며 아스베스트를 찾던 중 어떤 업자로부터 "도대체 무엇 때문에 아스베스트가 필요합니다?"라는 질문을 받았다. 그래서 담당자가 아스베스트의 사용목적을 설명했드니 전문업자는 "아스베스트는 없지만 그런 목적이라만 좋은 불연재가 있습니다."라고 하면서 아스베스트보다 값이 싼 새로운 자재를 보여 주었다. 이제까지 몰랐던 새로운 자재를 발견한 구매 담당자는 곧장 이 사실을 사내에 보고했으나 당시의 소방법으로서는 '불연성의 마루커버로는 아스베스트를 사용할 것'이라고 규정되어 있어 모처럼 발견한 새로운 자재를 사용할 수 없었다. 그 후 불연재활용의 테스트를 이루는 절약을 할 수 있었다.

이러한 사실이 계기가 되어 당시 GE가 구매부분 담당자로서 자재조사에 고심하고 있던 마일즈(Lorens D. Miles)를 중심으로 사용자의 욕구를 만족시키고 가격도 싼 자재를 발견하는 방법을 5년간 300만 달러의 비용을 투자해 VA(Value-Analysis) 수법을 발표하게 되었다. 바로 무렵 포드에서는 퍼츄싱 어낼리시스(Purchasing Analysis) 라는 이름으로 같은 활동으로 개시했으며 GM, IBM, US 스틸등 많은 산업계에서 추진 되었다.

VE/VE '물(物)을 대상으로 해서 분석한다.' 함은 제품분석(통상의 표준품, 규격품을 사용하거나 사용수, 가공수의 삭감이나 형태, 재질, 등급, 치수, 정밀도, 표면처리, 마무리 정밀도의 변경 등에 따른 COST 절감의 방법)과 같으나 그 자체의 성품을 직접 다시 보는 것이 아니라 그 물이 지니고 있는 기능 (목적과 역할)을 다시 봄에 따라, 더욱 좋은 설계시방을 추구하는 방법이다.

L. D. 마일즈 VA의 테크닉의 한 가지로 "발파를 해서 부수고(Blast)나서 창조(Create)해서 세련(Refine)된 것으로 하라",고 말하고 있으며 이 사고방법이 VE의 진수이다. 이와 같은 VE의 사고방법을 종래의 코스트 절감의 방법과 비교하면 다음과 같다.

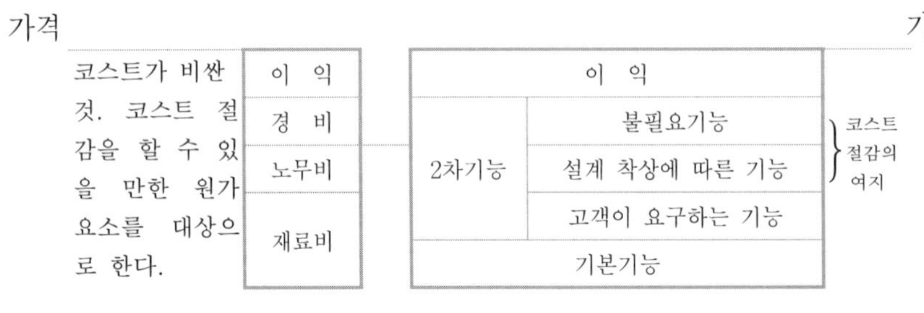

<종로의 사고방법> <VE의 사고방법>

VE에서는 제품의 코스트를 그 제품이 존재하기 위해 불가결한 「기본기능」과 이 기본기능을 다하는 데에 필요한 「2차기능」으로 나눈다. 2차 기능에는 고객이 요구하는 기능과 기본기능을 달성하기 위해 부가된 설계착상에 따른 기능 외에 불필요기능이 있고 과도한 시방이나 과대한 요구사항 등이 있다. 이러한 2차 기능은 기술적인 검토가 불충분하기 때문에 안전율을 많게 하

여 불필요기능이나 여유기능이 생기게 된다. 그래서 먼저 이중에 고객에게 필요없는 불요기능을 제거하고 다음으로 설계착상을 바꿈에 따라 2차기능을 달성하기 위한 코스트를 절감하는 것이다. 이렇게 해서 불필요한 성능을 제지시킴으로써 코스트를 절감하고 가치있는 상품을 만들어 낼 수 있다.

5.2 VE의 보급과 발전

이 VE의 기법에 최초로 주목한 것이 미국 국방성이었다. 제2차 세계대전 후 예산 규모가 축소되고 있던 국방성에서는 한정된 국방예산을 되도록 유효하게 사용하는 방법이 필요했던 것이다.

그리하여 GE사의 VE를 연구한 결과 이 기법이 예산을 유효하게 사용하기 위하여 필요한 것이라고 판단하고 1954년 해군이 이 기법을 도입했다. 그 후 이 기법은 공군이나 육군에서도 점차 사용하게 되었다. 이것을 주로 병기 등의 비양산품에 적용하기 위해서 설계시점에서 실시되지 않으면 효과도 적어서 미 국방성에서 그것을 위한 프로그램을 VE라고 이름 붙였다.

VA와 VE는 부르는 방법만 다를 뿐, 사고방식은 똑같은 것이다.

산업계에서도 1950년대 후반에 전자공업협회(EIA)가 VE의 효과를 인정하고 산업계과 관계에서 맴버를 모아 위원회를 설립한 후 VE를 적극적으로 추진하게 되었다.

그리고 1959년에는 VE를 실시하는 사람들은 모아서 전문적으로 VE를 추진할 목적으로 미국 VE학회(SAVE)가 설립되었다.

이런 전문적인 조직에 의한 보급과 계몽활동에 의하여 VE는 정부기관과 민간산업계에서 보급된 것이다.

해군 선박국이 VE를 도입한 것은 선박이 건조 코스트를 절감할 목적이었다. 그리고 다른 국방기관에서도 VE가 점차 사용되게 되어 이 기법이 국방성의 지출을 절감하고 시설이나 설비의 코스트를 절감하는데 유용하다는 사실이 입증되었다.

당시 맥나마라 미국방장관은 “VE는 존슨 대통령이 강조하는 원가절감을 추진하는 관건이다. 성능, 납기, 코스트의 적절한 조화를 도모하기 위한 최선의 용구의 하나가 VE다”하고 말하며 VE의 필요성을 강조하고 다음과 같은 코스트 절감방침을 제시했다.

① 필요 이외 것은 구입하지 않는다
② 최저의 건전가격으로 구입한다.
③ 사용(운용) 코스트를 절감한다.

이 방침은 1962년 12월에 군사조달규정(ASPR) 중에서 VE를 실시하지 않는 업자와는거래하지 않는다는 VE계약조항으로 구체화되어 국방성에 제품을 납품하는 계약업자를 중심으로 VE는 급속히 보급되었다.

이와 같이 VE의 성과가 인정됨에 따라 국방성에서는 VE의 적용 영역을 확대해 나갔다. 1965년에는 육군건설국과 해군개설국에서 VE프로그램이 설정되는 동시에 건설 계약에 관해서도 인센티브 조항이 적용되게 되었다.

그리고 1970년대에는 연방정부조달청(GSA) 중의 공공건축국(PBS)이 VE프로그램을 설정하고 환경보호성(EPA)에서도 건설 프로제트에 VE를 적용하는 등 건설분야에도 VE가 활용되게 되었다.

1974년 연방정부조달청은 모든 행정기관이 병기, 건물, 설비, 장치, 소모품, 사무, 시스템, 절차, 규정 등을 대상으로 VE를 실시 하도록 시달했다.

이러한 정부기관의 적극적인 방침과 미국 VE학회를 중심으로 한 보급, 교육 활동에 의하여 VE는 광범위하게 적용되어 그 성과가 인정되어 발전된 것이다.

5.3 VE의 성장에서 얻은 교훈

VE의 사고방식이 물자부족 가운데 이제까지 사용해 온 자재에 대신하는 새로운 자재를 찾는 필요성 때문에 생겨났다는 이야기는 앞에서 설명한 것같다. 그런데 이와 같이 대응될 자재를 찾아야 할 경우, 당신이라면 어떻게 하겠는가? 재료나 부품, 도구가 입수되지 않아 이제까지 사용했던 것과 다른 것을 사용하지 않으면 안된다고 할 때 어떤 것을 고려하여 대응 자재를 찾을까?

이제까지 사용하던 것과 모양이 같다든가, 크기가 비슷하다든가, 재질이 같다든가 등 여러 가지를 고려하여 사용되는 재료를 찾을 것이다. 그러나 단순히 모양이 같고 크기가 같다는 이유만으로 대응되는 자재를 골라 낼 수 있을까?

그렇게는 안될 것이다. 아무리 형상이나 치수가 같더라도 이제까지 사용하던 자재와 동일하게 사용할 수 있다든가, 유용한 것이 아니라면 대응자재로 사용하려고 하지 않을 것이다.

대응되는 자재를 찾을 때는 '이제까지의 자재와 마찬가지로 유용한 것인가 하는 것을 고려해야 한다'. 마찬가지로 유용하기만 하면 형상이나, 치수 재질이 같아야 할 필요는 없다."

그러므로 새로운 자재를 찾기 위해서는

① 이제까지의 자재는 어떻게 유용했는가, 또 어떤 역할을 해왔는가?
② 무엇 때문에, 또는 그 자재를 사용해 왔는가?
③ 새로운 자재는 어떤 역할을 해야 하는가?
④ 무엇 때문에 또는 왜 새로운 자재는 필요한가?

를 확실히 하지 않으면 안된다는 것을 알았을 것이다. 이 점이 확실하지 않으면 대용자재가 정말 유용한지 어떤지를 판단할 수가 없기 때문이다.

이 사고방식을 앞의 아스베스트의 실례에 적용해 보겠다.

단순히 '아스베스트는 없는가'하고 아스베스트에만 구애되면 대용의 새로운 자재는 발견되지 못했을는지 모르겠다.

'무엇 때문에 아스베스트가 필요한가'라는 질문에 대하여 '연소를 방지하기 위하여'라고 대답했기 때문에 새로운 자재를 알게 되었다.

"왜, 또는 무엇 때문에 필요한가 "라든지 "어떤 역할을 달성해야 하는가"라고 생각하는 것이 '보다 좋고 값싼' 결과를 낳는 것이다.

그리고 이것은 단순히 자재에 관해서만 적용되는 것이 아니고, 제품의 설계나 제품공정, 사무작업이나 조직에 관해도 새로운 방법을 생각해 내는데 유용한 것이다.

5.4 VE 특징

5.4.1 VE의 정의와 그 특징

무슨 일이든 정의가 먼저 있고 행동이 일어나는 것은 아니다. 우선 먼저 행동이 있고, 그 유효성이 인정됨으로서 비로서 다른 것과 어떻게 다른가가 검토되어 그 의미내용이 특정화되는 것이다. 사물의 정의는 이리하여 완성되는 것이다.

따라서 정의를 보면, 그 행동의 다른 것과 다른 특징을 알 수가 있다.

(1) VE의 정의

VE란, 최저의 라이프사이클 코스트로 필요한 기능을 확실하게 달성하기 위해 제품이나 서비스의 기능적 연구에 쏟는 조직적 노력이다

(2) 정의의 요점

① 최저의 라이프사이클 코스트

기업의 이익을 확보 확대하기 위해서는 최저로 하는 일이 필요하다.

한편 제공하는 생산물이 사용자에게 환영받고, 또한 높은 만족을 얻기 위해서는 취득코스트가 다른데와 비교해서 값이 싸고 또 사용코스트가 최저인 것이 필요하다.

· 취득코스트를 최저로 하기 위해서는 개발코스트, 조달코스트, 제조코스트, 사용코스트를 최저로 하지 않으면 안된다.
· 사용코스트를 최저로 하기 위해서는 운용코스트, 보수코스트, 폐기코스트를 최저로 하지않으면 안된다.

· 기술조건으로 우수한 제품을 만들지 않으면 사용코스트를 최저로 할 수는 없다.

② 필요한 기능을 확실히 달성

사용자의 요구는 물품이나 모양 그 자체가 아니라 그 물품이 이룩하는 기능의 달성에 있다. 여기서 말하는 기능이란 사용자가 요구하고 있는 기능을 말하며, VE활동을 모두 사용자의 요구충족에 기인하고 있는 것이다.

· VE활동의 출발점은 사용자가 요구하는 기능이 무엇인가를 명확하게 파악하는데 있다.
· 사용자가 요구하는 기능과 그 달성도(성능, 신뢰성, 보수성, 수명, 안전성, 조작성, 품위 등)를 틀림없이 확실하게 달성한다.

③ 제품이나 서비스

VE는 가치의 향상을 의도한 접근방법이며, 특정한 목적을 가지고 그 달성에 투자가 이루어지고 있는 것이라면 무엇이든 VE의 대상이 된다.

· 제품 : 판매제품, 제조설비, 기계
· 서비스 : 조직, 제도, 사무절차, 공정, 작업, 유통, 에너지 등

④ 기능적 연구

무슨일이든 그 실패의 원인은 무엇인가의 이유로 마땅히 해야 할 일을 대해 필요한 절차를 소홀히 한 결과일 수 가 있다. 따라서 좋은 결과를 얻기 위해서는 마땅히 해야할 일에 대해 사전의 계획이나 순서를 설정해 두고 그 계획에 따라서 착실하게 실시해 나가는 것이 중요하다.

VE의 문제해결을 위해서는 실증된 효과적인 인련의 순서(VE Job plan, 또는 VE실시순서)가 있다. 이런 체계를 총칭해서 기능적 연구법(Functional Approach)이라 부르는데, 이것은 언제나 이룩해야 할 기능을 바탕으로 하여 보다 뛰어난 가치가 있는 제품이나 서비스를 창출하는 VE활동의 중심을 이루는 특징적인 문제 해결 방법이다.

⑤ 조직적 노력

가치있는 제품이나 서비스를 창출해 내기 위해서는 풍부한 경험, 지식이 필요하다. 왜냐하면 어떤 제품이나 서비스도 기업 내외의 많은 사라들의 노력에 의해 만들어지는 것이기 때문이다.

기술혁신의 발달, 정보량의 증대 속에서는 아무리 뛰어난 사람이라도 어떠한 일에나 능통 할 수 있다는 것은 불가능하다. 따라서 전문분야는 더욱 더 세분화 되지 않을 수 없다. VE에서는 이러한 세분화된 전문분야의 제1급 지식이나 기술을 결집(팀지다인) 시켜서 실시순서대로 착실하게 진행해 나가면서 가치있는 제품이나 서비스를 창출해 나가자는 것이다.

5.5 VE의 기본 원칙

VE에는 다음의 5가지 기본원칙이 있다.

· 제1원칙 : 사용자 우선의 원칙
· 제2원칙 : 기능본위의 원칙
· 제3원칙 : 창조에 의한 변경의 원칙
· 제4원칙 : 팀 디자인의 원칙
· 제5원칙 : 가치 향상의 원칙

이러한 원칙의 내용은 타이틀을 보는 것만으로도 대강 짐작이 갈 것으로 생각한다. 그러나 앞으로의 연구나 실무에 도움이 되게 하기 위해 각 원칙에 대한 설명을 해두기로 한다.

또, 이러한 원칙들은 많은 VE의 실천자들이 그 활동 도중에서 나타나는 사항으로서 VE 추진시의 기본적인 자세라고 할 수 있다.

5.5.1 사용자 우선의 원칙

우리들은 항상 기업에서 제품이나 서비스를 만들어내고 있다. 그런데 이러한 생산물은 무엇을 하기 위해 만들어 내는 있는 것일까. 설마 자신을 위해서 만들어 내는 것은 아닐 것이다.

당연한 일이지만 우리들이 물건을 만드는 이유는 그것을 사용자들로 하여금 쓸수 있게 하기 위함이다. 그러나 써주지 않는다면 만드는 의미가 없으며, 만드는 입장도 알아줄 수가 없다. 요컨대 만든 것은 반드시 사용되지 않으면 안된다는 말이다.

이와 같은 그 생산물이 유통되어 가는 과정을 그 실제의 흐름에서 생각해 보자.

그 물품에 대한 견해는 그것을 만드는 측에서 보는 것과 사용하는 측에서 보는 것과는 커다란 차이가 있는 것을 깨닫게 된다.

만드는 측에서 그 물품을 보면 아이디어 원천이 되는 몹시 소중한 물품이 된다. 또 그것은 자신이 손수 정성들여 만든 물품이기 때문에 이보다 더 귀중한 물건은 없다.

따라서 마치 그것은 「자식에 대한 부모의 사랑」이라고도 할 수 있을 것 같은 견해를 가지는 수가 많다. 그런데 견해를 바꾸어 거꾸로 사용자의 측에서 본다면 그런 사고 방식은 전혀 없어져 버린다.

우리들이 평상시에 물건을 살 때의 경우를 생각해 보자. 이를테면 테이프레코드를 사기 위해 판매점에 갔다고 하자, 성능 면에서는 모두가 마찬가지 제품들이지만 사용한 재료나 구조 또는 디자인이나 색채가 각각 다른 여러 가지 제품이 자리가 비좁도록 늘어서 있다. 지금의 세상은 기술 혁신의 시대이기 때문에 같은 기능을 가진 물건이 여러 가지 있는 것이 당연하다고 하겠다.

그러나 너무 다종다양한 물건들이 있으면 어느 것을 사야 할지 망설여지고 만다.

그래서 이러한 물건들 중에서 어느 것을 골라야 좋은가에 대해 주의깊게 검토를 하게 되는 것이다. 「어느 것이 제일 자신의 요구에 맞는가」 또는 「어느 것을 사면 제일 만족할 수 있을까」를 신중하게 판단하여 살 물건을 정하는 셈이다.

이미 말한 바와 같이 이 때의 사고방식에는 벌써 그것을 만든 사람의 심정이나 물건을 보는 견해 따위는 어딘가로 사라져 버린 것이 보통이다. 만드는 사람으로서는 물품에 대한 자식 같은 사랑이 담긴 물건이라 하더라도 그것이 자신의 손에서 떠나 사용자의 눈에 띄자마자 전혀 다른 견해가 나오고 마는 법이다.

바꾸어 말하면 바로 노예적인 견해로 바뀌지고 만다는 말이다. 그런데 여기서 이야기를 제자리로 되돌리지만 만든 것은 반드시 사용자에게 선택되어 사용되는 것이다. 또 그렇지 않으면 의미가 없다.

그렇다면 어떻하면 사용자가 선택해 줄 수 있을까? 거기에는 말한 나위도 없이 사용자의 요구에 맞는 바람직한 물건을 만드는 것 외에는 달리 좋은 방법은 없다.

요컨대 자신에 있어서 귀여운 자식과 같다면 사용자에 있어서 귀여운 자식과 같은 물품이 될 수 있도록 바라는 것이다. 이렇게 생각해보면 우리들이 하나의 제품을 만들어 낼 때에 어떻게 해 나가지 않으면 안 되는가를 알게 될 것이다.

요컨대 「사용자는 무엇을 요구하고 있는가? 무엇을 갖고 싶다고 바라고 있는가」를 올바르게 파악하여 그것을 충분히 만족시켜 주는 물품을 만들어 나가지 않으면 안 된다는 말이다.

이와 같이 소비자(사용자)의 니즈를 충족시키기 위해 VE에서는 만들고 있는 물품이 자신의 수중에 있는 동안부터 이상적인 사용자의 입장에 서서 생각해 나가자는 것이다. 그래서 VE란 결코 품질은 떨어뜨리는 것도 아니고 기술자에 대해 간섭하는 것도 아니며 사용자의 만족을 염두에 두고 활동하는 것이다. 또 그것이 기업의 이익을 확보하고 확대하기 위한 크나큰 힘이 되는 것이다.

5.5.2 기능본위의 원칙

「무엇 때문에 그것을 만드는 것일까?」 「무엇 때문에 그 일을 하는 것일까?」 이런 질문을 하면 뭔가 우습게 보이는 것 같이 생각될지 모른다. 그런데 여기에 VE적 문제로 접근할 경우 중요한 문제해결 방식이 된다.

사용자가 바라는 것은 물건 그 자체가 아니다. 사용자는 물건이 해낼 수 있는 작용. 다시 말하면 그 기능을 바라는 것이다. 이를테면 빛이 나지 않는 전구나, 사진이 찍히지 않는 필름 따위는 아무도 갖고 싶다고 생각지 않는다. 또 거들떠보지도 않을 것이다. 왜냐하면 설령 모양이나 모습은 훌륭해도 이것으로는 사용자가 바라는 기능을 다하지 못하기 때문이다.

이런 일은 바로 사용자의 요구가 기능의 달성에 있다는 것을 단적으로 말해주고 있다 하겠다 따라서 사용자가 좋아하는 좋은 물건을 만들기 위해서는 그 출발점으로서, 어떤 기능을 바람직하다고 생각하고 있는가. 또 어떠하기를 바라고 있는가를 올바르게 파악하는 일이 중요하다 하겠다.

또, 이런 훌륭하게 작용할 수 있는 기능을 확실하게 하기 위해서는 사용자의 요구를 파악하는 일 외에 우리들의 창조적인 사고를 확대시킨다는 중대한 의미도 가지고 있는 것이다. 원래 기능이란 말은 물품이나 서비스가 완수하는 목적이나 사명등으로 이해되고 있다. 목적은 하나라도 작용하는 방법은 다양하다. 그러므로 목적에서 생각하면 여러 가지 방법을 찾아낼 수 있다. 그중에서 최선의 방법을 선택하면 사용자가 기뻐할 수 있는 가장 좋은 물건을 만들어낼 수 있는 것이다.

이와 같은 의미에서 VE에서는 항상 「기능은 구조에 우선한다」 고 하는 사고방식에 입각하여 자유로운 발상을 넓혀 좀더 품위있고 우수한 물건을 만들어 나가려 하고 있다.

이것이 문제에 몰두하는 VE의 기본적인 자세의 하나인 것이다.

5.5.3 창조에 의한 변경의 원칙

개선한다는 것은 글자 그대로 지금보다 좀더 나은 방법을 찾아내서 새로운 방법으로 바꾸는 것을 말한다. 그러므로 지금 이대로의 재료나 형상의 물품을 같은 작업 공정이나 설비를 사용하여 만들고 있었다고 개선은 되지 않는다.

이런 일에 대해 회계학의 대가인 슈마렌 바하는 다음과 같이 말하고 있다. "경제적인 일은 선택하는 일이다."고 하였다. 다시 말하면 좀더 나은 방법을 찾아내서 그것과 바꾸어 나가지 않는 한 개선할 수 없다는 말이다.

그렇다면 이를 위한 좋은 방법을 찾아내기 위해서는 어떻게 하면 좋을까? 거기에는 기본적으로 두가지의 행동방식이 있다.

또 하나는 좀더 좋은 새로운 방법을 자신들의 힘으로 만들어 나가는 일, 그것도 풍부한 창조력에 의해 철저한 아이디어 발상을 행하는 일이다. 물론 이를 위해서도 많은 정보가 필요하다는 것은 더 말할 나위도 없다. 그런데 이런 창조란 그리 간단한 것은 아니다. 지금은 아직 세상에 없는 새로운 것을 만들어 내려 하는 것이므로 이 과정은 정말로 곤경에 가득찬 것이 된다. 또 제 아무리 노력했다고 좋은 방법이 발견된다는 보장은 아무 것도 없다. 하지만 그것이 창조라는 일의 본질이기 때문에 하는 수가 없다. 개선을 하기 위해서는 어째든 이런 창조의 난관을 돌파하지 않으면 안되는 것이다.

그래서 VE를 하는 사람은 이런 창조의 막연함 속에서 어떤 괴로움도 견디어 낼수 있는 강한 인내력이 없으면 안되는 것이다. 또 이런 인내력이야말로 VE를 추진하는 사람의 중요한 자질이라고 해도 좋다. 다른 말로 하면 이런 괴로움을 극복하는 힘은 「신념과 해내겠다는 정신」 이외에는 없다고 해도 좋을 것이다.

요컨대 VE를 실시하는 사람의 활동태도는 「더 나은(좋은) 방법은 반드시 있다.」 「개선은 반드시 할 수 있다.」 고 하는 강한 신념에 불타올라야 하며 창조의 막연함이나 여려움을 참아내고 항상 해내고 말겠다는 정신이 아니면 안된다. 이것이 VE에서 문제에 몰두하는 기본적인 자세인 것이다.

5.5.4 팀 디자인의 원칙

사람은 누구든지 다른 사람에게 지고 싶지 않다. 한 발이라도 앞서고 싶다고 생각하고 있다. 또 그것은 자기 자신을 성장시키는 커다란 원동력이 된다. 그러나 이러한 사고방식이 지나치게 대게 남이 하는 말에 귀를 기울지 않게 되는 법이다.

그런데 지금의 세상은 기술혁신의 시대이다. 따라서 정보량은 증대일로를 치닫고 있다. 이렇게 늘어나는 지식의 모두를 한사람이 다 알려고 한다는 것은 도저히 힘든 일이다. 그럼에도 불구하고 내게 맡겨두라고 하고 말하고 있다면 남을 앞서기는커녕 도리어 뒤지고 말 것이다. 여기에 비근한 예를 들어 생각해 보기로 하자.

가령, 금속의 종류가 몇 가지 있느냐고 물어봤다고 하자. 이것은 고작 한 가지 재료 분야의 지식에 불과하다. 그러나 그래도 여기에 바르게 대답하기란 어지간히 어려운 일이다. 더욱이 그 종류를 전부 들어보라고 한다면 역시 어려운 일이 될 것이 틀림없다. 왜냐하면, 놀라지 말라. 그 수는 지금 자그만치 2만 종류를 넘고 있으니 말이다.

이래서야 바른 대답을 간단히 할 수 없는 것도 당연한 일이다. 또 이와 같은 일은 결코 재료에만 국한 되는 것은 아니다. 가공법만 하더라도, 조립방법만 하더라고 수많은 방법이 있다. 이러한 상황에 있어서 「누구보다도 잘 알고 있다.」「나만으로 충분하다」는 따위로 말하고 있다면 도저히 좋은 개선은 할 수 없으며 개인의 성장도 바랄 수 없다. 또 싼 물건을 싸게 만들기 위해서는 품질이나 코스트 그 외에 구매나 외주의 지식에도 통해 있지 않으면 안된다. 따라서 보다 좋은 개선을 하기 위해서는 그 방면의 전문가의 원조를 얻는 일이 필요하면, 부족한 지식이나 기술을 모으는 일이 중요하게 되는 것이다.

다시 말하면 VE에서는 혼자서 문제에 몰두하는 것이 아니라 각 분야의 1급 기술을 결집하여 개선을 추진하려고 하는 것이다. 또 개인의 성장을 촉진하는 좋은 기회가 되는 동시에 우수한 개선안을 자기의 것으로 만드는 중대한 포인트가 되는 것이다.

요컨대 VE의 기본적인 자세는 「개인이 되지 않고, 만인의 힘을 활용한다.」는 것이다.

5.5.5 가치향상의 원칙

이 원칙은 지금까지의 말한 4가지 원칙을 종합한, 말하자면 VE의 기본적인 지침이라고도 할 수 있는 종합적인 원칙이다.

VE라고 하면 당장 코스트를 내리는 방법이라고 생각하기 쉬우나 결코 그렇지가 않다. 그것은 가치있는 제품이나 서비스를 창출해 내서 사용자에게 높은 만족을 얻게 하려는 점 더 폭 넓은 사고방식이며 또 그런 방법인 것이다.

그런게 가치 따위로 말하면 평소에 그다지 귀에 익은 말은 아니기 때문에 뭔가 무척 어려운 일 같이 생각될지도 모른다. 확실히 경제학에서 말하는 가치의 의미는 전문적이고 상당히 어려운 내용이다. 그러나 VE에는 그렇게 딱딱하게 생각할 필요는 없다.

이를테면 우리가 뭔가를 손에 넣고 싶다고 생각했다고 하자. 그것을 자신의 것으로 하기 위해서는 반드시 노력이나, 시간이나, 돈이나 뭔가의 대가를 지불할 것이 틀림없다.

그렇다면 그때의 만족은 어떻게 해서 마음에 느끼며 이해하고 있을까. 그것은 필요한 기능을 잘 완수해 주었는가 어떤가 하는 것 과 그것을 손에 넣기 위해 얼만 대가를 지불했는가 하는일의 두 가지 면에서 판단하고 있을 것이다. 이런 일은 간단한 식으로 나타내면 다음과 같이 된다.

$$\text{V[Valu-가치]} = \frac{\text{F[Function-기능]} \quad \text{얻어진 효용의 크기}}{\text{지불한 비용의 크기} \quad \text{C[Cost - 코스트]}}$$

그렇다면 얻어진 효용의 크기, 즉 [F]와 지불한 비용의 총액 [C]가 어떻게 되면 높은 만족이 얻어진 것으로 되는 것일까? 그 관계를 나타내면 다음과 같다.

	가치의식	①	②	③	④
가치의 향상	$V=\frac{F}{C}$	→	↑	↑	↑
		↓	↓	→	↑

① 같은 기능의 물건을 싼 코스트로 입수한다.

② 보다 뛰어난 기능을 갖는 물건을 보다 싼 코스트로 입수한다.

③ 같은 코스트로 보다 우수한 기능을 가진 물건을 입수한다.

④ 다소 코스트는 올라가지만 역시 우수한 기능을 가진 물건을 입수한다.

따라서 코스트 다운과 VE는 마찬가지가 아니다. 어디까지나 사용자에게 높은 만족을 얻게 하기 위해 가치의 향상을 하는 것이다.

그러기 위해서는 우선 요구되는 기능이 무엇인가를 확실히 파악하지 않으면 안된다. 그리고 그 기능을 달성하기 위해 얼마만큼의 코스트가 드는가를 정확하게 판단하는 일이 중요하다. 요컨대 VE 실시자의 문제와 대결하는 기본적인 자세는 가치있는 제품이나 서비스를 낳기 위해 심리적으로나 기술적으로도 고립화하는 일없이 넓은 분야에서의 1급 기술을 결집하여 굳은 팀웍 밑에 문제를 해결해 나가는 일이다.

5.6 VE 실시순서

VE 활동을 추진해 나가는 진행 절차, 즉 VE 실시순서(Job plan)는 각 스텝의 구분방법에 따라 다소 다르게 된다.

먼저 L. D. 마일즈 VA/VE 추진방법에 대해서 다음과 같은 다섯 가지의 질문으로 정의하고 있는데 그것을 소개하면 다음과 같다.

① 분석대상의 선택 및 결정 (What is the item?)
② 코스트의 조사 및 분석 (What does it cost?)
③ 기능의 탐구 및 분석 (What does it do?)
④ 대체품의 탐구 (What else would do the job?)
⑤ 대체전과의 기능 비교 분석 (What would that alternative cost?)

여기에서는 <도표 14-28>에 나타내는 바와 같이 7단계로 나누어 주로 제품의 코스트 다운을 목적으로 하는 2nd Look VE의 추진방법에 대해서 설명하였다.

5.6.1 Blast

L. D. 마일즈는 Blast에 대해 '이 단계에 있어서는 달성해야 할 기본기능(basic function)을 마음속에 간직하여 잊지 않도록 하는 것이나 이것을 완전히 달성한다는 것은 기대할 수 없는 것으로서 대체품, 재료, 공정 등에 대해서 아이디어를 낸다. 이러한 대책안은 먼저 경제적 방법으로 그 기능의 중요한 부분의 달성을 위해 보증될 수 있는가. 또는 적어도 그 기능의 중요한 부분의 하나가 달성되리라고 생각되는 수정안에 대해서 경제적 기초로서 도움이 되지 않으면 안 된다. 따라서 달성하려고 하는 기능의 정확한 양과 그 결과 발생하는 특정 코스트를 명확히 한다.'라고 말하고 있다.

요컨대, Blast 단계는 제품 그 자체의 존재를 부정하고 있어야 할 기능이라고 하는 원점 회귀에 대한 사고에 의해 제품에 요구되는 기능 및 요구사항에 중점을 둔다.

5.6.2 Create

이 단계에 있어서는 다시 원점으로 되돌아가 다시금 요구사항을 달성하는 방법인 참된 시방 (specification)이 제품을 독창적으로 설계한다.

도표 14-28 VE 실시순서

	기본단계	세부절차	VE질문	마일즈교훈
분석	1. 테마 (Project) 선정	(1) 방침과 목표 설정 (2) 계획 수립 (3) 대상 선정		Blast (발파)
	2. 기능정의	(1) 정보 수집 (2) 기능 정의 (3) 기능 정리	① 그것은 무엇인가 ② 그것은 무엇을 하는가	
	3. 기능평가	(1) 기능별 현재 코스트 분석 (2) 기능평가 (3) 가치평가	③ 그 코스트는 얼마인가 ④ 그 가치는 어떤가	
종합	4. 아이디어의 발상		⑤ 그밖에 같은 기능을 하는 것은 없는가	Create (창조)
평가	5. 아이디어의 구체화	(1) 아이디어의 구체화 (2) 테스트와 증명(평가)	⑥ 그 코스트는 얼마인가 ⑦ 그것은 필요한 기능을 확실히	Refine (세련화)
	6. 제안	(1) 제안 (2) 평가		
	7. 실시			

5.6.3 Refine

독창적인 복수 대체안을 요구사항의 제약조건에 충족시키면서 세련화 시킨다.

연 습 문 제

1. 개선 활동 순서에 대하여 기술하시오.

2. QC 7가지 도구와 신QC 7가지 도구에 대하여 기술하시오.

3. 품질 분임조 활동의 이념 및 마음가짐, 단계별 진행요령에 대하여 기술하시오.

4. 카메라 조립공정에서 최근 2개월간의 불량발생상황을 조사한 즉 다음 표와 같은 체크시트가 되었다. 이 데이터를 파레토 그림으로 만들어라. 또 불량을 저감 시키려면 어디서부터 손을 대면 좋을까를 생각하라.(「쇼오트」「간격불량」「부품누락」「작동 불량」은 기타로 일괄하여도 좋다.

공정	불량항목	2월 제1주	제2주	제3주	제4주	3월 제1주	제2주	제3주	제4주	합계
A1	배선과오		||	|	||||	|||		|		11
	납땜불량		|	||		卌|||	卌|||	||		21
	쇼오트	|		|				|	||	5
A2	나사풀림	卌|	卌卌卌	卌卌|	卌| |	卌卌	卌| |	卌| |	卌	68
	간격불량	||		|	|		||||			8
	부품누락				|				||	3
	접착불량	|	||	|||		|||		||	|||	14
B1	작동불량	||								2
	거리계먼지	|||	卌|		卌|||	|||	卌	卌||	卌||||	41
	흠	卌|	卌|||	卌	||	||	||	|	||	29
합계		21	36	29	23	29	26	16	23	202

5. 자동차 부품의 도금공정에서, 최근 3개월간의 도금부적합을 조사한 즉 다음 표와 같은 결과가 되었다. 이러한 부적합품은 재가공해서 사용하지만, 그 때문에 필요한 손실금액을 다음 표와 같다. 다음의 데이터를 써서, 부적합개수와 손실금약의 파레토 그림을 그리고 그것들을 비교하라.

부적합항목	부적합개수	1개당 재가공비(원)	재가공으로 인한 손실금액(원)
크롬부적합	421	50	21,050
홈	262	750	196,500
바닥부적합	150	480	72,000
얼　　룩	93	480	44,640
벗 겨 짐	51	480	24,480
수세부적합	40	30	1,200
기　　타	65	85	5,525

주) 불량 항목별의 파센트의 계산은 생략해도 좋다.

6. 어떤 도장공정에서 스프레이퍼티의 점도는 70sec±5sec로 매일 배합하고 있음에도 불구하고, 가끔 사용 중에 60sec 이하로 되어, 이것이 핀호울발생의 원인되고 있음을 알았다. 그래서 왜 점도가 떨어지는가를 구명하기 위하여, 실온변화와의 관계를 조사하여 보았다. 그 결과, 다음과 같은 실측치가 얻어졌다. 실온과 점도사이에 어떤 관계가 있는가, 산점도를 그려보라.

시료No.	조사월일시분	실 온	점 도	시료No.	조사월일시분	실 온	점 도
1	02-08, 08:30	6℃	70sec	17	02-12, 08:30	9℃	71sec
2	09:30	10.5	65	18	09:30	12	66
3	10:30	14	61	19	10:30	15	63
4	11:30	18	58.5	20	11:30	18	62
5	02-09, 08:30	10	68.5	21	02-13, 08:30	12	69
6	09:30	13	66	22	09:30	14	67
7	10:30	16	62.5	23	10:30	16	66
8	11:30	18.5	60.5	24	11:30	18	65
9	02-10, 08:30	13	74	25	02-14, 08:30	10	70
10	09:30	15	69	26	09:30	13	65.5
11	10:30	17	67	27	10:30	16	64
12	11:30	19	65	28	11:30	18.5	62
13	02-11, 08:30	8	69.5	29	02-15, 08:30	5	69
14	09:30	12	65.5	30	09:30	10	63
15	10:30	15	64	31	10:30	14	60
16	11:30	18	60.5	32	11:30	18	56.5

7. A씨의 직장은 어떤 농략 제조회사의 분말 제품의 충전공정이다. 충전량의 분포가 되어, 어떤 상태로 분포하고 있는지 조사하기로 하였다. 그래서 오른쪽 표와 같이 100개의 데이터를 취했는데 이 데이터를 사용하여 히스토그램을 작성하여 보라.

$N=100$ (측정단위 g)

55	64	62	52	50	55	49	32	37	32
63	60	73	53	50	56	54	28	50	44
55	54	57	41	53	38	49	51	48	30
53	64	70	42	50	40	56	44	53	43
85	60	46	46	49	50	54	47	61	69
63	52	59	75	57	60	46	59	48	50
43	63	55	38	55	53	37	46	82	55
54	21	54	41	45	37	39	57	75	49
62	50	51	57	43	48	57	56	59	63
59	16	64	45	49	32	47	60	63	60

8. 가치공학(VE) 정의에 대하여 다섯가지로 나누어 기술하시오.

9. VE의 기본원칙에 대하여 기술하시오.

10. 가치 향상 방안에 대하여 기술하시오.

11. QC 분임조 활동의 기본 이념이 아닌 것은?

㉮ 기업의 체질개선과 발전에 기여한다.

㉯ 인간성을 존중하고 삶의 보람이 있는 명랑한 직장을 만든다.

㉰ 고객의 만족을 높인다.

㉱ 인간의 능력을 발휘하고 무한한 가능성을 창조한다.

12. 다음 [ ] 안에 적당한 용어를 넣으시오.

"QC 분임조란? 한마디로 말하면 같은 부서 안에서 품질관리 활동을 [①]으로 하는 작은 그룹이다. 이 작은 그룹은 전사적 품질관리 활동의 일환으로 자기계발, [②]을 하고, QC 수법을 활용해서 직장의 [③]을 계속적으로 [④]로 한다."

㉮ ① - 자주적, ② - 전원참가, ③ - 관리개선, ④ - 상호계발

㉯ ① - 자주적, ② - 상호계발, ③ - 관리개선, ④ - 전원참가

㉰ ① - 자주적, ② - 관리개선, ③ - 전원참가, ④ - 상호계발

㉱ ① - 자주적, ② - 상호계발, ③ - 전원참가, ④ - 관리개선

13. 제품의 생산과정에서 발생되는 부적합품에 의한 손실금액을 세로축에 두고 부적합품수 또는 부적합손실금액이 많은 항목을 차례로 가로축에 두어 작성된 그래프를 무엇이라 부르는가?

㉮ 파레토 그림　　㉯ 특성 요인도

㉰ 신점도　　㉱ 공정 능력도

14. 신QC 수법의 특색이 아닌 것은?

㉮ 주로 언어 데이터를 사용하는 수법이다.

㉯ 계획을 충실하게 하는 수법이다.

㉰ 관계자 전원이 협력해서 문제해결을 조직적 · 계획적으로 진척시키는게 도움이 된다.

㉱ 산포에 원인을 조사해서 공정을 관리함을 목적으로 한다.

15. 신QC 7가지 도구 중 특성 요인도와 같이 원인 분석에 도움을 주는 기법은?

㉮ 매트릭스 도법　　㉯ PDPC법

㉰ 매트릭스 데이터 해석법　　㉱ 연관도법

16. 계획을 실시해 가는 과정에서 예기치 않은 트러블을 방지하기 위해서 사전에 생각할 수 있는 여러 가지 결과를 예측하고 프로세스의 진행을 가능한 한 바람직한 방향으로 이끄는 방법을 무엇이라고 하는가?

㉮ PDPC법　　㉯ 매트릭스 도법

㉰ 계통도법　　㉱ 친화 도법

17. VE에 대한 진술 중 가장 적절할 것은?

㉮ 시스템적 연구에 의한 광범위한 경영문제 해결방법이다.

㉯ 품질향상을 목적으로 한 결함제거 방법이다.

㉰ 애프터 서비스를 통한 품질정보 수집방법이다.

㉱ 기능분석을 통하여 원가절감을 품질향상을 기도하는 방법이다.

18. VE의 정의와 관계 없는 것은?

㉮ 최저의 라이프 사이클 코스트 (Life Cycle Cost)
㉯ 필요한 기능을 확실히 달성하면서
㉰ 제품이나 서비스에
㉱ 원가절감만을 주로 한다.

19. 다음 중 가치 향상을 시키는 것이 아닌 것은?

$V =$		㉮	㉯	㉰	㉱
	F	→	↗	↗	↓
	C	↘	→	↘	↓

20. VA/VE를 최초로 개발한 사람은?

① 슈하르트 ② 마일즈
③ 쥬란 ④ 길브렛

21. 가치의 종류에 들지 않는 것은?

㉮ 사용가치 ㉯ 희소가치
㉰ 개발가치 ㉱ 매력가치

22. VE 활동의 특색을 설명한 것 중 틀린 것은?

㉮ 아이디어 발상이 중요하다.
㉯ 전문가 혼자서 할 수 있다.
㉰ 기능이라는 도구를 사용하는 활동이다.
㉱ 가치의 원칙이 성립된다.

23. VE의 추진스텝이 옳은 것은?

㉮ 테마 선정→정보수집→기능분석→개선안 입안→개선안 실시
㉯ 테마 선정→기능분석→정보수집→개선안 입안→개선안 실시
㉰ 테마 선정→정보수집→개선안 입안→기능분석→개선안 실시
㉱ 테마 선정→개선안 입안→정보수집→개선안 실시→기능분석

Chapter 15

Q-코스트

1. 품질 코스트

1.1 품질 코스트의 발전 과정

과거에는 품질 비용에 대한 측정이나 평가가 어렵다고는 하였지만 전통적인 회계에서 전해 다루어지지 않은 것은 아니다. 예를 들어 제조 중에 발생된 불량을 손익 측정에 계상(計上)하는 것이라든가 과거의 불량 실적을 예정 불량으로 산정하여 예정 원가를 정해 놓고 실제 원가를 정하고 실제 원가를 부분적으로 관리하는 것 등은 이 분야에서 상당히 오래 되었다. 문헌에 의하면 품질의 경제성이 품질 코스트 (cost of quality)의 개념으로 제시된 것은 1950년대 초로서, 그 지금까지의 품질 문제는 검사 위주로 이루어졌다.

품질 코스트를 경영에 보다 밀착시킨 것은 1970년대 후반 미국 ITT사 출신의 크로스비(Philip B. Crosby)가 품질경영(QM: Quality Management)의 14가지 절대 원칙을 제시하면서 부터이다. 그는 품질의 측정을 품질 코스트로 나타냄으로써 경영자의 관심을 끌게 하고 품질 개선 활동의 평가 척도를 제공하는 품질 코스트가 되어야 한다고 하였다.

품질 시스템의 유효성을 높이기 위해서 품질관리 활동의 경제성 평가 척도가 되는 품질 코스트를 중심으로 하는 종합적 품질관리(TQC)의 개념이 파이겐바움(A. V. Feigenbaum)에 의해서 제시된 것은 1960년대 초이다.

1.2 품질 코스트의 목적

좋은 품질의 제품을 보다 경제적으로 만들기 위한 방법을 꾀하고 품질관리 활동의 효과와 경제성을 평가하기 위한 방법이 품질 코스트(quality cost)이다.

이 방법은 품질관리 활동을 위하여 사용되는 모든 비용을 기간 원가로 계산하여 품질관리 활동의 개별 효과를 파악함과 동시에, 이것을 분석하며 품질관리 활동상의 문제점을 발견하고, 발견된 문제점에 대한 개선 대책을 강구하여, 품질관리 활동의 경제성과 효과를 증대시키는, 일종의 관리 회계적인 성격을 띠고 있는 방법이라고 볼 수 있다. 품질 코스트는 재무 회계를 위한 것이 아니라 경영 통제를 목적으로 하기 때문에 통제 단위별로 이루어진다.

각 단위 부서에서 행해지는 품질 코스트의 측정 목적은 다음과 같다.

① 현장(단위 부서)의 경영자에게 품질 문제를 품질 코스트로 이해시켜서 적절한 대책을 마련하게 한다.

② 품질의 문제가 어디에 있는지, 예를 들어 검사에 있는지 아니면 보증에 있는지 등을 제시하여 현장의 관리자에게 효율적인 해결 방안을 꾀하도록 한다.

③ 현장의 경영자에게 품질 코스트의 절감 목표를 설정하고 이를 위한 계획을 수립할 수 있도록 한다.

④ 수립된 품질목표의 달성이 원활히 이루어지도록 한다.

⑤ 기업의 경영자가 현장의 관리자로 하여금 야심적인 목표를 설정하도록 동기 부여하고 아울러 목표를 달성할 수 있도록 도울 수 있게 한다.

1.3 품질 코스트의 구성 및 분류

1.3.1 품질 코스트의 구성

예방 코스트 (Prevention Cost : P - Cost)	처음부터 불량이 생기지 않도록 하는 데 소용되는 비용
평가 코스트 (Appraisal Cost : A - Cost)	제품의 품질을 정식으로 평가함으로써 회사의 품질 수준을 유지하는데 드는 비용
실패 코스트 (Failure Cost : F -Cost)	소정의 품질 수준을 유지하는데 실패하였기 때문에 생긴 부적합품, 불량원료에 의한 손실비용

이상의 품질 코스트 분류 방법은 앞에서 설명한 파이겐바움의 방법에 따른 것이다. 파이겐 바움은 미국에서는 일반적으로 제조 원가에 대한 품질 코스트의 적정 비율을 약 9%로 보았으며, 다시 이것은 100으로 놓았을때 예방 코스트가 5%, 평가 코스트가 25%. 실패코스트가 70%라고 하여도 큰 착오는 없을 것이라고 설명하였다.

한편 제조 원가에 대한 품질 코스트의 비율은 대체로 6~7%가 적당하다는 것이 일반적인 견해라고 하였다.

1.3.2 품질 코스트와 품질

제조 공정이 안정되면 검사의 합리화, 자동화 등에 의해 검사의 비용 즉, 평가 코스트가 감소된다. 일반적으로 QC 활동의 초기 단계에는 평가 코스트나 예방 코스트에 비교하여 실패 코스트가 큰 비중을 차지하게 된다. 예방 코스트는 그것을 약간 증가시킴으로써 평가 코스트와 실패 코스트를 크게 감소 시킬 수 있다. 그러므로 품질 코스트를 최소, 최적으로 하기 위해서는 위의 세 가지 품질 코스트이 균형을 고려하여 전체의 품질 코스트를 점차 감소 시킬수 있는 방법을 찾아야 한다.

평가 코스트나 예방 코스트가 실패 코스트보다 크게 된다면 QC활동의 성과가 정말로 높아졌다고는 할 수 없을 것이다. 이들 세 가지 품질 코스트의 특징과 품질과의 관계를 곡선으로 나타낸 것이 <도표 15-1>이다.

위에서 설명한 세 개의 품질 코스트의 상대적인 비율의 크기는 회사에 따라서 아치가 있는 것은 물론이다.

1.3.3 품질 코스트의 분류

파이겐바움의 품질 코스트는 우리나라 기업이 실정과 맞지 않는 점이 있고 용어의 의미도 다른 점이 있기 때문에 우리의 실정에 맞도록 재편성할 필요가 있다고 생각된다. 재편성한 내용은 <도표 15-2>와 같다.

도표 15-1
품질 코스트와 품질과의 관계

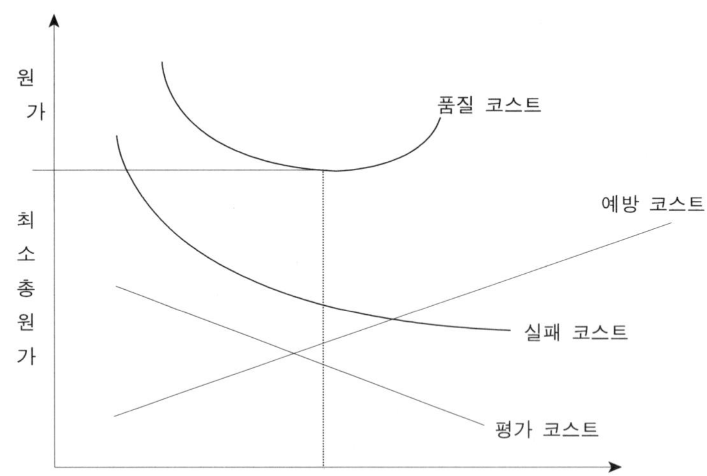

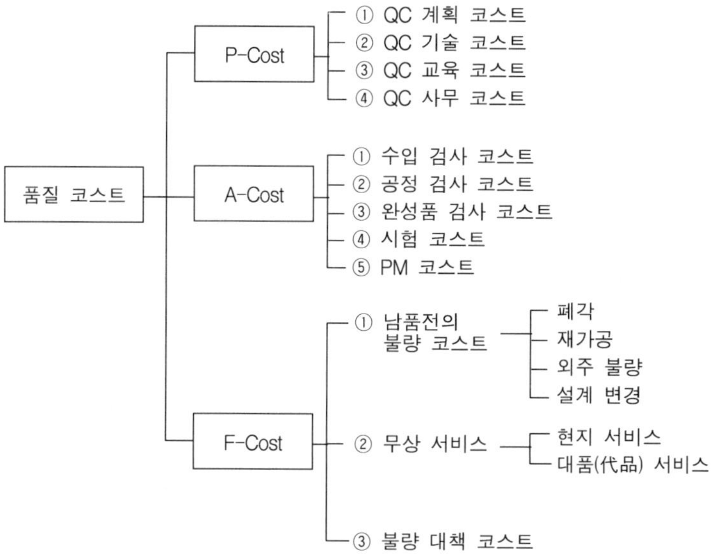

도표 15-2
품질 코스트의 재편성

또한 각 품질 코스트에 대한 세부 내용 및 산출 항목은 <도표 15-3>, <도표 15-4> 및 <도표 15-5>와 같다.

도표 15-3
P - Cost의 세부 내용

구 분	내 용	산 출 비 목
QC 계획 코스트	QM 계획 및 시스템을 입안하기 위한 조사, 교섭, 입안, 심의 등에 소요되는 비용	· 조사비 · 계획비
QC 기술 코스트	QC 스태프가 하는 평가, 입증, 권고, 기술지원, 회의 등에 비용과 다른 부문이 하는 QC비용도 여기에 포함	· 통계 사무비 · 내외 사무비 · 교섭비
QC 교육 코스트	QM의 보급 선전, 종업원 교육 및 스태프 교육에 쓴 내용	· PR비 · 전사 교육비 · 스태프 교육비
QC 사무 코스트	문방구, 사무용, 기기, 통계용 기구, 통신비 등의 모든 잡비를 포함	· 사무용품비 · 모든 잡비

도표 15-4 A - Cost의 세부 내용

구 분	내 용	산 출 비 목
수입 검사 코스트	구입 제품, 부품 및 가공 외주품, 조립품의 수입 검사에 소요된 비용(단, 시험적인 비용은 여기에 포함되지 않음)	· 검사 감리비 · 검사 작업비 · 검사 준비비 · 검사 자재비 · 검사 사무비
공정 검사 코스트	부품가공 공정 또는 조립 공정 검사에 들어간 비용(단, 시험비는 포함되지 않음)	· 위와 같음
완성품 검사 코스트	완성품의 최종 검사 및 입회 검사에 들어간 비용, 인도 검사나 시험 등의 비용을 포함	· 위와 같음 · 입회 검사비 · 장비 검사비
시험 코스트	검사로서가 아니라 (최종 목적이 합 · 불합격 판정이라 할지라도) 검사 이외 또는 검사 부분이 특정의 프로젝트로서 실시한 시험에 들어간 코스트를 말한다.	· 재료 시험비 · 기능 시험비 · 환경 시험비 · 신뢰도 시험비
PM 코스트	시험기, 측정기 및 지그 공구의 수입 검사, 정기검사, 조정 수리 또는 기준기의 검정 시험등에 들어간 비용	· 수입 검사비 · 정기 검사비 · 검정 시험비 · 보전비

구 분	내 용	산 출 비 목
폐각(癈却) 코스트	사용자(고객)에게 납품하기 이전에 불량 폐각이 될 요인이 사내의 생산 공정에 있을 때의 손실 코스트의 전부	· 재료비 · 작업, 검사비 · 간접 경비
재가공 코스트	고객에게 납품하기 이전에 재가공 원인이 사내의 생산 공정에 있을 때의 손실 코스트의 전부	· 작업 검사비 · 간접 경비
외주 불량 코스트	고객에게 납품하기 이전에 수입 단계에 있어서 외주품이 불합격 때문에 입은 손실 코스트	· 지급 재료비 · 검사비 · 불량 조달비
설계 변경 코스트	성계 변경에 의해(수요자 요구는 포함하지 않는다.) 회사가 입은 손실 코스트(불량 저장품 또는 서비스용으로 전용 될 수 있는 구품 처리비는 포함하지 않음)	· 설계 변경비 · 구매 처리비 · 차공구의 신제조 또는 수리비
현지 서비스 코스트	납기 후에 발생한 무상 서비스에 속한 것으로 보증기간의 유무 또는 초과 여부를 막론하고 당사의 책임에 의하여 발생한 서비스 코스트로서 고객측에 출장갔을 때의 손실 코스트 전부	· 출장 여비 · 출장 기간 중의 급여 및 경비
대품 서비스 코스트	이미 납품한 것이 고장이기 때문에 대품을 고객에게 송부할 때의 손실 코스트	· 대품 가격 · 모든 운임
불량 대책 코스트	불량 대책을 위한 회의, 시험 또는 조치 등에 들어간 코스트	· 대책 회의비 · 대책 시험비 · 대책 조치비

도표 15-5 F - Cost의 세부 내용

1.3.4 품질 코스트의 이용 방법

파이겐바움은 품질 코스트의 이용 방법을 다음 네 가지로 구분하고 있다.

① 품질 코스트는 측정(평가) 기준으로 이용된다.
② 품질 코스트는 공정 품질의 해석 기준으로 이용한다.
③ 품질 코스트는 계획을 수립하는 기준으로 이용한다.
④ 품질 코스트는 예산 편성의 기초 자료로 이용한다.

1.3.5 TQC에 의한 품질 코스트 개선 사례

미국의 중규모 기업에서 TQC 프로그램을 도입하여 품질 코스트를 개선한 사례를 보기로 한다. 이 회사는 불량과 관련된 품질 문제가 번번히 발생하여 품질코스트를 분석한 결과 제조 원가가 9.3%에 이르고 있었다. 이 중 예방 코스트는 0.2%, 평가코스트는 2.8%, 실패코스트는 6.3%로써 품질 불량의 예방에는 거의 노력하지 못하고 주로 평가 활동에 의존함으로써 실패코스트가 전체 품질코스트의 67.7%에 이르고 있음 알게 되었다.

그래서 당사에서는 TQC 프로그램을 전사적으로 전개하면서 필요한 기술 업무의 리더쉽을 도입하기 위한 품질의 시스템 개선 활동을 벌였다. 이와 같은 예방 활동이 전개된지 2년이 채 못되어 코스트는 9.3%에서 6.8%로 떨어졌다(<도표 15-6>참조). 즉 예방 코스트가 0.2%에서 0.6%로 증가함에 따라서 평가코스트 2.8%에서 2.2%로 떨어지고 실패 코스트는 6.3%에서 4%로 대폭 줄었다. 그 결과 총 2,760,000$의 품질 코스트를 2년 이내에 절감하며 업계에서 최고의 품질을 자랑할 수 있게 되었다.

도표 15-6
TQC 실시 전후의 품질 코스트 비교

구 분	품질 코스트	P-Cost	A-Cost	F-Cost
TQC 실시 전	9.3(%)	0.2(%)	2.8(%)	6.3(%)
TQC 실시 후	6.8(%)	0.6(%)	2.2(%)	4.0(%)
효 과	△2.5(%)	+△0.4(%)	△0.6(%)	△2.3(%)

※ 품질 코스트는 품질원가 대비임.

연 습 문 제

1. Q-COST의 측정목적에 대하여 기술하시오.

2. Q-COST를 분류하여 보시오.

3. P-COST의 세부내용에 대하여 기술하시오.

4. A-COST의 세부내용 대하여 기술하시오.

5. F-COST의 세부내용에 대하여 기술하시오.

6. 제품을 납품하려고 보니 부적합품이 있었다. 이것을 재 가공하였을 때 드는 비용은?

㉮ P-코스트　　㉯ A- 코스트　　㉰ F- 코스트　　㉱ C- 코스트

7. 제조원가에 대한 품질 코스트의 비율은 대체로 몇(%)가 적당한가?

㉮ 6~7(%)　　㉯ 16~77(%)　　㉰ 1~15(%)　　㉱ 20~25(%)

8. 품질비용 중에서 평가비용에 해당하는 것은?

㉮ 사용 불능 부품의 재료비
㉯ 고객으로부터 반품된 부적합품 수리에 요하는 재료비
㉰ 수입부품의 샘플링 및 선별의 노무비
㉱ 불량의 원인 조사, 분석, 처리에 요하는 비용

9. 다음 표와 같이 품질원가 내역을 보고 예방 코스트 : 평가 코스트 : 실패 코스트의 비율을 구하면 얼마인가?

㉮ 25: 6: 16　　㉯ 50: 7: 37
㉰ 25: 12: 10　　㉱ 50: 5: 39

코스트 내역	금 액(원)
외주불량	20,000
공정검사	5,000
재 심	7,000
설계변경	12,000
QC 교육	50,000

Chapter 16

검사실무

1. 검 사

1.1 검사의 정의와 목적

품질이나 비용 또는 납기에 철저히 신경을 쓰고 있는 회사가 있다면, 그 회사는 시장 조사에 의해 소비자의 요구 사항을 완벽하게 파악하여, 설계 부서는 이러한 요구 사항을 모두 반영한 제품을 설계할 것이고, 제품 규격이나 공정 계획도 이러한 설계 목표를 완벽하게 반영할 수 있을 것이며, 생산 부서는 이러한 규격에서 절대 벗어나지 않는 제품을 제조할 것이다.

그러나 현실적으로 이러한 회사는 많지 않고, 시장 조사 · 설계 · 규격 설정 · 공정 계획 · 제도 등의 각 단계에서 어느 정도의 결함은 있을 수밖에 없는데, 이러한 일련의 결함 때문에 고객의 요구에 맞지 않는 제품이 생산된다.

검사는 바로 이러한 결함 때문에 사용이 부적합한 제품을 골라 내어 품질을 보증 하려는 활동이다. 따라서 모든 검사는 어떤 형태로든 제품을 평가하여 표준과 비교하고, 그 제품의 양품 · 부적합품을 판정하는 활동이다.

검사의 정의에 대하여 소개하면 '물품을 어떤 방법으로 측정한 결과를 판정기준과 비교하여 개개의 물품의 양품 · 부적합품, 또는 로트의 합격 · 불합격 판정을 내리는 것'이라고 할 수 있다. 즉 검사란 다음 공정에 대하여 적당한 것인가 아닌가, 또는 출하 검사의 경우에는 소비자에게 발송하여도 좋은가 그렇지 않은가를 결정하는 업무 활동을 말한다.

도표 16-1 검사의 목적과 명칭

목 적	명 칭	특 징
① 좋은 로트와 나쁜 로트의 구별	샘플링 검사 인수 검사 구입 검사 공정 검사 출하 검사	로트의 합격·불합격 결정 원·부자재, 외주 납품 검사 회사 내 공정 간 검사 고객에의 인도 여부 검사
② 양품과 부적합품의 선별	전수 검사 또는 선별	양품과 부적합품의 철저한 구별
③ 공정 변화 탐지	관리 샘플링	관리도 등을 통한 공정변화 탐지
④ 공정의 한계 도달 여부 파악	공정 한계 관리	개개 아이템의 관리도를 이용하여 공정이 한계에 도달하였는가를 파악
⑤ 품질 등급 결정	제품 검사 또는 품질 등급	제품의 결함 정도에 따라 등급 결정
⑥ 검사자의 정확도 파악	검사 정확도 판정	검사의 유효성 및 과오 평가
⑦ 계측기 검사		표준 시험편을 이용한 계측기 정밀·정확도 평가
⑧ 제품의 성능 평가		제품의 사용 적합성 평가
⑨ 공정 능력 평가		공정의 변동 평가

검사는 중요한 품질 관리 활동의 일부로, 회사에서 여러 가지 목적으로 사용되고 있다. <도표 16-1>은 이러한 검사의 목적과 명칭을 나타낸 것이다.

1.2 품질과 검사

'검사에 의해서는 품질을 만들어 넣을 수 없다.'고 한다. 이것은 검사는 품질을 평가하고 양품과 부적합품으로, 또는 합격 로트와 불합격 로트로 구분할 수는 있지만, 검사만으로는 품질을 높일 수 없다는 것이다.

따라서 제조에서 좋은 품질을 만들어 넣을 때 그것을 선별하는 행위로서 어느 정도의 보증을 할 수는 있지만, 그렇지 않은 경우에는 검사만으로 모든 문제점을 찾아 제거하기에는 불충분하다. 이런 점에서 조급하게 '검사만으로 품질의 보증이나 품질 관리가 가능하다.'고 생각하는 것은 옳지 않다. 즉 검사는 적절한 품질 관리 활동의 일환으로 실시되어야 비로소 그 효과가 나타나고, 또 높이 평가될 수 있다.

이러한 검사는 반드시 고객의 입장에서 이루어져야 한다. 왜냐 하면 완제품이건 원·부자재이건 또는 반제품이건 간에 그것을 검사하는 이유는, 뒷공정 또는 소비자가 사용하기에 아무런 문제가 없는지를 확인하고자 하는 것이기 때문이다. 따라서 이를 위하여는 고객의 입장에서 설정된 기준이 필요하다.

품질의 설계·목표 및 기준이 명확하지 않을 때는, 흔히 검사가 소비자를 위한 것이 되지 않을 때가 있다. 즉 검사 부문의 입장에서 검사할 경우에는 검사 부문에서 불량으로 한 것이 제조 공정이나 소비자의 입장에서는 양품이 되고, 검사에서 적합품으로 한 것이 소비자에게는 부적합이라는 경우가 생길 수 있는데, 이래서는 곤란하다.

'검사로는 품질을 만들어 넣을 수 없다.'는 말처럼, 검사 그 자체에 의해 제품의 부가 가치가 높아지는 것은 아니다. 선발되어 등급이 매겨짐으로써 합격품·양품이 결정되는 것이다. 따라서 검사가 정밀할수록 검사 비용이 많이 들어 원가를 높이는 결과가 나타난다. 보다 정밀한, 보다 정확한 측정법을 구하여 검사 기술의 향상이나 합리화를 진행하는 것도 중요하지만, 수용자의 요구에 부응한 검사 목적을 달성함과 아울러 그 효과를 분석한다는 의식이 필요하다.

제품의 품질은 그것이 만들어진 시점에서 결정된다. 검사의 첫걸음은 어떠한 제품이 만들어졌는가, 즉 좋은 제품이 만들어졌는가를 파악하는 것이다.

1.3 검사와 정보

검사의 중요한 역할 중의 하나는 검사에 의하여 얻은 데이터나 정보를 설계 · 기술 · 제조 · 판매 · 구매의 각 부문에 피드백하여, 각 부문의 품질 활동에 이바지하는 것이다. 즉 검사 과정에서 발생한 각종 자료나 정보는 품질 루프의 각종 활동에서의 결함이나 미처 고려하지 못하였던 사항에 대한 개선의 지침이라고 볼 수 있다. 따라서 이러한 정보는 잘 정리되어 보관되어야 하고, 필요한 부서에 필요한 시간에 전달되어 앞으로의 재발 방지에 이바지하여야 한다.

검사의 독립성이라는 말도 오해해서는 안 된다. 이것을 오해하여 독자적 검사 활동을 한다면 관리 서클의 원활한 운영을 할 수 없게 된다. 품질 관리에서는 소비자의 요구를 파악하는 것에서 시작하여 설계 · 원료 · 제조 등 각각의 정보를 알고, 좀더 검사의 결과를 검토하여 제품 품질의 올바른 판정을 얻을 수 있는 것이다.

그러기 위해서는 뒷공정인 검사에 대하여 앞공정이 되는 제조 부문에서도 정보를 적절히 피드포워드하는 것(앞쪽에 제공하여 사전에 손을 쓰는 것)이 필요하다.

1.4 검사의 역할

생산 활동의 일련의 과정에서 검사는 설계 도면 · 원재료 · 부품 · 제품 등에 보수품이나 부적합품 · 신뢰성이 없는 제품이 되지 않도록 하는 것이다. 그러나 그 목표가 달성되지 않는 동안, 즉 각종 불량이 나오는 동안에는 검사를 할 필요가 있다. 물론 이들 검사의 전부를 검사 부문이 하는 것은 아니다. 품질 관리의 원칙은 그것을 만든 사람이 그 품질을 보증하는 것이 원칙이다. 예를 들면 설계 도면은 작성자가 검사하고, 그의 관리자가 체크하게 되어 있으며, 설계 부문에서 도면 품질을 보증할 책임이 있다.

구입 검사는 검사 부문과 구매 · 창고 부문에서 하는데, 납입자가 적극적으로 품질 보증한 것을 구입하고, 구입 검사는 되도록 생략하거나 간략화해야 한다. 납입자가 공정 관리로 보증할 수 없어 전수 선별을 하고, 다시 구입자가 인수 검사를 해야 한다면 코스트를 높이는 결과가 된다. 이를 방지하려면 요구 품질을 분명히 하고, 납입자가 품질 관리를 확실히 하도록 해야 한다. 이를 위해서는 상대방에게 자극이 될 만한 검사 방식을 취해야 한다.

중간 검사나 최종 검사는 원칙적으로 제조 부문의 책임 아래 품질 보증이 될 수 있는 검사를 하여야 한다. 그렇게 하면 검사 부문은 그것을 체크하는 검사 또는 성능 검사를 주된 목표로 한다. 일정 기간 재고 후에 출고하는 경우에는 제품에 따라 악화나 변질에 대한 체크가 필요하다. 또 보관이나 운반에 의한 품질의 변화에 대하여도 판매나 기술, 서비스 부문이 중심이 되어 체크하게 한다.

1.5 소비자 요구에 부응하기 위한 검사 업무의 수행

검사 업무는 품질 관리와 품질 보증 활동의 일부분이다. 따라서 검사도 소비자의 요구에 반영할 수 있도록 수행되어야 한다. 소비자의 요구에 부응하는 검사를 실시 하기 위해서는 소비자의 요구가 검사 계획과 실제 업무에 포함되어야 한다.

검사 계획이란 '회사의 각 활동 단계의 어디에서 검사를 실시할 것인가.' 즉 각 검사 부문에 필요한 시설이나 도구, 검사 절차 등에 관한 계획을 말하는데, 소비자의 요구를 반영한 검사가 되기 위하여 특히 검사하여야 하는 품질 특성값이나 검사 규격의 선정에 신경을 써야한다.

즉 각 검사장에서 어떠한 품질 특성값을 검사할 것인가를 결정할 때는 반드시 소비자의 입장을 고려하여야 한다. 그런데 소비자가 요구하는 품질 특성은 하나의 제품에 대하여 모두 같을 수는 없으며, 반드시 현재화(顯在化)되는 것도 아니다. 예를 들어 철강 소재가 부품 메이커에 납품될 때는 가공이 쉽다는 것이 주요 특성이다.

그런데 도매상이나 창고 등의 유통 업체에서는 소재가 일정한 길이로 절단되어 정리되어 있는 것이 주요 특성이다. 왜냐 하면 유통 업체에서는 보관이나 운반 또는 거래에 로트의 수량을 관리하기가 쉬운 것이 요구되기 때문이다. 또한 완성된 부품이 조립 메이커에서 사용될 경우에는 표면 경도의 균일성이나 내마모성이 중요하다.

이러한 모든 소비자의 요구에 대하여 가장 만족스러운 상태를 유지하려는 것이 품질 보증의 요체이므로, 검사를 포함한 품질 관리가 다만 규격을 만족시키는 것에 그쳐서는 곤란하다. 실제 생산 현장에서는 이 제품이 어떠한 용도로 사용되는가. 어떻게 가공되는가, 이전의 납입품은 어떤 결과이었는가 등, 제품의 중요 포인트가 되는 정보에 대하여는 검사 담당자가 반드시 알고 있어야 할 사항이다.

검사 업무에서 소비자의 요구를 반영하여야 할 또 다른 업무는 검사 규격의 채택에 있다. 지금까지는 계약에 의한 경우를 제외하고는 제품에 대한 검사가 대개 제품 설계자에 의하여 주어지는 규격을 이용하여 생산자의 입장만을 고려하였다. 그런데 생산자가 일방적으로 설정한 규격만으로는 소비자가 그 제품을 사용하기에 적합한가를 모두 표시하지 못하고, 또 대부분의 생산자는 그러한 규격에 통과되면 좋은 품질의 제품이라고 생각하는 것이 관습이었다.

철저한 고객 만족을 위하여는 이러한 검사 규격을 설정하는 것이 소비자의 입장에서 이루어져야 한다. 어떠한 검사 규격을 사용하여 고객의 요구를 수용할 수 있을까를 생각하는 것부터가 고객 만족을 위한 품질 보증 업무의 시작이다. 이러한 규격을 마련하기 위하여는 실제 제품이 사용되는 것과 같은 검사 환경을 마련하거나, 검사에 필요한 각종 기술 자료를 검토하여야 한다. 효과적인 검사를 위하여는 요구 품질을 확실하게 하고, 제조자에게 충분히 교육을 시켜야 한다.

검사 업무에서 또 중요한 것은 검사자 사이에서 일관성을 가져야 한다는 것이다. 똑같은 검사 규격을 사용하고 있는 검사자라도 그 성격이나 분위기에 따라서 까다로운 검사를 하는 경우도 있고, 약간 수월한 검사를 하는 경우도 있다. 이와 같은 검사자의 차이가 발생한다면 그 피해는 결국 소비자에게 돌아가게 되므로, 이는 반드시 극복되어야 할 요소이다. 이를 위하여는 팀 활동을 통한 의견 교환과 끊임없는 교육·훈련이 필요하다.

2. 검사 계획과 코스트

2.1 검사와 경제성

검사를 한다고 해서 품질이 좋아지는 것은 아니다. 검사 그 자체에 의하여 제품의 부가 가치가 높아지는 것은 아니다. 검사에 의하여 제품의 양품 · 부적합품 또는 합격 · 불합격 로트로 구분되고, 등급을 매김으로써 1급품이라는 호칭이 부여되는 것이다. 제품 그자체는 검사 전후에 아무런 품질의 변화도 없다. 검사할 때 오히려 품질을 나쁘게 하는 예도 있다. 렌즈를 검사할 때 흠을 내는 것이 그 좋은 예이다.

일반적으로 검사는 받는 쪽이 거래상의 보호를 받고자 한다는가, 또는 넘기는 쪽이 나중에 발생할지도 모르는 클레임이나 손해를 예방하기 위하여 그것을 확인한다는 형태로 이루어진다.

제조 공정이 제품에 요구되는 규격 시방의 특성값을 모두 만족시킬 수 있는 공정 능력을 갖추고 있다면, 그것의 확인, 즉 검사는 간단하고 낮은 코스트로 가능하지만, 공정 능력이 불충분하여 부적합품을 많이 포함한 제품이 만들어지거나, 요구되는 규격의 시방이 까다로울 때는 선별이나 검사 공수가 증대하여 검사 코스트가 높아진다.

검사 코스트는 품질 보증을 위하여 생산자 및 소비자 양쪽에 실리는 부담이므로, 이것을 최적 상태로 함으로써 부담을 적게 하고, 또한 양호한 품질 보증을 얻는 것을 목표로 하는 것이다.

2.2 검사에 의한 이익

검사에 의해 제품의 부가 가치가 높아지지는 않지만, 검사에 의한 이익을 생각한다면 검사하지 않음으로써 발생할 손실을 미리 방지하는 것이다.

검사에 의한 이익은 다음과 같이 손해의 방지에 해당하는 것이 있다.

① 부적합품을 사용했기 때문에 직접 받는 손해(공사 지연·운휴·재해)

② 부적합품이 간접으로 주는 손해(적합품의 재검사)

③ 부적합품을 사용하게 하기 위한 할인(보상)

④ 제품의 클레임 처리비(출장·조사·재검사)

⑤ 반품을 처리하기 위한 비용(운임)

⑥ 부적합품을 손질하기 위한 비용

⑦ 부적합품을 폐기 처리하는 손실

⑧ 부적합품에 의한 신용의 실추

⑨ 고객·시장의 상실

⑩ 부적합품에 의한 진척 지연의 영향

이와 같은 검사는 부적합품률과 그것이 출하되었을 경우, 예측되는 손해와의 관계를 생각할 필요가 있다.

2.3 검사 비용의 절감

검사 비용을 줄일 수 있는 가장 좋은 방법은 당연히 검사하지 않는 것이다. 즉 불량 제로인 제품을 생산할 수만 있다면, 검사 비용은 물론 실패 비용도 완전히 절감될 수 있다. 다시 말하면 '검사 비용 절감에 가장 큰 역할을 하는 것은 결국 철저한 품질 관리 활동'이다. 끊임없는 혁신과 개선을 통한 품질 향상이 검사 비용 절감의 핵심 요소이다.

검사 비용을 줄이기 위한 두 번째 방법은 중복 검사와 같은 불필요한 검사를 없애고 전수 검사 대신 샘플링 검사를 채택하며, 사람에 의한 검사보다는 자동화된 설비를 이용하고, 소비자의 요구에 대한 품질 목표를 철저히 분석하여 과잉 품질이나 검사는 없는가를 파악하는 것이다.

또한 검사자의 업무 활동에 대한 분석도 필요하다. 즉 검사자가 순수 검사에 투입하는 시간이 얼마인가. 검사 이외에 다른 준비 작업이나 보고서 작성에 너무 많은 시간을 쓰는 것은 아닌가, 낭비 요소 등은 없는가 등에 대한 분석도 필요하다. 워크 샘플링 방법이나 동작 분석, 작업 연구와 같은 IE 방법을 이용하면 많은 도움이 될 것이다.

검사 비용을 줄이기 위한 세 번째 방법은 검사에 필요한 계측기나 지그·공구, 검사 작업장, 검사 환경을 검사자의 능력에 알맞도록 설계하고 운용하는 것이다. 검사자에 알맞게 설계된 검사 장비는 검시 시간의 단축, 검사자 피로 저하 등에 크게 이바지한다. 이 경우 인간 공학이나 작업 생리학 등과 같은 방법론을 이용한다.

검사 비용을 줄이기 위한 네 번째 방법은 전문 검사자에 의한 검사를 줄이고, 되도록 제조자 자신에게 검사를 시키는 자주 검사이다. 이는 주로 여러 사람보다는 한 사람의 작업자에 의하여 작업이 이루어지는 경우에 가능한데, 물론 관리자와 작업자 사이의 믿음이 절대적으로 필요하다.

또한 작업자는 제품의 품질을 높이려는 건전한 근로 의식이 충만하여야 한다. 이러한 조건이 갖추어지면 작업자를 교육·훈련시켜 자주(自主) 검사자로 활용한다. 자주 검사는 작업자로 하여금 품질 의식을 높일 수 있는 좋은 방법이다. 이 경우 전문 검사자는 필요할 때마다 자주 검사자에 대한 감사를 실시한다.

3. 검사 관리

3.1 사람에 대한 관리

3.1.1 검사원에 대한 관리

① 정확한 검사를 시행할 수 있는 검사원의 양성을 위해

② 정확한 검사원의 표준을 정하여

③ 그에 적합한 검사원을 선정하여

④ 필요한 지식의 교육과 기술을 훈련시켜

⑤ 검사원의 정밀도를 확인할 필요가 있다.

3.1.2 검사원의 성질

① 변덕이 없고 끈기 있으며, 원칙을 고수하는 고지식한 사람

② 관찰력 · 주의력 · 검출력이 강한 사람

③ 공정하고 감정에 좌우되지 않으며, 엄정한 판정을 할 수 있는 의지가 굳은사람

도표 16-2 정확한 검사를 위한 요인 관리

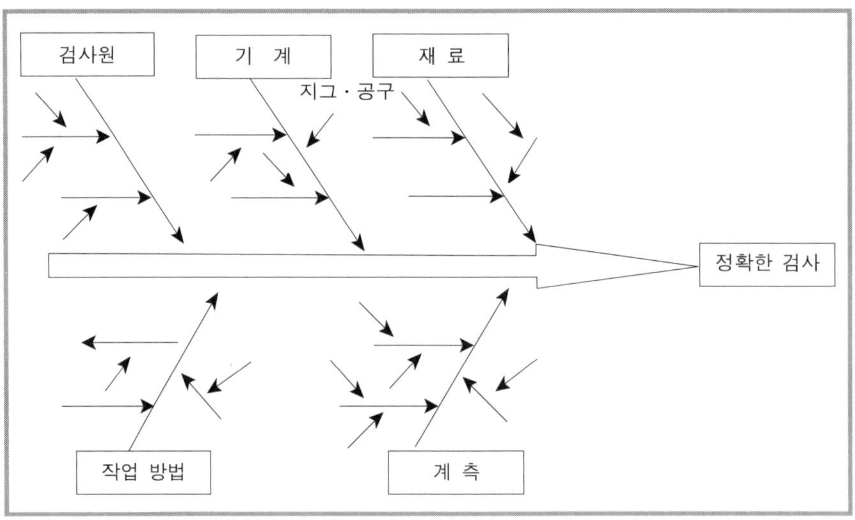

3.1.3 검사원에게 필요한 지식과 기법

(1) 필요한 지식

① 검사의 표준류를 올바르게 이해하고 지키며, 실행의 필요성을 이해하고 있어야 한다.

② 공정에 관한 지식의 소유자

· 구입처 · 공장 · 납입처에 이르는 생산 흐름이나 품질 지식

· 공정 흐름이나 그 요인에 대한 지식

③ 검사 기술에 관한 지식

④ 품질 관리에 관한 지식

(2) 필요한 기법

① 계측 기능

② 식별 · 측정의 재현성이 있어야 한다.

· 목측(目測)이나 한도 견본에 의한 재현성

· 측정 오차가 적어야 한다.

③ 데이터 처리 · 보고 능력

(3) 교육 · 훈련

교육 · 훈련에 포함시켜야 할 내용에는 지식 기능의 습득에 다음 항목도 포함된다.

① 검사원에게 필요한 기술이나 기능

② 제조 지식, 제품 지식

③ 검사 방법

④ 품질 보증, 품질 관리의 사고 방식과 기법

⑤ 품질 정보의 해석과 피드백

⑥ 인간 관계

교육 방법으로는 사내에서의 집합 교육, OJT 등이 있고, 검사 감독자나 검사 설계자에게는 보다 충실한 전문 지식을 교육시킬 필요가 있다.

3.2 한도 견본, 표준품의 관리

3.2.1 한도 견본, 표준품

검사 항목 중에는 측정이나 검사, 지그·공구를 계측할 수 있는 항목과 육안 판정등, 인간의 감각(오감)으로 검사가 가능한 항목이 있다.

이와 같은 관능 검사에 의한 항목의 판단 기준은 다음과 같은 문제가 있기 때문에 반드시 한도 견본을 작성할 필요가 있다.

① 인간의 판단에 의존하기 때문에 사람에 따라 판정이 달라진다

② 피로나 기분에 따라 판정이 달라진다.

③ 판정 기준이 무엇인지 문장으로 표현하기 곤란하다.

또 계량적으로 측정할 수 있다 해도 절대적인 기준이 없는 경우(전파의 파형 등)에는, 표준품을 정해 두고 그것을 기준으로 삼아 검사의 판정을 한다.

3.2.2 한도 견본의 작성과 관리 시스템

① 시험 제작 단계와 같은 빠른 단계에서 파는 쪽(또는 검사받는 부문)이 한도 견본을 제출한다.

② 사는 쪽과 파는 쪽의 관계 부문에서 검토한 다음 한도 견본을 결정한다.
- 품질문제, 수율 등을 고려해서 결정한다.
- 한가지의 한도 견본만으로 판정하기 어려우므로, 양품 견본과 반드시 불합격시켜야 할 불량 견본도 작성한다.
- 각 불량 항목마다 작성한다.

③ 한도 견본을 작성한다 : 한도 견본을 최소한 3개는 작성해야 한다(관리자·발행자·검사 담당자용)

④ 한도 견본에 따라 검사를 실시한다.

⑤ 보존용은 변색 등에 주의하면서 등록·보존시킨다.

⑥ 정기적으로 검토한다 : 판정 기준의 변경, 유효 기한이 넘은 것에 대해서

는 반드시 검토하고 개정한다.

3.3 검사의 표준 시간과 환경

3.3.1 검사의 표준 시간

검사 관리의 중요한 것 중의 하나로 표준 시간이 있다. 이것은 검사 작업의 표준화 중에서도 늦게 이루어지는 편이다. 흔히 검사 방식의 설정을 생각할 때에는 판정 기준, 샘플링, 사용 기기 등의 기술적 문제가 중요시되어, 검사 시간은 정확도를 무시한 채 검사원의 임의대로 운용된다.

그럴 때에는 검사에 소비하는 시간이 다른 제약 조건, 예를 들면 제조의 스피드, 검사원 수의 다소, 전후의 준비 등에 따르게 되므로, 형편에 따라 검사를 완화하는 일이 있다. 검사의 점검을 해 보고, 선별 작업 등에서 1인의 검사원에 대하여 특성이 3~4항목에서 10여 항목까지 주어지는 일이 있으나, 이것을 점검하여 보면 표준 시간이 부적당하고 전적으로 불가능한 검사가 요구되어 있고, 또한 불가능한 채로 방치되어 있는 일도 있다.

신뢰성 있는 검사는 (검사방식) × (검사 표준 시간)으로 생각하여 계획이나 실시를 관리하여야 한다.

3.3.2 검사 환경

검사 환경이 충분히 정비되어 있지 않으면 검사 결과에 나쁜 영향을 준다. 그 요인으로는 조명 · 소음 · 기온 · 습도 · 냄새 등의 외적인 것과, 단조로운 작업의 연속 반복, 서서 하는 작업, 고속 작업 등의 육체적 · 정신적인 구속 조건이 있다.

이와 같은 환경 · 위생적인 면에도 주의를 기울여야 한다. 검사의 판정은 인간 판단에 의지하는 경우가 많으므로, 이 면의 관리나 개선을 충분히 고려해야 한다.

3.4 검사 부문의 업무

검사 부문이 실제로 하는 업무를 조목별로 살펴보자.

3.4.1 원료 · 반제품 · 제품의 로트에 대하여 일부 또는 전부를 측정하여 로트의 합부를 판정하고 로트의 조처를 정하는 일

이 업무는 가장 기본적인 검사 본래의 업무이며, 정해진 표준에 따라 확실하게 하여야 한다. 로트의 합부를 판정하기 위해서는 전수를 측정하는 것이 정확하지만, 되도록 적은 개수를 되도록 적은 측정 개수로 끝낼 수 있도록 연구하여야 한다. 이것은 일상의 여러 가지 정보를 파악하고 수집함으로써 가능하다.

3.4.2 로트의 합부 판정, 또는 전수 검사를 하여 부적합품을 선별 · 제거하는 작업

검사 부문에서 이것을 하는 것도 상관 없으나, 제조 현장에서는 아무리 부적합품을 내도 검사에서 선별해 준다는 안이함을 갖게 될 위험이 있다. 따라서 선별 후의 정보를 피드백하여 같은 불량을 되풀이하지 않도록 충고한다든가, 경우에 따라서는 생산 라인에 책임을 추궁하는 등 재발 방지에 신경을 써야 한다.

3.4.3 데이터를 수집하여 그 정보를 필요로 하는 부문에 제공하는 일

제품 · 반제품 · 원료의 양부 판정은 원칙적으로 측정에 의한 데이터에 따라 하는 것이므로, 제조 현장에서는 알지 못했던 귀중한 정보를 얻게 된다. 그것을 필요로 하는 부문에 되도록 빨리 전달하여 활용하도록 하는 것이 품질 보증을 위한 전적인 임무이다.

정보를 제공받은 부문은 일반으로 공정 관리나 공정 해석, 외주 관리 등에 사용할 수 있는 데이터를 바라는 것 같지만, 이런 것은 반드시 검사를 판정하기 위해 취하는 데이터와는 일치하지 않는다는데 주의한다(정보 제공을 위해 검사 방법을 변경할 필요도 있다.). 데이터는 관리도, 히스토그램, 파레토 그림, 체크시트 등으로 가공되어 제공 되는 것이 보다 바람직하다.

3.4.4 제조 현장에 대한 권고와 조절

검사 결과에 따라 생산 공정에 작업 방법을 지시하거나 공정의 조절까지 손을 쓰는 경우가 있다. 예를 들면 제철 회사의 고로(高爐)에서 나온 슬래그를 검사해서, 그 검사 데이터로 고로의 조업 조건을 조절하는 것이 이에 해당한다.

제조 현장을 작업 표준화하는 경우에는 품질 관리를 강력하게 추진하는 것보다, 검사 데이터를 빨리 피드백하여 공정을 조절하는 것이 불량 발생을 감소시키는 데 효과정이다. 이 경우 검사 부문은 제조 부문과 밀착되어 있는 것이 바람직하다.

3.4.5 검사 표준의 작성

검사 부문은 본래 검사의 실시 부문이기 때문에 검사 내용의 지시에 검사 표준의 작성에까지 손을 뻗치지 않는 것이 좋다는 의견도 있으나, 기술 부문이나 품질 관리 부문에서 만들어진 표준에 맹목적으로 복종하는 것도 바람직한 것은 아니다. 왜냐하면 검사 작업자의 질적 향상이나 표준의 철저를 꾀할 수 없을 뿐만 아니라 검사원으로부터 중요한 정보를 직접 얻을 수도 없다.

검사원의 모럴 향상을 꾀하기 위해서는 표준의 작성부터 이들이 참여하여 의견을 제시하도록 하여 만들어야 한다. 이렇게 함으로써 검사 항목의 누락을 발견하거나 검사의 세련화, 개선점을 발견하게 된다.

3.4.6 포장·운반 등의 부대 업무

제품에 따라서는 검사한 다음 바로 포장하여 창고에 입고시켜야 하는 것도 있다. 왜냐 하면 표면에 흠이 나기 쉬운 상품은 여러 사람의 손을 거치면서 흠이 나기 때문이다. 따라서 이러한 제품은 검사한 사람이 포장하는 것이 좋다.

검사원에게는 작업량이 증가되지만 전체로서는 코스트 절감에 도움이 된다. 이 때 중요한 검사가 소홀해지기 않도록 포장 작업자로서가 아니라, 검사 작업자로서의 자각을 개인에게 심어 주도록 하여야 한다.

4. 검사 계획

4.1 검사의 종류

4.1.1 검사의 목적에 의한 종류

① 최종 검사(출하 검사)

완성된 제품에 대하여 하는 검사로 공정 중에서는 외관·치수 검사가 행하여지는 경우에는, 그 제품의 성능·작동·포장 등 주로 출하되는 제품의 품질 보증을 하기 위한 검사이다. 제3자에 의한 입회 검사도 일종의 최종 검사이다.

② 공정 검사(중간 검사)

공정 중의 수불의 단계에서 하는 검사로, 부적합품을 뒷공정에 보내지 않기 위하여 중간 공정이 아니면 확인할 수 없는 특성에 대하여 한다. 샘플링 검사 또는 전수개별 검사가 적용된다.

③ 인수 검사(수입 검사)

원재료, 부품 또는 제품을 구입하거나 수입할 때 하는 검사이다. 품질 보증이 충분할 때는 생산자의 출하 검사에 의하는 것이 되나, 구매 시방서 등으로 계약된 품질의 것인가 어떤가를 체크하는 것이 목적이다.

4.1.2 검사의 성질에 의한 종류

① 파괴 검사

물품을 파괴하지 않으면 검사의 목적을 달성할 수 없는 것, 또는 시험을 하면 상품 가치가 없어지는 검사를 말한다. 따라서 전수 검사는 불가능하다. 예를 들면 재료의 인장 시험,브레이크 슈의 마모 시험, 도금의 박리 시험 등이다.

② 비파괴 검사

물품이 시험되어도 그 상품 가치가 변하지 않는 것으로, 치수 · 외관 검사, X선 · 초음파 검사 등이 그 예이다.

4.1.3 검사의 방법에 의한 분류

① 개별 검사(전수 검사)

제품 개개의 단위에 대하여 그 전수를 검사하는 것이다. 제품이 고가일 때, 치명적인 부적합을 조사할 때, 불량이 많아서 선별을 요할 때 등에 적용된다.

② 샘플링 검사

제품의 로트에서 빼낸 시료를 조사하여, 그 결과를 판정 기준과 비교하여 로트의 합격 · 불합격을 결정한다.

③ 체크 검사

제조의 공정 관리를 위하여 또는 기계의 조정 등을 위하여 소수의 시료를 빼내어 체크하고, 작업 상태 등 가부를 확인하기 위하여 한다. 예를 들면 작업 조성시의 초품 검사, 정기적 순회 검사 등이다.

4.2 품질 기준

4.2.1 검사 단위

검사 단위란 제품을 양품품·부적합품으로 구분할 수 있는 최소 단위이다. 예를 들면 1개의 나사, 1자루의 연필, 1개의 전구는 각기 검사 단위이다.

연속체·분체·액체의 검사 단위는 일정한 길이·양·용적을 검사 단위로 한다. 예를 들면 1코일의 전선, 50kg 포장의 시멘트, 1통의 기름 등이다.

4.2.2 품질의 판정 기준

전수 검사 또는 샘플링 검사에서, 시료를 측정하고 시험하여 조사한 결과의 양품·부적합을 결정할 때, 결과와 비교하는 기준이 판정 기준이다.

예를 들면 시각(관능) 검사의 경우에는 한도 견본, 치수의 경우에는 기준치와 허용차(측정법도 정한다.). 물리적 성질의 경우에는 측정법과 상한치·하한치, 화학 성분의 경우에는 분석 방법과 상한·하한의 값 등을 명확하게 결정하여 두는 것이다.

4.2.3 검사 항목

제품의 품질 보증에서는 하나의 제품에 관하여 여러 항목 또는 몇십 개 항목의 특성이 요구되는 경우가 있다. 그것이 실용상 성능에 관계되는 것, 대용 특성인 것, 호환성을 위한 것 등 여러 가지이다.

검사 항목은 이 품질의 보증 항목에 대응하여, 각각에 대하여 시험 방법, 사용하는 측정기기 및 판정 기준이 정하여진다. 검사 항목은 검사의 성질에 의해서 분류하면 파괴 검사와 비파괴 검사로 나누어진다.

검사의 방법(개별·샘플링·체크 검사)에 대하여는 검사 항목을 중요도에 따라 층별하는 것이 필요하다.

층별에는 여러 가지 방법이 있으나, 4단계로 나누는 경우 다음과 같이 한다.

① 치명 검사 항목(치명 부적합)

② 중검사 항목(중부적합)

③ 경검사 항목(경부적합)

④ 미검사 항목(미부적합)

이 밖에 제품이나 용도에 의하여 크게 분류하고, 중요도가 높은 것을 A항목, 보통을 B항목으로, 중요도가 낮은 것은 C항목으로도 분류한다.

① 치명 부적합

이 부적합은 인명에 위험을 주거나 또는 그것에 준하는 정도의 설비의 파괴, 자산의 대손해를 주는 것이다. 고온·고압에서 내압 누설, 고속 차량의 제동 등이 이것에 해당되나, 특수한 제품을 제외하고는 치명 부적합은 그렇게 많지 않다.

이 부적합은 전수 검사가 필요한 경우가 많으며, 상당 코스트를 소요하더라도 공정 중에 이와 같은 부적합이 발생하지 않도록 관리가 필요하다.

② 중부적합

이 부적합은 부적합품이 있으면 물품을 소기의 목적에 사용하지 못하는 것, 또는 성능이 현저하게 떨어지는 결과가 되는 것이다. 작동하지 않는 계측기, 구멍이 난 튜브 등이 이 예다.

③ 경부적합

이 항목은 부적합품이 있으면 능률이 저하된다든가, 강도가 저하한다든가, 사용상에 영향을 미치게 하는 것 등이다. 이와 같은 부적합은 어느 정도는 피할 수 없는 것이므로, 코스트와의 관계로서 소비자 위험을 허용하여, 부적합품에 대하여는 수리, 대용품 등의 보상을 생각하도록 한다.

④ 미부적합

제품의 실용상의 성능, 능률, 내용(耐用) 수명에는 영향을 끼치지 않으나, 이 부적합품이 있으면 상품 가치를 저하시키는 것, 예를 들면 도장의 불균형, 화물의 적재 부적합품 등이다.

이상과 같은 검사 항목의 층별은 물품의 성질이나 용도에 따라서 일률적으로 정할 수 없으므로, 출하 수입의 쌍방, 즉 생산자·소비자의 의사 소통을 꾀하여 이것을 결정하는 것이 중요하다.

5. 샘 플 링

5.1 합리적인 샘플링

5.1.1 샘플링의 목적

샘플(sample : 試料) KS A 3001-2(통계-용어 및 기호-제2부 : 통계적 품질 관리 용어)에 의하면 '모집단의 정보를 얻기 위하여, 모집단에서 채취된 하나 이상의 샘플링 단위'라고 정의되어 있다.

공장에서, 원재료나 제품에서 샘플링을 하는 목적은 대상으로 하고 있는 모집단에 대한 특성치를 추정하고, 그것에 의하여 모집단, 즉 로트에 대해 조처를 하기 위한 것이다. 따라서 어떠한 조처를 취하느냐에 따라 샘플링 방법이 전혀 달라진다.

샘플링의 방법은 다음 조건을 만족하고 있는 것이어야 한다.

① 목적에 맞는 것.

② 실시하기 쉽고 관리하기 쉬운 것.

③ 경제적인 고려를 한 것.

④ 샘플링하는 사람에 따라 차가 없는 것.

⑤ 공정이나 대상물의 변화에 따라 바꿀 수 있는 것.

⑥ 샘플링하는 방법이 성문화되고 누구나 이해가 되는 것.

⑦ 그 샘플링이 적절한지 아닌지를 체크할 수 있는 것.

5.1.2 샘플링의 중요성

샘플링을 할 때 가장 먼저 생각하여야 할 것은 그 목적이다. 샘플을 잡아 측정하는 데는 반드시 목적이 있고, 그 결과에 의하여 필요하면 조처를 취하기 위해 샘플링을 하는 것이다.

샘플링을 하지 않으면 데이터를 얻을 수 없으나, 샘플링 방법이 나쁘면 원재료를 인수하는 경우, 예를 들면 철광품의 경우에 철분이 실제 함유량보다 1% 많이 나오는 것과 같은 제품을 샘플링해서는 큰 손해가 되며, 제조 공정 중에서도 부적합품률이 1% 적게 나오는 샘플링을 하고 있으면 공정에 대하여 잘못된 판단이나 조처를 하게 되어, 제품의 품질이나 수확률에 큰 손실을 주게 된다.

이와 같이 인수와 제조 중 출하의 모든 면에서 샘플링의 합리화를 꾀하는 것은 반드시 필요한 것이다. 이와 같은 관점에서 종래의 샘플링법이나 측정법, 한국산업규격(KS), 그 밖의 규격, 거래 계약서, 시방서 등에 대하여 다시 한 번 잘 검토하고 목적으로 분명하게 하여, 불명료하거나 애매한 것을 없애고 합리화하여야 한다.

5.1.3 통계적인 사고 방식과 샘플링

원료 · 반제품 · 제품의 일부에서 샘플을 취하여 시험을 하는 것은, 예를 들면 1로트 전체에 대한 품질 등을 알기 위하여 시험이나 측정을 하는 것이다.

또 공정 관리의 경우에는 공정을 거치고 있는 제품의 일부 또는 전부를 측정하는 것은 공정의 상태를 알고, 또는 공정의 장래를 추정하여 이것에 대하여 행동을 취하기 위해 데이터를 잡고 있는 것이다.

이와 같이 로트 또는 공정의 상태를 목적으로 하고 있으므로, 이 목적으로 하는 집단을 모집단이라 한다. 즉 우리는 모집단에 대하여 행동을 목적으로 샘플을 취하고 측정하여 데이터를 수집하는 것이다.

5.1.4 샘플이 갖추어야 할 조건

모집단에 대한 조처를 하기 위하여 샘플을 취할 때 다음 조건을 만족시키지 않으면 안 된다.

① 좋은 것만 고르거나 나쁜 것만 골라 잡는 것 같은 바이러스(치우침)가 없을 것, 정확한 것일 것, 이를 위하여는 샘플이 랜덤하게 잡혀 있어야 한다.
② 샘플로부터 모집단의 특성치를 추정하였을 경우, 그 오차가 합리적으로 결정 될 수 있는 것일 것.
③ 샘플은 신뢰할 수 있는 샘플링에 의하여 얻은 것일 것.

5.2 각종 샘플링법과 그 이론

5.2.1 랜덤 샘플링

모집단에서 시료를 취할 때에는 시료가 모집단을 잘 대표할 수 있도록 가능한 한 랜덤하게 하여야 한다. 랜덤 샘플링(random sampling)이란 모집단의 어느 부분이라도 목적으로 하는 특성에 관하여 같은 확률로 시료 중에 뽑혀지도록 하는 샘플링을 말한다.

랜덤 샘플링에는 단순 샘플링, 계통 샘플링 및 지그재그 샘플링이 있다.

① 단순 샘플링

모집단의 모든 샘플링 단위가 동일한 확률로 시료에 뽑힐 가능성이 있는 샘플링 방법으로, N개의 샘플링 단위가 있는 유한 모집단에서 크기 n의 시료를 뽑을 때 $_NC_n$개의 모든 가능한 경우가 같은 확률로 나타날 수 있는 확률 추출을 단순 샘플링이라고 한다.

시료를 랜덤하게 취하는 데는 난수표, 난수 주사위, 샘플링 카드 등이 실무에서 사용된다.

② 계통 샘플링

모집단으로부터 시료를 시각적·공간적으로 일정한 간격을 두고 취하는 샘플링 방법이다. 크기가 N인 모집단에서 n개의 시료를 취할 경우 N을 n으로 나누어 얻어지는 값의 정수 부분을 샘플링 간격 k로하고, 처음의 k개의 샘플링 단위에서 랜덤하게 하나를 뽑고, 다음부터의 그 뽑힌 것으로부터 매 k번째마다 뽑아서 시료로 하는 것이다.

(예) $k=5$인 경우

1~5에서 1개의 번호를 랜덤하게 샘플링하여 2가 얻어졌다면

2, 7, 12, 17, 22, 27 …과 같이 샘플링한다.

◡ ◡ ◡ ◡ ◡

5 5 5 5 5

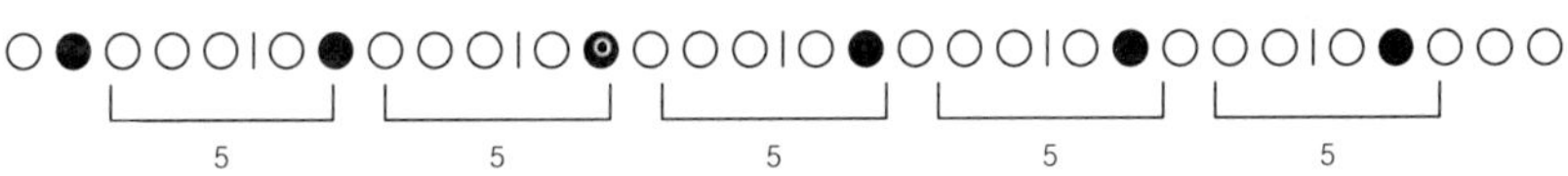

③ 지그재그 샘플링

제조 공정의 품질 특성이 시간이나 수량에 따라서 어느 정도 주기적으로 변화하는 경우에 계통 샘플링을 하면, 추출되는 샘플이 주기적으로 거의 같은 습성의 것만이 나올 염려가 있을 때, 이러한 주기성에 의한 치우침이 들어갈 위험성을 방지하도록 고안된 샘플링 방법이다.

(예) $k=5$인 경우

2, 9, 12, 19, 23, 29, …와 같이 샘플링한다.

◡ ◡ ◡ ◡ ◡

7 3 7 3 7

지금까지는 모집단 전체로부터 랜덤으로 샘플링하는 것에 대해 알아보았으나, 실제로는 모집단 전체로부터 랜덤하게 샘플을 취하는 것이 어려울 뿐만 아니라 비경제적이다. 따랗서 몇 개의 부분, 서브로트로 나누어 그 서브로트로부터 시료를 뽑을 경우가 많다.

예를 들면 다음과 같다.

㉠ 1로트가 10다스들이의 상자 50상자로 되어 있을 때 50개의 샘플을 채취하는데, 우선상자를 5개 샘플링하고 그 5상자로부터 10개씩 랜덤하게 샘플링한다(2단 샘플링).

㉡ 열차 1대당 15톤을 적재한 20차량의 광석으로부터 4차량을 랜덤하게 발취하고, 발취된 4차량으로부터 5인크리번트씩 랜덤 샘플링한다(2단 샘플링).

㉢ 볼트 1만 개들이 10상자의 로트로부터 각 상자마다 랜덤하게 100개씩 샘플링한다(층별 샘플링).

㉣ 부품 100개들이 1000상자의 로트로부터 10상자를 랜덤하게 발취하고, 뽑힌 10상자는 모두 조사한다(취락 샘플링).

위의 예는 어느 것이나 모집단 전체로부터 샘플링하지 않고, 모집단을 몇 개의 서브로트로 나누어서 샘플링하고 있다.

5.2.2 2단계 샘플링

위의 예에서 ㉠, ㉡과 같이 샘플링을 2단계로 나누어서 하는 방법을 2단계 샘플링(two-stage sampling)이라 한다.

2단계 샘플링의 방법을 <도표 16-3>로 설명한다.

<도표 16-3>에서 각 서브로트를 1차 샘플링 단위, 각 서브로트 내의 제품의 샘플링

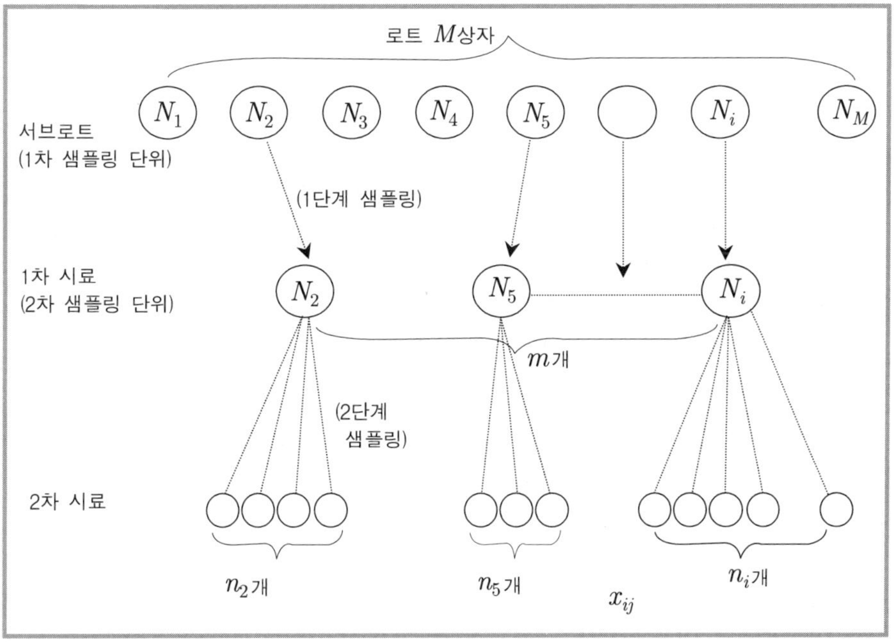

도표 16-3
2단계 샘플링

단위를 2차 샘플링 단위라고 한다. 1단계로 샘플링된 서브로트를 1차 시료, 이것으로부터 채취된 제품을 2차 시료라고 한다.

지금 각 N_i 개의 제품이 M상자에 들어 있을때, 이것으로부터 m상자를 랜덤하게 취하고, 취하여진 각 m상자로부터 n_i개의 제품을 샘플링 할 때가 이것에 해당된다.

(다만 로트의 크기 $N = \sum_{i}^{M} Ni$, 샘플의 크기 $n = \sum_{i}^{m} ni$)

예를 들면 화학 약품 10kg들이 병이 M병 있을때 이것으로부터 m병을 랜덤으로 취하고, 채취된 m병으로부터 크기의 30g의 인크리먼트로 3인크리먼트씩 취하는 경우이다.

일반적으로 공업 생산에서 단계 샘플링을 할 때에는 각 포장이 동일하게 들어 있는 경우가 많고, 또 각 서브로트로부터 같은 크기의 2차 샘플링 단위를 취할 때가 많다.

즉 $N_i = \overline{N}$, $n_i = \overline{n}$로 일정한 경우이다.

이 샘플링 방법은 일반적으로 단순 랜덤 샘플링보다 추정의 정밀도는 나쁘나, 샘플링 작업이 쉽고 비용이 적게 드는 경우가 많다.

5.2.3 층별 샘플링

앞의 예에서 ⓒ과 같이 로트를 여러 개의 서브로트로 층별하여, 각 층으로부터 샘플을 취하는 방법을 층별 샘플링(stratified sampling)이라 하고, 층간의 차는 될 수 있는 대로 크게 하고 층내는 균일하게 층별함으로써 추정 정밀도가 좋아진다. 이 샘플링 방법은 다음과 같은 특징이 있어 실제로 자주 쓰이고 있다.

① 조그마한 각 층으로부터 랜덤하게 샘플을 채취하면 되므로 랜덤 샘플링이 손쉽게 이루어진다.

② 단순 랜덤 샘플링보다 일반적으로 샘플의 크기가 작아도 같은 정밀도를 얻을 수 있다.

예를 들면 입하된 광석을 각 화차마다 또는 각 부선마다 샘플링하여 이것을 대량시료로 삼는 것이나, 제품 로트가 5상자의 용기에 들어 있을 때 각 상자로부터 랜덤 샘플링 하는 것이나 모두 층별 샘플링이다.

층별 샘플링은 위의 2단계 샘플링에서 $m = M$인 경우라고 할 수 있다.

층별 샘플링에서 극히 중요한 문제의 하나는 각 층에서 추출한 샘플의 크기 n_i를 결정하는 문제이다. 여러 가지 방법이 있으나 층별 비례 샘플링법과 노이만 샘플링법에 대해서 설명한다.

① 층별 비례 샘플링법

각 층의 크기에 비례하여 샘플을 각 층으로부터 샘플링하는 방법이며, 각 층의 샘플의 크기는 다음과 같이 얻어진다.

$$n_i = n \times \frac{N_i}{N}$$

이 방법은 층내의 산포가 각 층마다 비교적 일정할 때 실제로 많이 쓰이고 있는 방법이다.

② 노이만 샘플링법

층별 비례 샘플링법은 가중 평균을 위한 집계의 단순성 때문에 좋은 방법으로 평가되고 있으나, 각 층마다 층내의 산포가 다를 때에는 좋은 방법이 아니다. 이 경우에 사용하는 방법이 노이만 샘플링법으로, 각 층의 크기와 표준 편차에 비례하여 샘플을 추출하는 방법이며, 각 층의 샘플의 크기는 다음과 같이 얻어진다.

$$n_i = n \times \frac{N_i \sigma_i}{\Sigma N_i \sigma_i}$$

랜덤 샘플링에서 설명한 계통 샘플링도 근사적으로 층별 샘플링이라고 생각할 수 있다. 즉 일렬의 제품의 흐름 속에서, 예를 들면 5개의 간격으로 샘플을 취하였을 경우에는 그 제품의 흐름을 5개씩의 층으로 끊어서 생각하고, 층간의 산포와 층내의 산포로 나누어서 생각한다면 계통 샘플링은 각 층으로부터 한 개씩을 샘플로서 취하고 있으므로, 근사적으로(랜덤하지는 않으므로) 층별 샘플링으로 $n = 1$의 경우라고 생각할 수 있다.

따라서 공정에 큰 주기 현상이나 경향이 있을 때라도(바꾸어 말하며 층간의 산포가 있어도), 이것은 샘플링의 정밀도에 거의 영향을 미치지 않으므로 단순 랜덤 샘플링 보다는 계통 샘플링 쪽이 같은 크기일 때 정밀도가 좋은 경우가 많다.

5.2.4 취락 샘플링

취락 샘플링(cluster sampling)은 로트를 여러 개의 서브로트로 나누어, 우선 로트를 몇 개 랜덤하게 샘플링하여 뽑힌 서브로트 중의 제품은 모두 조사하는 방법이다.

여기에서는 로트를 여러 개의 서브로트로 나누는 것을 취락이라 부르고, 층별 샘플링과는 정반대로 취락 내의 차는 될 수 있는 대로 크게 하고, 취락 간의 차는 균일하게 하는 것이 추정의 정밀도가 좋다.

따라서 취락 샘플링은 취락을 잘 만들어서 취락 간의 차를 상당히 적게 할 수만 있다면 단순 랜덤 샘플링보다 추정의 정밀도가 좋으나, 취락을 만드는 것이 서툴러서 취락 간의 차가 크게 되면 추정의 정밀도는 단순 랜덤 샘플링보다 적게 된다.

그러나 샘플링의 수고나 비용을 고려한다면 취락 샘플링 쪽이 유리할 경우가 있다. 예를 들면 10상자의 내용이 석탄과 같은 집합체에서, 각 상자에는 입도가 거친 것과 같은 것이 섞여 있고 상자와 상자 사이에는 입도에 큰 차이가 없을 때, 랜덤 샘플링에서는 모든 상자를 다 열기는 어려우므로 1상자를 랜덤하게 선정하여 그 상자 전부의 입도를 측정하는 것은 취락 샘플링이다.

취락 샘플링은 위의 2단계 샘플링에서 $n_i = N_i$인 경우라고 할 수 있고, 공업 생산에서는 각 취락의 크기가 같은 경우가 많으므로 $N_i = \overline{N}$인 경우가 많이 다루어지고 있다.

6. 전수검사

소비자에게 만족스런 제품을 공급하기 위해서는 생산하는 여러 단계에서 품질 검사를 하여야 한다.

실제 생산 현장에서는 원자재 또는 반제품에 대하여 제품의 원료로서의 적합성을 검사하는 인수 검사, 제품을 생산하는 도중 부적합품이 다음 공정으로 이동하는 것을 방지하기 위한 공정 검사, 완제품을 출하하기 전에 출하 여부를 결정하는 출하 검사 등, 여러 단계에서 검사를 실시한다.

제품의 품질을 검사하는 방법으로는 전수 검사와 샘플링 검사 방법이 있는데, 검사를 전혀 실시하지 않고 제품을 출하할 것인가에 대한 문제부터 설명한다.

예를 들어 부적합품률이 p인 공정으로부터 생산된 N개의 제품을 검사하는 경우, 단위 제품당 검사 비용이 A원이고 부적합품으로 인한 손실 비용이 B원이라면,

전수 검사의 검사 비용 = AN원,

무검사의 손실 비용 = BpN원

이므로 $AN < BpN$이면 전수 검사를, 그렇지 않으면 검사를 하지 않는다. 또한 두 방법의 비용을 동일하게 하는 임계 부적합품률 p_b는,

$$AN = Bp_bN$$

으로부터 $p_b = A/B$ 가 된다. 따라서 로트의 부적합품률 p가 $p>p_b$이면 전수 검사를 하고, 그렇지 않으면 검사를 실시하지 않는 것이 보다 경제적이다.

전수 검사란, 검사를 위해 제출된 제품 한 개 한 개에 대해 시험 또는 측정하여, 그 결과를 규격과 비교하여 양품과 부적합품으로 분류하고, 양품만을 합격으로 하는 검사를 말하는 것이다.

따라서 전수 검사는 다른 검사에 비하여 비용이 많이 들고, 시간이 걸리며, 검사 개수나 검사 항목이 증가하면 선별의 오류가 증가하는 등의 문제점이 많다. 가까운 예로 인쇄의 미스프린트가 있는데 2~3회의 교정을 하여도 완전을 꾀할 수 없듯이, 부적합품을 완전히 제거하기 위해서는 100%의 선별로도 불충분한 것이며, 수백%를 검사할 필요가 있는 경우도 있다.

그러나 품질 보증을 완전히 하기 위해서는 절대로 부적합품을 소비자에게 넘기지 않는 것이 필요하며, 전수 검사에 의하지 않고는 부적합품의 선별이 불가능할 경우에 절대로 필요한 검사이다. 특히 검사의 자동화가 각 기업에서 개발되어, 중요한 특성이나 성능에 대하여는 전수 선별에 의해 빠르고 경제적으로 체크가 가능하도록 하는 노력이 이루어지고 있다.

6.2 전수 검사를 필요로 하는 경우

① 전수 검사에 의하지 않고는 부적합품을 제거할 수 없을 경우

제조 공정이 안정되지 않아, 물품에 부적합품이 다수 섞여 있어 로트를 층별하여도 부적합품률을 줄일 수 없을 때 전수 검사를 실시한다.

② 전수 검사가 쉽고, 또한 그것이 경제적일 경우

전구의 점등 시험과 같이 검사 비용이 별로 들지 않고, 보증이 가능한 것에 대해 실시한다.

③ 부적합품이 섞이면 치명적 또는 중대한 영향이 있는 경우

고압 보일러의 내압 검사와 같이 경우에 따라서는 인명에 영향을 주는 것 같은 부적합품을 제거하기 위해서는 전수 검사가 필요하다.

④ 물품 하나하나가 양품이 아니면 안 될 경우

이것은 일용 소비재와 같은 것으로, 물품의 사용 목적에 대해 성능적인 보증이 필요한 때이다. 예를 들면 써지지 않는 만년필, 가지 않는 시계, 들리지 않는 라디오가 되어서는 안 된다.

6.3 전수 검사의 문제점

전수 검사는 검사 개수가 전수이므로, 물품의 품질 특성 모두를 전수 검사하는 경우는 별로 없다. 품질 특성 중에 불안정하고 부적합이 많은 특성, 경제적으로 검사할 수 있는 특성, 치명적 · 중대한 영향이 있는 특성에 대하여는 충분한 보증이 가능한 전수 검사가 필요한 것이다. 이 점이 곡해되어 다수의 검사 항목을 불완전한 전수 검사로 출하하여, 클레임을 내게 하는 일이 있어서는 곤란하다.

한정된 인원으로 검사하고 있을 경우에 1인당 검사 항목이나 검사 개수가 증

가하면 부득이 검사 시간을 단축하든가, 검사 항목을 줄이는 등의 수단을 강구하지 않으면 안 된다. 그 결과 제품의 품질 보증이 저하되는 등의 경우가 발생하므로 주의해야 한다.

전수 검사의 관리 문제로는 이런 경우가 생기지 않도록 검사 항목, 검사 대상과 방법 등을 적정하게 정하는 동시에 전수 검사의 합격품에 대해서는 100%의 품질 보증이 가능하도록 계획되어 관리되지 않으면 안 된다. 전수 검사의 미스 방지법으로 안이하게 샘플링 검사를 생각해서는 안 되며, 부득이 전수 검사가 필요한 것에 대해서는 올바른 전수 검사가 적용되지 않으면 안 된다.

수 100%의 전수 검사, 즉 전수 검사를 몇 번 되풀이한다고 해도 반드시 실수가 있다는 것을 잊어서는 안 된다.

7. 샘플링 검사

7.1 샘플링 검사

샘플링 검사란 로트로부터 시료를 샘플링해서 조사하고, 그 결과를 로트의 판정 기준과 비교하여 그 로트의 합격 · 불합격을 판정하는 검사이다. 이 경우 로트와 시료의 크기와의 관계, 시료의 샘플링 방법 및 판정 기준 등은 경제적인 요구를 기초로 하고 통계적 방법에 의하여 정해진다.

샘플링 검사로 개개의 제품 품질을 보증할 수는 없으나, 어떤 확률로 로트별로 품질을 보증할 수 있다.

샘플링 검사가 필요한 경우

① 파괴 검사의 경우 : 재료의 인장 강도 시험, 수명 시험 등
② 연속체나 대량 제품 : 석탄, 전선, 가솔린, 볼트 · 너트, 면사 등

샘플링 검사가 전수 검사보다 유리한 경우는 다음과 같다.

① 다수 또는 다량으로 어느 정도 부적합품이 섞여도 괜찮은 경우

② 기술적으로 보아 개별 검사가 무의미한 경우로서, 프레스 부품, 주조품, 성형품 등

③ 불완전한 전수 검사에 비해 신뢰성이 높은 결과를 얻을 수 있는 경우로서, 검사 수량과 검사 항목이 많을 경우에 일반적으로 샘플링 검사 쪽이 신뢰성이 높다.

④ 검사 비용을 적게 하는 편이 이익이 되는 경우로서, 단위당 검사 비용과 부적합으로 인한 손실 비용의 합이 전수 검사의 경우보다 적을 때 유리하다.

⑤ 생산자나 협력 업체에게 품질 향상의 자극을 주고 싶을 경우로서, 전수 검사 때에는 부적합품에 대해서만 조처가 취해지지만 샘플링 검사 때에는 로트 단위로 합격·불합격이 판정되므로 그 영향이 커진다.

샘플링 검사의 실시 조건은 다음과 같다.

① 검사 대상 물품이 로트로 처리될 수 있어야 한다. 왜냐 하면 샘플링 검사는 로트의 처리를 결정하는 행동이지, 로트 내의 개개의 제품을 개별적으로 처리하는 것은 아니기 때문이다.

② 합격된 로트 속에도 어느 정도의 부적합품이 섞여 들어가는 것을 허용해야 된다. 왜냐 하면 합격된 로트는 일부 시료로만 판정된 결과이므로, 검사되지 않은 나머지 물품 중에 부적합품이 전혀 없다고는 할 수 없기 때문이다

③ 로트로부터 시료를 랜덤하게 샘플링할 수 있어야 한다. 샘플링 검사는 시료를 랜덤하게 채취하는 것을 기초 조건으로 하므로, 그렇지 않으면 적용이 곤란하기 때문에 시료 채취가 랜덤하게 될 수 있도록 기술적 조처를 강구해야 한다.

④ 품질 기준이 명확할 것이 전제되어야 한다. 즉 객관적이고 명확한 판정 기준이 제시되어야 한다.

⑤ 계량 샘플링 검사에서는 로트의 품질 특성치의 분포가 대략적으로 정규 분포를 따라야 한다.

7.2 불합격된 로트의 처리

샘플링 검사에서 불합격된 로트는 <도표 16-4>에서와 같이 여러 가지 방법으로 처리될 수 있다. 먼저 전수 검사의 실시가 가능한 경우는 부적합품과 적합품을 선별하여, 부적합품은 제거하고 적합품만 의도한 목적에 사용하면 된다.

그러나 파괴 검사를 요하는 제품의 경우는 전수 검사를 실시할 수 없으므로, 로트 전체의 제품에 대해 재작업을 하거나 폐기 처분 또는 다른 용도에 사용하여야 한다.

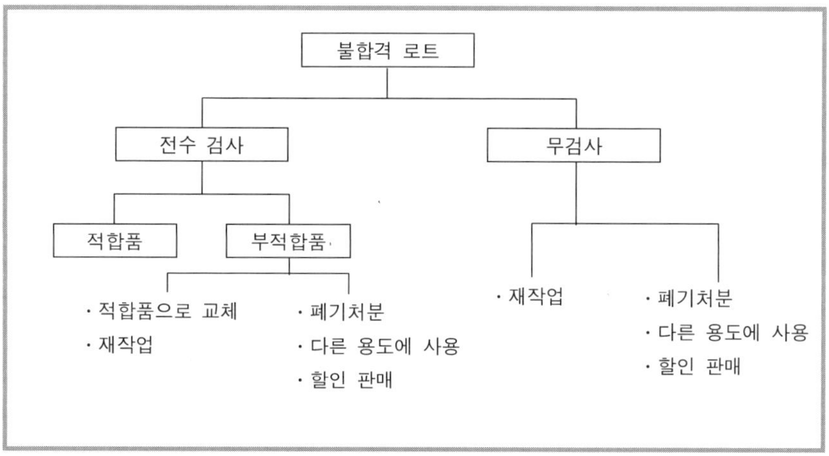

도표 16-4 불합격된 로트에 대한 처리

7.3 품질의 표시

품질은 검사 단위의 성질을 조사하고, 이것을 일정한 판정 기준과 비교해서 결정한다. 이 경우 검사 단위의 성질로는 길이·무게·용적 등의 물리적 성질 또는 기계적·전기적·화학적 등의 각종 성질이 있다. 그 중에서 어느 것을 검사 항목으로 다룰 것인가에 대한 사항과 시험 방법, 사용되는 측정기 및 판정 기준 등은 보통 검사규격에서 지정한다.

이러한 모든 사항이 정해진 후에 검사 단위의 품질 표시는 보통 다음 3가지 방법에 따른다.

① 양품·부적합의 구별에 의한 표시 방법

물품의 성질을 검사 기준 또는 검사 규격과 비교해서 양품·부적합품의 어느 쪽인가로 구별하는 표시 방법이다. 검사 항목이 많은 경우에는 양품 판정은 모든 검사 항목이 적합인 경우만 하고, 하나 이상 검사 항목에 대하여 부적합인 경우에는 부적합품 판정을 한다. 여러 검사 항목에 대하여는 치명 부적합·중부적합·경부적합·미부적합 등으로 나누기도 한다.

② 부적합 수에 의한 표시 방법

부적합이나 요구 조건과 합치되지 않은 것을 보통 의미하는데, 검사 단위에 대한 어떤 것을 부적합으로 보는가는 검사 규격에 미리 정해 놓는다.

이 경우에는 검사 단위마다 부적합 수로 표시하는데, 전선·직물 등 연속체나 가전 제품 등 많은 부품으로 조립되는 경우에 사용하면 좋다. 부적합에 대하여도 그 중요도에 따라 치명 부적합·중부적합·경부적합·미부적합 등으로 분류하기도 한다.

③ 특성치에 의한 표시 방법

검사 단위의 특성을 측정하여 그 측정치에 의해 품질을 표시하는 방법으로, 치수, 무게, 강도, 열량, 전기적 성질, 성분 함량 대부분에 속한다.

검사 단위의 품질 표시 방법이 결정된 다음에는 검사 로트(시료)의 품질을 표시하는 방법을 결정하는데, 보통 다음과 같이 나타낸다.

- 로트(시료)의 부적합품률(%)

· 로트(시료) 내 검사 단위당 평균 부적합 수
· 로트(시료)의 평균치
· 로트(시료)의 표준 편차

7.4 계량 검사와 계수 검사

7.4.1 제품의 단위 품질 표시

선정된 검사 항목에 대해서 측정하여 판정을 내리는 경우에는 측정치가 계량치(무게 · 치수 · 순도 등과 같이 1개, 2개, 3개 등으로 불연속의 값을 갖는 것)인 경우가 있다. 이 차이에 따라 계량 검사와 계수 검사로 분류된다.

예를 들면 볼트의 길이를 검사할 때, 버니어 캘리퍼스로 측정하여 23.4㎜로 되고, 이를 판정 기준인 23.0±0.5㎜와 비교하여 합격으로 하는 것이 계량 검사이고, 고노게이지(go-no gage)를 통해 합격을 판정하는 것이 계수 검사이다.

계수 검사를 다시 적합 · 부적합품의 구분 검사와 부적합 수 검사로 구분한다.

예를 들면 플라스틱 제품의 표면 흠을 검사하는데 한도 견본과 비교하여 양품 · 부적합품을 구분하는 방법과, 1개의 제품에 몇 개의 흠이 있는가를 세어서 허용 개수와 비교해서 판단하는 경우가 그것이다.

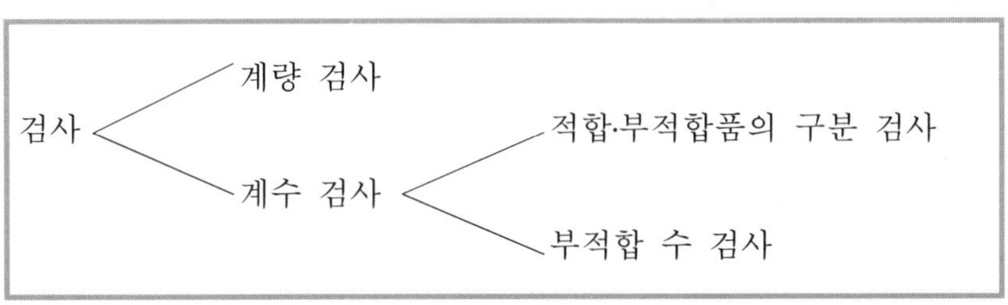

같은 물건을 검사할 때도 어느 방법이 적합한가를 판단하여 가장 유효한 방법을 선택할 필요가 있다.

7.4.2 계수 검사·계량 검사의 구분

도표 16-5 계수 검사와 계량 검사의 특징

	계수 검사	계량 검사
공 수	·검사 공수가 적다.	·검사 공수가 많이 든다.
기 술	·측정하기 간단하다.	·측정에 숙련을 요한다.
기 기	·측정 기기가 비교적 싸다.	·측정 기기가 일반적으로 비싸다.
데이터의 처리	·계량 검사로서의 처리는 할 수 없다.	·측정 결과를 계수치로도 정보가 많다.
정 보 량	·적다.	·관리를 위해 쓸 수 있는 정보가 많다.
판정을 위한 시 료 수	·많다.	·같은 품질 수준을 보증하는 경우 계수 검사보다 적다.

각기 장 단점이 있으나 검사 데이터의 판정을 주목적으로 하는 데 사용하느냐, 더욱 전진적인 사용 방법으로 하느냐에 따라 정하는 것이 좋다.

예컨대 어느 기계 공장에서 인수 검사는 종래 전부 계수 샘플링 검사였으나, 어느 부분의 검사 항목만을 전부 계량 검사로 변경한 후, 그 데이터를 히스토그램으로 정리하여 협력 업체 관리에 활용한 결과 큰 성과를 거둔 일이 있다.

8. 샘플링 검사의 형식별 분류

로트의 합격·불합격을 판정하는데, 시료 채취 횟수가 몇 번인가에 따른 분류로 다음과 같은 방식이 있다.

8.1 1회 샘플링 검사

단 1회의 시료를 채취하여 조사한 결과로 로트의 합격·불합격을 판정하는 방식이다(<도표 16-6> 참조).

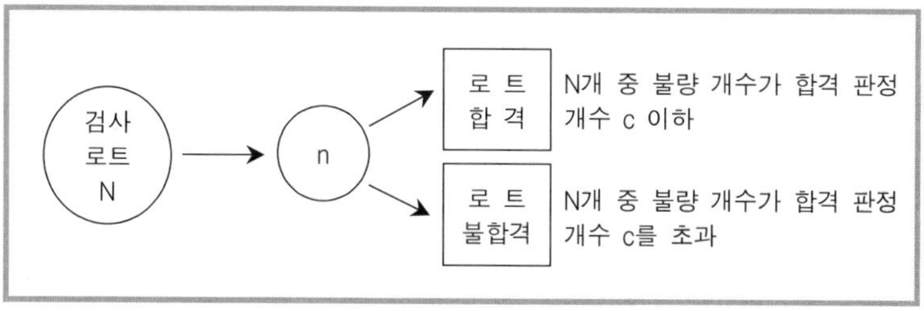

도표 16-6
1회 샘플링 검사

8.2 2회 샘플링 검사

1회째 샘플링한 시료에 의한 검사 결과로 합격·불합격이 확실한 경우에만 판정을 내리고, 그 중간 결과이면 다시 2회째 샘플링한 시료를 검사한 결과와 1회째 샘플링한 시료의 결과를 합하여 합격·불합격을 판정하는 형식이다. 예를 들면 다음과 같다.

로트 크기가 1000개인 검사 로트로부터 1회째 시료의 크기를 100개 샘플링하여 검사할 때, 검사 결과 발견된 불량 개수가 1개 이하이면 로트를 합격시키고 4개 이상이면 불합격시킨다. 그러나 1회째 시료 중 불량 개수가 2~3개인 경우에는, 다시 2회째 시료로 100개를 랜덤 샘플링하여 검사 결과를 1회째 나타나는 불량 개수와 합계한 후, 불량 개수가 4개 이하이면 로트를 합격시키고 5개 이상이면 불합격시킨다.

8.3 축차 샘플링 검사

검사 로트로부터 시료를 한 개씩 샘플링하여 검사 결과의 누계 부적합 수가 합격 판정선 이하이면 로트 합격이고, 불합격 판정선 이상이면 로트 불합격, 합격 판정선과 불합격 판정선 사이이면 검사 속행을 하는 방식이다(<도표 16-7> 참조).

도표 16-7 축차 샘플링 검사의 개념

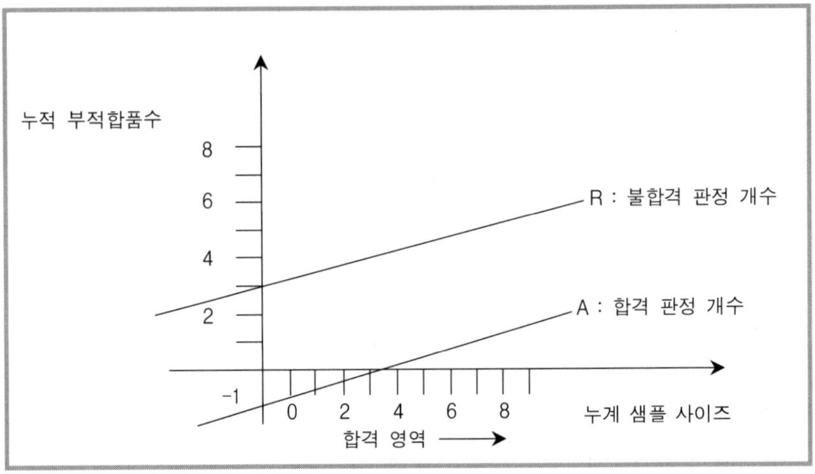

연 습 문 제

1. 다음 물음에 알맞은 답을 골라 ( ) 안에 그 번호를 써 넣으시오.

(1) 검사 후에 상품 가치가 변하는 검사는? ( )

① 관능 검사 ② 파괴 검사
③ 비파괴 검사 ④ 전수 검사

(2) 샘플링 형식에 의한 분류가 아닌 것은? ( )

① 1회 ② 2회 ③ 다회 ④ 규준형

(3) 작동하지 않는 계측기는 무슨 부적합인가? ( )

① 치명 부적합 ② 중부적합
③ 경부적합 ④ 미부적합

2. 다음의 경우는 어떤 샘플링 방법을 사용하는가? ( )

(1) 1로트가 10다스들이인 상자 50상자로 되어 있을 때 50개를 샘플링하는데, 우선 5상자를 샘플링하고 그 상자로부터 10개씩 랜덤하게 샘플링한다. ( )

(2) 부품 각 100개들이 1000상자의 로트로부터 10상자를 랜덤으로 샘플링하고 뽑힌 10상자는 모두 조사한다.( )

(3) 열차 1대당 15톤 적재한 20차량의 광석으로부터 4차량을 랜덤으로 샘플링하고, 샘플링된 4차량으로부터 5인크리먼트씩 랜덤 샘플링한다. ( )

(4) 볼트 1만 개들이 1000상자의 로트의 각 상자로부터 랜덤으로 100개씩 샘플링한다.( )

3. 부적합품이 1개 발생함으로써 입은 손해액이 200원이며, 임계 부적합품률 20%일 때 개당 검사 비용은 얼마인가?

4. 어떤 제품의 출하 검사에 있어서 크기 $n = 1000$의 로트에 대한 전수 검사와, 샘플의 크기 $n = 100$의 1회 샘플링 검사를 비교하고 있다. 제품 1개당 검사 비용이 5원이고, 샘플링 검사에 의해 부적합품이 출하되었을 때 부적합품 1개당 1000원의 간접 비용이 발생한다면, 로트의 부적합품률이 최소한 얼마 이상일 때 전수 검사를 하여야 하겠는가?(다만 검사 과정에서 발견되는 모든 부적합품은 합격품으로 바꾸어 넣어 출하하고 있다.)

5. $\bar{N}$개들이 M상자가 있다. 이 중m상자를 취하고 각 상자에서 $\bar{n}$개씩 시료를 택하고자 한다.

$\bar{N} = \bar{n}$이면((1)　　　　) 샘플링이며,

$\bar{N} = n,\ M > m$이면 ((2)　　　　) 샘플링이고,

$\bar{N} = m$이면 ((3)　　　　) 샘플링이다.

6. 시료를 구성하는 단위분량을 무엇이라 하는가?

㉮ 단위체(discrete materials)　　㉯ 집합체(bulk materials)

㉰ 인크리먼트(increment)　　㉱ 웨이트(weight)

7. 샘플링 단위에서 시료의 단위가 면적의 개념일 때를 무엇이라 하는가?

㉮ 시장　　㉯ 시편

㉰ 단위체　　㉱ 집합체

8. 다음에서 랜덤 샘플링(random sampling)에 대한 방법상의종류가 아닌 것은?

㉮ 단순 샘플링　　㉯ 계통 샘플링

㉰ 복합 샘플링　　㉱ 지그재그 샘플링

9. 계통 샘플링에서 주기성에 의한 치우침이 들어갈 위험성을 방지하도록 하는 샘플링 방법은?

㉮ 단순 랜덤 샘플링　　㉯ 축차 샘플링

㉰ 지그재그 샘플링　　㉱ 2단계 샘플링

10. 검사의 목적을 설명하였다. 다음 설명 중 가장 거리가 먼 것은?

㉮ 다음 공정이나 고객에게 부적합품이 넘어가는 것을 방지하기 위하여

㉯ 품질정보를 얻기 위하여

㉰ 생산자의 이윤추구를 위하여

㉱ 고객에게 품질에 대한 신뢰감을 주기 위해

11. 공장에 있어서의 샘플링 검사의 목적 분류에 속하지 않는것은?

㉮ 공장관리를 위하여 ㉯ 검사를 위하여

㉰ 원재료와 제품 로트의 특성을 추정하기 위하여 ㉱ 공정 단축을 위하여

12. 검사를 설명한 것 중 틀린 것은?

㉮ 어떤 방법으로 측정한 결과를 판정기준과 비교하는 행위이다.

㉯ 어떤 방법으로 측정한 결과를 판정기준과 비교하여 개개물품의 양품·부적합품의 판정을 내리는 것이다.

㉰ 어떤 방법으로 측정한 결과를 판정기준과 비교하여 로트의 합격, 불합격의 판정을 내리는 것이다.

㉱ 어떤 방법으로 측정한 결과를 판정을 내리는 것으로 검사를 엄격히 하면 물품의 품질이 좋아진다.

13. 검사 단위의 품질표시 방법중에서 틀린 것은 다음 중 어느 것인가?

㉮ 샘플링 검사에 의한 표시방법 ㉯ 특성치에 의한 표시방법

㉰ 양품, 부적합품에 의한 표시방법 ㉱ 부적합수에 의한 표시방법

14. 샘플링 검사를 실시하는 것이 유리하지 않은 것은?

㉮ 어느 정도의 부적합품도 혼입이 허용되지 않는 경우

㉯ 검사비용을 적게 하고자 하는 경우

㉰ 검사 항목이 많은 경우

㉱ 생산자에게 품질향상의 자극을 주고자 하는 경우

15. 샘플링 검사의 명확한 조건에 포함되지 않는 것은?

㉮ 제품이 로트로서 처리될 수 있어야 한다.

㉯ 합격 로트 안에는 어느 정도의 부적합품의 혼입이 허용되어야 한다.
㉰ 제조 기술이 설정되어 있다.
㉱ 샘플링이 랜덤하게 될 수 있어야 한다.

16. 다음 품목에 대하여 샘플링 검사를 실시할 수 있는 것은?

㉮ 보석류 ㉯ 브레이크의 작동상태
㉰ 등산용 로프 ㉱ 가솔린, 면사

17. 다음 중 전수검사가 필요한 때는?

㉮ 검사항목이 많은 경우 ㉯ 고가인 품목
㉰ 생산자에게 품질향상의 자극을 주고 싶을 경우 ㉱ 파괴검사의 경우

18. 다음 중 전수검사가 필요치 않은 경우는?

㉮ 검사가 손쉬울 경우
㉯ 검사비용에 비해서 얻어지는 효과가 클 경우
㉰ 전선 또는 면사와 같은 연속품일 경우
㉱ 불량품이 발생하면 손실이 클 경우

19. 제품의 품질검사를 실시할 경우 검사항목에 따라서는 그 결점의 중요성에 따라 치명결점, 중결점, 경결점의 분류의 어느 것에 해당하느냐에 의하여 합격품질 수준을 다르게 책정하게 되는 데 치명결점의 경우에 적당한 검사방법은?

㉮ 전수검사를 해야 한다.
㉯ 까다로운 검사를 해야 한다.
㉰ 수월한 검사를 해야 한다.
㉱ 파괴검사를 해야 한다.

20. 부적합품이 1개 발생함으로써 입은 손실액이 250원이며 임계부적합품률이 50(%)일 때 개당 검사비용은 얼마인가?

㉮ 75원 ㉯ 100원
㉰ 125원 ㉱ 250원

••• 참 고 문 헌 •••

(1) 국내문헌

1. 강금식, 품질경영, 박영사, 1997.
2. 김광수, 가치 공학실무, 민영사, 2001.
3. 김광수, 국제규격에 의한 검사실무, KSA, 2004.
4. 김광수(공저), 미래사회와 표준, KSA, 2004
5. 노형진, 품질경영론, 형성출판사, 1997.
6. 박우동, 품질경영, 법문사, 1996.
7. 박성현, 통계적 공정관리, 1998.
8. 이상문, 총체적 품질경영과 리더쉽, 형설출판사, 1998.
9. 삼성경제연구소, 품질기능전개(QFD), 1993.
10. 신동설, 종합 품질경영, 석정, 1994.
11. 이관석, 전영호, 21세기 기업생존 ISO 9000, 대한산업공학회, 1994.
12. 이상연, ISO 9000 실무해설과 적용, 청문각, 1996.
13. 이순룡, 품질경영론, 법문사, 1996.
14. 이종석・공길택, 기업과 품질경영 시스템, 청문각, 1995.
15. 이제빈, 품질혁명, 21세기북스, 1992.
16. 조재립, 품질경영, 청문각, 1995.
17. 최사훈, 제품책임예방 및 방어의 효과적 추진방안에 관한 연구, 건국대학교 대학원, 1997.
18. 한한수, 품질관리, 경문사, 1995.
19. 한국표준협회, 전사종합품질관리, 한국공업표준협회, 1990.
20. ________________, 전사종합품질관리, 한국공업표준협회, 1990.
21. ________________, 품질보증과정, 1993.

22. ________________, TQC에서 문제해결법, 1993.
23. ________________, 품질관리일반, 1993.
24. ________________, 중견사원 TQC, 1994.
25. ________________, 사무부문 QM, 1994.
26. ________________, 표준화, 1994.
27. ________________, 중견사원 QM실무, 1996.
28. ________________, 측정시스템 분석(MSA) 전문, 1999.
29. ________________, 품질분임조 리더 기본, 1996.
30. ________________, 신QC 7가지 도구, 한국공업표준협회
31. ________________, 품질기능전개, 한국표준협회, 1982.
32. ________________, TQC 추진 매뉴얼, 한국표준협회, 1990.
33. ________________, 사내표준화 전문과정, 한국표준협회
34. 황의철, 품질경영, 박영사, 1994.
35. ________________, 품질보증, 박영사, 1988.

(2) 외국문헌

1. Besterfield, D. H., Quality Control, Prentice-Hall Inc., 1990.
2. ________________, Quality Control, Prentice-Hall Inc., 1979.
3. Crosby, P. B., Quality is Free, New American Liabrary, 1979.
4. Feigenbaum, A. V., Total Quality Control, 3rd ED., McGraw-Hill, 1983.
5. Hauser, J.R. and Clausing D., "The House of Quality", Havard Business Review, Vol.66, pp.85~95, 1998.
6. Kolarick, W. J., Creating Quality, McGraw-Hill, 1995.
7. Mitra, A., Quality Control and Improvement, Macmillian, 1993.
8. Tenner, A. R., & I. J. Detoro, Total Quality Management, 1992.

••• 찾 아 보 기 •••

(ㄴ)

(ㄷ)

(ㄹ)

저자약력

김광수 현) 국립충주대학교 산업경영공학과 교수(공학박사)
한국품질경영학회 이사, 충청지회(부회장)
국가품질상, 품질경쟁력 우수기업, Single PPM, 전국 분임조경진대회, 표준화대상 심사위원, 한국표준협회지도위원 역임

■저서
- 가치공학실무(민영사, 2001)
- 검사실무(KSA, 2004)
- 통계적품질관리(형설출판사, 2002:공저)
- 미래사회와 표준(KSA, 2004:공저)

품질경영의 이해

2007년 2월 20일 초판1쇄 발행
2011년 1월 30일 수정1쇄 발행

저자와의 협의하에 인지생략

저 자 김 광 수
펴낸이 임 순 재
펴낸곳

등록 제11-403호
121-849
주 소 서울시 마포구 성산동 133-3 한올빌딩 3층
전 화 (02)376-4298(대표)
팩 스 (02)302-8073
홈페이지 www.hanol.co.kr
e-메일 hanol@hanol.co.kr
정 가 20,000원

▪이 책의 내용은 저작권법의 보호를 받고 있습니다.
▪잘못 만들어진 책은 본사나 구입하신 서점에서 바꾸어 드립니다.

▪ISBN 978-89-8325-863-2